民航运输管理类专业系列教材

航空运输市场概论

景崇毅　曹炜威◎编著

西南交通大学出版社
·成　都·

图书在版编目（CIP）数据

航空运输市场概论 / 景崇毅，曹炜威编著. -- 成都：西南交通大学出版社，2024.5
ISBN 978-7-5643-9833-0

Ⅰ. ①航… Ⅱ. ①景… ②曹… Ⅲ. ①航空运输－市场管理－概论 Ⅳ. ①F560.6

中国国家版本馆 CIP 数据核字（2024）第 107371 号

Hangkong Yunshu Shichang Gailun
航空运输市场概论

景崇毅　曹炜威 / 编著

责任编辑 / 秦　薇
封面设计 / 吴　兵

西南交通大学出版社出版发行
（四川省成都市金牛区二环路北一段 111 号西南交通大学创新大厦 21 楼　610031）
营销部电话：028-87600564　　028-87600533
网址：http://www.xnjdcbs.com
印刷：成都蜀通印务有限责任公司

成品尺寸　185 mm × 260 mm
印张　18.5　　字数　462 千
版次　2024 年 5 月第 1 版　　印次　2024 年 5 月第 1 次

书号　ISBN 978-7-5643-9833-0
定价　54.00 元

课件咨询电话：028-81435775
图书如有印装质量问题　本社负责退换

前 言

我国民航运输业自 20 世纪 70 年代末改革开放以来，进入持续快速发展时期。1978 年，我国民航全年旅客运输量仅 231 万人，全年运输总周转量 3 亿吨公里，民航运输飞机 144 架，国内航线 150 条，国际航线 12 条，运输机场 78 个。截至 2023 年，我国民航全年旅客运输量达 61 957.64 万人次，全年运输总周转量 1 188.34 亿吨公里，民航运输飞机 4 270 架，国内航线 4 583 条，国际航线 623 条，运输机场 259 个。短短四十多年，我国民航运输业取得了巨大成就，同时也出现了很多新现象、新问题，日益受到管理当局、业内人士及公众的重视，亟须相关专业知识和理论进行解释和解决。

经过四十多年的快速发展，我国航空运输业中的大多数技术问题已经得到解决，甚至我们自主研制的国产大型客机 C919 都已经成功首飞并开始运营，正如一些专家所说：大型民用飞机的研制成功只是第一步，真正的成功是取得商业上的成功，其首要问题还是市场问题。航空运输市场是非常复杂的课题，因国别而异，因时因地而异，我们跟欧美发达国家的航空市场存在极大的差异，他们的市场经验最多是可借鉴、可消化吸收，无法照搬套用，我们最终还是要自己去寻求答案。遗憾的是，我们并没有建立一套完整的、系统化的理论框架来指导我们去解决市场中存在的问题，这方面的专著更是寥寥无几，这方面的专门研究也显得散乱庞杂，这是作者编写本书的初衷。

航空运输市场是一个非常特殊的市场形态，一方面，它涉及很多的利益相关者，如航空公司、机场、飞机制造商、旅行代理商、机票代理商、政府机构、行业组织，等等，这些市场参与者彼此影响、相互作用，联系非常紧密，共同促进航空运输市场的健康发展。另一方面，航空运输业的生产组织形式非常特殊，其产品是为旅客提供位移服务，产品具有易腐性，不可储存，产品的生产和消费是同步进行的，这导致航空运输企业的很多市场策略与其生产组织行为相互依存，互为表里，为航空公司开展有效的市场营销活动增加了难度，对其提出了更高的标准和要求。因此，作者认为单纯地将传统市场营销理论或经济理论应用于航空运输市场可能并不能产生较好的效果，我们首先要做的是遵循行业自身的逻辑和特点去理解市场，然后去解释其中的典型现象，并解决行业中突出的问题。

基于这样的认知和初衷，作者从 2015 年就开始注重对行业的调查和研究，走访了大量机场、航空公司和一些旅行代理商，加深了对航空运输业的认知和理解。2018年开始为本科生和研究生讲授“航空运输市场分析”课程，在教学过程中编写了相应的讲义教程，初稿完成后，边使用边修订，形成了一套比较完整的理论框架体系，内容和结构均逐渐趋于完善，于是结集成册，公开出版，以飨读者。

本书的撰写，在理论阐述上力求简明扼要、深入浅出、通俗易懂且易于自学。内容上力求全面完整，尽量涵盖航空运输市场相关的热点、前沿课题，系统介绍了航空运输市场的基础概念、方法和模型，包括航空运输术语、航空运输需求、航空运输成本、航线分析、运力分析、航班计划、竞争分析、收益管理、飞机制造商、市场管制、机场市场策略等。其特色在于融合了运输经济学、市场营销学、运营管理、运筹学等交叉学科的相关知识和方法，构建了一个独特的航空运输市场理论体系，具有学科交叉性、综合性和系统性。本书虽然主要是为民航高等院校管理类专业编撰的特色教材，但仍然可以作为航空公司相关管理者、市场营销、航线网络规划、机队规划、收益管理等相关从业人员的培训教材或自学参考书，也可以作为飞机制造商、机场甚至政府机构等相关人士的业务参考书。

本书的总体框架和内容由景崇毅审定，并编写了全书大部分内容；曹炜威博士编撰了第 5 章航线网络的部分内容和第 9 章行业竞争的部分内容，并参与了本书具体内容的讨论；向怡老师和杨慧娟老师参与了部分资料的收集整理工作。另外，本书在编写中参考了南京航空航天大学朱金福教授、中国民用航空飞行学院孙宏教授、中国商用飞机有限责任公司上海飞机设计研究院叶叶沛研究员，以及其他一些国内外专家、学者的相关研究成果和著作，在此，一并向他们表示衷心的感谢！

限于时间和水平，书中难免存在不足之处，恳请广大读者批评指正！

景崇毅

2024 年 5 月于成都

目　录

第一篇　航空运输概述

第二篇　航空公司

第三篇　机场市场

第四篇　政府管制

第五篇 飞机制造商

第一篇

航空运输概述

第1章 航空运输市场概述

航空业是国家经济的重要力量，它所带来的经济效益不仅体现在自身运营上，更重要的是能够极大地促进相关产业的长足发展，如飞机制造业、旅游业等。从航空业发展的历程来看，技术革新是效率提升的重要动力，而天然相伴的政府管制对竞争和盈利产生一定的限制效应。在全球航空业放松管制的大背景下，航空运输市场正在发生巨大的变化，成本效率、竞争能力、收益水平成为影响航空公司生存和发展的重要因素。

1.1 航空运输业的性质

航空运输是交通运输的一种模式，具有快速、机动的特点，是现代旅客运输，尤其是远程旅客运输的重要方式。它使用飞行器作为载运工具，实现人和物在不同地点和时间区间的移动，并伴随信息和资金的流动。机场是航空运输系统的重要组成要素，它为航空运输活动提供必需的基础设施和专业服务。机场属于公共事业，具有公益属性，航空运输则是以营利为目的的服务业，属于流通领域。

实现航空运输的要素主要包括航空站（机场）、航空器、航线、航班和航空公司等。

（1）航空站。航空站俗称机场，又称航空港，是供飞机起降活动的场所。

（2）航空器。狭义上的航空器指的是飞机，广义上的航空器泛指所有能够借助空气的反作用在大气中获得升力的机器。这里所指的航空器主要是指狭义上的飞机。

（3）航线。航线是经过批准开辟的连接两个或几个地点进行定期或不定期飞行，经营运输业务的航空交通线。航线规定了航线的明确方向、经停地点以及航路的宽度和飞行的高度层。为了飞行安全，维持空中交通秩序，民航从事运输飞行，必须按照规定的航线飞行。

（4）航班。飞机由始发站起飞，按照规定的航线经过经停站至终点站的运输飞行称为航班。航班要根据班机时刻表在规定的航线上使用规定的机型，按照规定的日期、规定的时刻飞行，即具有“定航线、定机型、定日期、定时刻”的“四定”特征。

（5）航空公司。航空公司是指拥有航空器并从事航空运输服务的公司。航空公司首先必须拥有一定数量的飞机，这是航空公司成立的前提条件；其次还必须有与其能力相适应的航空运输业务（客运或货运需求），这是航空公司能够生存的前提条件。

1.2 航空运输市场的概念

1.2.1 广义的航空运输市场

广义上讲，航空运输市场是运输服务产品交换关系的总和，由运输服务产品的提供者、消费者构成核心市场要素，以机场、制造商、分销商等利益相关者构成辅助市场要素的综合体系，同时它还受到政府、国际组织、社会团体等多方实体的深刻影响，如图 1.1 所示。航空业内各种实体与利益相关方的所有决策与活动都是为了满足航空运输需求的不断增长。航空运输市场中各种供给和需求关系不断相互作用，决定并推动包括政府监管、航空公司、机场、飞机制造商等进行大量的市场活动。

由于航空运输特殊的产业性质，要深刻研究其市场行为，往往需要对这些市场要素进行必要的联系和综合考虑。例如，我们在研究多机场区域旅客出行行为时，就需要将机场区位因素、地面交通因素等纳入旅客选择模型中。具体在以下章节详细阐述。

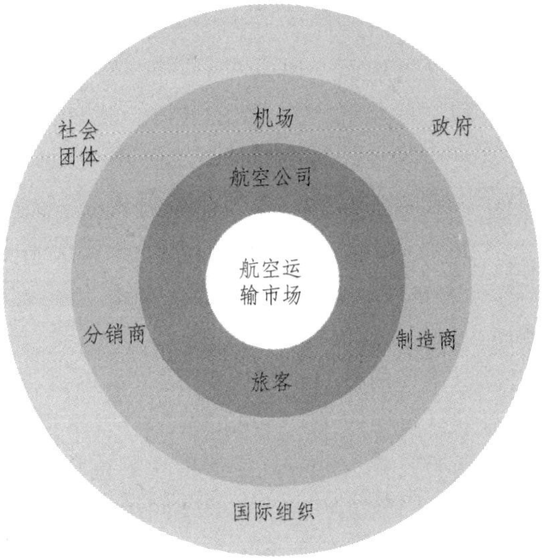

图 1.1　航空运输市场要素示意图

1.2.2　狭义的航空运输市场

在介绍狭义的航空运输市场概念之前，首先需要明确什么是典型的航空旅客行程。航空运输并不是门到门的运输，典型的航空旅客行程往往是旅客从居住地或办公地点开始，通过不同的地面交通方式前往机场。在旅客到达机场后，需要完成相应的登机手续，如购买机票（如未提前购买）、领取登机牌、托运行李和接受安检等。接着就是空中飞行时间，从 1 个小时到近 20 个小时不等。在航班到达目的地机场后，旅客需要办理离机手续，包括领取行李、办理海关和边检等（国际航班）。最后，旅客将通过地面交通方式离开机场到达最终的目的地。大部分航空旅客都将在目的地逗留一段时间后返回出发地，因此航空旅客的行程往往包含往返两段，如图 1.2 所示。

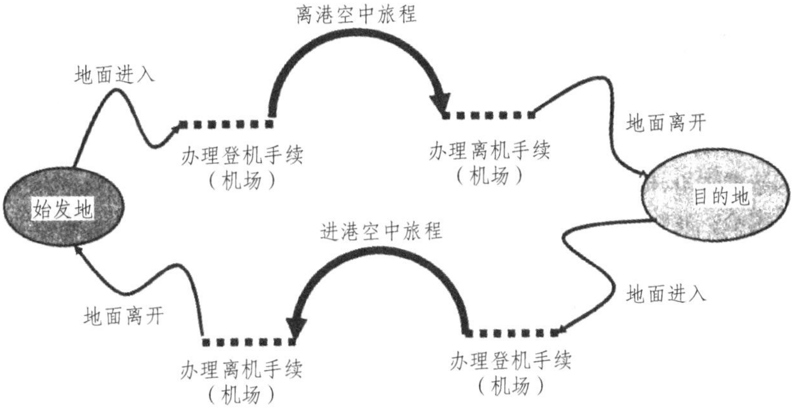

图 1.2　典型的航空旅客行程

典型的航空旅客行程直接影响了定期航空运输市场及需求。由于航空旅行不仅是从一个机场到另一个机场，而是从旅客“真正”的出发地到“真正”的目的地。整个行程所需花费的时间远大于实际飞行时间，这无疑将影响两个机场之间的航空运输量。另外，航空旅客的行程包括离港和进港两个部分。对于目的地城市而言，出发地的离港航班是目的地机场的进港航班。因此，在航空运输市场分析的过程中需要注意航空运输的方向性。这也是分析人员会为两个方向客流建立不同的航空运输需求预测模型的原因。

在典型航空旅客行程的基础上可以对航空运输市场的空间边界进行划分。首先，由于乘客需要通过地面交通方式前往和离开机场，地面交通方式的时间和费用决定了旅客对机场的选择和出行意愿，并引出了机场 Catchment Area 的概念①。一个机场的 Catchment Area 由机场所有出行旅客所在的“真实”出发地构成。因此，关于机场 Catchment Area 的讨论主要集中在该机场对区域内乘客的吸引力上。

机场 Catchment Area 的大小主要受到乘客的出行目的和目的地的影响。例如，商务出行和短途飞行的乘客时间敏感性较高，可能更倾向于选择距离“真实”出发地较近的机场，以减少地面交通所需时间；相反，休闲度假的乘客可能愿意前往距离较远的机场，以便以较低的机票价格前往目的地（Belobaba, et al., 2009）。

平行市场。当乘客可以根据自身出行目的和目的地对机场进行选择的时候，这意味着邻近地区机场的 Catchment Area 出现了重叠。如图 1.3 所示，机场 A 和机场 C 同时提供前往机场 B 的航班。位于机场 A 和机场 C 中间阴影位置的乘客可以选择航班 A—B 或 C—B，而来自两个机场未重叠地区的乘客更倾向于就近选择对应的机场。对于重叠地区的乘客来说，航班 A—B 和 C—B 的作用是一样的，可以相互替代，这就是平行市场的概念。平行市场的大小和 Catchment Area 的重叠程度相关。它受地面交通方式的便捷程度和机票价格等多方面因素的影响。因此，对航空运输市场的空间定义更多参照城市对市场的概念（见 3.1.2 节 OD 需求）。

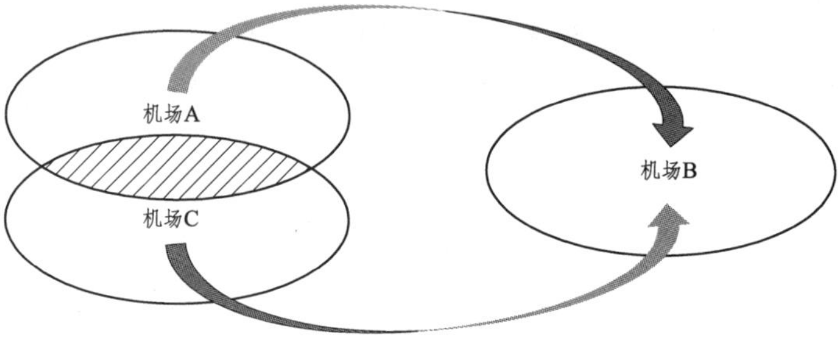

图 1.3　平行航空运输市场（重叠）

中转市场。当航空运输市场不仅局限于两地之间时，情况将变得更加复杂，见图 1.4。例如，同样是从机场 A 到机场 B，乘客可以选择航班 A—B 或经过机场 C 中转。通过中转航班，原本 A—B 市场上的乘客将 A—C 和 C—B 市场连接起来，而 A—C 和 C—B 两段航程的机票价格将反过来影响机场 A 和 B 之间的需求和供给。

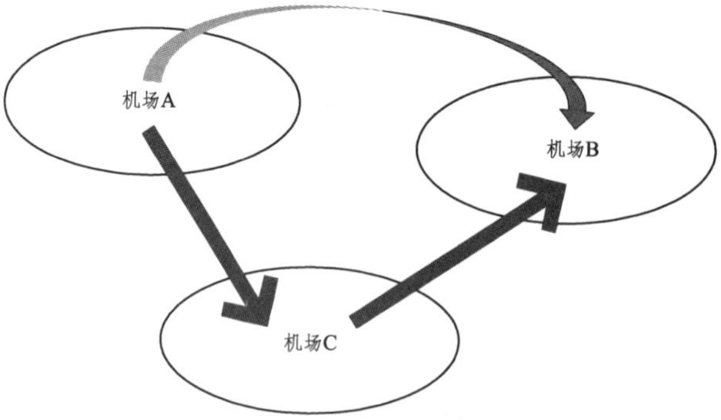

图 1.4　中转航空运输市场

① Catchment Area 的含义是机场市场范围，具体内容见 11.1 节。

现举例说明中转市场票价[①]。长安航空执飞福州—淮安—西安航线，经济舱全价为 1 673 元，票价 2.6 折，福州—淮安、淮安—西安两个航段全票价分别为 1 019 元、1 211 元，票价均为 2.6 折。厦门航空执飞福州—西安的直达航线，经济舱全价为 1 661 元，票价 6.5 折。

1.3　全球航空业发展概况

虽然受到经济衰退和恐怖袭击等不确定性影响，但全球航空运输业在过去的几十年间仍然经历了指数级的高速增长，如图 1.5 所示。截至 2018 年，全球航空客运收入客公里（Revenue Passenger Kilometers，RPK）达 8.3 万亿，同比增长 7.1%，货运吨公里（Freight Ton Kilometer，FTK）达 2 310 亿，同比增长 3.6%。历史数据表明，全球航空运输量每 15 年就会翻一番，从 1960 年至今其增长已超过 30 倍（国际航空运输协会 International Air Transport Association，IATA，2019）。

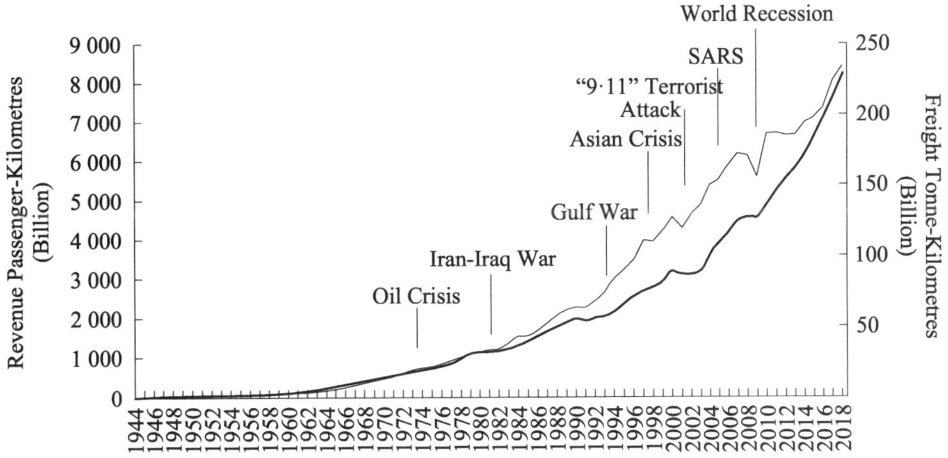

图 1.5　全球航空运输业发展趋势（IATA, 2019）

从全球范围来看，航空运输业创造了 6 550 万个就业岗位，产生的直接贡献和间接贡献高达 2.7 万亿美元[②]（IATA, 2019）。目前，全球拥有超过 1 300 家定期航空承运人和 3 759 个商业运输机场。2018 年，全球超过 31 000 架航空器完成了 3 800 万个商业航班，运送了多达 43 亿人次旅客和 5 800 万吨货运。这相当于平均每天超过 10 万个航班运输了 120 万乘客和价值 180 亿美元的货物。与此同时，商业飞行并未显示出放缓的迹象。事实上，预计 2030 年中期，全球航空运输的旅客和航班量将再次翻倍。预计到那时，全球每天至少运行 20 万个航班。预计到 2040 年，全球旅客运输将保持 3.5%的年复合增长率，其运输量将增长到约 100 亿人次，而起降架次将增加到约 9 000 万架次（IATA，2018）。届时，航空运输业将有望为全球提供 1 亿个就业岗位（IATA，2018）。

图 1.6 显示，北美地区航空客运周转量（Revenue Passenger Kilometres，RPKs）一直居于首位，其次是欧洲及亚太地区。几次明显的下降分别是 20 世纪 90 年代海湾战争、21 世纪初"9·11"恐怖袭击事件，以及 2008 年全球金融危机。20 世纪八九十年代，亚太地区的航

① 数据来源：携程，采集时间：2020-10-06，航班时间：2020-10-31，所有数据采自同一时点。
② 相当于英国的人口和经济体量。

空旅行增长速度一直高于北美和欧洲地区，至 2005 年前后，亚太地区客运总周转量已与欧洲地区持平，并逐步追赶北美地区。

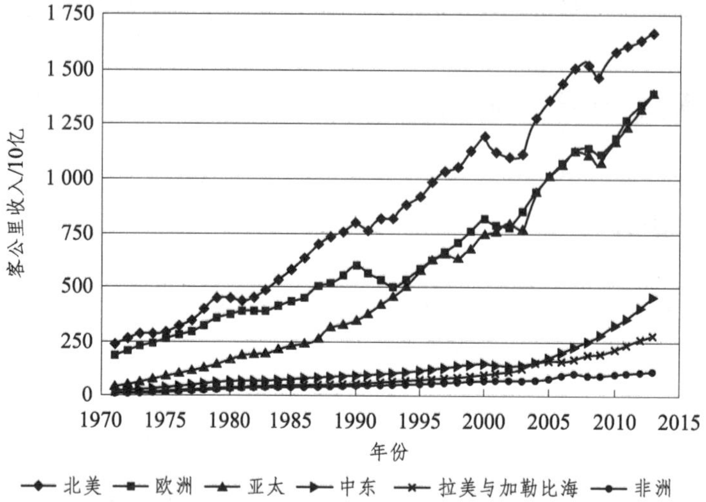

图 1.6 世界各地区航空客运增长

注：引自《全球航空业（第二版）》，第 3 页。

2018 年，亚太地区完成的客运周转量（RPKs）占比达到全球总运量（82 580 亿收入客公里）的 34.8%（国际民用航空组织 International Civil Aviation Organization，ICAO，2018）。预计到 2024 年左右，中国将取代美国成为全球最大航空市场，印度将超过英国成为第三大航空市场，而印度尼西亚将在 2030 年左右跃居第四大市场。全球航空运输业正在重新洗牌，航空业的重心持续东移。

1.4 航空运输市场的典型特征

1.4.1 需求派生性

派生性需求是相对于原生性需求而言的概念，原生性需求是消费者对产品的需求独立于其他任何需求而产生的，如人类对于衣食住行的自发需求就属于原生性需求。派生性需求是由阿尔弗雷德·马歇尔在其《经济学原理》一书中首次提出的经济概念，实质是指对生产要素的需求，意味着它是由对该要素参与生产的产品的需求派生出来的，又称“引致需求”（Derived Demand）。如公司对工人的需求①，医院对医护人员的需求，旅客对交通工具的需求，等等。因此，派生性需求是依附于原生性需求而存在的。

航空运输作为一种现代化的交通方式，同样具有典型的需求派生性特征，即是说人们对于航空旅行的需求并非原生性需求，而是依附于生产、生活、消费等经济活动的间接需求。这客观上决定了航空运输活动对宏观经济的高度依赖性，历史数据也表明两者之间具有天然的内在联系和较强的相关性。

波音公司的研究表明，经济增长为 RPK 的增长提供了 60%～80%的贡献度。图 1.7 和图

① Why is it every time I ask for a pair of hands, they come with a brain attached? ——Henry Ford.

1.8 显示两者之间具有较强的相关性，尤其是航空业净利润与经济状况的相关程度更高。我们发现，每当世界经济遭受突发事件影响而下挫时，航空运输业也会随之下挫，并随经济恢复而迅速恢复，如典型的几个重要事件：20 世纪 70 年代石油危机，20 世纪 80 年代第二次石油危机及经济滞胀，20 世纪 90 年代海湾战争，2001 年“9·11”恐怖袭击，2008 年世界金融危机等。

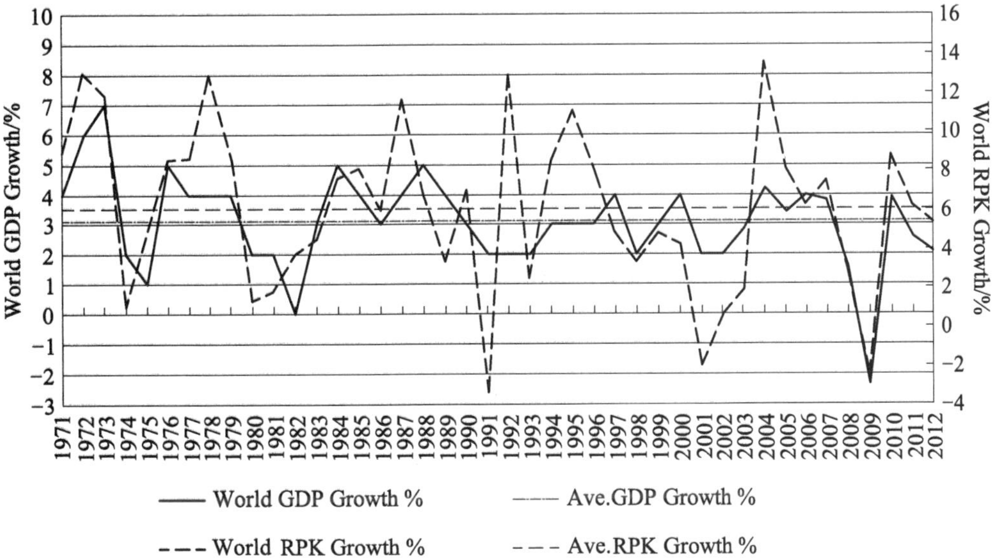

图 1.7　世界 GDP 增长率 vs. 世界 RPK 增长率

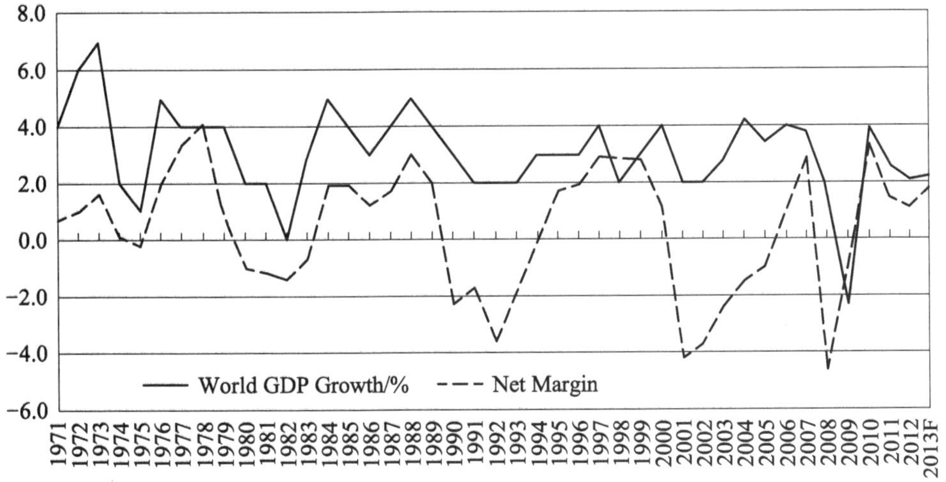

图 1.8　世界 GDP 增长率 vs. 航空运输业 Net Margin 增长率

从全球历史数据来看，RPK 年增长率大约是 GDP 年增长率的 2 倍①。这种倍率关系实质上是运输需求的派生弹性，由于航空运输需求的本源性需求较多，如生产、消费、旅游，等等，其派生弹性种类也较多。以整体国民经济为例，RPK 对其派生弹性可以表达为：

① 彼得·贝罗巴巴等：《全球航空业（第 2 版）》，第 2 页。该值并非绝对，一般处于 1.5~2.0 之间。

$$\varepsilon_{dd}=\frac{R_{\mathrm{RPK}}}{R_{\mathrm{GDP}}} \tag{1.1}$$

式（1.1）中，R_{RPK} 为 RPK 年增长率，R_{GDP} 为 GDP 年增长率。图 1.9 是中国历年 RPK 对 GDP 的派生需求弹性走势，基本围绕轴线 $\varepsilon_{dd}=2$ 上下波动。1979—2019 年前期波动较大，后期渐趋平稳，此期间综合弹性系数为 1.76，表明航空运输对宏观经济富有弹性，当 GDP 变动 1% 时会引起 RPK 平均变动 1.76%。

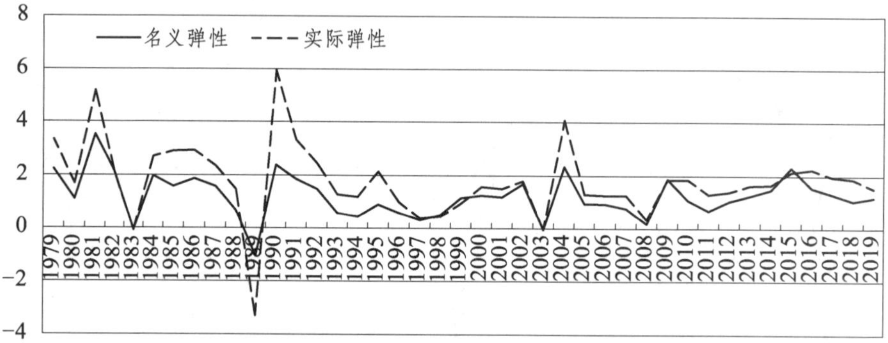

图 1.9　中国历年 RPK 对 GDP 的派生需求弹性趋势

1.4.2　行业薄利

ICAO 数据显示，其成员国定期航空公司的平均运营利润率大约为 6.3%[①]。事实上，在过去的四十多年里，全球航空公司的平均运营利润率从未超过 10%，这是一个实实在在的薄利行业。如图 1.10 所示，2015 年之前行业运营利润率从未超过 6%，且呈现明显的周期波动。

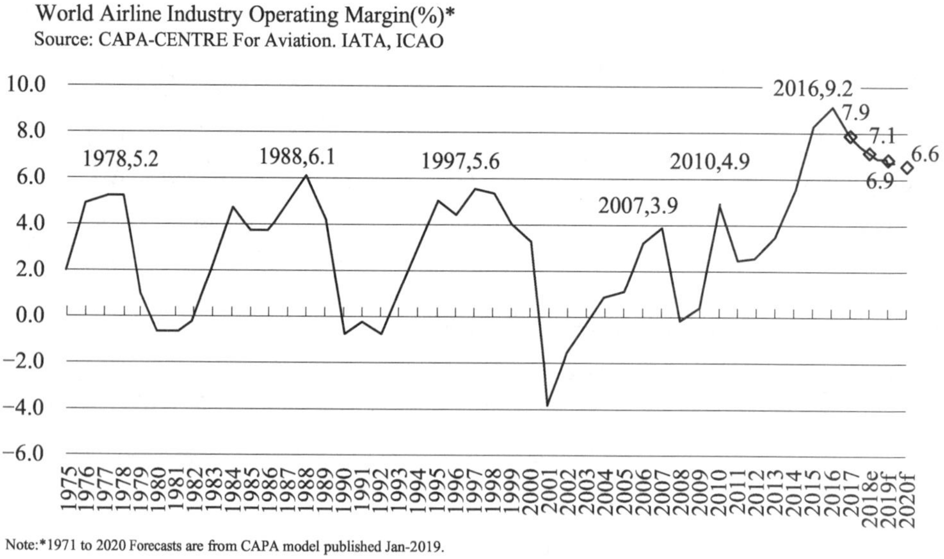

图 1.10　1975—2020 年全球航空业运营利润率

（航空公司飞行员协会联盟 Coalition of Airline Pilots Associations，CAPA，2019）

① 运营利润率表示运营利润（Earnings Before Interest and Taxes，EBIT）在总收入中的占比。

航空运输业存在巨大的地区发展不均衡，见图 1.11。全球航空运输业近十年连续盈利很大程度上得益于北美航空公司重组后在国内市场的高效运营；欧洲市场上，虽然瑞安航空（Ryanair）和国际航空集团（International Consolidated Airlines Group，S.A，简称 IAG）盈利能力较强，但是多个航空公司相继破产拉低了地区的利润率；随着 2008 年金融危机后期航空运输需求的逐渐恢复，亚太地区航空公司的平均运营利润率最高达到 4%；中东和非洲的航空公司大部分时间段的运营利润率为负数。

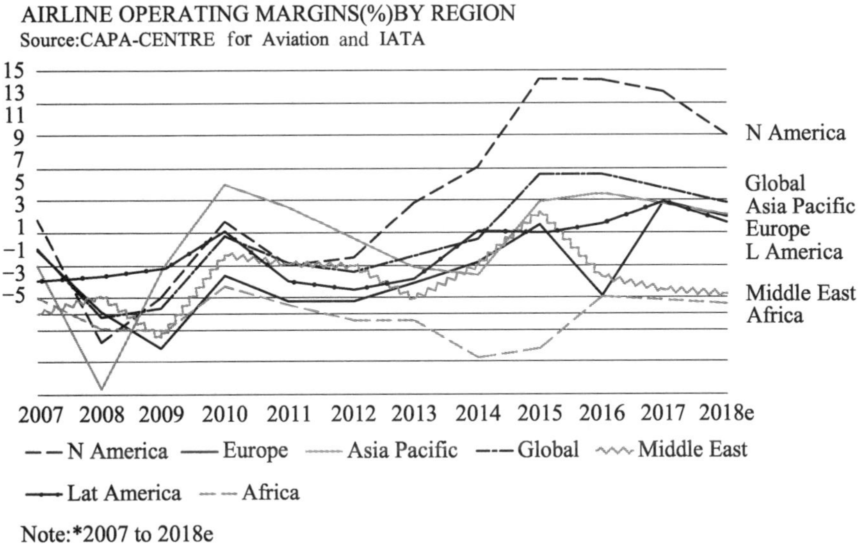

图 1.11　2007—2018 年全球分地区航空业运营利润率（CAPA, 2019）

那么是什么原因导致空运行业利润如此低呢？利润等于收入减去成本，只有当收入大幅度超过成本时才可能获得可观的毛利润（或净利润）。图 1.12 对比了全球航空公司的单位成本和单位收入，可以看到两者之间差距甚微，这使得航空公司在盈利的道路上十分艰难。因此，航空公司运营和规划的本质在于对成本和收入的控制。

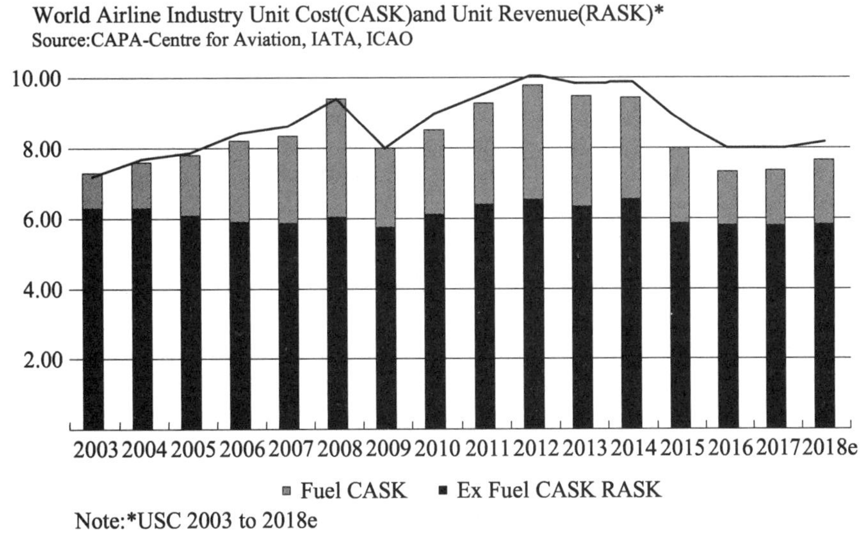

图 1.12　2003—2018 年全球航空公司单位收入和单位成本对比（CAPA, 2019）

收入取决于票价和运量，虽然过去几十年航空运输周转量一直在持续增长（见图 1.5 和图 1.6），但平均票价水平却长期处于下降趋势。如图 1.13 所示，1950—2018 年间平均吨公里的运输价格从 7 美元逐渐降低至 1 美元左右，1970 年至今则下跌了约 70%。以米兰到巴黎的航班机票价格为例，它从 1992 年的 400 欧元跌至 2017 年的 15 欧元（European Commission，2017），跌幅达 96%，航空运输服务早已从富人的奢侈品转变为大众消费得起的普通商品。

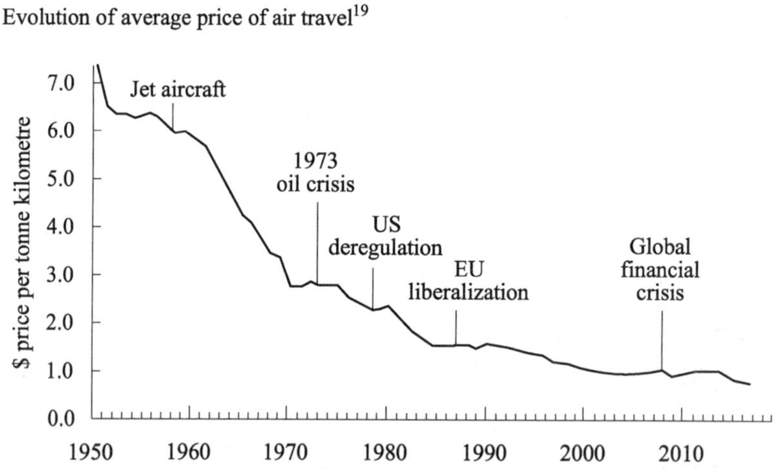

图 1.13　1950—2018 年机票价格趋势（IATA, 2019）

成本方面则比较复杂。一般说来，航空公司的运营成本包括直接运营成本（DOC）和间接运营成本（IOC）。IOC 与组织管理水平相关，DOC 与机队和网络相关。DOC 包括所有权成本、燃油成本、维修成本、机组成本，其中燃油成本占比在 30%左右，属于外生因素，且波动剧烈，无法干预，这对航空公司成本控制是一个巨大的挑战。图 1.14 是第二次世界大战（“二战”）后至今以美元和黄金分别计价的原油价格。

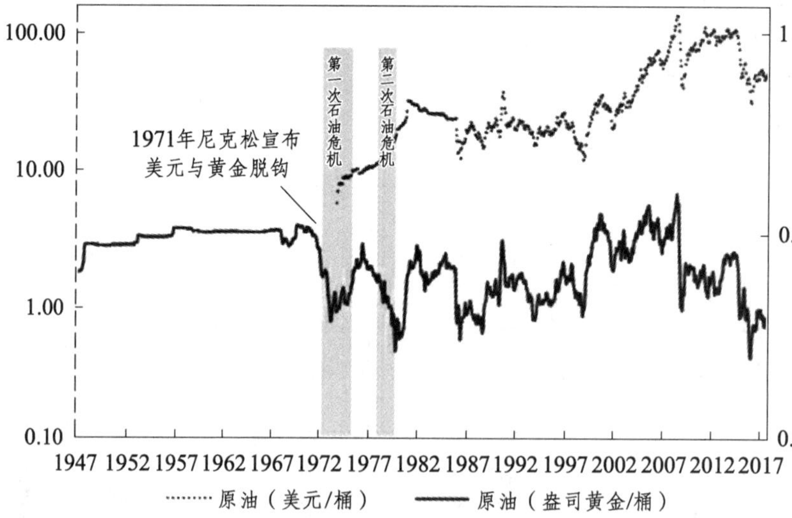

图 1.14　以美元和黄金计价的原油价格（1947—2017）

资料来源：BLS，Thomson Reuters，WIND.

图 1.14 显示，以美元计价的原油价格持续攀升，航空燃油的价格具有相同的趋势。航空公司为了节省燃油成本，只能疯狂为飞机减重（主要减少非必要载荷），如控制杂志、餐具、

座椅、涂装等设施设备的重量，并“精确”计算燃油加注量（综合考虑航路、等待、备降、备份油耗）[①]。通过大数据模型寻求安全飞行和成本效益之间的最佳平衡，目前的技术可节省 2%～5%的燃油量[②]，如果一架 B777-300ER 每天执飞两对京广线往返，按照 2%来计算，一年可以节省约 574 吨航空燃油，整个机队在整个网络上的燃油节省就非常可观了。

1.4.3　重资产

航空业是一个典型的重资产行业。从航空器制造商、航空公司到机场和其他航空服务提供商，前期大量的资金投入必不可少，而后在生产或销售过程中逐步折旧或摊销。重资产行业一般是初始投入资金量较大的行业。

学术界对轻重资产的划分并无统一标准，目前主要指标有固定资产比率（50%为临界值）、固定资产占销售收入比重（20%为临界值）以及边际投资收益率。固定资产占销售收入比重超过 20%被视为重资产行业。这里的固定资产包括：固定资产、在建工程、无形资产、长期待摊费用、商誉、开发支出（资本化费用）等。

航空运输业的重资产特性主要来源于其昂贵的飞机资产及专用设备。例如，一架宽体客机的价格通常超过 10 亿元人民币，而窄体客机的价格也已经超过 5 亿元。制造商对产品价格和产量的调整、技术进步和每年目录价格的溢价使得航空器的价格总体呈上升趋势。飞机账面价格高的另一个原因来自高额的关税和增值税[③]，而这些都被计入飞机的所有权成本。目前，飞机所有权成本合计占航空公司总成本的 20%左右。

飞机作为兼具高价值和高科技的商品成为政府平衡贸易和调整双边关系的重要手段。我国的飞机采购主要由政府主导，而航空公司引进飞机也需要国家发展和改革委员会（官网规范简称发展改革委）的批文。总体上，我国航空公司的机队以波音和空客为主，机队相对年轻，增长速度受控。虽然这规避了机队风险，但是航空公司的选择余地较小，难以靠飞机进行资产配置并通过参与新飞机项目来获得超额收益。

表 1.1、表 1.2 分别为波音飞机和空客飞机在 2018 年的价格。

表 1.1　波音飞机目录价格（2018）

家　族	机　型	目录价格/百万美元
737	737-700	85.8
	737-800	102.2
	737-900ER	108.4
	737 MAX7	96
	737 MAX8	117.1

① 霍尼韦尔航空航天集团开发的专门的飞行效率软件，输入飞行计划、气象预报、导航变化、飞机性能数据等诸多变量，可为航空公司提供精确的加油指导。航空公司的备份油量可从当前普遍的 5%～10%减少到 3%（按照标准立方米计算）甚至更少。

② 航空公司为了飞机省油，能做到啥地步？[EB/OL]，网易航空，2021.8。

③ 空重 25 吨以上的飞机的关税和增值税分别为 1%和 4%，合计 5.04%；空重 25 吨以下的飞机的关税和增值税分别为 5%和 17%，合计 22.85%。

续表

家　族	机　型	目录价格/百万美元
737	737 MAX200	120.2
	737 MAX9	124.1
	737 MAX10	129.9
747	747-8	402.9
	747-8 Freighter	403.6
767	767-2C	—
	767-300ER	209.8
	767-300 Freighter	212.2
777	777-200ER	295.2
	777-200LR	334
	777-300ER	361.5
	777 Freighter	339.2
	777-8	394.9
	777-9	425.8
787	787-8	239
	787-9	281.6
	787-10	325.8

表 1.2　空客飞机目录价格（2018）

家　族	机　型	目录价格/百万美元
320	A318	77.4
	A319	92.3
	A320	101
	A321	118.3
	A319neo	101.5
	A320neo	110.6
	A321neo	129.5
330	A330-200	238.5
	A330-800（neo）	259.9
	A330-200 Freighter	241.7
	A330-300	264.2
	A330-900（neo）	296.4
350	A350-800	280.6
	A350-900	317.4
	A350-1000	366.5
380	A380	445.6

航空公司重资产的经营模式需要通过不断投入大量资金来维持竞争力，直到飞机租赁业的出现，改变了航空业的生产关系、航空公司的现金流结构和盈利模式。航空公司通常以低利润率运营，因此需要寻求外部资金来补充机队。租赁减少了航空公司的初始资本支出，并允许航空公司按需求灵活调整机队规模，选择最新技术和机型。相比购买飞机需要一次性大额投入，租用飞机只需要按时支付少量租金。航空公司可以将节余的现金流用于进一步增加机队数量或日常运营管理。通过租赁飞机，航空公司将航空器降价和减值的风险转移到租赁公司，并保持自身飞机资产和机队组合的灵活性。例如，南航、东航、国航和海航在 2017 年花费 557 亿元租赁了 1 499 架飞机。如果以一架飞机 2 亿美元计算，其购买成本将超过 2 万亿人民币。与此同时，这四家航空公司在 2017 年的全部营收仅为 4 100 亿元（净利润 235 亿元）。显然，飞机租赁对航空公司运营起到了经营杠杆的作用。春秋航空在上市前近 70%的飞机都是通过租赁的方式获得。在其上市融资之后，自有飞机的数量才逐渐超过了租赁飞机的数量。目前，租赁代理已成为航空运输业的核心。截至 2017 年，在全球超过 30 000 架的商业航空运输机队中，近 50%的飞机是以租赁的方式运营。飞机租赁市场在全球的规模超过 2 600 亿美元。

1.4.4 周期性

航空运输的周期性本质上来源于航空运输需求的派生性，它导致航空运输业随着经济周期的波动而波动。作为派生需求的产品，航空运输业的增长与 GDP 增长具有较高的正相关，其年均增速能达到 GDP 增速的 1.5 ~ 2.0 倍，这在 1.4.1 节已有详细论述。

除了其需求派生性导致的周期波动外，漫长的飞机交付周期也是导致航空公司周期性现象的重要原因。在经济繁荣时期，航空运输需求大增，航空公司倾向于大量订购飞机并扩大运营规模，但飞机的生产周期较长，常规机型通常需要 1 ~ 2 年，热门机型则有可能长达 4 年。这意味着飞机交付高峰期总是滞后于运输市场高峰期。两者之间的不平衡和宏观需求不确定往往导致航空公司运营和财务表现呈现剧烈波动，亏损或破产重组时有发生。图 1.15 展示了波音、空客和麦道在 1955—2005 年间的净订单数及交付量，可以看到两个系列数据均呈现较明显的周期性变化，订单数比交付量的波动性更大，且交付量滞后于订单数 2 ~ 3 年。

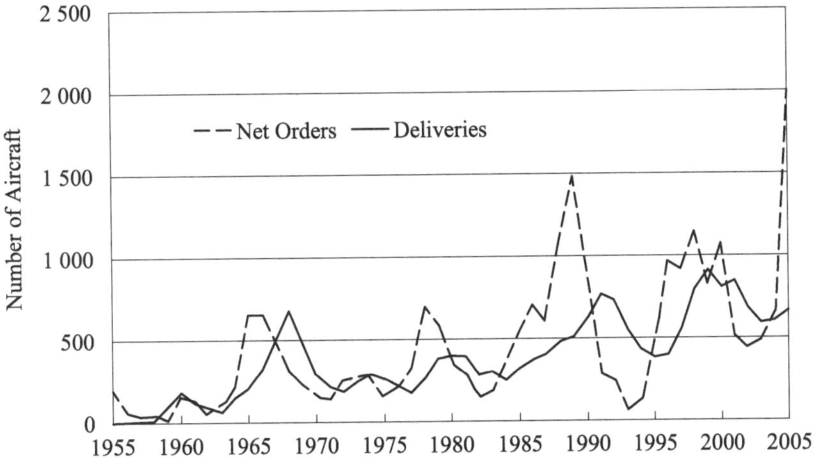

图 1.15　波音、空客和麦道的飞机净订单和交付量，1955—2005

来源：Back Aviation Solutions

当飞机制造商交付订单后，航空公司的运力得到显著增加，增加的运力会带来额外的固定成本。因为飞机和航空公司运营系统中的一些其他要素在一定程度上是不可分割的[①]，这些要素对新增固定成本引起总成本和单位成本变化起着非常重要的作用。如果新增运力不能被充分利用，每单位产出（可用座公里 Available Seat Kilometer，ASK 或可用吨公里 Available Tonne-Kilometers，ATK）新增的固定成本将会较高，当新增运力的利用率上升，会导致产出相关的可变成本也上升，但固定成本会分摊到更多的产量上，所以每单位平均成本会降低。每当现有的运力（目前的机队）得到充分利用和运力进一步增加时，这个过程都会自我重复。

除了经济周期，航空运输业的周期性也体现在其自身具有的季节性波动上。具体而言，航空运输市场需求在一天中的不同时段、一周中的不同日子或一年中的不同季节都会出现明显的波峰和波谷变化。在不同航线上，这种波动的幅度也有所不同，可能与生活习惯和工作时间的安排相关。例如，旅客很少愿意在凌晨 2 点登机旅行，当然很多机场的宵禁制度也不允许大量的夜间航班；美国东海岸至欧洲的洲际航线飞行时间长达 14 个小时，几乎可以断定没有旅客愿意在上午 10 点之后或下午 4 点之前起飞（因为到达时间分别是午夜后和早上 6 点之前）。商务旅客一般倾向于一天中早上或晚上出行，每周的客流高峰一般出现在周一或周二和周五。尽管如此，每日或每周客流量的波动对航空公司造成的影响并没有季节性波动严重。如学校假期、企业休假、宗教节日和文化活动等因素的叠加会造成更加明显的出行高峰。例如，地中海度假胜地气候宜人的时候也是学校和企业放假的时候，因此暑期或一年中气候温和时期就会有大量客流从北欧流向南欧。类似地，每年圣诞节期间，加勒比航线也会形成一个客流高峰。这种季节波动已被历史数据所证明，例如美国航空运输业在一年中的 1、4 季度表现最差，2、3 季度盈利能力最强[②]，历年如此，循环往复。

---

① 生产的不可分割性在经济学上称为“空核”，指供给的整体不可分割导致不能维持最佳的供给水平，行业或企业自身要经受供给不足或供给过剩的来回折磨，其结果就是财务不稳定（Telser,1978）。例如，在某条航线上，一个航班不能充分满足需求，导致票价过高，但增加一个航班后又会供过于求，导致低票价无法持续，最终的结果就是公司在获利和亏损之间来回摇摆。

② 1977—2006 年间，美国航空运输业在第 1、4 季度分别亏损 116 百万美元、81 百万美元；而第 2、3 季度分别盈利 986 百万美元、1 129 百万美元。以上盈利按 2006 年价格计算。

第 2 章　航空运输相关概念及术语

2.1　航线相关概念

（1）航线。

航线（Route/Air Route）：民航运输飞机的飞行路线称为航空交通线，即航空公司运营的路线，由飞行的起点、经停点、终点、航路等要素组成。航线按起讫地点的归属不同分为国内航线、地区航线和国际航线。

（2）航段。

航段（Route Segment）：某条航线上能够构成旅客行程的航段称为旅客航段，简称航段。在某条航线上航班飞机实际飞经的航段称为飞行航段，简称航节（Leg）。航节是一个空间概念，指完成一次起降所执行的飞行任务，而航段是指从旅客的旅行任务来说的。例如北京—上海—广州航线，航段有 3 种可能：北京—上海、上海—广州、北京—广州。航节有两个：北京—上海、上海—广州。

（3）航班。

航班（Flight）：一架飞机在两个城市之间的一次单向飞行。它包括航班号、航班的出发机场和到达机场、出发时刻和到达时刻等要素，同航线一样，航班资源也是航空公司的宝贵资源。

（4）航班号。

航班号（Flight No.）：为了便于组织运输生产，按一定规则给每个航班编排的一个编号，如 CA1418 就是成都飞往北京的一个航班的航班号。

（5）航距。

航距（Route Distance）：地球上两地与球心的大圆所夹的劣弧的弧长（最短距离），又称为大圆航线距离。

（6）时隙（航班时刻）。

时隙（Time Slot）：也叫时槽，即航班时刻，在国内通常指起飞时刻，而在美国，时隙资源也称为着陆权。它是航空公司特有的资源（特有资源还包括航线经营权、机场设施使用权等）。

（7）班次。

班次（Frequency）：即航班频率，指航空公司一天（或一个星期）在同一条航线市场上有多少个航班，如国航在成都至北京航线上每天有 10 个航班班次。

（8）班期。

班期（Shift）：某一航班在一周中的哪几天执行，如南航在成都至广州的航线上每周一至周日每天 8 班次，而在成都至新加坡的航线上每周一、三、五、七各一个班次。

（9）机型。

机型（Fleet）：执行航班所使用的飞机类型。不同的机型有不同的飞行性能（如小时耗油量、航程、升限、最大起飞全重、爬升能力等），对应不同的飞机座位数、不同座舱布局，运营成本也不相同。

（10）最小过站时间。

最小过站时间（Minimum Connection Time，MCT）：从飞机进入机位到下次起飞的必要准备时间，包括飞机仪器、仪表的检查，添加燃料，旅客下飞机，机舱的清洁整理及旅客登机等。不同的飞机、机场及航班性质（如国内、国际航班）等，最小过站时间会有所不同，国内航班通常是 30 ~ 50 分钟，国际航班一般不小于 1 小时。

（11）轮挡时间。

轮挡时间（Block Time）：滑行飞机在地面停放后，在机轮下放置轮挡，防止飞机滑动。当飞机启动发动机准备运动时，地面人员撤去轮挡，从这个时间起计算飞机的运行时间至飞机着陆再次放置轮挡的一段时间，称为轮挡时间，包括飞机的滑行、爬升、飞行、进近、降落、着陆、滑行的整个过程。

（12）旅客行程（结构）。

行程结构（Itinerary）：同一个 O-D 流（始发地—目的地市场需求，即 Origin-Destination，也称为 OD 需求），可以有不同的行走路线和时刻。它反映了产品的不同质量，因此有不同的需求①。

2.2 航权相关概念②

2.2.1 航权的含义

航权，又称为航空“业务权”，是国际航空运输中的一个十分重要的问题，涉及市场准入权。航权是世界航空业通过国际民航组织制定的一种国家性质的航空运输权利，因为航空运输只要超出自己的国界就涉及其他国家的主权，国际航空运输就需要在全球行业范围内有一个统一的规定，航权就属于这个规定中的一部分。

航空公司经营国际航空运输业务，如果得不到航权，是不可能进入市场的；即使获得了一定的航权，但如果得到的权利不充分，那也很难经营国际航空运输业务。因此，不论作为主管民航事业的政府部门，还是航空运输企业，都对此高度重视。

在两个国家航权的谈判中，这个权力的确定并不是简单地确定允许或不允许，而是包括具体的内容：① 运力：一周内允许飞几班，客班还是货班，有的要确定机型，或者不限机型，但是限定座位数，还有的限制时隙（Time Slot）；② 航点：允许在境内的什么地方通航，有的是具体通航地点，有的是通航地点的个数；③ 承运人：允许几家航空公司飞这条航线，有时是一家，有时是多家，还有时要确定是客运承运人或者货运承运人。

2.2.2 航权的分类

（1）第一航权：领空飞越权。

① 具体分析可参考 3.1.2 节中 OD 需求。
② 引自中国民用航空局“航权专题”，http://www.caac.gov.cn/GYMH/MHBK/HQZT/。

飞出国界的第一个问题就是要飞入或飞越其他国家的领空，允许不允许，就形成了第一种权利（图 2.1）。

在不着陆的情况下，本国民航飞机可以在协议国领空上飞过，前往其他国家目的地。例如：北京—旧金山，中途飞越日本领空，那就要和日本签订领空飞越权，获取第一航权，否则只能绕道飞行，增加燃料消耗和飞行时间。

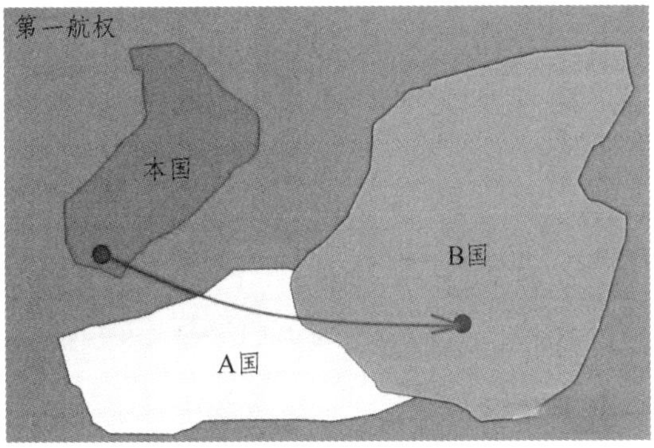

图 2.1　第一航权示意图

中国在 20 世纪六七十年代，没有飞越苏联的领空权，通航欧洲就走“南线”，那时形成了中国“热飞”阿联酋莎迦的历史，所有欧洲航班都经过莎迦，每周 20 多个起降，给莎迦带来了繁荣。20 世纪 80 年代末，中国获得了飞越苏联的权利，欧洲航班改为北线，飞行小时从原来的 15 ~ 16 小时减少到 10 小时左右，航空公司省了不少的航油成本。改飞“北线”以后，莎迦机场的繁荣甚至莎迦当地的经济受到不小的影响。

（2）第二航权：技术经停权。

本国航机可以因技术需要（如添加燃料、飞机故障或气象原因备降）在协议国降落、经停，但不得做任何业务性工作，如上下客、货、邮（图 2.2）。

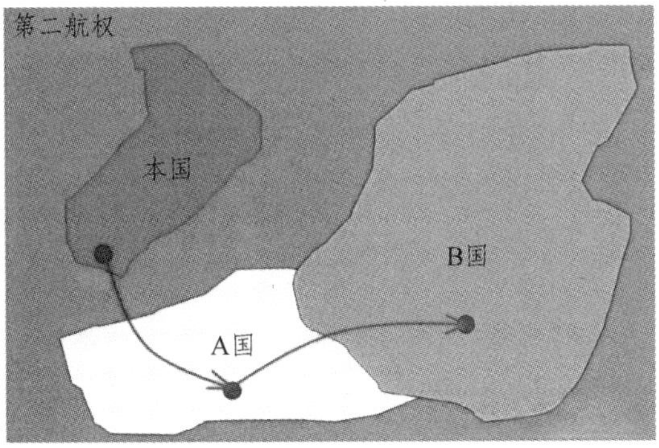

图 2.2　第二航权示意图

例如：北京—纽约，如果由于某飞机机型的原因，不能直接飞抵，中间需要在日本降落并加油，但不允许在该机场上下旅客和货物。此时就要和日本签订技术经停权。

航空公司飞远程航线，由于距离太远无法从始发地直接飞到目的地，需要选择一个地方中途加油或者清洁客舱等技术工作，那么在这个地方的起降就叫作技术经停。技术经停权，仅允许用于做非商业的技术处理，也就是不允许在当地上下客货。比如中国飞美国的航班，曾经在美国安克雷奇作技术经停。

由于飞机制造技术越来越先进，像波音 787 以及空客 A350 这种远程宽体客机，飞 15 小时都没问题，因此第二航权基本上就不需要了。

（3）第三航权：目的地下客权。

本国航机可以在协议国境内卸下乘客、邮件或货物（图 2.3）。

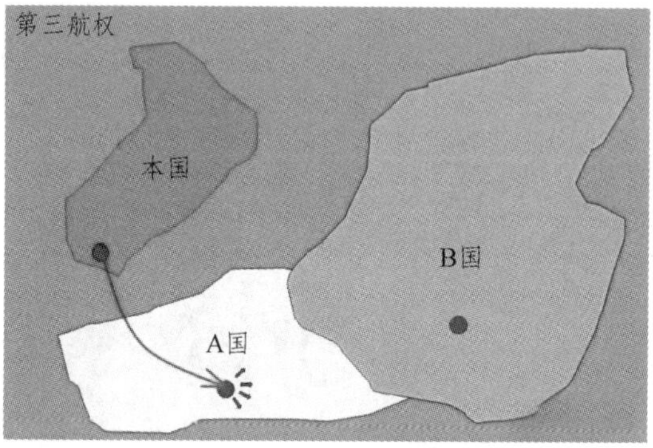

图 2.3　第三航权示意图

例如：北京—东京，如获得第三航权，中国民航飞机承运的旅客、货物可在东京进港，但只能空机返回。

（4）第四航权：目的地上客权。

本国飞机可以在协议国境内载运乘客、邮件或货物返回（协议国装载客货飞本国）（图 2.4）。

比如，中国航空公司飞机从北京飞往东京，如获得第四航权，飞机可以从东京载运旅客、邮件或货物搭乘原机返回北京。

第三、四种航权是一对孪生兄弟。航空公司要飞国际航线，就是要进行国际客、货运输，将本国的客货运到其他国家，将其他国家的客货运到本国，这种最基本的商业活动权利就是第三、四航权。

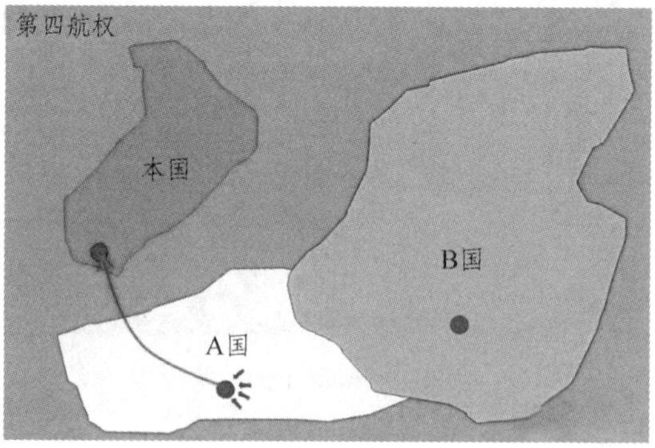

图 2.4　第四航权示意图

（5）第五航权：中间点权或延远权。

承运人从本国运输客货到另一国时可以将第三国（也就是始发地国家和目的地国家以外的其他国家）作为中转站上下客货，再到达目的地国；或者，承运人将自己国家始发的客货运到协议国家，上下客货后，可以运到第三国（图 2.5）。该航班的出发地必须为该外国航空公司的所属国家。第五航权是本国针对两个国家的双边协定而言的，在两国的协定中允许对方行使有关第三国运输的权利。如果在没有第三国同意的情况下，这个权力等于没有。因此，第五航权是要和两个或两个以上的国家进行谈判。

例如：新加坡—厦门—芝加哥，新加坡航空获得第五航权，可以在新加坡—芝加哥航线上经停厦门，上下客货。

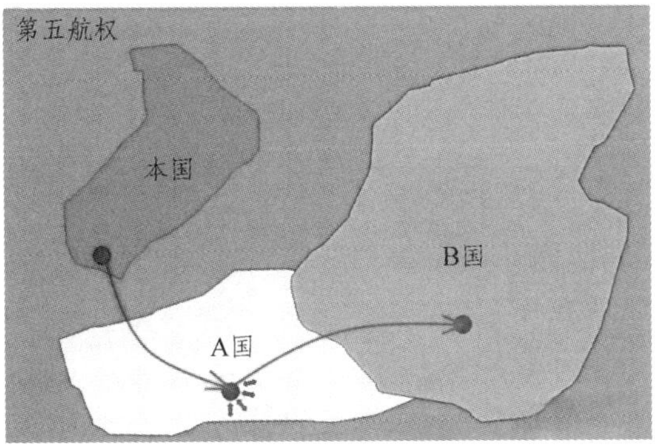

图 2.5　第五航权示意图

第五种权利（第三国运输权）：承运人前往获得准许的国家，并将从第三国载运的客货卸到该国，或者从该国载运客货前往第三国，有两种情形：

① 承运人本国（第一国始发地）—中途经停第三国—目的地国（第二国）。承运人从本国运输客货到另一国家时中途经过第三国（也就是始发地国家和目的地国家以外的其他国家），并被允许将途经第三国拉的客货卸到目的地国。这种权利是第五航权的一种。

例如，中国和新加坡的双边协定允许中国承运人在东南亚选择一点作为中途经停点，并可以将当地的客货拉到新加坡。这样对中国承运人的新马泰旅游运输就非常有利，一个航班上既可以有中国—新加坡的旅客，也可以有泰国—新加坡的旅客，同时因为中国—泰国本来有第三、四航权，所以同时还有中国—泰国的旅客。旅行社在组织新马泰游的时候就可以选择同一家公司承担所有的航程，非常有竞争力，并且方便旅客。如果没有第五航权，新马泰游至少要找两家公司承运。但是要注意，能否顺利地行使第五航权，还要有中途经停国家政府的同意。

② 承运人本国（第一国始发地）—目的地国（第二国）—以远点第三国。第五航权的第二种是以远点国家的运输，承运人将自己国家始发的客货运到目的地国家，同时又被允许从目的地国家上客货，并被允许运到另一国家。还是举新马泰的例子，中国和泰国的双边协定同意中国承运人将泰国的客货运往东南亚的另一个国家，并同意将东南亚另一个国家的客货运到泰国。这样，中国承运人选择了新加坡，就组成了中国—泰国—新加坡航线。

可以看出只有在同时具有这两种第五航权时，承运人才可以完整地使用这些权利，否则，即便获得了其中之一，也很难进行操作。

尽管第五航权是针对两个国家的双边协定而言的，协定中也允许对方行使有关第三国运输的权利，但是在没有第三国同意的情况下，这个权利等于没有。因此航空公司在使用这个权利的时候，必然同时要考虑中国与这个“第三国”有没有相应的权利。

第五航权之所以复杂，就是因为它涉及多个双边协定，并且在不同的协定中意味着不同种类的航权。第五航权与第二航权的区别在于，它允许飞机在经停地上下客货，这意味着外航不仅要分享对飞国之间的市场，同时还要分享中国到第三国的市场资源。

（6）第六航权：桥梁权。

某国或地区的航空公司在境外两国或地区间载运客货，但途中必须经过登记国的权利，第六航权其实就是第三、四航权的结合（图 2.6）。

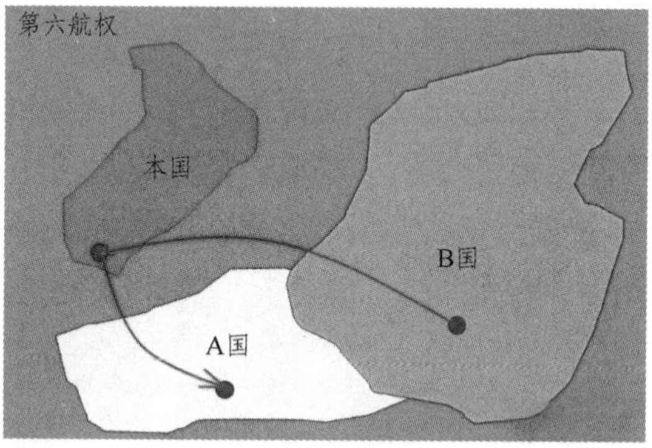

图 2.6　第六航权示意图

比如，伦敦—北京—首尔，国航将源自英国的旅客运经北京后再运到韩国。

新加坡航空公司在欧洲—澳洲航线上以及日本、韩国航空公司在中美航线上第六航权就运用得比较好。新加坡航承运英国—澳大利亚之间的客人，这些客人并不是要到新加坡去，但是新加坡航空公司通过其在樟宜机场的中枢，将欧洲的客人拉过来，再运到澳洲。同样，在中美航线上，日本、韩国的航空公司第六航权运用得很好，抢占了中美承运人大量的市场。他们把美国的客源先运到日本，再中转到中国来。

（7）第七航权：完全第三国运输权。

某国或地区的航空公司在境外两国或地区间载运客货而不用返回本国（图 2.7）。比如，英国伦敦到法国巴黎的航线，由来自德国的汉莎航空公司承运。

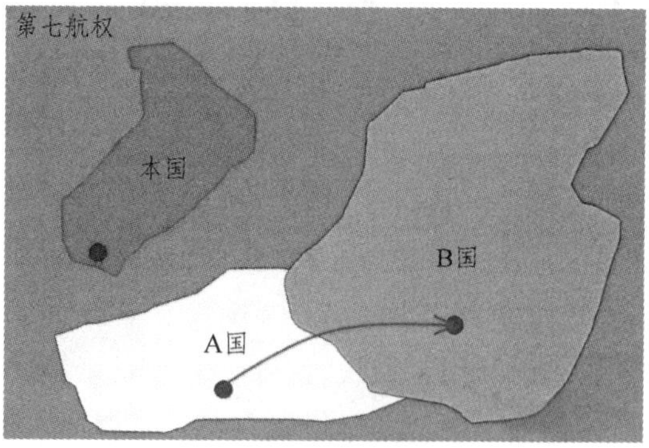

图 2.7　第七航权示意图

（8）第八航权：境内运输（连续的国内运输）。

某国或地区的航空公司在协议国或地区领域内的两个或两个以上机场间载运客货的权

利，须以本国为起点或终点（图 2.8）。

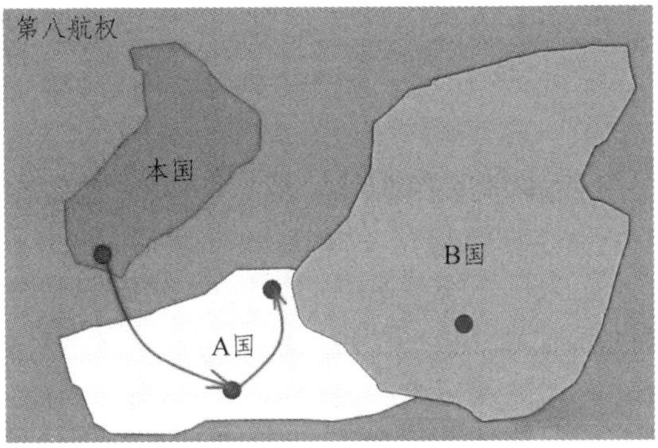

图 2.8 第八航权示意图

比如日本航空如果获得中国赋予的第八航权，就可以将把东京的客货先运到北京，然后在北京上下客货后，继续飞到成都。第八航权在某种意义上其实是第三、四航权在他国的航线延伸权利，但必须以本国机场作为航线的终点或起点。

（9）第九航权：完全境内运输权（独立的国内运输）。

在协议国内的两个或以上机场间的航线，无须涉及本国（图 2.9）。比如，日本如果向美国开放了第九航权，则可以由美联航经营东京—大阪的日本国内航线。

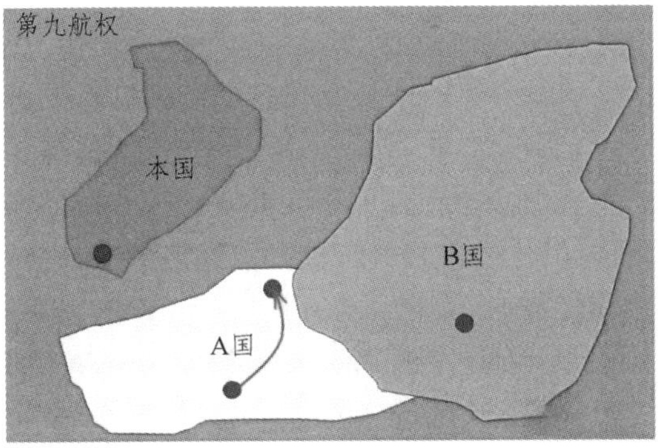

图 2.9 第九航权示意图

上述第八航权称为“连续的国内载运权”，如果是“非连续的国内载运权”即为第九航权。值得注意的是第八航权和第九航权的区别，虽然两者都是关于在另外一个国家内运输客货，但是第八航权，即所谓“Cabotage”，只能是从自己国家的一条航线在别国的延长。但是第九航权，即所谓的“Full Cabotage”，可以是完全在另外一个国家开设的航线。

2.3 航空运输业务指标体系

社会经济运行中，每个行业都有每个行业的特殊性，每个行业也有区别于其他行业独特的评价指标。航空运输业有五方面的指标体系：运输量指标、运输能力指标、载运率指标、运输收入指标、运输成本指标。

2.3.1 运输量指标

运输量指标又称载运量指标，反映航空公司一定时期运输生产的实际完成情况。常用的指标有：旅客运输量、旅客周转量，货物（邮）运输量、货物（邮）周转量、运输总周转量。

旅客运输量是指航空公司一定时期内完成的旅客运输人数。货物（邮）运输量是指航空公司一定时期完成的货物（邮）的承运重量（一般用吨或万吨表示）。例如：2022 年中国民航全行业旅客运输量为 2.52 亿人次，货邮运输量为 607.61 万吨。

既然有了运输量指标，那为什么还要用到周转量这个概念呢？这是因为航空公司的本质是实现旅客和货物从甲地到乙地的位移，仅用运输人数和承运的货物重量，不能全面反映出航空公司的运输生产状况。简单地说，航空公司不仅要运得多而且要能运得远。

将各航段的旅客运输人数乘以航段距离后加总，即得到旅客周转量（收入客公里 Revenue Passenger Kilometers，简称 RPK，单位：人公里或客公里）。将货邮运输重量乘以航段距离后加总，得到货物（邮）周转量（收入货邮吨公里 Revenue Freight Ton Kilometer，简称 RFTK，单位：吨公里）。运输总周转量是旅客周转量与货物（邮）周转量的总和（收入吨公里 Revenue Ton Kilometer，简称 RTK，单位：吨公里），但旅客周转量的计量单位是客公里，而货物（邮）周转量的计量单位是吨公里，单位不一致如何相加求总呢？这就需要根据旅客人数折算出旅客重量，再乘以航段距离后加总，得出以吨公里计量的旅客周转量。我国从 2001 年起，成人旅客按体重 90 kg 计，不再计算随身行李重量。运输总周转量指标除了用来横向比较航空公司的综合实力，更主要的是用于一国或地区的民航主管部门或是民航组织，衡量其所辖范围内航空企业的运输生产规模，反映该辖区航空运输的总体发展情况。

【例 2.1】 假如某航空公司有三条航线，某年在这三条航线上运输旅客量分别为 10 万人次、20 万人次、30 万人次；货邮运输量分别为 1.2 万吨、1.8 万吨、1.5 万吨；三条航线的航距分别为 800 公里、1 200 公里、1 500 公里。那么该航空公司在某年的旅客运输量、货邮运输量、旅客周转量、货邮周转量、运输总周转量分别是多少呢？根据以上计算方法得旅客运输量为 60 万人次，货邮运输量为 4.5 万吨，旅客周转量（RPK）为 $10 \times 800+20 \times 1\,200+30 \times 1\,500=77\,000$ 万人公里，货邮周转量（RFTK）为 $1.2 \times 800+1.8 \times 1\,200+1.5 \times 1\,500=5\,370$ 万吨公里，运输总周转量（RTK）为 $77\,000 \times 0.09+5\,370=12\,300$ 万吨公里。

2.3.2 运输能力指标

运输能力指标也称载运力指标，反映航空公司的运输供给能力。常用指标包括可用座公里、可用货运吨公里和可用吨公里三个指标。其中，可用座公里（Available Seat Kilometer，简称 ASK，单位：座公里），是航空公司各航段可提供的座位数与航段距离乘积后的加总。可用货运吨公里（Available Freight Ton Kilometer，简称 AFTK，单位：吨公里），是各航段可提供的货物运载与航段距离乘积后的加总。可用吨公里（Available Ton Kilometer，简称 ATK，单位：吨公里），是飞机可提供的最大商务载重量与航段距离乘积后的加总。运输能力指标，表明航空公司作为承运人按最大商务载量核算时理论上能实现的总飞行里程。它除了有助于对航空公司运输能力进行横向比较外，还用于核算载运率指标。

承例 2.1，假如某航空公司有三条航线，某年在这三条航线上提供的航班座位数分别为 12 万座、23 万座、35 万座；可用货邮吨位数分别为 1.5 万吨、2.0 万吨、1.8 万吨；三条航线的航距分别为 800 公里、1 200 公里、1 500 公里。那么该航空公司在某年的可用座公里、可用货运吨公里和可用吨公里分别是多少呢？根据以上计算方法得可用座公里（ASK）为 12 × 800+23 × 1 200+35 × 1 500=89 700 万座公里，可用货邮吨公里（AFTK）为 1.5 × 800+2.0 × 1 200+1.8 × 1 500=6 300 万吨公里，可用吨公里（ATK）为 89 700 × 0.09+6 300=14 373 万吨公里。

2.3.3　载运率指标

载运率指标主要反映航空公司运输资源的利用效率，具体有客座率、货邮载运率以及综合载运率三个指标。客座率是收入客公里与可用座公里的比值（RPK/ASK），反映运输飞行中的座位利用程度。货邮载运率是收入货运吨公里与可用货运吨公里的比值（RFTK/AFTK），表示运输中货运舱位的利用程度。而综合载运率是将航空公司客货运输情况进行汇总，用收入吨公里除以可用吨公里（RTK/ATK），综合反映运载能力的利用程度。载运率指标的高低，是航空公司的安全管理水平、市场营销能力、品牌影响力、经营管理能力等多方面因素共同作用的结果。

承例 2.1，已经计算得到某家航空公司在某年的收入客公里（RPK）是 77 000 万人公里，收入货邮吨公里（RFTK）是 5 370 万吨公里，收入吨公里（RTK）为 12 300 万吨公里。可用座公里（ASK）为 89 700 万座公里，可用货邮吨公里（AFTK）为 6 300 万吨公里，可用吨公里（ATK）为 14 373 万吨公里。由此得到：客座率为 RPK/ASK=77 000/89 700=85.84%，货邮载运率为 RFTK/AFTK=5 370/6 300=85.24%，综合载运率为 RTK/ATK=12 300/14 373 = 85.58%。

2.3.4　运输收入指标

运输收入指标反映航空公司业务收入能力和运价水平，包括客公里收入、货运吨公里收入以及吨公里收入三个指标，除了可用来评价航空公司销售收入水平，还可用来反映客货运的价格水平。

客公里收入是航空公司一定时期内客运收入与旅客周转量之比，计量单位是元/人公里，表示航空公司运输每名旅客每公里取得多少收入，在航空公司官方数据中也称之为客运人公里收益或每收入客公里收益。货运吨公里收入是货运收入与货运周转量的比值，表示每吨货物运输每公里取得的收入，计量单位是元/吨公里。吨公里收入是客货运的综合收入指标，即运输收入与运输总周转量的比值。由于航空公司客运和货运的经营方式有很大区别，运价制订的依据也不同,因此这个指标更多的是民航主管部门用来统计航空运输总体平均收入水平。

如果将上述三个指标的分母换成运输能力指标（可用座公里、可用货运吨公里、可用吨公里），则反映航空公司基于供给能力的收入水平。客公里收入和可用座公里收入都可以用来衡量航空公司的业务收入水平，只是前者强调的是针对实际运输旅客的营收，反映实际营收状况，且具备衡量票价水平的功能；后者强调的是针对可提供座位的营收，体现了审慎原则和资源利用程度。通常情况下，我们采用基于周转量的收入指标（客公里收入）来反映航空公司的收入水平。

如上例中的计算结果，如果该航空公司在此年取得的客运收入为 50 000 万元，货运收入为 8 000 万元，则客公里收入、货运吨公里收入以及吨公里收入分别为：50 000/77 000 =

0.65 元/人公里、8 000/5 370 = 1.49 元/吨公里、58 000/12 300 = 4.72 元/吨公里。

2.3.5 运输成本指标

运输成本指标反映航空公司运输成本水平，包括客公里成本、吨公里成本、可用座公里成本、可用吨公里成本。客公里成本是航空公司主营业务成本费用与旅客周转量的比值，反映将每名旅客运输每公里成本是多少。吨公里成本是主营业务成本费用与运输总周转量的比值，即将每吨载重（物）运输每公里的成本是多少，是反映单位运输周转量成本水平的指标。可用座公里成本是主营业务成本费用除以可用座公里，表明航空公司每个座位每公里的成本水平；可用吨公里成本是主营业务成本费用与可用吨公里的比值，反映运输企业的单位成本水平。

以上两种指标都可以反映成本状况，但是通常采用可用座公里成本来评价航空公司的运输成本，这与收入指标刚好相反。其原因在于，客票收入的来源是乘机旅客，每运输一个旅客才会有收入，而不是每设置一个座位就有收入，所以评价收入的业务指标，选取客公里收入而不是可用座公里收入更具有现实意义。同理，衡量客运成本的是座位，虽然每运输一个旅客会有成本，但更重要的是航空公司每设置一个座位就会有成本，所以评价运营成本的指标体系，选取可用座公里成本而不是客公里成本更为科学。

承例 2.1，已经计算得到某家航空公司在某年的可用座公里（ASK）为 89 700 万座公里，可用吨公里（ATK）为 14 373 万吨公里。航空公司总的主营业务成本为 49 000 万元，则可用座公里成本为 49 000/89 700=0.55 元/座公里，可用吨公里成本为 49 000/14 373=3.41 元/吨公里。

第二篇

航空公司

航空运输业是一个非常特殊的行业，旅客的消费行为与航空公司的生产组织同时发生(产品易腐不可存储)。因此，航空公司的运营活动与市场活动往往是重叠交叉的，两者相辅相成，相互促进和支持。本篇首先分析航空运输需求及航空运输成本，然后分别对市场规划中非常重要的几个模块进行介绍，包括航线网络决策、机队与运力规划、航班计划以及基于库存控制和票价等级的收益管理活动；最后介绍了行业竞争行为以及旅客出行选择行为理论。

第 3 章 航空运输需求

航空运输需求是推动行业发展的基本动力。图 1.5 和图 1.6 展示了战后全球航空运输需求的快速发展趋势，航空旅行从少数人的奢侈品转变为大多数人的普通品。在这个过程中，航空公司的网络结构、机队构成、竞争战略等也在不停地进化调整，以适应持续增长的市场需求。深刻理解和分析市场需求是航空公司进行网络规划、机队运力配置、市场营销等工作的基础和前提，具有十分重要的战略意义。

3.1 需求的层次和分类

在分析市场需求之前必须首先明确分析对象。根据对象不同，可以将需求划分为不同的层次和类别，如宏观需求研究一个国家或地区，或行业或航空公司整体的需求状况；微观需求则研究一条航线或航段或航班的需求状况。

需求与运量并不是完全一致的概念，运量是航空公司实际售出或消耗的生产量，对于客运来说即是指实际登机的旅客。需求则既包括那些已经登机的旅客，也包括那些有乘机意愿，但由于座位不够或时间不合适等原因而未能登机的旅客，有时也称为“非受限需求(Unconstrained Demand)”。可以这么说，运量是实际满足了的需求。当运力较为充裕时，需求等于运量；当运力相对不足时，需求大于运量。那些未能登机的旅客被称为“被拒绝的需求”或“溢出”。

一般在研究微观需求时区分需求和运量，航班需求尤其关注“非受限需求”和“溢出”指标。在讨论宏观需求时默认两者无区别，因为从长期和宏观角度看，航空公司的运力是可调整的且较为充裕，另外即使存在溢出也很难对其做出准确估计。

3.1.1 宏观需求

宏观需求表示在一定空间(国家、地区或航空公司整体)和时间范围内运输需求总量。如 2019 年我国民航旅客运输周转量为 11 705.10 亿人公里，同比增长 9.3%；同年全球民航旅客运输周转量为 86 015.17 亿人公里，同比增长 4.2%。经济增长是驱动航空旅行需求的主要动力，在过去的三四十年里，航空运输业平均每年 5%～6%的增长率得益于全球平均每年

2%～3%的经济增长。保守估计，在未来 15～20 年内，全球航空运输需求仍将保持年均 4%～5%的增长速率，而中国年均增长率将达到 6%以上。

当分析对象为航空公司整体的需求（产出）时，也涉及宏观意义上的需求概念。比如，2019 年中航集团、东航集团、南航集团、海航集团完成运输总周转量分别为 318.61 亿吨公里、252.41 亿吨公里、326.24 亿吨公里、201.27 亿吨公里。

3.1.2　微观需求

（1）航段需求。

航段需求是指航段两个起讫点之间，或者起讫点与经停点之间的运输需求。不论旅客的始发地和目的地是哪里，只要经过该航段就属于该航段的需求。表 3.1 是上海—北京—乌鲁木齐航线各航段需求数据。从航段需求角度来看，上海—北京航段去程为 7 300 人次，回程为 5 840 人次；北京—乌鲁木齐航段去程为 4 550 人次，回程为 6 800 人次。需要注意的是经停点北京的过站量也包含在接下来的航段需求中。

表 3.1　航段需求示例

航段	去程/人次	回程/人次
SHA-PEK	7 300	2 340
		3 500
PEK-URC	2 100	6 800
	2 450	

注：虚线上方为过站量，虚线下方为始发及联运量。表内数据非实际运营数据，仅作示例。

（2）OD 需求。

航空旅行需求通常是指始发地—目的地市场需求，也称为 OD 需求，而不是按网络中某一航段定义。区分始发旅客需求（Originating Passenger Demand）和联程旅客需求（Connecting Passenger Demand）具有重要意义，它不仅会影响航空公司的运营模式，也会影响机场设施的利用效率。

OD 需求是指在某个机场出发或终止行程的旅客需求，包括居住在本地区的居民以及由于其他原因要在本地停留一段时间的旅客（如探亲、出差、旅游等），这种旅客需求与当地机场或地区的社会经济状况和旅行习惯直接相关。枢纽轮辐式网络（Hub）十分关注中转联程需求，所谓联程旅客需求是指旅客从始发地至目的地的航班必须经过一个第三方机场中转，即枢纽机场。正确理解航空公司的枢纽规划并确定旅客需求的联程模式是一件很有挑战性的工作。

OD 需求通常以始发地—目的地市场每个时段内（如每天）单向或双向客流量来衡量，称为 PDEW（Passengers Daily Each Way）。需要注意的是，某一时段内希望从 A 地到 B 地的旅客人数既包括从 A 地开始的旅行者，也包括从 B 地开始至 A 地后回到 B 地的旅客。仍以表 3.1 数据为例，上海—北京的 OD 需求去程为 5 200（7 300－2 100）人次，回程为 3 500

人次；北京—乌鲁木齐的 OD 需求去程为 2 450 人次，回程为 4 460（6 800 – 2 340）人次；上海—乌鲁木齐的 OD 需求去程为 2 100 人次，回程为 2 340 人次。可以看到，航段需求可能包含一个或多个 OD 需求，如上海—北京航段需求包含了上海—北京的 OD 需求和上海—乌鲁木齐的 OD 需求（7 300=5 200+2 100），这就是中转联程航线对交通流的合并效应，也是枢纽轮辐式网络产生密度经济的根源。

需要强调的是，OD 需求与行程结构（Itinerary）有关。同样的 OD 城市对不同的行程结构会产生不同的需求结构。例如，一般来说，直飞行程需求大于经停需求，经停需求大于中转需求。转机次数越多，需求越少。

（3）航班需求。

航班需求是更微观层面的旅行需求，是指某天某个具体航班旅客需求，航班需求分析是收益管理、机型调配的重要依据和基础。这里的关键问题在于准确估计“非受限需求”及“溢出需求”，但溢出需求的估计并不容易，一个可行的方法是基于“溢出模型”，利用观察到的完整的航班数据进行估计（Boeing,1978）。

溢出模型（Spill Model, Developed by MIT and Boeing）要基于以下假设：

① 航班总需求可以用高斯分布（正态分布）来表示；

② 可以通过历史数据估计出需求分布的均值和标准差；

③ 估计的需求分布可以反映未来需求的大小和变动。

要使用“溢出模型”估计需求和溢出，还要了解以下几个术语：

$$\text{需求因子(Demand Factor, DF)}=\frac{\text{平均非受限需求}}{\text{座位数}}$$

$$\text{溢出因子(Spill Factor, SF)}=\frac{\text{平均溢出旅客数}}{\text{座位数}}$$

$$\text{载运因子(Load Factor, LF)}=\frac{\text{实际载客数}}{\text{座位数}}$$

$$\text{溢出率(Spill Rate, SR)}=\frac{\text{平均溢出旅客数}}{\text{平均非受限需求}}$$

由于平均需求不会小于平均载客数，因此需求因子必定大于或等于平均客座率。由于平均需求等于平均载客数与平均溢出之和，因此需求因子等于载运因子与溢出因子之和。

【例 3.1】 在做机队分配的溢出分析时，我们需要尽量估计出真实的非受限需求。表 3.2 是某个航班的载运数据，问题：如果调换一个更大尺寸的飞机，溢出会下降多少？由此导致航班收益会增加多少？

估计非受限需求需要统计某个特定航班机型的一系列载运数据，如果仅有一个航班载运数据是无法估计溢出水平或非受限需求的。例如，表 3.2 中 4 月 8 日航班客座率为 100%，我们只知道可能某些需求被拒绝了，潜在需求会超出或等于 125，却无法估计超出的程度。如果有一系列的样本数据，我们就可以利用统计学方法估计某个特定航班的平均溢出水平和非受限需求。

表 3.2 某航线航班的旅客上座数据（一个月）

日期	载客/人	座位数/个	客座率/%	有溢出吗
4 月 1 日	92	125	73.6%	No
4 月 8 日	125	125	100.0%	Likely
4 月 15 日	108	125	86.4%	No
4 月 22 日	83	125	66.4%	No
4 月 29 日	123	125	98.4%	Possibly

假定 K=0.35

平均旅客数=106.2

平均载运因子（客座率）=106.2/125=0.85

利用波音溢出表格（Boeing Spill Table），如图 3.1（a），可得到估计的需求因子为 0.972，溢出因子是 0.122。

DF and SF given LOAD FACTOR

LF	DF	SF	LF	DF	SF
.700	.716	.016	.705	.722	.017
.710	.729	.019	.715	.735	.020
.720	.742	.022	.725	.749	.024
.730	.755	.025	.735	.762	.027
.740	.769	.029	.745	.776	.031
.750	.784	.034	.755	.791	.036
.760	.799	.039	.765	.806	.041
.770	.814	.044	.775	.822	.047
.780	.830	.050	.785	.839	.054
.790	.847	.057	.795	.856	.061
.800	.865	.065	.805	.874	.069
.810	.884	.074	.815	.894	.079
.820	.904	.084	.825	.914	.089
.830	.925	.095	.835	.936	.101
.840	.948	.108	.845	.960	.115
.850	.972	.122	.855	.985	.130
.860	.999	.139	.865	1.013	.148
.870	1.028	.158	.875	1.043	.168
.880	1.060	.180	.885	1.077	.192
.890	1.095	.205	.895	1.115	.220

（a）波音溢出表格之一

LF and SF given DEMAND FACTOR

DF	LF	SF	DF	LF	SF
.800	.761	.039	.805	.764	.041
.810	.767	.043	.815	.771	.044
.820	.774	.046	.825	.777	.048
.830	.780	.050	.835	.783	.052
.840	.786	.054	.845	.789	.056
.850	.792	.058	.855	.794	.061
.860	.797	.063	.865	.800	.065
.870	.803	.067	.875	.805	.070
.880	.808	.072	.885	.811	.074
.890	.813	.077	.895	.816	.079
.900	.818	.082	.905	.820	.085
.910	.823	.087	.915	.825	.090
.920	.828	.092	.925	.830	.095
.930	.832	.098	.935	.834	.101
.940	.837	.103	.945	.839	.106
.950	.841	.109	.955	.843	.112
.960	.845	.115	.965	.847	.118
.970	.849	.121	.975	.851	.124
.980	.853	.127	.985	.855	.130
.990	.857	.133	.995	.859	.136

（b）波音溢出表格之二

图 3.1 波音溢出数据

现在可以计算以下指标：

平均非受限总需求=125 × 0.972=121.5

需求溢出=125 × 0.122=15.3 或 121.5 – 106.2=15.3

溢出率=15.3/121.5=12.6%

现在，如果将飞机换成 140 座的机型，是否经济呢？

需求因子=121.5/140=0.868，查图 3.1（b）（K=0.35）

载运因子（客座率）=0.802（需要用插值法求解），溢出因子=0.066

载客人数=140 × 0.802=112.3，比之前增加了 6.1

需求溢出=0.066 × 140=9.2，比之前减少了 6.1

溢出率=9.2/121.5=7.6%

更换较大机型后，需求没有改变，载客增加，溢出减少，载运因子（客座率）下降。虽然增加了航班收益，但是否经济可行还需要考虑增加的运营成本，以最终产生增量利润作为判断依据。

3.2 需求的影响因素

一般来说，有两类基本因素驱动航空运输需求（Jorge-Calderón，1997）[①]。第一类是地理-经济因素（Geo-Economic Factors），取决于经济活动的强度和地理区位的优劣；第二类是服务相关因素（Service-Related Factors），取决于服务质量和服务价格。

3.2.1 地理-经济因素

（1）经济活动。

经济活动包括商业、工业及文化等内容，其发展水平及与其他地区的联系程度是决定航空运输 OD 需求的重要因素。波音公司研究显示，经济增长对航空运输需求的贡献度可达 60%～80%。经济活动主要通过两个变量来衡量：收入和人口。随着国民收入增长，尤其是中产阶级比例上升会导致航空旅行的消费能力和意愿大大增加（Boeing,CMO2018）。人口变量则包含人口数量、结构、教育程度等。

（2）地理区位。

地理区位因素包括旅客距离机场的距离，以及竞争机场的分布情况等，这个因素航空公司很难掌控，但可以通过航线调整或市场策略来适应区位环境。一般来说，机场距离市区越近，地面交通越方便、快速、廉价，那么航空公司面临的潜在需求也就越大。

3.2.2 服务相关因素

对于某种运输方式的旅行需求，还会受到其他运输方式的开通、运价水平和服务质量的直接影响。例如，英法两国之间跨越英吉利海峡的交通过去主要是利用轮渡，1992 年轮渡运送了 3 450 万乘客和 580 万辆汽车。1994 年 5 月英吉利海峡隧道和海底地铁开通，其高效、便捷的运输方式迅速吸引了大量的轮渡需求，并同英国与欧洲大陆之间的中短程航空展开竞争，对地区运价水平和服务质量产生巨大冲击，大大影响了原有运输市场格局。

（1）服务质量。

对于航空运输来说，服务质量包括但不限于：机上服务待遇、旅行的可靠性（如准点率、执行率）、购票是否方便以及总旅行时间。在这些因素中，总旅行时间 T 是决定 OD 市场需求总量的最重要因素。

总旅行时间 T 有四个构成要素，分别是：

① 在始发地和目的地到达和离开机场的时间；

② 出发前和到达后在每个机场办理各种手续的时间；

③ 实际飞行时间加上航班之间的衔接时间；

---

① 对于需求的影响因素还有其他很多分类方法，如 Tretheway and Oum (1992)具体列举了 13 种影响需求的因素；Castelli, Pesenti and Ukovich (2003)则列举了 5 种因素，与此处描述大同小异。为分析方便，本书采用 Jorge-Calderón (1997)的分类方法。

④ 旅客计划延误（等待时间）[①]。

$$T = t_{固定} + t_{计划延误} \tag{3.1}$$

其中，

$$t_{计划延误} = \frac{K}{f} \tag{3.2}$$

式（3.1）中，固定时间主要包括①②③项，式（3.2）中，K是一个以小时为单位的常数，f是每天的航班频率，旅客计划延误时间（或等待时间）随航班频率的提高而减少。假设航班均匀分布于一天中的t个小时，那么航班之间的时间间隔就为t/f，则任意旅客最长的等待时间为$t/2f$。在假设离开时间服从均匀分布的情况下，旅客平均等待时间即旅客计划延误的期望值就为$t/4f$。

【例3.2】 考虑一个不经停直达市场，旅客希望出发时间在6:00～22:00之间均匀分布（参见表3.3和图3.2）。每天提供的航班频率分别为1/2/3/4班时（参见表3.3），平均等待时间为多少，航班时刻如何编排才合理呢？

表3.3 旅客计划延误示例

航班频率	旅客计划延误（等待时间/h）	航班时刻
1	4.0	14:00
2	2.0	10:00,18:00
3	1.33	8:40,14:00,19:20
4	1.0	8:00,12:00,16:00,20:00

解 由于其间t内均匀分布航班频率f，因此，如果f为奇数，则必有一个航班在中心点，其余围绕中心对称分布，如果f为偶数，则所有航班必围绕中心点对称分布。这样，航班之间的间隔为t/f，旅客最长等待时间为$\frac{t}{2f}$（不可能超过航班间隔的一半，因为旅客可以选择任何一个距离较近的航班），最短等待时间为0。旅客均匀分布因而旅客等待时间服从均匀分布$[0,t/2f]$，因此旅客的期望等待时间为$\frac{0+\frac{t}{2f}}{2}=\frac{t}{4f}$。

题表1 航班计划延误（等待时间）示例

航班计划错位（等待时间小时）	航班频次	航班时刻
4	1	14：00
2	2	10：00，18：00
?	3	?
?	4	?

① 参考Teodorovic, D.,E. Krcmar-Nozic (1989)。旅客计划延误是指旅客期望旅行时间与航班实际出发时间之间的差异导致的等待，该等待产生的成本即为计划延误成本。

f = 1 时

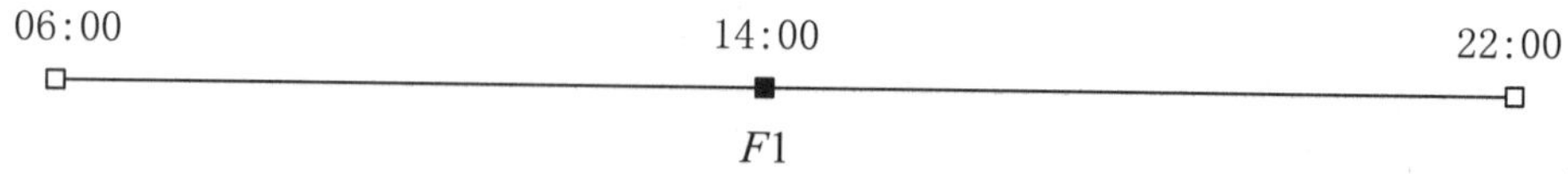

◆此时，min_delay=0, max_delay=8, mean_delay=4

f = 2 时

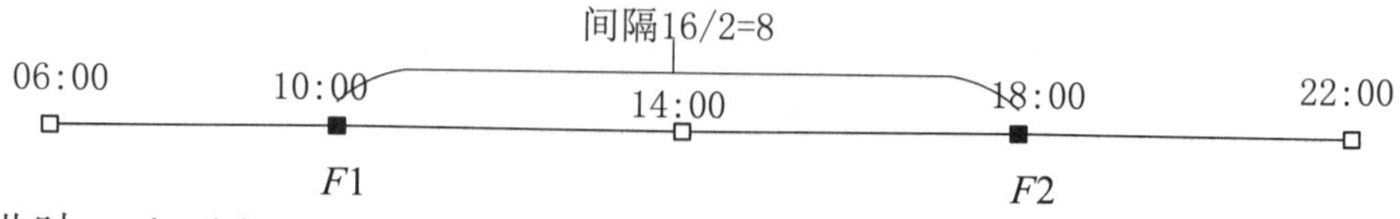

◆此时，min_delay=0, max_delay=4, mean_delay=2

f = 3 时

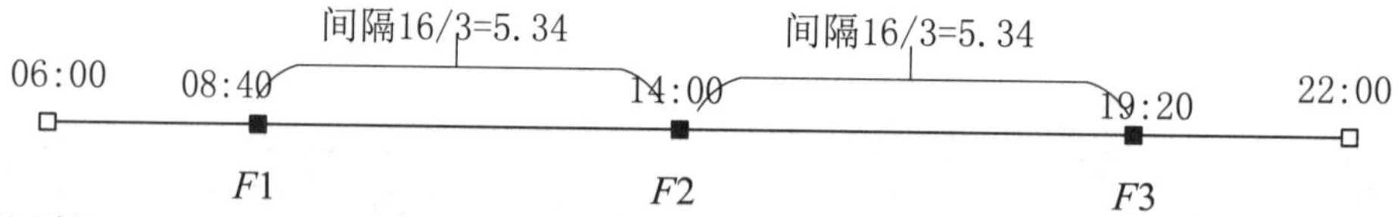

◆此时，min_delay=0, max_delay=2.66, mean_delay=1.33

f = 4 时

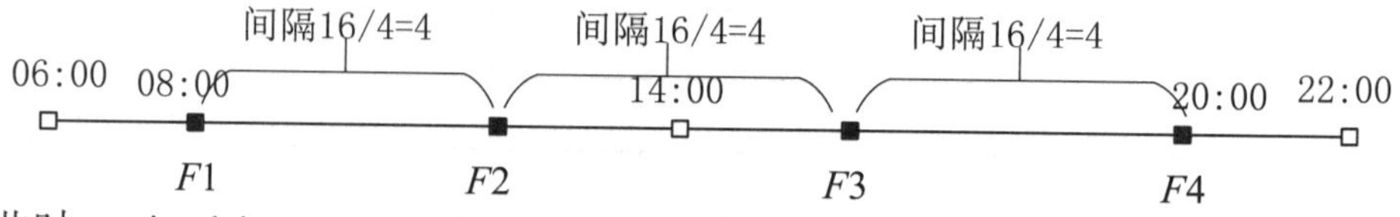

◆此时，min_delay=0, max_delay=2, mean_delay=1

结果如表 3.3 所示。

当 $f=1$ 时，旅客平均等待时间为 4 小时，最佳航班时刻为 14:00；

当 $f=2$ 时，旅客平均等待时间为 2 小时，最佳航班时刻为 10:00，18:00；

当 $f=3$ 时，旅客平均等待时间为 1.33 小时，最佳航班时刻为 8:40，14:00，19:20；

当 $f=4$ 时，旅客平均等待时间为 1 小时，最佳航班时刻为 8:00，12:00，16:00，20:00。

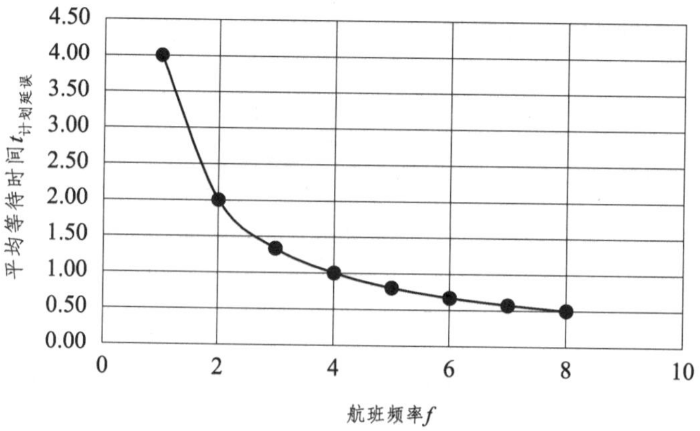

图 3.2 航班频率与旅客平均等待时间的关系

图 3.2 表明，航班频率越高，旅客的计划延误就越小，总旅行时间越短。低成本航空一

个重要的竞争战略就是通过减少总旅行时间来提高运行效率，通过减少服务项目来降低票价水平，最大程度压缩旅客出行成本，从而吸引越来越多的航空旅行需求。还有近年来发展迅速的高速铁路，高铁快速的地面交通接驳及简化的安检程序大大缩短了固定时间，高频次班列减少了旅客计划延误，而且拥有极高的准点率，这些特征使得高铁在中短旅程上具有非常强的竞争优势。

（2）服务价格。

航空公司的服务价格对旅客来说就是其支付的成本。旅客在比较服务价格时，不仅要考虑服务价格本身的绝对值，还要对比各种竞争产品的价格差异（包括航司之间以及航司与高铁等地面交通之间），“计算”支付的价格与获得的服务质量是否匹配，从而选择“性价比”最高的产品。

例如，成都一位旅客要在某年 6 月 1 日去上海迪士尼乐园游玩，她准备上携程网购买机票，得到如下的机票产品数据（部分），如表 3.4 所示。

表 3.4 成都—上海航线机票产品数据

航空公司	机型	时刻	准点率/%	折扣	票价/元	退改签	其他
四川航空	A350-900	07:40-10:30	83%	3.4 折	717	退改 72 元起，按距离起飞时间情况而定	38 元金牌服务包：40 元接机券，50 元酒店券，一次免费改期
成都航空	A320	17:45-20:35	87%	4.6 折	960	免费提前改期	第一排座位
吉祥航空	B787	12:15-15:05	无	4.0 折	840	退改 84 元起，按距离起飞时间情况而定	38 元金牌服务包：40 元接机券，50 元酒店券，一次免费改期
国际航空	A330-200	12:20-15:20	90%	5.0 折	1 040	退改 312 元起，按距离起飞时间情况而定	38 元金牌服务包：40 元接机券，50 元酒店券，一次免费改期
吉祥航空	B787	14:15-16:50	无	6.0 折	1 260	退改 63 元起，按距离起飞时间情况而定	38 元金牌服务包：40 元接机券，50 元酒店券，一次免费改期

数据来源：携程网。采集时间：2019 年 5 月 20 日 16:30。

表 3.4 中，除了票价外，其余均为机票产品的构成要素。一个典型旅客购票行为包括收集数据信息，选择重要属性及赋权，评估价值与相对成本，确定“性价比”最高的产品（具体请参考购买决策行为的相关理论）。如该旅客对价格非常敏感，则她可能会选择四川航空；如果对价格不十分敏感，则她可能会选择吉祥航空或国际航空。

2017 年 12 月西成高铁开通，西安—成都的航班大量减少（每天 12 班减少为 4 班），票价也大幅降低（630 ~ 340 元）。表 3.5 对比了西安—成都的航班与高铁产品。

表 3.5　成都—西安的交通产品对比

交通方式	时间	价格/元	班次及耗时/h
航班	06:30-7:50（1 班） 13:25-14:45（1 班） 19:45-21:15（1 班） 21:45-23:15（1 班）	330～620	4 班，1.5 h 华夏航空、成都航空、深圳航空 6:30 的 3 班航班均为四川航空(川航)的共享航班①
高铁	最早班次 7:00 最晚班次 18:58 平均间隔 15 分钟 1 班	二等座 263 一等座 421 商务座 789	42 班，4 h

数据来源：携程网。采集时间：2019 年 5 月 20 日晚 23:00。

从表 3.5 可以发现，像成都—西安这样的短途旅程（700 公里左右），民航运输的优势已消失殆尽。在综合考虑价格、旅行总时间、准点率、班次等因素后，旅客如何选择不言而喻。

3.3　需求弹性

3.3.1　需求弹性的含义

需求弹性测量某种产品或服务的需求量随着其他某个变量的变化而变化的幅度，也称为敏感性，这里的其他变量包括但不限于：自身价格，竞争品或互补品的价格、收入、税收等。在经济学中，需求弹性由需求函数导出，需求函数由效用函数产生，而效用函数则源于消费者偏好。马歇尔需求函数假定消费者在预算约束条件下会最大化其效用值。当一件商品或服务的价格发生变化，消费者的真实收入随之变化（商品选择集发生变化），该商品或服务的相对价格也发生变化，两种变化引起的消费变化分别被称为收入效应（Income Effects）和替代效应（Substitution Effects）。需求弹性实质上包含了以上两种效应。

3.3.2　需求弹性的分类

（1）需求价格弹性（Price Elasticity of Demand）。

$$\varepsilon_p=\frac{\frac{\Delta Q}{Q}}{\frac{\Delta p}{p}}=\frac{\Delta Q}{\Delta p}\cdot\frac{p}{Q} \tag{3.3}$$

式中　Q——需求量；

p——价格。

一般商品的需求量会随价格提高而减少，因此价格弹性一般为负值。

$|\varepsilon_p|<1$，缺乏弹性，此时提高价格可以使总收益增加；

① 后面运营航空公司有一定变化，四川航空实际 2 班次（13:20 与 20:15），南方航空（南航）2 班次(13:20 与 20:15)及华夏航空 1 班次(20:15)都是川航共享航班（实际由川航执行），南航实际 1 班次(19:40)。因此，成都至西安航班实际每天运行 3 班次(2022 年 4 月 5 日数据)。

$|\varepsilon_p|>1$，富有弹性，此时提高价格会导致总收益减少。

一般来说，休闲旅客对机票价格富有弹性，因此航空公司多采用低价策略来增加销量和收益；商务旅客对机票价格缺乏弹性，航空公司多采用高价策略增加收益。

（2）交叉价格弹性（Cross Price Elasticity of Demand）。

$$\varepsilon_{ij}=\frac{\frac{\Delta Q_i}{Q_i}}{\frac{\Delta p_j}{p_j}}=\frac{\Delta Q_i}{\Delta p_j}\cdot\frac{p_j}{Q_i} \tag{3.4}$$

$\varepsilon_{ij}>0$，A，B 互为替代品，如可口可乐和百事可乐。

$\varepsilon_{ij}<0$，A，B 互为互补品，如汉堡和可乐。

交叉价格弹性的概念可以用于分析同一航班不同舱位之间的替代效应，也可以分析竞争产品或服务价格变化对航空运输市场的影响。例如，当低成本航空的价格低到什么程度的时候，大量乘客会从传统的全服务航空公司转向低成本航空公司；或高铁价格变化如何影响航空公司运输需求。

（3）需求收入弹性（Income Elasticity of Demand）。

$$\varepsilon_{income}=\frac{\frac{\Delta Q}{Q}}{\frac{\Delta i}{i}}=\frac{\Delta Q}{\Delta i}\cdot\frac{i}{Q} \tag{3.5}$$

$0<\varepsilon_{income}<1$时，正常品，消费增长不超过收入增长。

$\varepsilon_{income}>1$时，奢侈品，消费增长超过收入增长。其实这里的奢侈品未必是常规意义上的奢侈品，可能是之前无法支付，但收入增长后可以支付的高质量产品或非必需品，也可以称为消费者福利中的高质量商品。

$\varepsilon_{incom}<0$时，劣等品。总收入增加反而导致产品消费减少，实际上是转为购买质量更好的产品。

对于航空运输市场来说，不同细分市场的需求弹性存在明显差异。研究表明，商务旅客的收入弹性低于休闲旅客；短途航线的收入弹性高于远程航线。这意味着居民收入增长更有利于休闲市场和短途市场增长。

3.3.3　航空运输需求价格弹性

当讨论航空运输需求价格弹性时，首先应该界定所讨论的市场层次。不同市场层次的需求弹性存在极大的差异。正确理解和使用弹性概念必须弄清楚以下问题：变化的价格是何种价格，是某个航空公司的机票价格还是整个市场价格？度量的需求是何种层次的需求，是某个航空公司的需求还是整个航空市场的需求？单条航线上价格变化和某个国家或地区所有航线上的价格变化对需求具有完全不同的影响。

客观上讲，很难说航空运输需求价格弹性到底处于怎样的变化趋势。一方面，互联网普及提高了价格透明性，放松管制和低成本航空的崛起加剧了竞争程度，商务旅客也逐渐变得对价格敏感。但另一方面，旅客对价格的敏感性也随着机票成本在旅行总成本中的重要性或占比降低而降低。

以市场层次为依据区分 5 种不同的航空旅行需求弹性，它们分别是：票价等级层次、航空公司层次、航线层次、国家层次、跨国家层次。

（1）票价等级层次。这是最微观层次的需求弹性，旅客要在某航空公司不同的票价等级中做出选择，如头等舱、商务舱、经济舱。这一层次的弹性是最高的，因为旅客可以轻易转换票价等级和承运人，还可以选择其他交通方式，或者放弃旅行。

（2）航空公司层次。这种需求弹性反映某航空公司在某条特定航线上的总体需求状况。航线上有很多航空公司运营，每家航空公司面临的需求弹性非常高，如果某家航空公司单方面提高价格，那么旅客可能很快就转移到其他航空公司（如果是独飞航线呢？需求弹性相对较小，但旅客还可以选择中转航线或地面交通）。

（3）航线层次。在航线层次，弹性要小于票价等级层次和航空公司层次，如伦敦希斯罗—巴黎戴高乐航线，可能由于机场收费增加等原因，旅客面临某条航线上所有承运人整体提价而无其他替代方案的情形。但是，旅客可以选择其他交通方式，或者放弃旅行计划。

（4）国家层次。旅客应对国家层次价格上涨的可能选择很少，因此这个层次的需求弹性很小。例如，由于较高的航空税赋等原因，往返于某个国家或地区的所有航线票价均上涨，而旅客只能选择承受，要么选择其他交通方式（可能性比较小），要么放弃旅行计划。如英联邦增加航空出港的税费，要到欧洲大陆旅行的英联邦居民要么选择欧洲之星列车，要么乘坐轮渡，要么放弃旅行。

（5）跨国家层次。横跨几个国家之间的航空旅行价格发生改变，如欧盟所有成员国必须缴纳航空税，导致机票价格刚性上涨，这种情况下的需求弹性更低，旅客应对价格上涨的选择方案微乎其微。

Air Travel Demand（IATA，2008）基于 IATA、DOT、UK 调查数据，利用对数弹性模型研究了各个层次的航空旅行需求价格弹性。其中自变量包括：平均票价、GDP、人口、航线距离、替代品价格（临近航线）、真实汇率水平、时间变量、航线哑变量等。表 3.6 为各个层次弹性的估计值。

表 3.6　不同市场层次的需求价格弹性

需求弹性层次	估计值	说明/例子
航线层次	－1.4 （一般为－1.2～1.5）	如巴黎戴高乐机场收费增加，伦敦的休闲旅客就可能变更目的地，如德国法兰克福
国家层次	－0.8	如某国机场税增加，影响所有出港航线价格的情形。旅客并没有太多的选择
跨国层次	－0.6	如欧盟增加航空碳税导致欧盟所有国家航线票价上涨。旅客几乎没有选择

3.4　需求预测方法

3.4.1　需求预测概述

（1）预测的原理及意义。

人们常常会为了商务的、休闲的、个人的或者兼而有之的原因而进行航空旅行。航空旅行与其他形式的旅行方式并无本质区别，但在很多方面具有独特性。航空旅行与地面交通方式最为显著的一个差异在于旅行者对时间的理解以及他们在选择航线、承运人和运输模式方面受到的限制。另外，旅行的安全性、便利性及成本也是旅客非常关注的因素。

预测是基于历史数据，研究目前行业和市场之间的关系，据此估计未来航空旅行需求的规模、模式、特征及发展趋势。它更多是一门艺术而非科学，或许可以被称为不精确的科学，这个过程可能具有一定的主观性，并依赖于预测者的自身观点、个人经验及采用的方法。预测的潜在假设是需求与其影响因素之间具有很强的相关性，而且这种相关性会持续到预测期间，即是说所有影响因素在过去、现在和未来对需求的影响模式是保持一致的。

预测机场、城市或某地区之间的航空旅行需求是机场规划的基础性工作和关键步骤。为了机场规划目的，首先必须进行年度预测；设施设计则需要预测小时旅客流量；为了更有效利用机场中的不同设备，需要预测以周或天为周期的需求模式。另外，预测机场中的空侧（Airside）流量及陆侧（Landside）流量对设计相应的设施也非常重要，评估机场出入口的地面交通需求对设计机场的出入口和停车设施具有重要作用。所有这些设施的设计和运用最终依赖于基本的航空需求预测。

对于航空公司来说，预测是一项经常性工作。预测未来几年甚至更长时间的 RPK 或 RTK 是整体战略规划的基础，如飞机机队规划、航线网络规划、机组人力资源规划、机务人力资源规划等。航线需求预测是开展航线评估，为新开航线或调整航线提供决策依据的重要基础工作。OD 需求预测是制订航班计划、飞机机型指派以及收益管理的重要前提。各个层面的需求预测可能有所交叉或重叠，共同为航空公司高效开展运营活动提供基础。

飞机制造商也非常重视研究航空运输市场的现状及变化趋势。例如，波音公司和空中客车公司（空客公司或空客）每年会分别编写为期 20 年的《当前航空市场展望》（Current Market Outlook）[①]及《全球航空市场预测》（Global Market Forecast）。支线飞机制造商庞巴迪宇航公司每年也会发布为期 20 年的《市场预测》报告（Market Forecast），中国商用飞机有限责任公司每年会发布《民用飞机市场预测年报》（COMAC Market Forecast）。这些市场研究对于飞机制造商研发新机型、安排生产计划、销售飞机及售后支援甚至有效应对竞争等方面都具有极其重要的作用[②]。

（2）需求预测分类。

越来越多的预测手段和技术被用于航空运输规划。根据预测模型的特点，ICAO 将其分为定性预测和定量预测两大类，见图 3.3。

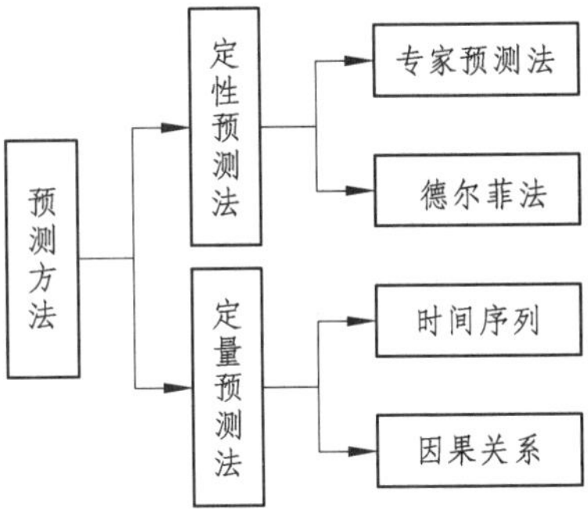

图 3.3 ICAO 预测模型分类（ICAO, 2006）

① 波音公司在其报告中阐述：《当前航空市场展望》是关于航空运输周转量和飞机需求的长期预测。它具有重要的应用价值，为我们的产品战略和长期商务规划提供指南。从 1964 年开始我们就将该报告公之于众，以协助航空公司、供应商及一些金融机构做出理性决策。

② 波音公司与空客公司对于未来航线网络结构及飞机机型尺寸的演变趋势具有截然不同的观点，这直接导致波音和空客的产品策略出现极大差异，前者重点开发 B787 中型长航程机型，后者则把重心转移到超级巨无霸 A380 的研发上。后来的事实证明，波音的判断是较为准确的，而空客由于对市场判断失误，导致 A380 于 2019 年 2 月 14 日被宣布停产。

在预测之前，首先需要确定预测的目的。航空运输业常见的预测目的包括：确定航路和基础设施需求，航空公司进行长期机队规划和航线网络调整，制造商对于待开发机型大小和航程的选择等。

预测目的直接决定了预测的时间跨度和预测模型的选择。根据预测时间跨度的长短，可以将其划分为短期、中期和长期预测。根据行业和预测目的的不同，具体的时间期限可能会有所调整。对于航空运输业来说，短期预测的时间范围往往不超过一年；中期预测针对未来 1 ~ 5 年；而长期预测面向 5 年以上的时间段。

根据预测目的的不同，可以将时间跨度和预测模型进行匹配。例如，短期预测多用于航班规划，因此，需考虑季节性和周期性因素对预测的影响，并每 6 个月更新一次或者按需进行更频繁的更新；中期预测多服务于规划、预算和资源分配，看重每一年和前一年的对比，尤其是趋势因素和周期性变化；长期预测常用于战略规划，重点考虑资本投入和长期趋势，并定期（如 2 ~ 3 年）进行修订，常用的模型包括计量经济学模型和生命周期模型。

具体而言，诸如调配飞机、订制维修计划和开展广告促销等航空公司的日常运行活动常需要参考未来 6 ~ 18 个月的短期预测结果，并根据预测结果制订运营计划和财务预算。针对飞机引进、机队规划、航线开辟和设备投资等项目，航空公司需要参考 5 年甚至更长时间的长期预测结果。这也意味着同一个公司的不同部门对预测的要求可能完全不同。例如，收益管理部门需要对各个舱位等级的市场进行为期一年的详细预测，而航线网络规划和机队规划则需要对未来 3 ~ 5 年市场的大致估计（里格斯 · 道格尼斯，2011）。因此，针对不同的预测目的，相关人员需要选择恰当的预测方式。

3.4.2 定性预测

定性预测又称非数量预测，常用于历史数据缺失或难以获得的情况，如新建机场的未来需求预测和新开航路的需求预测。这一预测方式主要依赖于专家的经验分析和主观推理，根据事物过去和现在的状态对未来的变化规律和发展趋势进行预测和推断。常见的定性预测法包括：专家预测法和德尔菲法。

专家预测法是航空公司广泛使用的定性预测方式之一，主要用于对定量预测结果的修正。例如，在预测某条航线的客流增长情况时，航空公司常常会征求其销售经理的意见。由于他们了解该市场的发展和影响因素，他们判断和预测的准确性相对较高。当然这种预测方式相对粗放，缺乏科学依据。随着预测时间的延长，这种预测方式的可靠性逐渐降低。但是专家预测法无须建立数学模型，具有其他预测方式都不具备的便捷性（里格斯·道格尼斯，2011）。

德尔菲法是在专家预测法的基础上发展起来的一种专家调查法，它建立在专家组成员达成共识的基础上。德尔菲法的预测流程一般包括以下五个步骤（图 3.4）：

（1）建立预测工作组负责预测的组织工作；

（2）明确预测目的和范围，并据此选择专家组成员；

（3）设计调查表；

（4）组织调查（反复几轮）；

（5）调查结果汇总和分析。

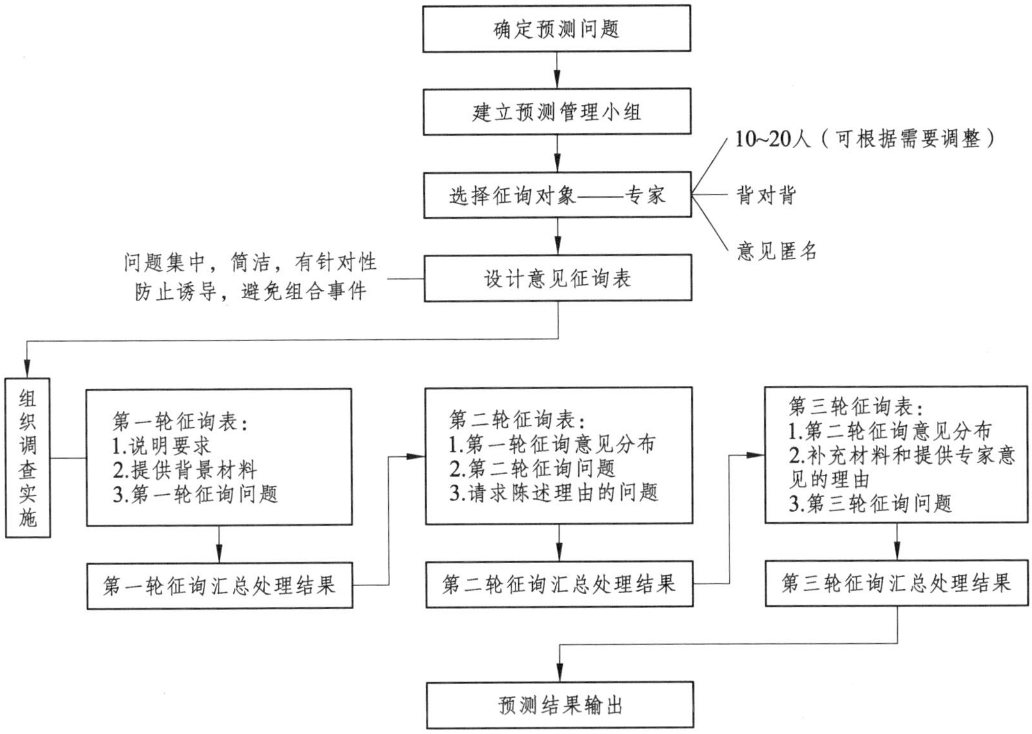

图 3.4　德尔菲法的预测流程

其中，调查过程包含两轮或以上：首先，向具有资质的专家组成员发放问卷，选出大部分专家认为的最可能发生的预测结果；然后将第一轮问卷调查的结果反馈给所有专家，并让他们据此考虑是否需要调整自己的看法，经过几轮反复调查，专家意见会逐渐趋于一致。德尔菲法本质上是通过搜集大量专家意见并在此基础上达成共识的一种定性预测方式。这种方式取决于意见交换的过程，有时简单有时复杂。总体上看，德尔菲法更适合市场总体趋势预测，而非航线需求预测。虽然很少被航空公司采用，它却一度成为国际航空运输协会年度全球预测报告的基础①。

例如：某新建机场为了做长期基础设施建设规划，需要对未来 10 年的机场吞吐量进行预测，由于缺乏历史数据，选择专家预测法（德尔菲法）。根据德尔菲法的组织流程，经过三轮反复调查，获得如下结果（表 3.7）。

表 3.7　机场吞吐量的德尔菲预测

专家编号	第一次预测			第二次预测			第三次预测		
状态	悲观	可能	乐观	悲观	可能	乐观	悲观	可能	乐观
1	150	750	900	600	750	900	550	750	900
2	200	450	600	300	500	650	400	500	650

① 1986 年以前，国际航空运输协会采用德尔菲法进行全球航空市场预测。由于该方式所需时间周期较长，1986 年以后，各条航线的预测改为各个航空公司单独进行，然后由国际航空运输协会统一汇总。

续表

专家编号	第一次预测			第二次预测			第三次预测		
3	400	600	800	500	700	800	500	700	800
4	750	900	1 500	600	750	1 500	500	600	1 250
5	100	200	350	220	400	500	300	500	600
6	300	500	750	300	500	750	300	600	750
7	250	300	400	250	400	500	400	500	600
8	260	300	500	350	400	600	370	410	610
极差	650	700	1 150	380	350	1 000	250	340	650
标准差	203	241	368	154	158	325	94	114	222

图 3.5 为德尔菲方法预测结果统计。

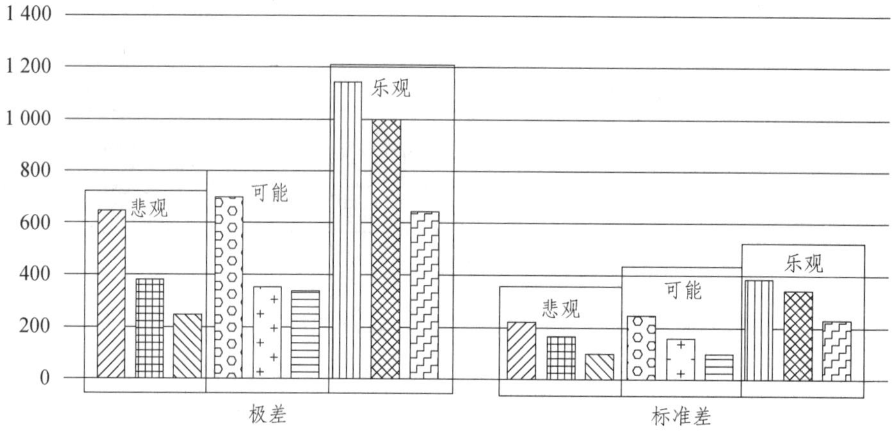

图 3.5　德尔菲法预测结果统计

3.4.3　定量预测

定量预测是利用历史数据或因素变量来预测未来需求。在预测的过程中，需要收集比较完备的历史统计数据并运用一定的数学方法进行加工整理，以揭示有关变量之间的规律性联系并预测未来发展。ICAO 在《航空运输预测手册》（8991 号文件）中将定量预测划分为时间序列模型和因果模型两大类（见图 3.3）（ICAO，2006）。需要注意的是，该划分方式并未严格按照数学模型类别或数据类别进行区分。例如，时间序列数据也可以用于建立因果模型，而计量经济学模型本质上也是回归模型的一种。

3.4.3.1　时间序列

时间序列是指同一经济现象或特征值按时间先后顺序排列而成的数列。时间序列具有稳定性或规则性，并可被合理地顺势推延。时间序列预测模型即以时间作为自变量预测市场未来变化趋势的模型，是航空公司普遍使用的预测方式之一。该模型的基本假设是过去的历史趋势会一直延续，因此，时间序列模型对历史数据有较强的依赖性。

时间序列一般包含四种要素：长期趋势、季节变动、循环变动、不规则变动。长期趋势（T）指在较长时期内受某种根本性因素作用而形成的总的变动趋势；季节变动（S）是指在一年内随着季节的变化而发生的有规律的周期性变动；循环变动（C）是指以若干年为周期所呈现出的波浪起伏形态的有规律的变动；不规则变动（I）是一种无规律可循的变动，包括严格的随机变动和不规则的突发性影响很大的变动两种类型。时间序列有两种生成模式：一是乘法模式，另一种是加法模式。

乘法模式：$Y = T \times S \times C \times I$

加法模式：$Y = T + S + C + I$

如果时间序列图的趋势随着时间的推移，序列的季节波动变得越来越大，则建议使用乘法模型；如果序列的季节波动能够基本维持恒定，则建议使用加法模型。

时间序列预测法包含平均数法、趋势延伸法、季节指数法、自回归移动平均模型等。现做简要介绍。

1. 平均数法

平均数法的种类很多，例如算术平均数法、几何平均数法、移动平均法和指数平滑法等。此处仅介绍算术平均数法和几何平均数法，移动平均法和指数平滑法比较特殊，后面会专门介绍。

（1）算术平均数法。

算术平均数法的适用条件是：当时间序列呈现水平型的变动形态时，可采用此种预测方法，即以一定时期内的简单算术平均数作为下期的预测值。公式为：

$$\hat{x}_{t+1} = \bar{X} = \frac{\sum_{t=1}^{n} x_t}{n} \tag{3.6}$$

式中 $\hat{x}_{t+1}$ ——下一期（t+1）预测值；

$\bar{X}$ ——t 时刻之前一段时期内的算术平均数；

x_t ——t 时刻的观测值；

n ——变量 x 的数据个数。

【例 3.3】 2010—2015 年我国民航旅客运输的正班客座率平均值如表 3.8 所示，利用算术平均数法预测 2016 年旅客运输的正班客座率平均值。

表 3.8 2010—2015 年民航旅客运输正班客座率平均值

年 份	2010	2011	2012	2013	2014	2015
客座率/%	0.802	0.818	0.796	0.811	0.814	0.821

① 作图并观察趋势，几乎呈水平变化趋势（见图 3.6）。

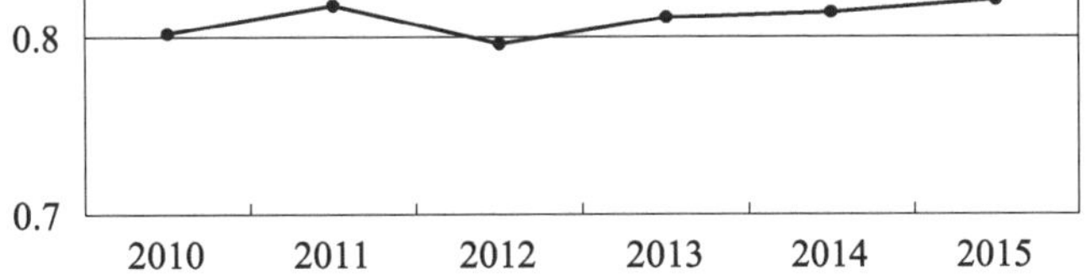

图 3.6 航班客座率

② 利用算术平均数法预测 2016 年客座率平均值。

$$\bar{X}=\frac{\sum_{t=1}^{n}x_t}{n}$$
$$=\frac{0.802+0.818+0.796+0.811+0.814+0.821}{6}$$
$$=0.810$$

2016 年我国航班旅客运输正班客座率平均值为 0.810。

（2）几何平均数法。

几何平均数法一般用于发展速度或增长速度等指标的预测。在此之前，先介绍两个概念：同比速度和环比速度。

同比是指本年度（季度，月份）与上一年年度（季度，月度）的对比。环比是指本季度（或者月度）与上一个季度（或者月度）的对比。两者最主要的区别在于对比的基数不同，同比基数为上年同期（包括上年、季度、月度、周、日等），环比基数为本期的前一期（一般是季度、月度、周、日等）。

【例 3.4】 2016 年 5 月我国民航旅客运输量为 3 897.3 万人，2015 年 5 月（同期）民航旅客运输量为 3 543 万人，因此同比发展速度为 $\frac{3\,897.3}{3\,543}=110\%$，同比增长速度为 $\frac{3\,897.3}{3\,543}-1=10\%$。2016 年 4 月民航旅客运输量为 3 971.4 万人，则 2016 年 5 月环比发展速度为 $\frac{3\,897.3}{3\,971.4}=98.13\%$，环比增长速度为 $\frac{3\,897.3}{3\,971.4}-1=-1.87\%$。

几何平均数法是指 n 个数乘积开 n 次方。如，$x_1,x_2,\cdots,x_n$ 的几何平均数为：$\sqrt[n]{x_1x_2\cdots x_n}$。例如，我们要求一定期间的平均发展速度（几何平均数），就是将该期间每期的环比发展速度相乘然后开 n 次方（n 为乘积个数，一般等于期数减 1）。

如果每期的水平值为 $X_1,X_2,\cdots,X_n$，那么每期的发展速度（一般是环比的速度）为 $\frac{X_2}{X_1},\frac{X_3}{X_2},\cdots,\frac{X_n}{X_{n-1}}$，则该 n 期期间的平均发展速度 $G=\sqrt[n-1]{\frac{X_2}{X_1}\cdot\frac{X_3}{X_2}\cdots\frac{X_n}{X_{n-1}}}=\sqrt[n-1]{\frac{X_n}{X_1}}$，平均增长速度为 $G-1$。

【例 3.5】 2010—2015 年我国机场数量如表 3.9 所示，利用几何平均数法预测 2016 年和 2017 年的机场数量。

表 3.9 2010—2015 年我国机场数量

年份/年	2010	2011	2012	2013	2014	2015
机场/个	175	180	183	193	202	210

2010—2015 年 6 年间我国机场数量的发展速度为 $G=\sqrt[n-1]{\frac{X_n}{X_1}}=\sqrt[5]{\frac{210}{175}}=1.037\,1$

2016 年机场数量预测值为：$210\times1.037\,1=218$（个）

2017 年机场数量预测值为：210×1.0371^2=226（个）

2016 年、2017 年我国机场数量（实际值）分别为 218 个、229 个。

（3）移动平均法。

算术平均数法的特点是对历史数据给予同等权重，代表时间序列数据的一般水平，其思想没有体现重视近期数据的思路，而且只能简单预测，只适用于具有水平趋势的时间序列数据，对于非水平趋势的时间序列预测则精度不高。

移动平均法和指数平滑法即是在算术平均数法的基础上的改进，其特点是重视近期数据，追逐新趋势变化的能力很强。

① 一次移动平均法。

设有时间序列 $\{x_t\}=\{x_1,x_2,\cdots,x_n\}$，保持跨越期 N 不变，平均值随数据推移而发生变化移动。一次移动平均值 $\{M_1(t)\}=\dfrac{x_t+x_{t-1}+\cdots+x_{t-N+1}}{N}=\dfrac{1}{N}\sum\limits_{t-N+1}^{t}x_i$，分子其实就是在时点（或时期）$t$ 之前的 N 期数值之和（包括 t 时点数据），除以 N 求得一个移动平均值，然后以此类推求得 $t+1$，$t+2$，…，n 时点的移动平均值。

注意以下几个问题：

第一，$\{M_1(t)\}$ 可以追踪 $\{x_t\}$ 的趋势，且具有修匀效果，当 $\{x_t\}$ 呈增长趋势时，$\{M_1(t)\}$ 纵向小于 $\{x_t\}$，当 $\{x_t\}$ 呈递减趋势时，$\{M_1(t)\}$ 纵向大于 $\{x_t\}$。$\{M_1(t)\}$ 与 $\{x_t\}$ 有水平偏差，统计学上称为平均役令 $\rho=\dfrac{N-1}{2}$。也就是说，$\{M_1(t)\}$ 往前推 $\rho=\dfrac{N-1}{2}$ 间隔可作为 $t-\rho$ 时刻的估计值，即 $\hat{Y}_{t-\rho}=M_1(t)$。

第二，跨预期或步长 N 的取值。如果时间序列具有明显的周期性或循环，则 N 最好等于季节和周期长度，以此消除季节因素变动的影响。N 如果为奇数，则仅需一次移动即可得到长期趋势；如果 N 为偶数，则需要移动两次才能移正长期趋势。N 越大，修匀作用越强，长期趋势越明显，但项数越少，追踪新趋势能力稍差；N 越小，修匀作用越弱，但项数越多，追踪新趋势能力较强。

第三，一次移动平均值只能对没有趋势的时间序列进行简单预测，对有趋势的时间序列不能直接用它来预测。另外，移动平均法修匀后序列损失了部分信息，可以用来观察原始数据的发展变化总趋势，但不宜据此序列进行直接预测，若要预测还需要进一步加工。

【例 3.6】 我国 2002—2015 年的运输飞机数量（架）如表 3.10 所示，利用一次移动平均法预测 2016、2017 年的飞机数量。

表 3.10　我国 2002—2015 年的运输飞机数量（架）

序号	年份	运输飞机数量	$M_1(t)$, N=3	$M_1(t)$趋势增加值	$M_1(t)$, N=4	
1	2002	602				
2	2003	664	673		第一次移动 1 行	第二次移动 0.5 行
3	2004	754	760	87	721	770
4	2005	863	872	111	820	879
5	2006	998	998	127	937	1 007

续表

序号	年份	运输飞机数量	$M_1(t)$, N=3	$M_1(t)$趋势增加值	$M_1(t)$, N=4	
6	2007	1 134	1 147	148	1 076	1 173
7	2008	1 308	1 360	214	1 270	1 345
8	2009	1 639	1 515	154	1 420	1 498
9	2010	1 597	1 667	152	1 577	1 656
10	2011	1 764	1 767	101	1 735	1 799
11	2012	1 941	1 950	183	1 862	1 958
12	2013	2 145	2 152	202	2 055	2 166
13	2014	2 370	2 388	236	2 277	
14	2015	2 650				

取第 5 列[$M_1(t)$趋势增加值]最后三期的平均值为每期趋势增加值(183+202+236)/3=207，可得一次移动平均的短期预测模型为：

$$\hat{Y}_{13+T}=2\ 388+207\times T\ (T=2,3,4,\cdots)$$

2016 年、2017 年分别为第 15 期、16 期，因此 T 分别取 2、3，可得运输飞机预测值为：

$$\hat{Y}_{(2016)}=\hat{Y}_{13+2}=2\ 388+207\times 2=2\ 802$$

$$\hat{Y}_{(2017)}=\hat{Y}_{13+3}=2\ 388+207\times 3=3\ 009$$

2016 年、2017 年运输飞机数量（实际值）分别为 2 950 架、3 296 架。

② 二次移动平均法。

二次移动平均值是一次移动平均值序列的移动平均值，计算公式如下：

$$M_2(t)=\frac{M_1(t)+M_1(t-1)+\cdots+M_1(t-N+1)}{N} \tag{3.7}$$

注意以下几个问题：

第一，二次移动平均值也有滞后偏差，一般不能直接用于有趋势的时间序列的预测值使用；

第二，$M_1(t)$斜率与原始序列相同，且从纵向看$M_1(t)$滞后于$X(t)$，$M_2(t)$滞后于$M_1(t)$，且落差相同；

第三，平均役令只与 N 有关，且有 $\rho=\frac{N-1}{2}$。

根据以上滞后规律，可以建立以下预测模型[①]：

$$\hat{X}_{t+T}=a_t+b_tT$$

① 田名誉，曹进．时间序列二次移动平均预测法——公式的推导及应用[J]．基建管理优化，1994（4）：33-36.

$$a_t = M_1(t) + [M_1(t) - M_2(t)] = 2M_1(t) - M_2(t)$$
$$b_t = \frac{M_1(t) - M_2(t)}{(N-1)/2} = 2[M_1(t) - M_2(t)]/(N-1) \tag{3.8}$$

【例 3.7】 我国 2000—2015 年民航运输总周转量（亿吨公里）如表 3.11 所示，试利用二次移动平均法预测 2016、2017 年民航运输总周转量。

表 3.11 我国 2000—2015 年民航运输总周转量

序号	年份	运输总周转量/亿吨公里	$M_1(t)$, N=3	$M_2(t)$, N=3
1	2000	122.50		
2	2001	141.19		
3	2002	164.93	142.87	
4	2003	170.79	158.97	
5	2004	231.00	188.91	163.58
6	2005	261.27	221.02	189.63
7	2006	305.80	266.02	225.32
8	2007	365.30	310.79	265.94
9	2008	376.77	349.29	308.70
10	2009	427.07	389.71	349.93
11	2010	538.50	447.45	395.48
12	2011	577.40	514.32	450.49
13	2012	610.32	575.41	512.39
14	2013	671.72	619.81	569.85
15	2014	748.12	676.72	623.98
16	2015	851.65	757.16	684.57

N=3，逐步计算知 $M_1(16) = 757.16$，$M_2(16) = 684.57$，然后根据公式可得：

$$a_t = 2M_1(t) - M_2(t) = 2 \times 757.16 - 684.57 = 829.76$$
$$b_t = 2[M_1(t) - M_2(t)]/(N-1) = \frac{2 \times (757.16 - 684.57)}{3-1} = 72.6$$

根据预测模型 $\hat{X}_{16+T} = 829.76 + 72.6T$，得 2016 年（17 期）、2017 年（18 期）的运输总周转量预测值：

$\hat{X}_{(2016,17期)} = X_{16+T} = 829.76 + 72.6 \times 1 = 902.36$（亿吨公里）

$\hat{X}_{(2017,18期)} = X_{16+T} = 829.76 + 72.6 \times 2 = 974.96$（亿吨公里）

2016 年、2017 年我国民航运输总周转量（实际值）分别为 962.51、1 083.08 亿吨公里。

（4）指数平滑法。

指数平滑法是一种特殊的加权移动平均法，具有连续运用、不须保存历史数据、计算方便、更新预测模型简易等优点。可分为一次指数平滑法和多次指数平滑法（二次最常用）。

① 一次指数平滑法。

设 n 个观察值组成时间序列 $X_1,X_2,\cdots,X_n$，其中 X_i 为第 t 期的数据 $(t=1,2,\cdots,n)$，则一次指数平滑值的计算公式为：

$$S_1(t)=\alpha X_t+(1-\alpha)S_1(t-1)$$

式中 $S_1(t)$ ——第 t 期的一次指数平滑值；

α ——平滑系数[(1 - α)为阻尼系数]；

$S_1(t-1)$ ——第 $(t-1)$ 期的一次指数平滑值。

给定平滑系数 α 和初始值 $S_1(0)$ 就可以计算一次指数平滑值了，可以利用下面的迭代进行推导。

$$\begin{aligned}S_1(1)&=\alpha X_1+(1-\alpha)S_1(0)\\S_1(2)&=\alpha X_2+(1-\alpha)S_1(1)\\&\vdots\\S_1(t-1)&=\alpha X_{t-1}+(1-\alpha)S_1(t-2)\\S_1(t)&=\alpha X_t+(1-\alpha)S_1(t-1)\end{aligned}$$

经迭代后得到

$$S_1(t)=\alpha X_t+\alpha(1-\alpha)X_{t-1}+\cdots+\alpha(1-\alpha)^{t-1}X_1+(1-\alpha)^t S_1(0)$$

上式等号右边的系数之和为 1，因此，一次指数平滑值的实质是 $X_1,X_2,\cdots,X_t$，$S_1(0)$ 的一个加权平均值，而且近期的数据给的权重更大，体现了重视近期数据的思想。某个一次指数平滑值保留了该时期之前所有信息，因此计算本期指数平滑值只需要一个本期的新数据和一个前期的指数平滑值即可，以前的历史数据无须保留。

但是，一次指数平滑法只能对没有趋势的时间序列进行简单的预测，一般不能作为预测值，可以用二次指数平滑法进行预测。

② 二次指数平滑值。

对于原始时间序列 $X_1, X_2, \cdots, X_n$，先计算各个时刻的一次指数平滑值，得到一次指数平滑值序列 $\{S_1(t)\}$，二次指数平滑值 $\{S_2(t)\}$ 是对一次指数平滑值的再一次指数平滑，其计算公式为：

$$S_2(t)=\alpha S_1(t)+(1-\alpha)S_2(t-1)$$

式中 $S_2(t)$ —— 第 t 期的二次指数平滑值；

$S_1(t)$ ——第 t 期的一次指数平滑值；

α ——平滑系数[(1 - α)为阻尼系数]；

$S_1(t-1)$ ——第 $(t-1)$ 期的一次指数平滑值。

二次指数平滑法预测原理与二次移动平均法类似，都是利用平均值的滞后规律及平均役令来建立模型，二次指数平滑法预测模型为：

$$\hat{X}_{t+T}=a_t+b_tT$$

$$a_t = S_1(t) + \left[S_1(t) - S_2(t)\right] = 2S_1(t) - S_2(t)$$

$$b_t = \frac{S_1(t) - S_2(t)}{(1-\alpha)/\alpha} = \alpha\left[S_1(t) - S_2(t)\right]/(1-\alpha)$$

注意以下几个问题：

第一，关于初始值的选择。要计算一次、二次指数平滑值，首先需要选取初始值 $S_1(0)$ 和 $S_2(0)$。如果原始序列数据较多（大于等于 15 项），一般取初始值为 X_1 即可。如果原始序列数据不太多（小于 15 项），初始值的选取将影响计算结果，必须谨慎选取，如取最初几期数据（一般为三期）的平均值。

第二，平均役令和平滑系数的选择。指数平滑法是对历史数据的加权平均，其相对于原始序列具有滞后偏差，一次指数平滑值的平均役令只和平滑系数有关，$\rho = \frac{1-\alpha}{\alpha}$。$\alpha$ 取值较大时，表明重视近期数据，追踪新变化的能力强，但易受随机干扰；α 取值较小时，抗干扰能力强，但追踪新变化的能力较差。因此当线性趋势较强时，选取 α 可稍小；当非线性趋势较稳定时，选取 α 应较大，以追踪实际变化。一般来说，α 在 0.1 ~ 0.6 之间选取。

【例 3.8】 我国 2000—2015 年民航货邮运输量（万吨）如表 3.12 所示，试利用二次指数平滑法预测 2016、2017 年的货邮运输量。

表 3.12　我国 2000—2015 年民航货邮运输量

序号	年份	货邮运输量/万吨	$S_1(t)$, $\alpha = 0.6$	$S_2(t)$, $\alpha = 0.6$
0			196.70	196.70
1	2000	196.70	196.70	196.70
2	2001	171.00	181.28	187.45
3	2002	202.10	193.77	191.24
4	2003	219.00	208.91	201.84
5	2004	276.70	249.58	230.49
6	2005	306.70	283.85	262.51
7	2006	349.43	323.20	298.92
8	2007	401.85	370.39	341.80
9	2008	407.64	392.74	372.36
10	2009	445.53	424.42	403.60
11	2010	563.04	507.59	465.99
12	2011	557.48	537.52	508.91
13	2012	545.00	542.01	528.77
14	2013	561.00	553.40	543.55
15	2014	594.10	577.82	564.11
16	2015	629.30	608.71	590.87

$S_1(0) = S_2(0) = X_1 = 196.70$，$\alpha = 0.6$。根据公式可计算 $S_1(16) = 608.71$，$S_2(16) = 590.87$，可以计算

$$a_t = 2S_1(t) - S_2(t) = 2\times 608.71 - 590.87 = 626.55$$

$$b_t = \frac{S_1(t) - S_2(t)}{(1-\alpha)/\alpha} = \frac{608.71 - 590.87}{(1-0.6)/0.6} = 26.76$$

根据预测模型 $\hat{X}_{16+T} = 626.55 + 26.76T$，得 2016 年（17 期）、2017 年（18 期）的运输总周转量预测值：

$$\hat{X}_{(2016,17期)} = X_{16+T} = 626.55 + 26.76\times 1 = 653.3 \text{（万吨）}$$

$$\hat{X}_{(2017,18期)} = X_{16+T} = 626.55 + 26.76\times 2 = 680.06 \text{（万吨）}$$

2016 年、2017 年我国民航货邮运输量（实际值）分别为 668.0 万吨、705.9 万吨。

2. **直线趋势延伸法**

假定有一个长期的数据序列，为了得到逐期的趋势值，可以考虑用原始数据拟合一条线性的或非线性的曲线（如直线、对数、生长曲线等）。趋势延伸法遵循惯性原理，通过分析时间序列呈现的长期变动轨迹的规律性，用数学方法找出拟合趋势变动轨迹的数学模型，并据此进行预测，又称为趋势外推法。

此处仅介绍最为简单的直线趋势延伸法。首先确定时间序列呈现的趋势特征（利用以上两种方法），如果呈直线趋势（如图形显示，或者逐期增量大体相等或为常数），则可以利用直线拟合数据。直线模型的形式一般如下：

$$\hat{Y}_t = a + bt$$

式中　t ——时间序列的时间变量[①]；

$\hat{Y}_t$ ——时间序列 Y_t 的线性趋势值（预测值）；

a,b ——待定参数。

一般采用最小二乘法估计待定参数 a,b，其思路是 a,b 的取值必须使得离差平方和最小，具体过程如下：

$$e_t = Y_t - \hat{Y}_t = Y_t - (a+bt)$$

令

$$Q = \sum_{t=1}^{n} e_t^2 = \sum_{t=1}^{n}(Y_t - \hat{Y}_t)^2 = \sum_{t=1}^{n}[Y_t - (a+bt)]^2$$

$$Q = \sum_{t=1}^{n}[Y_t - (a+bt)]^2 = \sum_{t=1}^{n}(Y_t^2 + a^2 + 2abt + b^2t^2 - 2aY_t - 2btY_t)$$

Q 对 a,b 求偏导数，并令其等于 0，可求得 a,b 的表达式。

$$\begin{cases} \dfrac{\partial Q}{\partial a} = \sum\limits_{t=1}^{n}(2a + 2bt - 2Y_t) = 0 \\ \dfrac{\partial Q}{\partial b} = \sum\limits_{t=1}^{n}(2at + 2bt^2 - 2tY_t) = 0 \end{cases}$$

① 方程中的 t 仅代表时间序号，没有实际含义，因此理论上讲，只要是间隔期一致的顺序数值标号均可以代表 t，如 1，2，3，…或者 2000，2001，2002，…，等等。

消元法得到 a, b

$$a=\frac{\sum Y_t}{n}-b\frac{\sum t}{n}$$

$$b=\frac{n\sum tY_t-\sum t\sum Y_t}{n\sum t^2-\left(\sum t\right)^2}$$

说明：由于 t 不具有实际含义，仅代表时间标号。因此，如果令 $\sum t=0$ 就会大大简化 a,b 的计算过程，利用手工计算会方便很多。此时，a, b 表达式简化为：

$$a=\frac{\sum Y_t}{n}$$

$$b=\frac{\sum tY_t}{\sum t^2}$$

如果 n 为奇数，则令中间一期 $t_{\left(\frac{n+1}{2}\right)}=0$，两侧时间标号对称分布，间隔为 1。

如果 n 为偶数，则令中间两期之和为 $t_{\left(\frac{n}{2}\right)}+t_{\left(\frac{n}{2}+1\right)}=0$，两侧时间标号对称分布，间隔期为 2。

例如：

$n=5$，则时间序号 t 为：－2，－1，0，1，2

$n=6$，则时间序号 t 为：－5，－3，－1，1，3，5

【例 3.9】 表 3.13 是 2009—2015 年的我国民航飞机起降架次 Y（万次），图 3.7 为 2009—2015 民航起降飞机架次折线图，试利用直线趋势延伸法预测 2016 年的飞机起降架次。

表 3.13　我国 2009—2015 年民航飞机起降架次（万次）

Year	2009	2010	2011	2012	2013	2014	2015	Σ
t	－3	－2	－1	0	1	2	3	0
Y_t	484.1	553.2	598	660.3	731.54	793.31	856.55	4 677.00
t^2	9	4	1	0	1	4	9	28
tY_t	－1 452.3	－1 106.4	－598	0	731.54	1 586.62	2 569.65	1 731.11

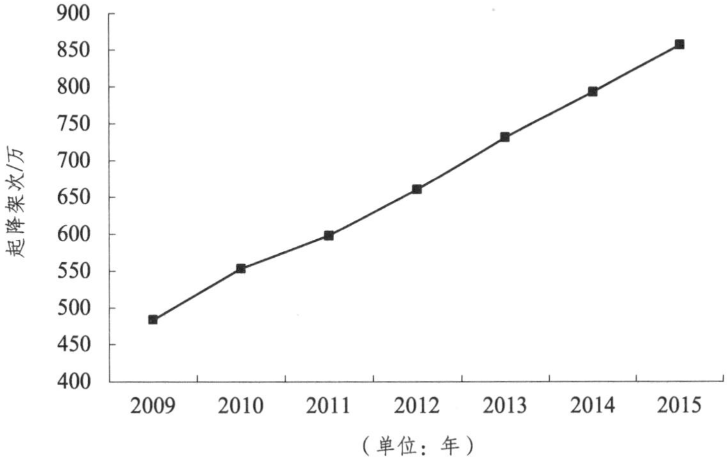

图 3.7　我国 2009—2015 民航飞机起降架次折线图

$$a=\frac{\sum Y_t}{n}=\frac{4\ 677}{7}=668.14$$

$$b=\frac{\sum tY_t}{\sum t^2}=\frac{1\ 731.11}{28}=61.83$$

直线趋势方程为：$\hat{Y}_t$=668.14+61.83t

2016 年的时间标号 $t=4$，得到 2016 年的飞机起降架次预测值为：$\hat{Y}_t=668.14+61.83\times4=$ 915.44 万次。2016 年我国民航实际起降架次为 923.8 万次，预测误差为 0.9%，精度较高。

3. 季节指数法

季节指数法是以市场季节性周期为特征，计算反映在时间序列资料（至少连续五期）上呈现明显的有规律的季节变动系数进行预测的方法。有两种方法：一是不考虑长期趋势的影响，根据原序列按季或月平均法；二是将原序列中的长期趋势及循环趋势剔除后，再进行测定，常用方法是移动平均趋势剔除法。

（1）直接平均季节（月）指数法。

若不考虑长期趋势的影响，直接平均季节（或月）指数法是测定现象季节变动的最简便的方法。具体步骤为：

① 计算历年同季或月的平均水平；

② 根据历年各季或月的数值总和，计算总的季或月的平均水平；

③ 将同季或月的平均水平【第（1）步骤计算所得】与总的季或月的平均水平【第（2）步骤计算所得】对比，其比值为季节指数；

④ 利用季节指数之间的比例和上期值得到本月预测值。

$$\text{第}i\text{月预测值}=\frac{\text{第}(i-1)\text{月预测值}}{\text{第}(i-1)\text{月季节指数}}\times\text{第}i\text{月季节指数}$$

需要注意的是：预测 1 月的指标值时，其上一期（$i-1$）为上一年的第 12 月实际值，预测 2 月指标时分子为 1 月预测值，以此类推，以一个完整的季节为周期（4 个季度或 12 个月）。

此方法的优点是计算简便，容易理解和掌握。但采用这一方法的一个重要前提是原数据不存在长期趋势变动，否则会出现较大偏差。

【例 3.10】 CTU-SZX 航线 2005—2009 年的月客运量（人次）如表 3.14 所示，图 3.8 为 2005—2009 年的 CTU-SZX 航线月客运量折线图，试利用直接季度/月份平均法预测该条航线 2010 年的客运量。

表 3.14　直接平均季节指数法预测 2010 年 CTU-SZX 航线客运量（单位：人次）

月份	年份					月平均值	季节指数	2010 预测值	2010 实际值
	2005	2006	2007	2008	2009				
1	20 093	38 273	38 336	47 977	59 008	40 737	0.862 4	51 741	62 579
2	37 936	48 195	50 266	60 716	62 065	51 836	1.097 3	65 837	72 154
3	32 356	37 175	58 008	56 958	57 611	48 422	1.025 0	61 501	72 699
4	26 417	38 846	48 153	51 627	52 926	43 594	0.922 8	55 369	61 423
5	24 882	37 075	44 757	45 201	47 908	39 965	0.846 0	50 760	58 452

续表

月份	年份					月平均值	季节指数	2010 预测值	2010 实际值
	2005	2006	2007	2008	2009				
6	34 112	36 085	39 554	48 833	55 275	42 772	0.905 4	54 325	60 350
7	35 653	46 958	50 446	49 353	58 494	48 181	1.019 9	61 195	71 154
8	42 602	46 185	49 888	46 028	64 711	49 883	1.056 0	63 357	67 093
9	45 768	42 456	43 821	47 912	54 906	46 973	0.994 4	59 661	60 462
10	50 134	52 996	57 259	52 515	69 412	56 463	1.195 3	71 715	69 176
11	48 293	43 804	48 676	49 843	62 512	50 626	1.071 7	64 301	66 486
12	36 210	39 885	47 459	53 308	60 226	47 418	1.003 8	60 226	65 681
年平均值						47 239	∑	719 989	787 709

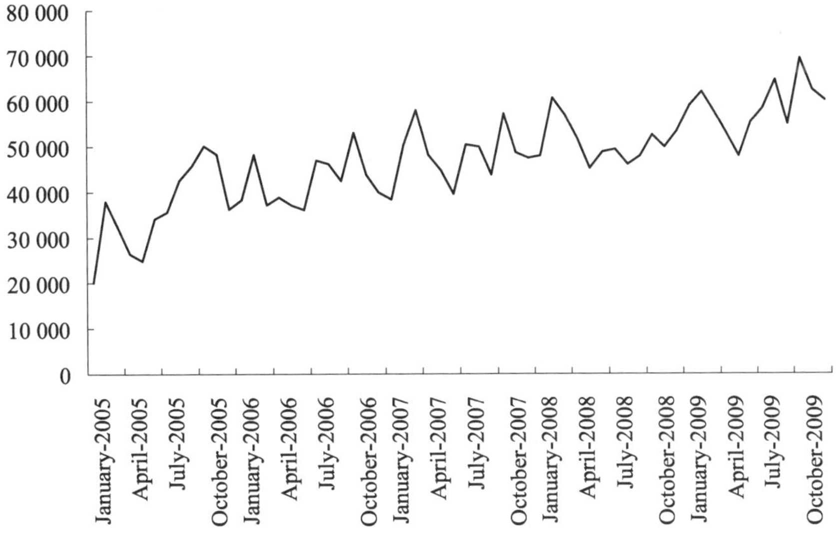

图 3.8 2005—2009 年 CTU-SZX 航线月客运量折线图

表 3.14 中，1 月的季节指数 0.862 4 等于 1 月平均值 407 37 除以全部的平均值 47 239，以此类推可以求得所有月份的季节指数。2010 年 1 月预测值 $51\ 741=\dfrac{60\ 226}{1.003\ 8}\times 0.862\ 4$，然后可以利用 1 月份预测值和其余季节指数分别计算 2012 年 2 月～12 月的预测值。

可以看到 2010 年的全年绝对误差为 – 67 719 人，相对误差率为 – 8.59%。图 3.9 显示了 2010 年的真实运量和预测运量。

从图 3.9 可以看到，除了 2008 年某个期间（7 月～11 月）的实际值低于预期外（可能由于 2008 年金融危机导致），其余期间都是拟合值和预测值低于实际值，呈现出一种较为明显的向下平移趋势，表明我们的模型中忽略了长期趋势因素。

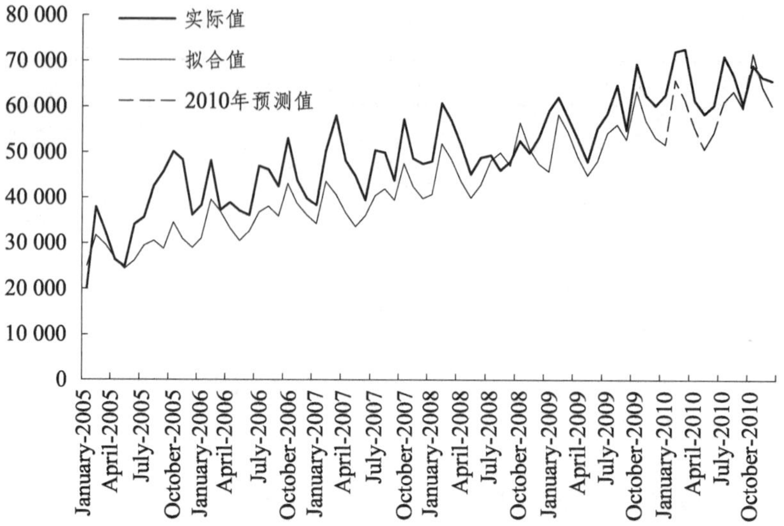

图 3.9 2010 年 CTU-SZX 航线客运量实际值与拟合值/预测值对比

（2）趋势季节模型。

先利用移动平均法（或指数平滑法、最小二乘法、发展速度法等）将原时间序列中的长期趋势测定出来，利用乘法模式将其剔除，然后再测定季节变动。具体步骤如下：

① 确定趋势项。可以用多种方式确定趋势值，如利用最小二乘法、移动平均法、指数平滑法、发展速度法等，对原始序列拟合以确定过去各个时期的趋势值。例如，根据各年的季度/月份资料进行四项/十二项移动平均，修匀时间序列，剔除偶然因素对时间序列的影响，以确定时间序列的趋势值（T）。

② 计算季节指数。将实际值（Y）除以趋势值（T）得各时期的季节指数 $S_t = Y/T$，剔除时间序列中长期趋势。

③ 计算同季或月的季节指数（同季平均比率 $\overline{S}_i$）。分别求得每个季节或月的季节指数的平均数，例如，按季节是 $\overline{S}_1, \overline{S}_2, \overline{S}_3, \overline{S}_4$。

④ 对季节指数正规化处理（调整后的季节指数 $\overline{\overline{S}}_i$）。季节指数的和应为 4.0（季节）或者 12.0（月份），如果有偏差，则需要进行标准化调整，调整公式为：

$$\overline{\overline{S}}_i = \frac{\overline{S}_i}{\sum_{i=1}^{N} \overline{S}_i} * N$$

一般来说，上面公式中 N=4 或 12，或其他实际的周期数。

⑤ 确定预测期的趋势值。利用某种方法，如最小二乘法、移动平均法、指数平滑法、发展速度法等中的一种，建立趋势模型，计算要预测时期的趋势值。

⑥ 通过对趋势值修正进行预测。假定时间序列为乘法模型，不考虑循环变动和不规则变动的情况下，趋势季节预测模型为：

$$\hat{X}_t = T_t \overline{\overline{S}}_{t \to i}$$

式中 $\hat{X}_t$ ——t 时的预测值；

T_t ——t 时的趋势值；

$\bar{\bar{S}}_{t\to i}$ ——t 时对应的第 i 期季节指数。

【例 3.11】 CTU-SZX 航线 2005—2009 年的月客运量（人次）如表 3.15 所示，试利用长期趋势剔除季度指数法预测该条航线 2010 年的客运量。

表 3.15 利用移动平均季节指数法预测 2010 年 CTU-SZX 航线客运量

1 列	2 列	3 列	4 列		5 列	6 列	7 列	8 列
年份	月份	客运量/人次（Y）	移动平均[N=12]（T）		剔除长期趋势变动（Y/T）	平均比率（$\bar{S}_i$）	季节指数（$\bar{\bar{S}}_i$）	剔除季节影响的趋势值（$Y/\bar{\bar{S}}_i$）
2005	1	20 093				0.941 9	0.945 9	21 242
	2	37 936				1.135 1	1.140 0	33 278
	3	32 356				1.066 9	1.071 5	30 197
	4	26 417				0.971 0	0.975 2	27 088
	5	24 882				0.882 3	0.886 1	28 080
	6	34 112	36 205	36 962	0.922 9	0.885 8	0.889 6	38 343
	7	35 653	37 720	38 147	0.934 6	1.004 3	1.008 6	35 347
	8	42 602	38 575	38 775	1.098 7	1.013 6	1.017 9	41 851
	9	45 768	38 976	39 494	1.158 9	0.978 0	0.982 2	46 598
	10	50 134	40 012	40 520	1.237 3	1.139 8	1.144 8	43 795
	11	48 293	41 028	41 110	1.174 7	1.011 6	1.016 0	47 534
	12	36 210	41 192	41 663	0.869 1	0.918 2	0.922 2	39 267
2006	1	38 273	42 135	42 284	0.905 1			40 461
	2	48 195	42 433	42 295	1.139 5			42 277
	3	37 175	42 157	42 276	0.879 3			34 695
	4	38 846	42 396	42 209	0.920 3			39 833
	5	37 075	42 022	42 175	0.879 1			41 841
	6	36 085	42 328	42 330	0.852 5			40 561
	7	46 958	42 333	42 419	1.107 0			46 556
	8	46 185	42 506	43 374	1.064 8			45 371
	9	42 456	44 242	44 629	0.951 3			43 226
	10	52 996	45 017	45 337	1.168 9			46 295
	11	43 804	45 657	45 802	0.956 4			43 116
	12	39 885	45 947	46 092	0.865 3			43 252
2007	1	38 336	46 237	46 391	0.826 4			40 528
	2	50 266	46 546	46 603	1.078 6			44 094

续表

1 列	2 列	3 列	4 列		5 列	6 列	7 列	8 列
年份	月份	客运量/人次（Y）	移动平均[N=12]（T）		剔除长期趋势变动（Y/T）	平均比率（$\bar{S}_i$）	季节指数（$\bar{\bar{S}}_i$）	剔除季节影响的趋势值（$Y/\bar{\bar{S}}_i$）
2007	3	58 008	46 660	46 837	1.238 5			54 138
	4	48 153	47 015	47 218	1.019 8			49 376
	5	44 757	47 421	47 736	0.937 6			50 510
	6	39 554	48 052	48 454	0.816 3			44 460
	7	50 446	48 855	49 291	1.023 4			50 014
	8	49 888	49 726	49 682	1.004 1			49 009
	9	43 821	49 639	49 783	0.880 2			44 616
	10	57 259	49 928	49 947	1.146 4			50 019
	11	48 676	49 965	50 352	0.966 7			47 911
	12	47 459	50 738	50 693	0.936 2			51 465
2008	1	47 977	50 647	50 487	0.950 3			50 720
	2	60 716	50 326	50 496	1.202 4			53 261
	3	56 958	50 667	50 469	1.128 6			53 158
	4	51 627	50 271	50 320	1.026 0			52 938
	5	45 201	50 369	50 612	0.893 1			51 011
	6	48 833	50 856	51 316	0.951 6			54 890
	7	49 353	51 775	51 831	0.952 2			48 930
	8	46 028	51 888	51 915	0.886 6			45 217
	9	47 912	51 942	51 996	0.921 5			48 781
	10	52 515	52 050	52 163	1.006 7			45 875
	11	49 843	52 276	52 544	0.948 6			49 060
	12	53 308	52 813	53 194	1.002 1			57 808
2009	1	59 008	53 574	54 353	1.085 6			62 382
	2	62 065	55 131	55 423	1.119 8			54 444
	3	57 611	55 714	56 418	1.021 1			53 767
	4	52 926	57 122	57 650	0.918 1			54 270
	5	47 908	58 178	58 466	0.819 4			54 066
	6	55 275	58 755					62 132
	7	58 494						57 993
	8	64 711						63 571
	9	54 906						55 902
	10	69 412						60 635
	11	62 512						61 530
	12	60 226						65 310

续表

1 列	2 列	3 列	4 列		5 列	6 列	7 列	8 列
年份	月份	客运量/人次（Y）	移动平均[N=12]（T）		剔除长期趋势变动（Y/T）	平均比率（$\bar{S}_i$）	季节指数（$\bar{\bar{S}}_i$）	剔除季节影响的趋势值（$Y/\bar{\bar{S}}_i$）
2010					Y=33 214.65+459.39t			
					2010 预测值	2010 实际值	季节指数	
	1	2010 实际值	2010 预测值	Y=33 199.7+460.06t			季节指数	2010 趋势值
	2	62 579	57 950				0.945 9	61 263
	3	72 154	70 363				1.140 0	61 723
	4	72 699	66 629				1.071 5	62 183
	5	61 423	61 092				0.975 2	62 644
	6	58 452	55 916				0.886 1	63 104
	7	60 350	56 549				0.889 6	63 564
	8	71 154	64 577				1.008 6	64 024
	9	67 093	65 640				1.017 9	64 484
	10	60 462	63 787				0.982 2	64 944
	11	69 176	74 871				1.144 8	65 404
	12	66 486	66 916				1.016 0	65 864
	∑	787 709	765 452					

表 3.15 计算过程详解。

说明：将每年每月数据按列排列，第一年排完 12 个月后再接着排第二年 12 个月，以此类推，一般至少 5 年数据。当然也不是越多越好，数据越多计算量越大，一般不超过 8 年。第 3 列是每年每月的实际客运量数据，用 Y 表示。

第一步：第 4 列，按季节周期 12 个月计算移动平均值，因为 N=12 是偶数，一次移动平均后还需要再进行一次 2 期的移正平均才能追踪到原始序列的趋势，此时得到趋势值 T。

第二步：第 5 列，假设时间序列遵循乘法模型，不考虑循环变动和不规则变动，则时间序列仅受到长期趋势和季节变动影响，因此，利用 Y/T 可以剔除长期趋势，得到每个月对应的季节比率 St（此时暂不称为季节指数，季节指数是只针对某个季节的一个相对指数，一次计算中具唯一性）。

第三步：第 6 列，将相同季节/月的季节比率平均得到平均季节比率 $\bar{S}_i$，因为 N=12，所以应有 12 个平均季节比率，例如 2005 年 6 月至 2008 年 6 月的季节比率分别为：0.922 9、0.852 5、0.816 3、0.951 6，则 6 月的季节比率为：0.885 8=(0.922 9+0.852 5+0.816 3+0.951 6)/4。其余月份以此类推。

第四步：第 7 列，对平均季节比率进行归一化处理，因为每个月的平均比率加起来应该为 12，但实际和为 11.948 5，因此需要进行归一化处理。例如 2005 年 1 月份的季节指数

0.945 9=12/11.948 5*0.941 9，其余月份以此类推。

第五步：第 8 列，利用实际值除以季节指数剔除季节影响，即 $Y/\overline{\overline{S}}_i$，得到纯粹的长期趋势值，此时第 8 列数据已经不含季节因素。因此，基于该序列利用多种方法的一种，如最小二乘法、移动平均法、指数平滑法、发展速度法等来预测未来某个区间的趋势值（一般是一个季节周期）。此处采用线性趋势外推法预测 2010 年的趋势值（见第 8 列的最后 12 期数据），预测方程为 Y=33 199.7+460.06t，其中 t 是从 2005 年 1 月按 1，2，3，…依次取值。要预测的 2010 年对应的 t=61～72。

第六步：利用公式 $\hat{X}_t = T_t\overline{\overline{S}}_{t\to i}$，将第 8 列 2010 年最后 12 期的趋势预测值乘以相对应的季节指数，得到 2010 年每个月的最终预测值，加总后即为 2010 年 CTU-SZX 航线客运量的全年预测值。可以看到，与 2010 全年实际客运量相比，预测绝对误差为－22 257 人，相对误差－2.83%，相对于利用直接平均季节指数法的预测结果（－67 719 人和－8.59%）有了很大的改善。图 3-2 显示了利用剔除趋势季节指数法的预测效果。

从图 3.10 也可以看到，客运量的拟合值和预测值几乎与实际值保持一致，曲线贴合度非常好，不论是季节趋势还是长期趋势都得到了较好的拟合，因此具有较高的准确性。

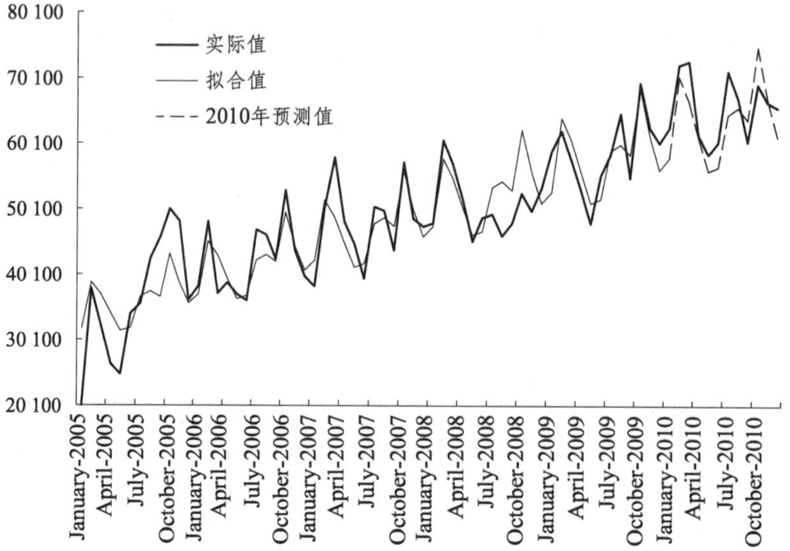

图 3.10　2010 年 CTU-SZX 航线客运量实际值与拟合值/预测值对比

4. **自回归移动**

ARIMA（Auto Regressive Integrated Moving Average，简称 ARIMA）可以用来对时间序列进行预测，是一种常用的需求预测方法。它是由博克思（Box）和詹金斯（Jenkins）于 20 世纪 70 年代初提出的一种著名时间序列预测方法，所以又称为 Box-Jenkins 模型、博克思-詹金斯法。ARIMA（p,d,q）模型中的 d 表示差分的阶数，用来得到平稳序列。AR 是自回归，p 为相应的自回归项数。MA 为移动平均，q 为相应的移动平均项数。模型的思想就是从历史的数据中寻找随时间变化的模式，然后利用这个规律去预测未来。

（1）AR(p)：p 阶自回归模型

$$x_t = \delta + \phi_1 x_{t-1} + \phi_2 x_{t-2} + \cdots + \phi_p x_{t-p} + u_t$$

自回归模型描述当前值与历史值之间的关系，用变量自身的历史时间数据对自身进行预测。上述模型中 u_t 为白噪声序列，δ 是常数（表示序列数据没有 0 均值化）。自回归模型必须满足平稳性的要求。

（2）MA(q)：q 阶移动平均模型。

$$x_t = \mu + \theta_1 u_{t-1} + \theta_2 u_{t-2} + \cdots + \theta_q u_{t-q} + u_t$$

移动平均模型关注的是自回归模型中的误差项的累加，由 u_t 本身与 q 个 u_t（自回归模型中的误差项 u_t）的滞后项加权平均构造出来的，它能有效地消除预测中的随机波动。以上模型中 u_t 为白噪声序列，移动平均模型是平稳序列。

（3）ARMA：自回归移动平均模型。

自回归模型 AR 和移动平均模型 MA 模型相结合，就得到了自回归移动平均模型 ARMA(p，q)。模型如下：

$$x_t = \mu + \phi_1 x_{t-1} + \phi_2 x_{t-2} + \cdots + \phi_p x_{t-p} + \theta_1 u_{t-1} + \theta_2 u_{t-2} + \cdots + \theta_q u_{t-q} + u_t$$

或

$$x_t = \mu + \sum_{i=1}^{p} \phi_i x_{t-i} + u_t + \sum_{i=1}^{q} \theta_i u_{t-i}$$

（4）ARIMA：差分自回归移动平均模型。

ARIMA(p，d，q)表示经过 d 阶差分的自回归移动平均模型。d 一般取 1 或 2，一般的非平稳时间序列经过 1 阶或 2 阶差分就可以变为平稳序列[①]。

（5）ARIMA 模型的建立过程。

一般分三个阶段建立 ARIMA 模型，分别是模型识别和定阶、参数估计和模型检验。

第一步：模型识别和定阶（最重要的一步）。

时间序列的平稳性检验。假定某个时间序列是由某一随机过程（Stochastic Process）生成的，即假定时间序列 $\{Xt\}$（$t = 1, 2, \cdots$）的每一个数值都是从一个概率分布中随机得到，如果满足下列条件：

① 均值 $E(X_t) = \mu$ 是与时间 t 无关的常数；

② 方差 $Var(X_t) = \sigma^2$ 是与时间 t 无关的常数；

③ 协方差 $Cov(X_t, X_{t+k}) = \gamma k$ 是只与时期间隔 k 有关，与时间 t 无关的常数。

则称该随机时间序列是平稳的（Stationary），而该随机过程是一平稳随机过程（Stationary Stochastic Process）。例如，具有零均值同方差的独立分布序列：$X_t = \mu t$，$t \sim N(0, \sigma^2)$ 就是平稳序列，而随机游走过程 $X_t = X_{t-1} + \mu t$ 则为非平稳序列。

时间序列平稳性检验有两种方法：一是图示法，通过绘制时间序列的散点图来进行粗略判断，如果图形上表现出一种围绕其均值上下波动的过程，则可以大致判断序列是平稳的；如果图形在不同的时间段具有不同的均值（如持续上升或持续下降），则可以判断序列是非平稳的（见图 3.11）。二是单位根检验（本书暂时不阐述，详见其他专门教材）。

① 实际的时间序列数据往往是非平稳的，而且主要的经济变量如消费、收入、价格往往表现为一致的上升或下降。如果数据非平稳，容易产生“虚假回归”（或伪回归）问题。表现为两个本来没有任何因果关系的变量，却有很高的相关性（有较高的拟合优度 R2）。

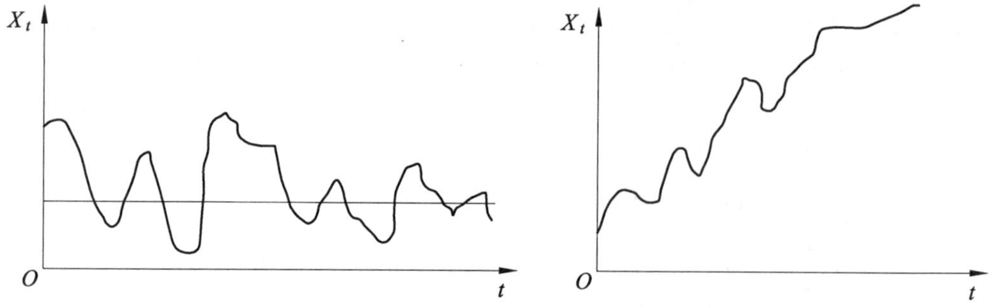

（a）平稳时间序列　　　　（b）非平稳时间序列

图 3.11　平稳与非平稳时间序列示意图

如果检验发现时间序列非平稳，则一般可以通过差分原始序列得到平稳序列。在此基础上，确定新的平稳序列的自回归阶数 p 及移动平均阶数 q，即定阶。定阶需要首先计算时间序列的自相关函数和偏自相关函数，然后根据自相关函数和偏自相关函数的分布形态来确定最佳的自回归阶数 p 及移动平均阶数 q。自相关函数（AutoCorrelation Function, ACF）描述的是时间序列观测值与其过去的观测值之间的线性相关性，计算公式如下：

$$\mathrm{ACF}(k)=\rho_k=\frac{\mathrm{Cov}(x_t,x_{t-k})}{\sqrt{\mathrm{Var}(x_{t-k})}}$$

或

$$\rho_k=\frac{\sum_{t=1}^{n-k}(x_t-\bar{X}_t)(X_{t+k}-\bar{X})}{\sum_{t=1}^{n}(x_t-\bar{X})^2}=\frac{\sum_{t=k+1}^{n}(x_t-\bar{X})(X_{t+k}-\bar{X})^{①}}{\sum_{t=1}^{n}(x_t-\bar{X})^2}$$

偏自相关函数 PACF（Partial AutoCorrelation Function）描述的是在给定中间观测值的条件下，时间序列观测值与其过去观测值之间的线性相关性。假设 $k=3$，ACF 描述的是 y_t 和 y_{t-3} 之间的相关性，但是这个相关性还受到 y_{t-1} 和 y_{t-2} 的影响。PACF 则剔除了这个影响，而 ACF 包含这个影响。PACF 计算公式如下：

$$\mathrm{PACF}(k)=P_k=\frac{\mathrm{Cov}(x_t,x_{t-k})}{\sqrt{\mathrm{Var}(x_t)}\sqrt{\mathrm{Var}(x_{t-k})}}$$

或

$$P_k=\frac{\sum_{t=1}^{n-k}(x_t-\bar{X}_t)(x_{t+k}-\bar{X}_{t+k})}{\sqrt{\sum_{t=1}^{n-k}(x_t-\bar{X}_t)^2}\sqrt{\sum_{t=1}^{n-k}(x_{t+k}-\bar{X}_{t+k})^2}}=\frac{\sum_{t=k+1}^{n}(x_t-\bar{X}_t)(x_{t-k}-\bar{X}_{t-k})}{\sqrt{\sum_{t=k+1}^{n}(x_t-\bar{X}_t)^2}\sqrt{\sum_{t=k+1}^{n}(x_{t+k}-\bar{X}_{t+k})^2}}$$

从以上计算公式可以发现，ACF 与 PACF 最大的区别在于 ACF 只用一个（原始序列的）

① y_{t-k} 比 y_t 滞后 k 期，y_{t-k} 有 $(n-k)$ 期数据（$k+1$ 期为起点，n 期为终点），为了计算相关系数（协方差的离差乘积需要一一对应），y_t 也只能截取前 $(n-k)$ 期数据（起点为 1，终点为 $n-k$）。

期望值，而 PACF 中两个序列各自用各自的期望值。基于 ACF 与 PACF 的分布状态判断应该采用何种时间序列模型以及相应的滞后阶数，如表 3.16 所示。

表 3.16　时间序列模型的选择与定阶

	AR(p)	MA(q)	ARMA(p,q)①
ACF	拖尾	q 阶截尾	拖尾
PACF	p 阶截尾	拖尾	拖尾

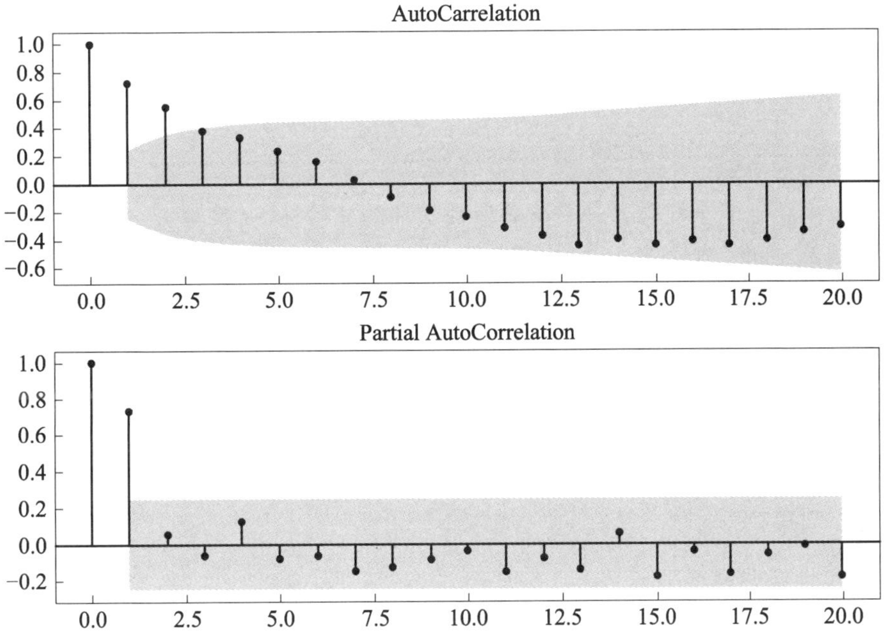

图 3.12　自相关和偏相关系数

从图 3.12 中看出，自相关系数 4 阶拖尾，偏自相关系数 2 阶截尾，因此可以选择的是 AR（2）模型。

第二步：参数估计。

通过拖尾和截尾对模型进行定阶（或参数估计）的方法，往往具有很强的主观性。一种普遍的较合理的参数估计方法是采用似然函数作为目标函数，当样本数据足够多时，可以不断提高模型精度，但是以提高模型复杂度为代价的，可能产生过拟合问题。所以，模型选择问题在模型复杂度与模型对数据集描述能力即似然函数之间寻求最佳平衡。为了平衡这两个指标，我们可以根据信息准则函数法来确定模型的阶数。

AIC 准则全称为最小化信息量准则（Akaike Information Criterion），是衡量统计模型拟合优良性的一种标准，由日本统计学家赤池弘次在 1974 年提出，它建立在熵的概念上，提供了权衡估计模型复杂度和拟合数据优良性的标准。计算公式为：

① 对于未知的 ARMA(p,q)定阶比较困难，Tsay, R. S.和 Tiao, G.(1984)提出的 EACF 是较好的解决办法。Tsay, R. S. Tiao, G. Consistent estimates of autoregressive parameters and extended sample Autocorrelation function for stationary and nonstationary ARMA models. Journal of the American Statistical Association, 1984, 79(385): 84-96.

$$\mathrm{AIC}=2k-2\ln(L)$$

其中，k 是模型参数的个数，L 是模型的极大似然函数。通常选择 AIC 最小的模型。

BIC（Bayesian Information Criterion）贝叶斯信息准则与 AIC 相似，用于模型选择，1978 年由 Schwarz 提出。建模时，增加参数数量，也就是增加模型复杂度，会增大似然函数即增加拟合程度或者减少预测误差，但是也会导致过拟合现象。针对该问题，AIC 和 BIC 均引入了与模型参数个数相关的惩罚项，BIC 的惩罚项比 AIC 得大，考虑了样本数量，样本数量过多时，可有效防止模型精度过高造成的模型复杂度过高。实际运用中 BIC 的运用较多。

$$\mathrm{BIC}=k\ln(n)-2\ln(L)$$

其中，k 是模型参数的个数，n 为样本数量，L 是模型的极大似然函数。通常选择 BIC 最小的模型。

第三步：模型检验。

模型检验主要有两个检验，一是检验参数估计的显著性（t 检验），二是检验残差序列的随机性，即残差之间是独立的。残差序列的随机性可以通过自相关函数法来检验，即做残差的自相关函数图。

第四步：模型预测。

模型预测主要有两个函数，一个是 Predict 函数，一个是 Forecast 函数，Predict 中进行预测的时间段必须在我们训练 ARIMA 模型的数据中，Forecast 则是对训练数据集末尾下一个时间段的值进行预估。

3.4.3.2　因果预测

1. 多元线性回归模型

张永莉，张晓全（2007）在《我国城市间航空客运量影响因素的实证分析》中建立了描述城市间航空客运量的半对数形式的线性计量经济模型。研究认为，城市间距离、机场旅客吞吐量、人口密度、邮政电信业务总量、人均拥有公共交通车辆数以及城市性质（省会、旅游）和 GDP 相比，与城市对航空客流有着更为密切的相关关系。表 3.17 为航空客流量的影响因素。

$$\mathrm{LOG}(lk)=c_1+\sum_{i=2}^{k}c_i\circ\mathrm{LOG}(x_i)+\sum_{j=k+1}^{m}c_j\circ x_j+\sum_{i=2}^{k}\sum_{j=k+1}^{m}c_{ij}\circ\mathrm{LOG}(x_i)\circ x_j$$

表 3.17　航空客流量的影响因素

因变量	自变量	备　注	弹性系数
航空客流量	城市间距离		−0.553
—	机场吞吐量	均非省会或旅游城市	0.465
—		其中一个为省会或旅游城市	0.864
—	邮政电信业务量		0.245
—	人均拥有公交车数量		0.341

田静在《中国民航国内旅客运价制定方法研究》(1999)的论文中，将城镇居民家庭人均可支配收入与收入客公里运价进行回归。陈林在《航空运输经济学》一书中，对这两个变量以居民消费价格指数进行缩减，反映真实的收入和运价。

刘建华和叶文振(2002)在《我国民航客运量实证研究》一文中提出，我国民航客运量取决于 5 个因素：GDP、最终消费额、铁路客运量、民航航线里程、来华旅游入境人数；陈力华(2003)利用一元线性回归模型研究我国民航客运量和 GDP 之间的关系，陈林对此进行了改进。

例如，2005—2015 年 RPK 和 GDP(经平减后的实际数据)一元线性回归结果如图 3.13 所示。

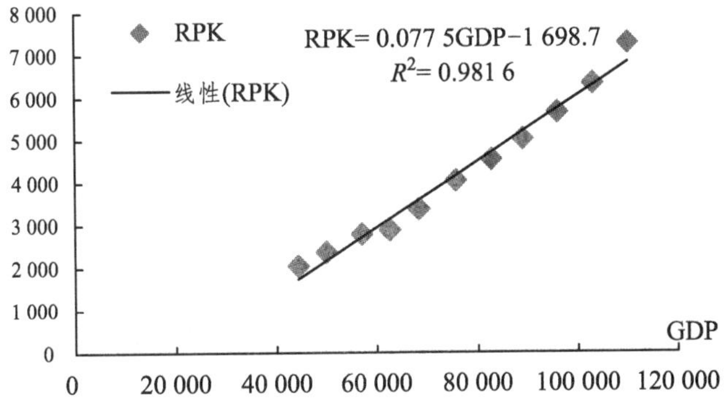

图 3.13 RPK 和 GDP 的一元线性回归结果

从图 3.13 可以看到，航空运输需求与实际的经济变量之间存在非常强的线性关系，需要指出的是，此处的 GDP 是经过平减后的实际经济总量。

2. 引力模型

引力模型(Gravity Model)是广泛应用于描述空间相互作用的模型，它是用来分析和预测空间相互作用形式的数学方程，其思想来源于牛顿万有引力定律。Tinbergen(1962)和 Poyhonen(1963)对其在经济学领域的应用做了发展、延伸，提出了一个比较完整且简便的经济学模型——引力模型。该模型认为，两个经济体之间的单项贸易流量与它们各自的经济规模(一般用 GDP 来表示)成正比，与它们之间的距离成反比。目前引力模型已被不断拓展并广泛运用于许多研究领域，比如空间布局、旅游、贸易和人口迁移。引力模型在实践中不断得到发展，形成了一般形式：

$$Q_{ij} = KL_{\text{oi}}^{\alpha} L_{\text{dj}}^{\beta} / f(\text{d}_{ij})$$

式中 $L_{\text{oi}}^{\alpha}, L_{\text{dj}}^{\beta}$ ——相互作用的两区域的广义吸引质量(例如人口、经济等，O 表示 Origin，d 表示 Destination)；

α, β ——幂函数的指数常量；

$f(\text{d}_{ij})$ ——以广义距离参数(例如时间、距离、成本)为变量的交通阻碍作用函数；

K ——平衡系数。

在采集了经验数据的情况下，通过将公式两端取对数，再采用最小二乘法可以将 α 和 β 的数值估计出来。

在交通流量预测方面，引力模型也得到广泛应用，传统引力模型认为两地的交通量与两地(城市 i 和 j)的人口规模、经济发展水平等因素成正比，与两地间距离成反比。徐双应等

（2011）将引力模型应用于县域区际客运需求分析中，提出了基于引力模型的县域区际客运需求分析方法。该论文建立了区际客流量与相互作用区域的生产总值、人口、距离、车程时间、区域面积 5 个经济、社会及交通条件变量之间的方程关系。也可以将引力模型应用于航段客流预测，表 3.18 是国内双向航空客流最大的 50 个航段，将 GDP、人口及距离等数据分别或同时代入到一般形式中，则可以得到这些 OD 航段的客流预测值。

表 3.18　基于引力模型的国内 Top50 航段客流预测值

序号	航段（OD）	GDP/万元		人口/人次		距离/公里	客流/人
		O	D	O	D		
1	北京—上海	28 015	30 633	1 361	1 453	1 098	8 216 591
2	广州—上海	21 503	30 633	884	1 453	1 220	5 782 900
3	上海—深圳	30 633	22 490	1 453	410	1 230	5 760 212
4	广州—北京	21 503	28 015	884	1 361	1 902	5 229 059
5	成都—北京	11 010	28 015	793	1 361	1 553	5 175 538
6	北京—深圳	28 015	22 490	1 361	410	1 954	4 769 803
7	成都—上海	11 010	30 633	793	1 453	1 699	4 026 489
8	重庆—上海	20 363	30 633	2 331	1 453	1 490	3 273 470
9	广州—成都	21 503	11 010	884	793	1 234	3 033 840
10	成都—深圳	11 010	22 490	793	410	1 318	2 893 904
11	杭州—北京	11 621	28 015	607	1 361	1 130	2 840 646
12	广州—杭州	21 503	11 621	884	607	1 053	2 827 095
13	上海—西安	30 633	7 192	1 453	760	1 270	2 801 762
14	重庆—深圳	20 363	22 490	2 331	410	1 065	2 673 827
15	重庆—北京	20 363	28 015	2 331	1 361	1 498	2 599 133
16	北京—西安	28 015	7 192	1 361	760	932	2 529 957
17	广州—重庆	21 503	20 363	884	2 331	982	2 495 220
18	上海—青岛	30 633	8 499	1 453	624.88	584	2 436 471
19	上海—厦门	30 633	4 352	1 453	226	816	2 389 044
20	昆明—北京	3 890	28 015	311	1 361	2 113	2 267 910
21	杭州—深圳	11 621	22 490	607	410	1 067	2 230 033
22	昆明—上海	3 890	30 633	311	1 453	1 986	2 215 076
23	北京—三亚	28 015	530	1 361	59	2 514	2 088 173
24	成都—昆明	11 010	3 890	793	311	632	2 047 277
25	大连—上海	5 392	30 633	399	1 453	871	2 046 415
26	广州—西安	21 503	7 192	884	760	1 324	2 032 060
27	哈尔滨—北京	4 713	28 015	551	1 361	1 028	2 030 743
28	广州—南京	21 503	11 715	884	672	1 120	2 003 871
29	上海—沈阳	30 633	5 148	1 453	589	1 176	1 999 432

续表

序号	航段（OD）	GDP（单位）		人口		距离/公里	客流/人
		O	D	O	D		
30	长沙—北京	6 390	28 015	334	1 361	1 355	1 906 678
31	上海—三亚	30 633	530	1 453	59	1 891	1 868 232
32	广州—海口	21 503	1 391	884	169	462	1 817 406
33	北京—厦门	28 015	4 352	1 361	226	1 732	1 816 298
34	南京—深圳	11 715	22 490	672	410	1 151	1 785 698
35	大连—北京	5 392	28 015	399	1 361	462	1 742 236
36	北京—乌鲁木齐	28 015	2 708	1 361	239	2 428	1 714 939
37	哈尔滨—上海	4 713	30 633	551	1 453	1 654	1 712 170
38	深圳—西安	22 490	7 192	410	760	1 400	1 694 470
39	上海—武汉	30 633	13 410	1 453	844	671	1 677 597
40	成都—杭州	11 010	11 621	793	607	1 558	1 672 604
41	广州—昆明	21 503	3 890	884	311	1 086	1 640 985
42	长春—上海	5 143	30 633	438	1 453	1 450	1 596 179
43	上海—天津	30 633	18 549	1 453	1 047	951	1 537 767
44	长沙—上海	6 390	30 633	334	1 453	851	1 514 062
45	重庆—杭州	20 363	11 621	2 331	607	1 339	1 500 789
46	北京—武汉	28 015	13 410	1 361	844	1 081	1 491 696
47	北京—青岛	28 015	8 499	1 361	624.88	536	1 475 348
48	重庆—昆明	20 363	3 890	2 331	311	615	1 471 740
49	乌鲁木齐—西安	2 708	7 192	239	760	2 103	1 466 706
50	郑州—昆明	5 385	3 890	360	311	1 984	1 435 431

3.4.3.3 需求预测案例

1. 北大西洋航线案例①

图 3.14 中的实线代表 1960 年至 1975 年间北大西洋航线上的实际旅客数量。如果用 1960 年至 1970 年间的旅客数量进行预测，运输量（Y）和时间（t）之间的关系可以用公式 $Y = f(t)$ 表示。图 3.14（a）和图（b）中的虚线分别代表采用直线模型和指数模型对 1970 年至 1975 年航空需求预测的结果。虽然两个模型较好地拟合了过去十年的历史趋势，但是和实际旅客运输量相比，两个模型的预测值都偏高，而这一问题在指数模型上更为突出。不难看出，趋势模型的精确度仅取决于过去的历史趋势在未来是否延续，其无法反映出其他因素对航空运输的影响。图 3.14 中的预测误差正是来源于 1973 年至 1974 年间的经济衰退和油价暴涨 4 倍。这两个突发事件的叠加导致了跨大西洋航线上国际旅客的急剧减少。

① 民航特定时期的典型案例，仅用于说明书中所述方法或观点，不影响其有效性。

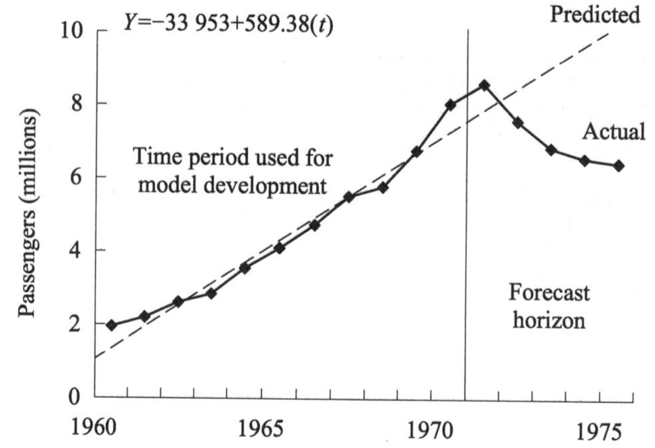

（a）直线模型

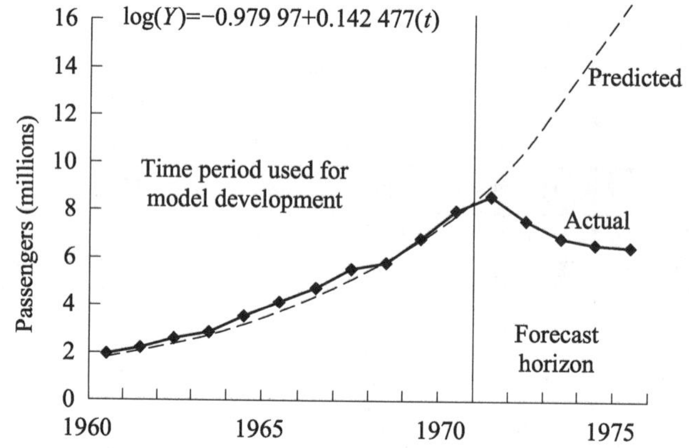

（b）指数模型

图 3.14　1960—1970 年北大西洋航线需求预测

但是，如果将历史数据的时间跨度扩大到 25 年即 1960 年至 1985 年，并分别建立直线模型和指数模型，即可得到图 3.15 中的两个方程。虽然两个模型对历史数据的拟合情况较好，但是直线模型对未来的预测值远低于实际运输量的发展。如果采用直线模型对 1985 年至 1995 年的航空运输量进行预测，运输量将被持续低估。虽然指数模型早期的预测准确性较高，但是随着时间的推移，其预测结果和真实值之间的误差逐渐增大。

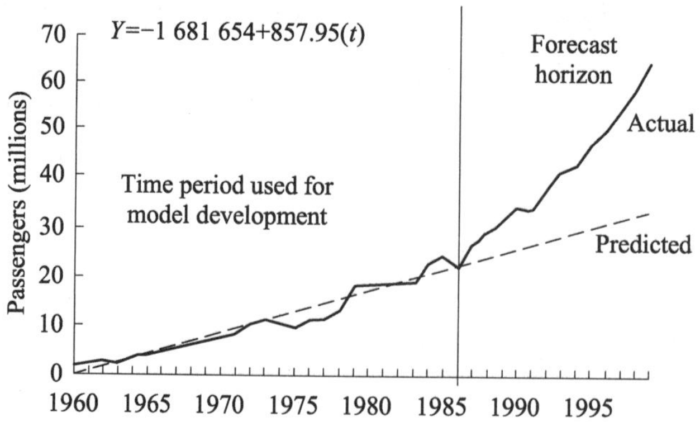

（a）直线模型

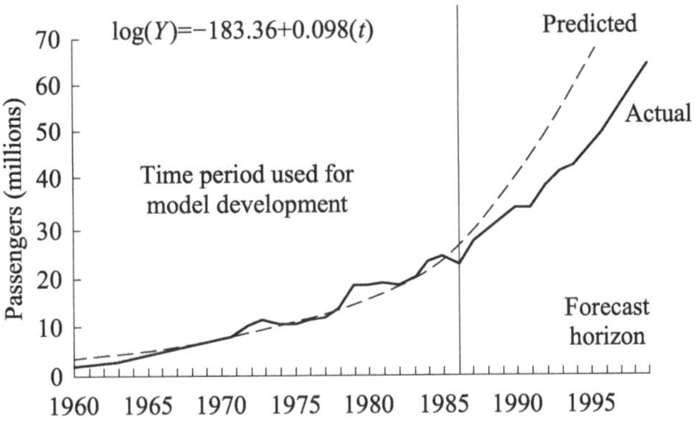

（b）指数模型

图 3.15　1960—1985 年北大西洋航线需求预测

综上所述，对于北大西洋航线这个案例，不管是直线模型还是指数模型都无法提供较为准确的预测结果。但是，二者结合（例如取平均值）则可以提供较为准确的短期预测。这个案例也说明，通过增加历史数据的时间跨度，可以将周期性对预测模型的影响降到最低。最后，航空运输受到一系列经济、社会和运行等因素的影响，一旦某些影响因素发生变化，航空运输量将随之改变。只有将这些影响因素纳入考虑，才可能建立较为可靠的预测模型。

2. 全球航空运输业的长期预测

航空运输活动严重依赖化石能源的消耗。随着化石能源燃烧产生的温室气体逐年增加，温室效应逐渐显现。因此，为了应对航空运输带来的环境问题而建立的长期预测的期限一般是 25 年至 50 年。

从北大西洋航线的案例中可以发现，早期的趋势预测多采用直线模型，但是该模型无法应对 1960 年开始的民航业的高速增长。因此，指数模型逐渐替代直线模型成为主流。事实上，航空运输量的增速会随着时间的推移逐渐放缓，并最终呈现类似 S 形曲线的发展趋势。因为长期预测具有极大的不确定性，而模型的选择取决于专家的主观判断。因此，为历史数据匹配最恰当的趋势模型成为长期预测的重点和难点。

常见的 S 曲线包括：逻辑曲线、龚珀兹曲线、指数型和对数型。模型的选择取决于研究对象所处的生命周期。航空运输市场的长期预测需要考虑市场趋势和成熟度的变化。逻辑曲线几乎呈现对称的状态，其增长率在生命周期之初从低到高逐渐增加，而后逐渐降低；总量无限趋近于 K。因此，逻辑曲线的变化趋势符合航空运输业的发展规律，常被用于 50 年的航空运输需求长期预测。

典型的逻辑曲线模型见公式（3.9）和图 3.16。其中，Y 代表因变量；K 代表系数；b 代表增长系数（$b<1$）；t 代表时间；a 代表常数。

$$Y = \frac{K}{1 + a\exp(bt)} \tag{3.9}$$

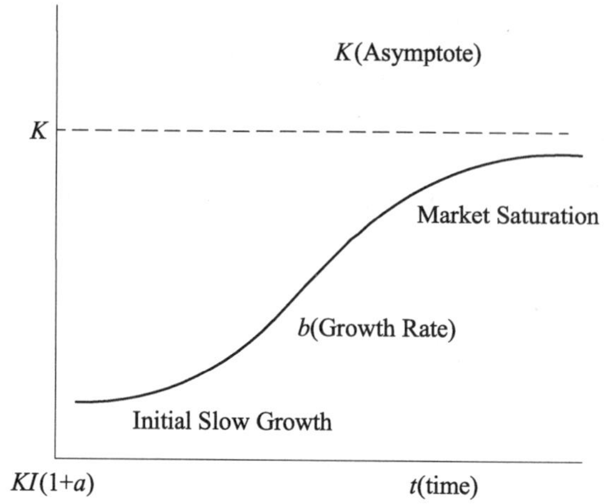

图 3.16 典型的逻辑曲线

另外，市场成熟度也是影响市场长期发展趋势的重要因素。但是，全球范围内不同国家和地区的航空运输市场的成熟程度差异较大。例如，经济合作组织（Organisation for Economic Co-operation and Development，简称 OECD）成员国的市场成熟度可能比较接近，但是发展中国家的航空运输市场还处于起步阶段。因此，长期需求预测建立的基本假设是：随着市场成熟度的提高，全球航空运输量的增速最终会和全球 GDP 增速一致。因此，模型选择采用 RPK 和 GDP 的比值作为因变量①即

$$\frac{\text{RPK}}{\text{GDP}}=\frac{K}{1+a\exp(-bt)} \tag{3.10}$$

该模型使用 1960 年至 1996 年的历史数据进行拟合并找出最优模型和对应参数。为了检验模型的适用性，还需通过调整起始年份和数据分组对拟合结果进行验证（见表 3.19）。预测结果显示，大部分指标表现优异（见表 3.20），1960 年至 1995 年间逻辑曲线的拟合程度较好（见图 3.17）。

表 3.19 1960—1996 年历史数据和预测对比

Year	RPK (Excluding CIS States) (Billions)	GDP Index (1980=100)	Actual RPK/GDP	Predicted
1960	109	43.0	2.535	2.791
1961	117	44.5	2.629	2.979
1962	130	46.8	2.778	3.178
1963	147	49.2	2.988	3.389
1964	171	52.2	3.276	3.611
1965	198	55.1	3.593	3.845
1966	229	58.1	3.941	4.092
1967	273	60.2	4.535	4.352
1968	309	63.4	4.874	4.625

① 其中，RPK 为用客公里收入表示的全球航空运输量；GDP 需采用实际 GDP。

续表

Year	RPK (Excluding CIS States) (Billions)	GDP Index (1980=100)	Actual RPK/GDP	Predicted
1969	351	66.9	5.247	4.911
1970	382	69.2	5.520	5.21
1971	406	72.0	5.639	5.523
1972	465	75.9	6.126	5.85
1973	520	80.6	6.451	6.19
1974	548	81.9	6.691	6.543
1975	575	82.7	6.953	6.91
1976	633	86.8	7.293	7.29
1977	691	90.6	7.627	7.682
1978	797	94.5	8.434	8.087
1979	910	97.9	9.295	8.502
1980	929	100.0	9.290	8.929
1981	948	101.6	9.331	9.366
1982	970	101.7	9.538	9.812
1983	1 013	103.7	9.769	10.267
1984	1 095	105.8	10.350	10.729
1985	1 180	107.9	10.936	11.197
1986	1 258	110.1	11.426	11.67
1987	1 388	112.8	12.305	12.147
1988	1 492	115.6	12.907	12.626
1989	1 556	119.2	13.054	13.107
1990	1 653	121.8	13.571	13.588
1991	1 618	121.9	13.273	14.067
1992	1 786	123.9	14.415	14.544
1993	1 852	126.1	14.683	15.018
1994	2 029	129.7	15.648	15.486
1995	2 172	133.7	16.248	15.948
1996	2 344	138.4	16.941	16.403

表 3.20 预测结果分析

Coefficient		Standard Error	*t*-Statistic	2-Tail Significance
K	26.24	2.05	12.81	0.000
a	9.04	0.55	16.32	0.000
b	− 0.073	0.003	19.67	0.000
R-squared		0.994 041	Mean Dependent Variable Standard Deviation	8.651 39
Adjusted *R*-Squared		0.993 69	Dependent Variable Sum of Squared	4.281 283
Standard Error of Regression		0.340 082	Residuals	3.932 307
Log Likelihood		11.029 43	F-Statistic	835.672
Durbin-Watson Statistic		0.706 985	Probability(F-Statistic)	0.000

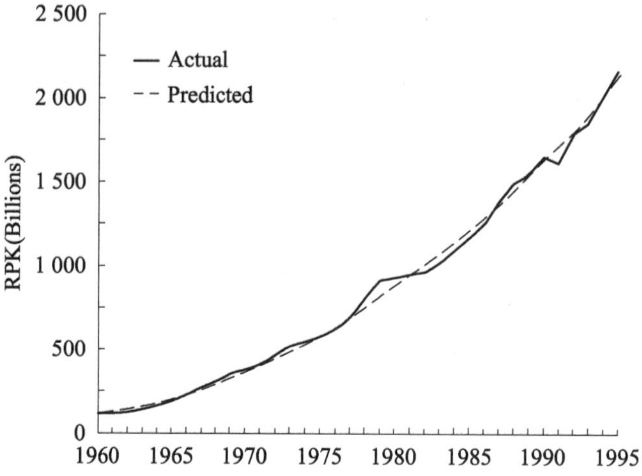

图 3.17　真实值和预测结果对比

当长期预测的时间跨度达到 50 年的时候，预测者不仅需要考虑预测本身，还需要建立相应的情景分析以便对可能出现的不同情况进行估计。通过对 GDP 增速进行情景分析，可以将 $\frac{RPK}{GDP}$ 转化为 RPK，并得到 2050 年的长期预测结果（见图 3.18）。

这个案例展示了包括初期发展、高速增长和成熟期在内的航空运输业生命周期，并对如何使用逻辑曲线模型和早期航空运输发展数据完成长期情景分析进行了详细说明。

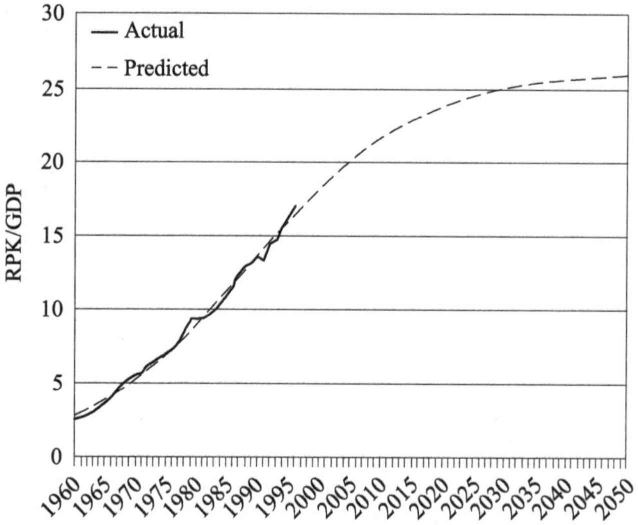

图 3.18　2050 年全球航空运输业预测

第 4 章 航空运输成本

本章主要讨论航空公司的运输成本，包括直接运营成本和间接运营成本。这对航空公司进行投资决策评价、竞争性评价、经济性评价都具有重要的价值和意义。

4.1 航空运输成本概述

在航空业中，通常要区分运营成本和非运营成本，运营成本是实施航空运输活动产生的成本，非运营成本是除航空运输外的其他活动产生的成本。根据成本的性质及特征，将航空运输的总成本划分为固定成本和变动成本。如果考虑产量对成本的影响，则需要进一步理解平均成本和边际成本。

4.1.1 固定成本和可变成本

1. 固定成本

固定成本是在现有的生产设施能力范围内不随产量的改变而改变的成本。固定成本可以进一步划分为约束性固定成本和酌量性固定成本。约束性固定成本是管理当局的短期（经营）决策行动不能改变其具体数额的固定成本，如飞机折旧、飞机租赁、办公场所、登机口、柜台、休息室等确定性支出。不管飞机是否飞行，与飞机相关的约束性固定成本都会发生（除非永久性停飞，即便如此，其中的飞机折旧费和租赁费仍要发生）。酌量性固定成本是指与产量决策不直接相关，但管理当局的短期经营决策行动能改变其数额的固定成本，如广告支出和（非强制性的）员工培训支出，这类成本与资产所有权和资产租赁不相关，也不由企业的产量水平决定。某种程度上，酌量性固定成本通常是可以根据经营情况自由决定的，为控制成本预算提供灵活空间。

2. 变动成本

变动成本是随着航空公司产量水平的改变而改变的成本，如燃油费、起降费、导航费以及由飞行时间和飞行循环驱动的维修费。变动成本与产量同方向变化，但两者并非同比例变化，因此在不同产量水平下的平均变动成本往往是不同的，例如 100 万 RPK 发生的变动成本并不是 50 万 RPK 变动成本的 2 倍。大多数情况下，变动成本是由航线网络和飞机运营的经济性而定的。

在短期内，航空公司的固定成本占比很高，并很难避免。当面临突然的系统性冲击时，比如大面积的瘟疫疾病（非典、新冠病毒等），现金流会被迅速消耗殆尽。短期看，定期航班承运人的固定成本比例可以高达 80%及以上。

4.1.2 总成本、平均成本和边际成本

在零产出时，总运营成本等于固定成本，由于没有产出，所以此时没有变动成本。在高

于零产出但仍在目前产能范围内的任何产出水平上，产出的增加会导致总成本的增加，增量成本是产生这些产出的变动成本量，固定成本保持不变。

因此，当在现有的产能范围内产出上升，变动成本的任何增量都使得总成本上升。一旦现有的产能得到充分利用，产出的进一步增长会产生额外的固定成本，这些固定成本使总成本产生显著增长。特别是如航空运输这样资本密集型的产业，产能的增加往往带来不可分割的成本块。

现举例说明。假设一个机队只有一架飞机，无论飞机是否飞行，这架飞机都需要承担固定成本。假如这架飞机之前在一个短途航线上每天运营一个往返航班，现在由于竞争者退出该市场，公司将每天的航班量增加到三个往返，仍然由这架飞机承担，此时运营成本会产生如下变化：① 固定成本保持不变，变动成本（如燃油费、起降费用、维修成本、机组人员工资、地面服务费、配餐费等）会上升，因此，总运营成本会增加。② 平均固定成本将下降，因为不变的总固定成本会被分摊至三倍的可用座公里上。那么，每单位产出的总成本（平均成本）是否会降低取决于固定成本的平均降低额是否会超过变动成本的增加额。现在假定需求开始溢出，要与市场需求相匹配就需要增加第四个班次而不是运营更大的飞机，增加的班次需要再添置一架飞机。通常情况下，新增飞机的产能增量会大大超过需求增量，可能导致单位固定成本反而上升，这是由于航空运输生产组织的不可分割性所产生的（1.4.4 节已有阐述）。我们不可能将飞机分割成单一的座位出售并组织运输，从而很难使需求与供给相匹配。不可分割性发生在整个运营系统中，无论产能在何处增加（如航站楼、廊桥、维修机库等），都必须是大块增加，短期内必然超过需求的增加。在单条航线上存在的不可分割性来自飞机的大小、时刻和廊桥的分配、工作人员和基础设施资源。产出取决于这些不可分割性资源的最大产能约束，而超出不可分割性限制的产量的任何增加都将要求额外的产能——比如更大的飞机或更多的廊桥。运力如此递增往往会增加大量的固定成本。

边际成本是指一个单位产出的变化所引起的总运营成本的变化量。如果边际成本低于平均成本，每个额外单位的产出将会使平均成本下降；如果边际成本超过了平均成本，每个额外单位的产出将使平均成本上升。仍以上面例子做说明，如果把新增的一名旅客安排在上述三个航班的最后一个座位上，此时边际成本等于承运这名旅客的变动成本（包括但不限于销售成本、代理费、地面服务费、配餐费和燃油费等）。在某种极端情况下，如果把新增的这名旅客安排在新增的第二架飞机上（第四个航班），此时的边际成本将等于变动成本加上获得及运营这架飞机的固定成本之和。这个例子说明了如何通过分配航线上的产出来响应市场需求的不同决策，即如何在飞机的大小和航班频次之间保持平衡，这些不同的决策会导致不同的成本问题。

4.2 航空运输成本分类[①]

航空公司的总运营成本包括非运营成本和运营成本。非运营成本是指与运送乘客或货物过程不直接相关的成本，如与飞机购置无关（日常运营或飞机之外的固定资产投资等）的贷款利息、资产配置产生的亏损、联营企业产生的亏损、汇率波动产生的亏损（汇兑损失）等。

① 本节内容主要引自叶叶沛《民用飞机经济性》，西南交通大学出版社 2013 年版，第四章。

非运营成本主要与公司整体的管理水平、风险偏好、资金结构等非运营因素相关，无法反映主营业务的经营水平。不同公司的非运营成本差别很大，所以比较航空公司之间的非运营成本意义不大。

运营成本产生于航空运输产品的生产和销售过程中，运营成本可以划分为直接运营成本和间接运营成本两大类。间接运营成本（IOC）与航空公司机队组成或使用无关。直接运营成本（DOC）大部分取决于机队的飞机类型和飞机操作方法，因此会随机队及其运营模式的不同而发生变化。当我们谈论航空运输成本的概念时，通常情况下是指航空公司的运营成本。因此，本章仅对航空公司的运营成本做简要介绍。

美国航空运输协会 ATA（Air Transport Association of American）于 1944 年公布了首个得到广泛认可的飞机直接运营成本估算方法，其最终修订版是 1967 年公布的，简称 ATA67 方法。ATA67 方法评估的直接运营成本仅包括美国航空市场所关注的基本项目：空勤、燃油和滑油、机体保险、维修和折旧，因此该方法的适用范围仅限于进行机型的比较分析。后来出现的各种飞机直接运营成本估算方法对成本项目作了合理扩充，增加了贷款利息、起降费、导航费和空乘成本等，使得航空公司和飞机制造商能够更详细分析飞机技术性能与运营成本的关系，对飞机经济性做出全面评价。表 4.1 列出了直接运营成本分析的典型成本分类。

表 4.1　用于直接运营成本分析的典型成本分类

直接运营成本	间接运营成本
一、所有权成本 （1）利息 （2）折旧 （3）保险 二、燃油成本 三、维修成本 （1）机体维修材料成本 （2）机体维修劳务成本 （3）发动机维修材料成本 （4）发动机维修劳务成本 四、飞行机组成本 五、客舱乘务员成本 六、机场收费 七、导航费 八、地面服务费 九、民航发展基金① 十、餐食费	一、航站及地面费用 二、商载保险 三、订票和销售推广 四、综合管理

4.2.1　直接运营成本

直接运营成本（Direct Operation Cost，简称 DOC）是指与航空公司飞机运营直接相关的成本。我们一般将航空公司的直接运营成本划分为如下几大类：所有权成本、燃油成本、维修成本、机组成本及其他成本（表 4.1 中直接运营成本类五 ~ 十项）。

① “民航发展基金”是中国航空市场特有的直接运营成本项目。

4.2.1.1 所有权成本

所有权成本是指航空公司为了拥有飞机而付出的成本项目，包括与飞机资产有关的折旧、贷款利息和保险。为购置飞机而支付的成本称为“原始成本”，这个最初支付的原始成本是要在后续的连续经营期内逐步消耗磨损，这种分期分摊的成本称为折旧成本。如果飞机不是购买的而是来自经营租赁，航空公司没有飞机的所有权，只是支付租金获得飞机的使用权（租金包含了折旧和所需承担的贷款利息）。贷款利息虽然是一种现金非运营成本，但这种非运营成本是为了获得飞机而支出，所以仍然被列入直接运营成本。

1. 折旧成本

折旧是将飞机的初始投资成本分配到各个收益期间的一种方法。折旧成本不属于现金成本，不会影响航空公司的现金流，折旧的目的仅仅是为了把飞机的价值损耗反映到各期的资产负债表中去。我们通常采用直线折旧法计算折旧成本，每轮挡小时的折旧成本可以表示为：

$$\mathrm{DC} = \mathrm{TI} \times (1 - \mathrm{RV}) / (\mathrm{DEPR} \times U) \tag{4.1}$$

式中 DC ——折旧成本（元/轮挡小时）；

TI ——投资总额（元），包括飞机采购价和初始设备采购价；

RV ——飞机和备件的残值率（投资总额的百分数）；

DEPR ——飞机折旧年限；

U ——飞机有效年利用率（轮挡小时/年）。

折旧成本的计算中涉及四个关键参数：投资总额、折旧年限、残值率、飞机利用率。下文简要介绍如何确定这些参数。

（1）投资总额（Total Investment）。

航空公司采购飞机时，为了保证飞机的正常运行，必须同时考虑飞机的客户改装和购置买方采购设备（Buyer Furnished Equipment，简称 BFE）①，以及购置初始备件（包括备用发动机）的费用。因此，购机总费用一般指的“标准构型飞机采购价+客户改装和 BFE 附加费用+初始备件采购费”。飞机的售价通常对应于飞机的标准构型，依据客户需求进行的改装（例如加装客舱娱乐系统和附加的航电设备）将产生附加费用。初始备件的需求很大程度上取决于机队规模和飞机利用率的要求。机队规模越大，初始备件的相对比例越低。飞机利用率要求越高，初始备件的比例越高。一般来说，初始备件采购费为飞机标准采购价的 10%（机队规模≥10）。如果把机体备件和发动机备件分开计算，初始机体备件采购费用约为机体采购价的 6%，发动机备件采购费用约为发动机采购价的 20%～23%。

另外，航空产品的进出口受到国家政策的重要影响，购机投资总额除了以上的购机总费

① BFE (Buyer Furnished Equipment)，买方提供的设备，是在飞机生产过程中加装的可选设备（如厨房设备、座椅、客舱内饰等），在这种情况下，航空公司直接与设备供应商签订设备合同。然后，设备供应商在航空公司的监督下将设备直接提供给飞机制造商进行组装和交付。不过，这些设备供应商都必须在飞机制造商的合格供应商的目录中选择。SFE（Seller-Furnished Equipment），卖方提供的设备，是标准设备，通常是独家采购给供应商并包含在机身价格中。一般来说，航空公司对 SFE 的选择是有限的，但它允许航空公司在可能的情况下在整个机队中对设备进行标准化。

用外，还包括航空公司需要支付的进口关税、购置税（或增值税）和其他费用。例如，俄罗斯政府对俄罗斯已有生产能力的支线飞机的进口征收重税，对于俄罗斯尚未研发成功的大型客机的进口采用低税收政策。在中国，当进口飞机的使用空重高于 25 吨（100 座以上干线客机）时，征收 5%的增值税和 1%的进口关税，这种低税率政策支持了我国航空运输业发展干线航空。当进口飞机的使用空重低于 25 吨（100 座以下的支线客机），征收 17%的增值税和 5%的进口关税。采用这种税率政策的目的在于适度限制中国有研发能力的支线飞机的进口，支持国产民用飞机的发展。航空公司如果购买国产民用飞机，国家提供税收减免的优惠政策。

（2）折旧年限（Depreciation Period）及残值率（Residual Value）。

飞机的折旧年限应该根据飞机的预期使用寿命和期末残值，即在使用寿命的期末预期的飞机市场价值来确定。我们一般用使用年限、飞行小时数或起落次数来表示飞机的预期使用寿命，以先到者为准。一般来说，飞机的折旧年限乘以年有效利用率得到的飞机总飞行小时数，不应该大于预期使用寿命规定的总飞行小时数。

式（4.1）表明延长飞机的折旧年限或增加期末残值率可以降低飞机的折旧成本，改善账面盈利状况。但这种做法也存在一定的问题，即飞机越到使用年限的末期，越需要更高的维护保养成本，从而降低盈利能力，同时由于年限增加可能导致未来飞机市场的不确定性增加，折旧期末的飞机市场价值可能无法实现而出现账面亏损。另外，现役飞机预期的使用寿命和期末残值，常受到新一代飞机“意外”的冲击。新一代飞机的优良技术性能和较低的运行成本可能迫使老旧飞机提前退役，或使得老旧飞机的期末残值明显降低。

航空公司的折旧策略也受到国家税收政策的影响。按照一些国家的税制，通过缩短折旧年限即加速折旧来提高飞机的折旧成本，降低账面盈利，减少纳税额，反而对航空公司有利。新加坡航空的平均机龄很短，就是利用加速折旧快速更新机队，同时减少纳税额的典型例子。

大多数航空公司的折旧年限为 15 ~ 20 年，残值率 0 ~ 20%。例如，美国航空（American Airlines）的喷气飞机和发动机的折旧年限为 20 年，残值为 5%。新加坡航空则将新飞机的折旧年限限定为 15 年，残值为 10%。对于不同机型，航空公司可能采用不同的折旧政策，例如意大利航空的宽体飞机的折旧年限为 20 年，窄体飞机的折旧年限为 18 年，螺旋桨支线飞机的折旧年限为 14 年。对于一款在研制中的喷气客机来说，采用 20 年的折旧年限和 5%的残值率来分析飞机经济性是适当的。

（3）飞机利用率（Utilization）。

飞机有效利用率定义为飞机每日（或每年）飞行的轮挡小时数，是航空公司运营的关键指标之一。追求高利用率是低成本航空的重要经营特色。飞机的所有权成本是固定成本，较高的飞机利用率有利于将飞机所有权成本分摊到更多的飞行起落上，从而降低座公里成本。

飞机有效利用率与飞机飞行的平均航段距离、平均过站时间之间存在紧密的关系。这一关系可以表达为：

$$U = \frac{U_t}{\mathrm{BT} + T_t} \times \mathrm{BT} \tag{4.2}$$

式中　U——飞机有效年利用率（轮挡小时/年）；

U_t——飞机年总利用率（小时/年），包括飞行轮挡小时和过站时间；

BT——平均轮挡时间（小时），Average Block Time；

T_t ——平均过站时间（小时），Average Turn-around Time。

式（4.2）中的 $\dfrac{U_t}{\mathrm{BT}+T_t}$ 为飞机每年起降架次。图 4.1 描绘了飞机年利用率与平均航线距离、过站时间的关系。假设飞机年总利用率为 4 500 小时（日利用率为 12.3 小时），按现役窄体飞机的平均过站时间和平均航线距离计算轮挡时间。

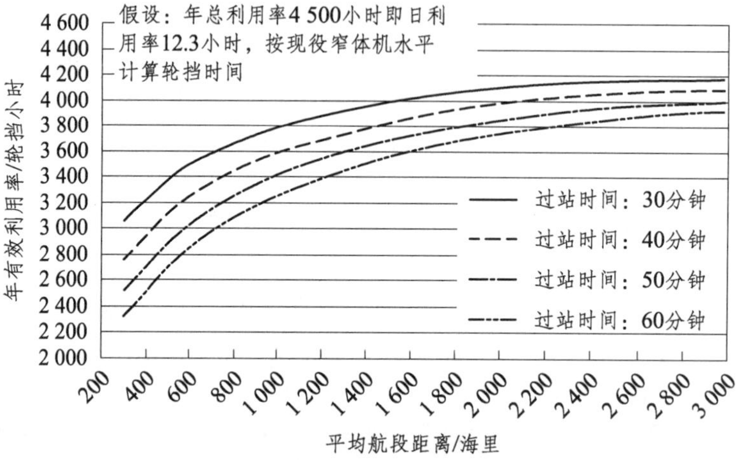

图 4.1　飞机有效年利用率与平均航线距离、过站时间的关系

过站时间越长，飞机有效年利用率越低；平均航线距离越短，飞机起落架次越多，飞机有效年利用率越低。因此，平均航段距离较短的螺旋桨支线飞机很难达到较高的有效年利用率，而在国际远程航线运行的宽体飞机的有效年利用率往往会比较高。

飞机在前一次飞行着陆后至下一次起飞前的时间，称为过站时间。在这一段时间里，飞机必须停留在登机口，以便前一次航班旅客下飞机，卸下行李和货物，进行必要的保养、清洁，补充食物、油料等，以及下一次航班旅客登机，装载行李和货物。过站时间受到飞机设计因素（如装卸货设计）、机场设施和空中管制限制，也受到航线网络结构的影响。例如，枢纽轮辐式航线网络结构需要更长的过站时间，因为这种航线结构要求干支航班能够同步衔接，以提高航班的客座率和运营的顺畅性。而点对点式航线结构需要的过站时间则短得多，这有利于提高飞机的有效利用率。一般情况，国内航班的过站时间为 30 ~ 50 分钟，国际航班的过站时间在 60 分钟以上。

过站时间对于飞机的折旧成本有显著影响。假设单架飞机的投资总额为 5 000 万美元，折旧年限为 20 年，残值率为 5%，飞机年总利用率为 4 500 小时，运行平均航线距离为 500 海里，轮挡时间为 1.52 小时，平均过站时间为 40 分钟。按公式（4.2）计算得到飞机年有效利用率为 3 126 轮挡小时。按照直线折旧法计算每轮挡小时的折旧成本为 5 000 ×（1 – 5%）÷ 20 ÷ 3 126=760 美元。如果平均过站时间从 40 分钟缩短至 30 分钟，则飞机有效年利用率为 3 384 轮挡小时，每轮挡小时的折旧成本为 702 美元，降低 7.6%。

飞机利用率除了受到平均航线距离和过站时间的影响外，还受到其他多种因素的影响，包括飞机设计特点、技术可靠性、航空公司维修计划、经营理念、机队规模、市场需求特点及人员素质等。例如，飞机的维修定检时间间隔和定检范围、维修性、派遣可靠性对飞机有效利用率有重要影响。机龄的增加也会增加维修需求，从而降低飞机有效利用率。航空公司还必须保留一定量的停场备用飞机，一旦某架飞机发生技术故障，备用飞机可以顶替故障飞机，保证航班的正常执行，这也会影响飞机的有效利用率。

2. 利息成本

利息成本的确定，取决于购机融资的方式和条件。飞机非常昂贵，很少有航空公司能够直接支付全部现金来购买整个机队。航空公司的机队来源主要有：直接贷款、融资租赁和经营租赁。

直接贷款指的是直接通过银行等金融机构获得贷款来购买飞机。由于飞机非常昂贵，通常由多家银行组成的财团提供贷款，大多数的直接借贷要以飞机为抵押。一般来说，借贷者很难得到无担保的购机贷款，除非贷款者有很高的信誉度和稳定的现金流。一些国家建立出口信用机构（Export Credit Agency）来支持本国生产的飞机出口，可为购机者提供 10 ~ 12 年的优惠信用贷款。

融资租赁是一种对航空公司具有较大吸引力、航空公司接近于“实际拥有飞机”的长期融资方式，租赁期结束，航空公司可以购得飞机或者自动取得飞机所有权。融资租赁的交易比较复杂，租赁公司通常会建立一个合法的“特殊目的公司”（Special Purpose Company）来购买飞机，对财务风险进行剥离，采取资产转让的方式把飞机提供给航空公司，达到投资者合理避税和航空公司降低融资成本的目的。

经营租赁是一种短期租赁形式，它是指出租人不仅要向承租人提供设备的使用权，还要向承租人提供设备的保养、保险、维修和其他专门性技术服务的一种租赁形式（融资租赁不需要提供此类服务）。经营租赁是一项可撤销的、不完全支付的短期租赁业务（融资租赁不得随意撤销），具有较强的灵活性，航空公司可以通过经营租赁使自己的机队保持柔性，以便更好地适应市场需求的变化。国际租赁金融公司（International Lease Finance Company）和通用电气航空服务公司（GE Commercial Aviation Services）是全球实力最雄厚的两家飞机租赁公司。经营租赁的租期通常短于 10 年，有利于避免飞机因为技术进步而陈旧过时。出租人比较关心租约到期时飞机的残值，出租人可能要求飞机归还时处于与交付时相同的维护状态（如 C 检之前的状态），以便租给下一个承租人。

湿租是飞机与机组一起租赁的特殊形式的经营租赁，适用于临时性突发市场需求增加。售后回租也是一种特殊的经营租赁，航空公司通过现金交易卖掉自己的飞机，然后将原机租回，向购机者定期支付租金，售后回租使得航空公司能够灵活改变其机队规模。

当利用经营租赁获得飞机使用权时，航空公司只需要支付租金，没有折旧成本。当利用直接贷款或融资租赁获得飞机时，可以认为航空公司拥有飞机所有权。不同的融资和还贷条件，利息成本差异很大。利息成本的一般计算方法及每期支付的本息如下：

$$\mathrm{PMT}=\frac{\mathrm{LOAN}}{\left|1-\dfrac{1}{(1+i)^{N}}\right|\times(1+i)} \tag{4.3}$$

式中　PMT ——每期支付的本息；

LOAN ——贷款总额（投资总额 × 贷款比例）；

i ——每期利息（年息/每年还款次数）；

N——还款总次数（每年还款次数×贷款年限）。

还本付息的总额为 PMT×N，扣除本金（LOAN）后，除以飞机使用年限中飞行的总轮挡小时数（DEPR×U），就得到每轮挡小时的利息成本：

$$\mathrm{IC}=\frac{\mathrm{PMT}\times N-\mathrm{LOAN}}{\mathrm{DEPR}\times U} \tag{4.4}$$

式中 IC——每轮挡小时的利息成本；

DEPR——飞机折旧年限；

U——飞机有效年利用率（轮挡小时/年）。

飞机利用率（尤其过站时间）对于飞机的利息成本有显著影响。我们仍然假设单架飞机的投资总额为 5 000 万美元，折旧年限为 20 年，残值率为 5%，飞机年总利用率为 4 500 小时，运行平均航线距离为 500 海里（1 海里=1.852 千米），轮挡时间为 1.52 小时，平均过站时间为 40 分钟。按公式（4.2）计算得到飞机年有效利用率为 3 126 轮挡小时。假设投资总额全部来自贷款（LOAN = 5 000 万美元），贷款年限 20 年，每年还贷 2 次（N = 40），贷款年利息 8%（i = 4%）。依据本息计算公式（4.3）计算每期应支付的本息（PMT）为 252.6 万美元，依据利息成本计算公式（4.4）得到每轮挡小时利息成本 816 美元。如果平均过站时间从 40 分钟缩短至 30 分钟，则飞机年有效利用率为 3 384 轮挡小时，每轮挡小时的利息成本为 754 美元，降低 7.6%。

3. 保险成本

航空保险的承保范围包括：① 机身险：飞机及其附件的意外损失或损坏；② 第三者责任险：由于飞机或从飞机上坠人、坠物造成第三者的人身伤亡或财物损失；③ 旅客法定责任险：由于旅客在乘坐飞机时发生意外，造成旅客的人身伤亡或所携带和交运的行李、物体的损失，以及因延迟而造成的损失。

欧美航空公司和飞机制造商通常将旅客法定责任险列为飞机间接运行成本项目，仅把与飞机有关的机身险和第三者责任险列为飞机直接运行成本项目，这两种保险与飞机价格、航空公司安全记录、机队规模、机龄和经营模式等有关。表 4.2 为中国民航公布的年保险费率。

表 4.2 中国民航公布的保险费率

类别		年保险费率/%或收费标准/美元	说明
机身险		0.52%	宽体机（仅限于保额在 5 000 万美元以上）
		0.57%	其他型号（不包括苏制及国产飞机）
		1.2%	国产及苏制飞机
第三者责任险		200 000 美元	整个机队
旅客法定责任险	国际航线	0.34～0.5 美元/RPK	以预估的 RPK 数据预收保险费，保单到期时按实际完成 RPK 调整保费
	国内航线	0.23～0.4 美元/RPK	

$$\mathrm{INC}=\frac{\mathrm{AP}\times \mathrm{AIR}}{U} \tag{4.5}$$

式中 INC——保险成本（美元/轮挡小时）；

AP ——飞机采购价（美元）；

AIR ——飞机年保险费率（Annual Insurance Rate）飞机采购价的百分率；

U ——飞机有效年利用率（轮挡小时/年）。

假设飞机销售价是 4 500 万美元，年保险费率为 0.35%的飞机价格，那么年保险费为 15.75 万美元，飞机年有效利用率为 3 126 轮挡小时，每轮挡小时的保险成本为 50 美元。

4.2.1.2 燃油成本

燃油价格（美元/千克）乘以飞机所飞行航段的耗油量（包括发动机及 APU 耗油，单位千克）就得到飞行航段的燃油成本。国际上常以容积来计量燃油量，此时必须考虑航空燃油的密度，常用的航空燃油密度是 6.7 磅/每加仑（0.803 千克/升）。燃油价格、飞机油耗水平是影响燃油成本的重要因素。

长期来看，燃油价格一直处于上升趋势，导致燃油成本成为飞机直接运行成本中最大的单项成本（平均比例 30%）。有些航空公司希望利用燃油套期保值或购买燃油期货来缓解油价上涨的压力，有些航空公司从油价较低的机场携带回程油以平抑高油价，大多数航空公司希望加快飞机机队的更新换代，提高飞机的燃油效率，降低燃油成本。

飞机的油耗水平取决于飞机的升阻特性（气动设计）、飞行重量（结构设计）、动力装置热效率（发动机设计）等设计状态，还受到运营航线特性的影响，如航线距离、飞行高度、航路风速和风向、备份油策略以及机场的拥挤程度等。

假设燃油价格是 2.5 美元/每加仑（0.823 美元/千克），飞行的平均轮挡航程为 500 海里，轮挡时间为 1.52 小时，轮挡耗油 3 416 千克。则飞行 500 海里的燃油成本为 2 810 美元，每轮挡小时的燃油成本为 1 849 美元。

4.2.1.3 维修成本

在飞机的 DOC 分析中，维修成本分析非常复杂。维修成本由航线维护、基地维修、部件维修和发动机维修四个部分构成，依据维修间隔要求呈现周期性变化，与机型、机龄、运行因素以及航空公司经营模式等有关。维修成本分析模型，通常是利用航空公司长期积累的飞机维修成本数据进行统计回归分析建立的。

1. 维修任务构成

定期维修是保持飞机结构、发动机、系统和部件处于适航状态所必需的工作。飞机和发动机制造商针对每种机型或发动机系统会发布《维修计划文件》(Maintenance Planning Document, MPD)，详细规定最低维修要求和维修时间间隔等。制造商通常将维修任务从低等级到高等级划分为航线维护、A 检、B 检、C 检和 D 检，以便运营商制订定检计划。表 4.3 概述了各类维修的典型范围和需要时间。现代客机（如 B 737 NG 系列和 B 777）采用以任务为导向的维修体制 MSG-3[①]，把维修任务组成工作包，使得维修与运行要求更为匹配，“字母

① 维修指导小组（Maintenance Steering Group）。MSG-3 是“以可靠性为中心”的维修方式。可靠性为中心的维修方式是建立在性能数据分析的基础上的，通过收集数据、分析数据，找出数据发展变化趋势，以判断系统、部件的可靠性水平，从而采取动态的控制方式进行有针对性的维修工作，以保持系统和部件固有的安全性和可靠性水平。这与传统的“预防性维修为主”的维修思想是截然不同的。

检”的区分已不是那么重要了，但业界通常沿用“字母检”的说法。

表 4.3　各类维修的典型范围和需要时间

检查类型	地点	维修检查范围	需要时间
航线维护	机场	日常检查（每日首次飞行前和每次过站时），包括目视检查，检查液体量、轮胎、刹车和应急设备等	约 1 小时
A 检	机场	日常小修，发动机检查	约 10 小时（一个夜班）
B 检	机场	如果执行，类似于 A 检，但任务不同（可能在两次 A 检之间执行）	10 小时～约 1 天
C 检	基地	机体结构检查，打开检修口盖，常规和非常规维修，空车试验	3 天～约 1 周
D 检	基地	除漆后做机体主体结构检查，拆卸发动机，拆卸起落架和襟翼，拆卸仪表、电子电气设备、内设配件（座椅和壁板），拆卸液压和气动部件	约 1 个月

表 4.4 列举了 12 种机型各类维修的典型维修间隔。维修间隔是依据飞行小时、飞行循环或日历月来确定的。以 A320 为例，C 检的维修间隔是 18～20 个日历月或 6 000 飞行小时或 3 000 个飞行循环，以先到者为准。如果飞机利用率很高且飞行短航程，则 C 检取决于飞行循环（在达到 6 000 飞行小时之前先达到 3 000 个飞行循环）；如果飞机利用率很高但飞行长航程，则 C 检取决于飞行小时；如果飞机利用率很低，C 检取决于日历月。B 检不常见，仅用于旧型号飞机。A 检和 C 检占总维修成本的 40%～50%。

表 4.4　不同机型的典型维修间隔

机型	A 检	B 检	C 检	D 检
B737-300	275FH	825FH	18M	48M
B737-400	275FH	825FH	18M	48M
B737-500	275FH	825FH	18M	48M
B737-800	500FH		4 000～6 000FH	96～144M
B757-200	500～600FH		18M/6 000FH/3 000FC	72M
B767-300ER	600FH		18M/6 000FH	72M
B747-400	600FH		18M/7 500FH	72M
A319	600FH		18～20M/6 000FH/3 000FC	72M
A320	600FH		18～20M/6 000FH/3 000FC	72M
A321	600FH		18～20M/6 000FH/3 000FC	72M
ATR42-300	300～500FH		3 000～4 000FH	96M
ATR72-200	300～500FH		3 000～4 000FH	96M

注：FH ——飞行小时；FC ——飞行循环；M ——日历月。

当两种检查重叠时，低等级的检查包含进高等级的检查。以 A320 为例，假定每 600 FH

做一次 A 检，则第 10 次 A 检与 C 检相遇，A 检可以变成更为重要的 C 检的一部分。航空公司在制订维修计划时，可能因为飞机 D 检时间正好与旅客需求高峰相遇，或机库无空间，而提前或推后安排维修。

2. 影响维修成本的因素

影响维修成本的因素，可以归纳为三类：航空公司经营模式、机型和机龄、飞机运行因素。

（1）航空公司的维修管理模式。

航空公司通常会将部分维修业务转包给专业维修公司完成，以便减少在维修工程方面的资金、人员、设备、培训和备件等的投入。航空公司与维修公司签署长期维修协议，定期向维修公司支付维修服务费，也可以使维修成本可预测，避免经费预算超出标准。一般来说，对于机体维修，外包的比例越高，维修成本将越高；对于发动机维修，外包的比例越高，维修成本将越低。此外，无论是公司内部维修还是外部维修，都包含行政管理和设备分摊成本，即间接维修成本。维修成本分析不能忽略间接维修成本。

（2）机型和机龄。

机型对维修成本有较大影响，新一代民用飞机采用低维修成本的新型材料和结构，新的维护设备和技术可以大大提高数据收集、处理分析的能力。机型系列化发展使得各机型的维护技术和标准、机载设备和部件具有高度的共通性，比起老一代的飞机，其备件储备的要求低得多，维修成本也显著降低。

飞机及其发动机的维修成本随机龄而变化。在制造商的商保期内，飞机的维修成本相对较低，之后随机龄的增加而逐步增加。达到成熟期后（5 年以上），飞机有稳定可预测的维修成本。监管部门可能要求机龄较大的飞机必须做一些非常规或补救性维修，导致维修成本增加。图 4.2 描绘了总维修成本与平均机队机龄的关系，把平均机队机龄划分为 0 ~ 6 年、6 ~ 12 年、12 年以上三个阶段，并假设平均机队机龄 6 年的总维修成本为 1.0。统计数据表明，对于成熟机型，机龄为 0 ~ 6 年时，维修成本的年均增长率为 17.6%；机龄为 6 ~ 12 年时，维修成本的年均增长率为 3.5%；机龄为 12 年以上时，维修成本的年均增长率为 0.7%。

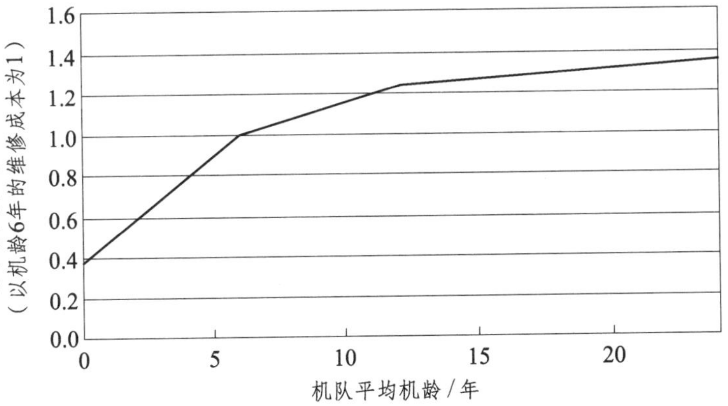

图 4.2　机龄对总维修成本的影响

（3）飞机运行。

飞机利用率和平均航段距离会对维修成本产生重要影响。当飞机利用率较低时，航线维护要照常进行，飞机的C检和D检的维修间隔取决于日历月，维修成本与利用率高低关系不大，分摊到每个飞行小时的维修成本将很高。当平均航段距离较短时，飞行循环数将很高，导致与飞行循环数密切相关的系统和部件（包括发动机、机身增压舱、舱门、起落架、襟翼、刹车、轮胎等）维修成本明显增加。

飞机运行的环境对维修成本也有影响。如在偏远地区运营的航空公司会担忧备件送达的额外成本和时间代价；在沙漠地区运营的航空公司要考虑沙尘对发动机和机体的损害；在沿海地区运营的航空公司会面临较严重的腐蚀问题。

3. **维修成本统计数据**

国际航空运输协会（International Air Transport Association, IATA）的“维修成本工作组”（Maintenance Cost Task Force）2011年依据40家航空公司3 312架飞机的2009年的数据分析，公布了下述有关维修成本的统计数据：

① 单位飞行小时的平均直接维修成本：窄体机682美元，三发或三发以上的宽体机1 430美元，双发宽体机1 204美元，喷气支线机461美元。

② 平均间接维修成本：占总维修成本的24%。

③ 发动机维修成本：占总维修成本的43%，75%的发动机维修工作是外包的（不包括公司内维修购买的材料）。

④ 对供应商的依赖性（包括提供维修和材料）：80%的直接维修成本支付给供应商。

⑤ 飞机平均利用率：8.82小时/日。

⑥ 飞机平均轮挡时间：2.46小时。

⑦ 直接维修成本按市场类型的分配：发动机维修成本占比43%，航线维护成本占比17%，基地维修成本占比20%，部件维修成本占比20%。

⑧ 直接维修成本按成本类型的分配：外包占比58%，劳务占比21%，材料占比21%。

⑨ 宽体机中，A330直接维修成本最低（811美元/飞行小时），MD11最高（2 212美元/飞行小时）。

⑩ 窄体机中，A320系列和B737 NG直接维修成本最低（600美元/飞行小时），MD90最高。

4. **维修成本分解**

通常基于平均航段距离来分析维修成本，把飞行循环和飞行时间这两个要素与维修成本联系起来，得出单位航段的维修成本，或单位飞行小时的维修成本。把维修成本分解为两类六部分：第一类，机体维修成本，包括机体维修劳务成本、机体维修材料成本、机体维修管理成本。第二类，发动机维修成本，包括发动机维修劳务成本、发动机维修材料成本、发动机维修管理成本。

以下介绍两种维修成本分析方法：Liebeck方法和Harris方法。两种方法各有特点，Liebeck方法适用于竞争分析，Harris方法适用于航空公司机队运行经济性评估。

（1）Liebeck方法。

飞机的维修成本MC由机体和发动机的直接维修劳务成本、材料成本和管理成本构成。其中，机体的直接维修劳务成本和材料成本基于波音公司提出的参数方程，发动机的维修成本基于发动机制造商提供的数据。

飞机的维修成本 MC（单位：美元/航段）是下述 6 项之和。其中，前 3 项之和是机体维修成本，后 3 项之和是发动机维修成本。

① 机体维修劳务成本（Airframe Maintenance Labor Cost, AMLC）。

$$\begin{cases} \mathrm{AMLC} = \mathrm{AML} \times R \\ \mathrm{AML} = \mathrm{AML_{FH}} \times \mathrm{FH} + \mathrm{AML_{FC}} \\ \mathrm{AML_{FH}} = 1.26 + \left[1.774 \times \left(\dfrac{\mathrm{AFW}}{10^5}\right) - 0.170\,1 \times \left(\dfrac{\mathrm{AFW}}{10^5}\right)\right]^2 \\ \mathrm{AML_{FC}} = 1.64 + \left[0.722\,7 \times \left(\dfrac{\mathrm{AFW}}{10^5}\right) + 0.102\,4 \times \left(\dfrac{\mathrm{AFW}}{10^5}\right)\right]^2 \end{cases} \tag{4.6}$$

式中　AMLC ——机体维修劳务成本（单位：美元/航段）；

AML ——机体维修劳务时长（单位：维修劳务小时/航段）；

R ——维修劳务费率（单位：美元/小时），Liebeck 方法取 25 美元/小时，在实践中应采用与经济环境相适应的维修劳务费率；

$\mathrm{AML_{FH}}$ ——与飞行小时有关的机体维修小时数（单位：维修小时数/飞行小时）；

FH ——每航段飞行小时数（单位：飞行小时/航段），通常地面机动时间为 15 分钟，因此 FH 等于轮挡小时减去 0.25 小时；

$\mathrm{AML_{FC}}$ ——与飞行循环有关的机体维修小时数（单位：维修小时数/飞行循环）；

AFW ——机体重量（单位：磅），等于制造空重减去发动机干重。

② 机体维修材料成本（Airframe Maintenance Material Cost, AMMC）。

$$\begin{cases} \mathrm{AMMC} = \mathrm{AMM_{FH}} \times \mathrm{FH} + \mathrm{AML_{FC}} \\ \mathrm{AMM_{FH}} = \left[12.39 + 29.80 \times \left(\dfrac{\mathrm{AFW}}{10^5}\right) - 0.180\,6 \times \left(\dfrac{\mathrm{AFW}}{10^5}\right)^2\right] \times F_{\mathrm{CPI}} \\ \mathrm{AML_{FC}} = \left[15.20 + 97.33 \times \left(\dfrac{\mathrm{AFW}}{10^5}\right) - 0.286\,2 \times \left(\dfrac{\mathrm{AFW}}{10^5}\right)^2\right] \times F_{\mathrm{CPI}} \end{cases} \tag{4.7}$$

式中　AMMC ——机体维修材料成本（单位：美元/航段）；

$\mathrm{AMM_{FH}}$ ——与飞行小时有关的机体维修材料成本（单位：美元/飞行小时）；

$\mathrm{AML_{FC}}$ ——与飞行循环有关的机体维修材料成本（单位：美元/飞行循环）；

F_{CPI} ——消费者价格指数修正系数，对于 1993—2009 年，$F_{\mathrm{CPI}}=1.47$。

③ 机体维修管理成本（Airframe Maintenance Organization Cost, AMOC）。

$$\mathrm{AMOC} = 2.0 \times \mathrm{AMLC}$$

④ 发动机维修劳务成本（Engine Maintenance Labor Cost, EMLC）。

$$\begin{cases} \mathrm{EMLC} = \mathrm{EML} \times R \\ \mathrm{EML} = \left[0.654 + \left(0.05 \times \dfrac{\mathrm{SLST}}{10^4}\right)\right] \times \left(0.566 + \dfrac{0.434}{\mathrm{FH}}\right) \times \mathrm{FH} \times N_E \end{cases} \tag{4.8}$$

式中 EMLC ——每航段发动机维修劳务成本（单位：美元/航段）；

EML ——每航段发动机维修小时数（单位：维修小时数/航段）；

SLST ——单台发动机未安装海平面静推力（单位：磅力）（Sea Level Static Thrust, SLST）；

N_E ——每架飞机的发动机数量（单位：台）。

⑤ 发动机维修材料成本（Engine Maintenance Material Cost, EMMC）。

$$\text{EMMC}=\left(25+0.25\times\frac{\text{SLST}}{10^4}\right)\times\left(0.62+\frac{0.38}{\text{FH}}\right)\times\text{FH}\times N_E\times F_{\text{CPI}} \tag{4.9}$$

式中 EMMC ——每航段发动机维修材料成本（单位：美元/航段）；

其他变量含义同上。

⑥ 发动机维修管理成本（Engine Maintenance Organization Cost, EMOC）。

$$\text{EMOC}=2.0\times\text{EMLC}$$

（2）Harris 方法。

该方法是 Franklin Harris 在 2005 年发表的《An Economic Model of U.S. Airline Operating Expense》（NASA CR-2005-213476）中采用的方法。该模型基于对 67 家美国航空公司 1999 年向美国运输部报告的运营数据的回归分析。该方法的特点是考虑了航空公司运营特点的影响，适用于对现役机队进行经济性分析。

飞机的维修成本 MC 是机体维修成本 AMC 与发动机维修成本 EMC 之总和。

① 机体维修成本 AMC。

$$\text{AMC}=K[(W_{\text{REF}})^{0.721\,18}(\text{FH})^{0.460\,50}(\text{DEP})^{0.320\,62}(\text{NAC})^{0.207\,00}(1+r_1)^{-0.431\,77}] \tag{4.10}$$

② 发动机维修成本 EMC

$$\text{EMC}=K[(\text{SLST})^{0.896\,50}(N_E)^{0.923\,40}(\text{FH})^{0.153\,44}(\text{DEP})^{0.375\,35}(\text{NAC})^{0.442\,9}(1+r_2)^{-0.347\,04}] \tag{4.11}$$

式 4.10 和 4.11 中：

K ——常数，等于 $\text{ST}\times1.73\times\text{CF}\times\text{MF}\times\text{ET}$；

CF ——航空公司成本因子，很低取 0.447，低取 0.833 9，平均取 1.0，高取 1.301 9；

MF ——飞机型别因子，最早期机型取 1.0（如 B737—1/2），早期机型取 0.710 4（如 B737—300），近期机型取 0.514（例如 B737—500），较新机型取 0.426 0（例如 B737—800），最新机型取 0.35（例如 B777）；

ET ——发动机类型，涡扇取 1，涡桨取 1.264 4；

W_{REF} ——参考重量（单位：磅），等于最小使用空重减去发动机干重；

FH ——机队全年的飞行小时数；

DEP ——机队飞机全年的起降次数。

NAC ——该年份机队的飞机数量，当 NAC=1，维修成本 MC 的计算结果就对应于一架飞机的全年维修成本；

SLST ——海平面标准大气压条件下的动力装置推力（单位：磅）；

N_E ——每架飞机的发动机数量（单位：台）。

Liebeck 方法的结果与 IATA 统计数据吻合性较好。Harris 方法由于依据的是 20 年前的统计数据，结果比 IATA 的结果偏低。中国航空公司目前缺乏多机型长期积累的、可利用的维修成本统计数据，难以建立自己的维修成本分析模型，建议在飞机维修成本分析中，在维修劳务费率做相应调整的基础上，直接借用 Liebeck 方法。

4.2.1.4　飞行机组成本（Flight Crew Cost）

飞行机组成本包括工资（含社会福利）、驻外津贴和培训费。飞机的吨位不同，飞行速度不同，飞行机组的工资和福利待遇等级有差异。地区不同、航空公司运营的市场（低成本航线、国内干线、国际干线）不同，飞行机组的工资和福利待遇会有很大差异。培训费有改装费和复训费两种，涉及飞行模拟器租金和出差补贴等。当航空公司机队的机型具有较高通用性时（同一系列机型），可以大幅降低改装培训费。

现代民用飞机通常配备两人机组（机长和副驾驶），在远程航线上，可能需要增加备份机组。中国民航规定，值勤时间（包括航前、航后、过站和飞行时间）11 小时以上配备双机组。中国民航对在高原机场上运行的飞行机组提出了严格的飞行员资格和培训要求，大幅增加飞行机组成本。飞行机组每年的飞行小时数有条例限制，欧美飞行机组每年的飞行小时数一般为 800 飞行小时，中国民航规定每名飞行员每年的飞行小时不超过 1 000 小时（每月 83 小时）。每架飞机需要配备的机组数要依据飞机的利用率和机组的限定飞行小时数来确定。假设飞机的有效年利用率为 3 126 轮挡小时，平均分配到 11 个月，每月 281 轮挡小时，那么按照中国民航的规定，需要配备的机组数为 281/83=3.41。

航空公司的飞行机组成本差异很大，很难找到普遍适用的分析模型。下面介绍的 Liebeck 方法（适用于美国）和 AEA 方法（适用于欧洲）都是简单的统计模型。CAAC 计算模型（适用于中国）考虑了飞行机组的飞行小时限制和培训费用，但缺乏飞行机组工资福利的实际统计数据支持。

（1）Liebeck 方法。

对于国内航线运营，FCC=440+0.532（MTOW/1 000）；

对于国际航线运营，FCC=482+0.590（MTOW/1 000）。

以上 FCC 是飞行机组成本（单位：美元/轮挡小时），MEOW 是最大起飞总重（单位：磅）。

（2）AEA 方法。

飞机配备两人机组时，飞行机组成本为 380 美元/轮挡小时。

（3）CAAC 方法。

$$\begin{cases} N_{\mathrm{FC}} = U/11/\mathrm{BH}_{\mathrm{FCM}} \\ \mathrm{TRN} = 2\times(\mathrm{SR}+\mathrm{TDA})\times D\times \mathrm{ER} \\ \mathrm{FCC} = N_{\mathrm{FC}}\times(S_C+S_F+\mathrm{TRN})/U \end{cases} \tag{4.12}$$

式中　N_{FC}——每架飞机需要配备的飞行机组数；

U——飞机有效年利用率（单位：轮挡小时/年）；

$\mathrm{BH}_{\mathrm{FCM}}$——飞行机组每月飞行的轮挡小时数，中国民航规定为 83 轮挡小时/月；

TRN——每年飞行机组的复训成本（单位：元/年）；

SR——飞行模拟器日租金（Simulator Rental）（单位：美元/日）；

TDA ——培训每日津贴（Training Daily Allowance）（单位：美元/日）；

D ——飞行机组每年复训天数，通常假设为 8 天；

ER ——美元兑人民币汇率；

FCC ——飞行机组成本（单位：元/轮挡小时）；

S_C ——机长年薪，包括各种福利津贴（单位：元/年）；

S_F ——副驾驶年薪，包括各种福利津贴（单位：元/年）。

假设 A320 飞机在国内航线运营，MTOW=73.5 吨（162 040 磅），飞机有效利用率为 3 126 轮挡小时/年，飞行模拟器租金 667 美元/日，培训津贴 150 美元/日，机长年薪 100 万元，副驾驶年薪 20 万元，美元/人民币汇率 7.0。依据 Liebeck 方法，飞行机组成本为 526 美元/轮挡小时。依据 AEA 方法，飞行机组成本为 328 美元/轮挡小时。依据 CAAC 方法，飞行机组成本为 202 美元/轮挡小时。

4.2.1.5　客舱乘务员成本（Cabin Crew Cost）

虽然 ATA（Association of European Airlines）和 AEA（Air Transport Association of American）将客舱乘务员成本归属于间接运行成本，认为客舱乘务员是为旅客服务的，不是飞机运行成本，但多数航空公司依然把该项目成本归属于直接运行成本。

客舱乘务员成本的构成类似于飞行机组成本，只是可以不考虑培训费。一般根据飞机的利用率和空乘机组的限定飞行小时数来确定每架飞机需要配备的空乘机组数，每个空乘机组的乘务员人数则根据客舱座位数和舱位划分来确定。适航条例规定，每 50 名旅客座位至少配备一名客舱乘务员。由于航空公司的服务标准、飞机舱位划分和飞行距离不同，实际的差异很大，普遍会采用高于适航条例规定的配备标准。中国民航规定，有配餐任务的每 25 ~ 30 客座配备一名乘务员；无配餐任务的每 35 ~ 40 客座配备一名乘务员。

以下介绍客舱乘务员成本的 Liebeck 方法（适用于美国）、AEA 方法（适用于欧洲）和 CAAC 方法（适用于中国）。CAAC 模型考虑了空乘机组的飞行小时限制，但缺乏空乘机组工资福利的实际统计数据支持。另外，作为反恐措施，许多民用飞机上配备了安全员，在目前的成本计算模型中并未考虑此项附加成本。

（1）Liebeck 方法。

对于国内航线运营：CCC=（S/35）×60；

对于国际航线运营：CCC=（S/30）×78。

CCC 表示客舱乘务员成本（单位：美元/轮挡小时）；S 表示客舱座位数，S/35 和 S/30 分别表示每 35 和 30 个旅客座位配备一名客舱乘务员，结果为小数时向上取整。

（2）AEA 方法。

CCC=（S/35）×60

CCC 表示客舱乘务员成本（单位：美元/轮挡小时）；S 表示客舱座位数，S/35 表示每 35 个旅客座位配备一名客舱乘务员，结果为小数时向上取整。

（3）CAAC 方法。

$$\begin{cases} N_{\mathrm{CC}} = U/11/\mathrm{BH}_{\mathrm{CCM}} \\ \mathrm{CCC} = N_{\mathrm{CC}} \times S_{\mathrm{CA}} \times (S/35)/U \end{cases} \tag{4.13}$$

式中　N_{CC} ——每架飞机配备的空乘机组数；

U——飞机有效年利用率（单位：轮挡小时/年）；

BH_{CCM}——空乘机组每月飞行的轮挡小时数，中国民航规定为 83 轮挡小时/月；

CCC——客舱乘务员成本（单位：元/轮挡小时）；

S_{CA}——客舱乘务员年薪，包括各类福利津贴（单位：元/年）；

S——S 表示客舱座位数，S/35 表示每 35 个旅客座位配备一名客舱乘务员，结果为小数时向上取整。

假设 A320 飞机在国内航线运营，客舱座位数 150，飞机有效利用率为 3 126 轮挡小时/年，客舱乘务员年薪 15 万元，美元/人民币汇率 7.0。Liebeck 方法和 AEA 方法的客舱乘务员成本计算结果均为 300 美元/轮挡小时。CAAC 方法的客舱乘务员成本为 100 美元/轮挡小时。

4.2.1.6　机场收费（Airport Fee）

中国机场收费项目包括：起降费、停场费、旅客服务费、安检费和客桥费等，与欧洲机场所公布的收费项目是基本一致的。应当注意的是，在 Liebeck 方法和 AEA 方法中，该项目成本被称为“起降费”（Landing Fee）。从计算公式来看，它们不包含除起降费之外的其他机场收费项目。

大多数机场的起降费是按最大起飞重量收取的，只有美国机场是按最大着陆重量收取的。在一些繁忙的枢纽机场，机场当局为鼓励航空公司避开机场的高峰时段，会在高峰时段征收附加费。在欧洲一些机场，机场当局在征收起降费时，要考虑最大起飞重量和飞机噪声水平两项要素。

各市场地区的起降费差异很大。以下介绍机场收费的 Liebeck 方法（适用于美国）、AEA 方法（适用于欧洲）和 CAAC 方法（适用于中国）。Liebeck 方法和 AEA 方法都是简单的统计模型。CAAC 计算模型详细给出了中国各类机场所有收费项目的收费标准。

（1）Liebeck 方法。

对于国内航线运营：$LF=1.5\times(MLW/1\ 000)$；

对于国际航线运营：$LF=4.25\times(MTOW/1\ 000)$。

式中，LF 为着陆费，单位：美元/航段；MLW 表示最大着陆重量，单位：磅；MTOW 表示最大起飞重量，单位：磅。

（2）AEA 方法。

$$LF=6\times MTOW$$

式中，LF 为着陆费，单位：美元/航段；MTOW 表示最大起飞重量，单位：磅。

（3）CAAC 方法。

表 4.5 是中国民航机场类别。表 4.6 ~ 表 4.9 是 2008 年 3 月生效的机场收费标准。

表 4.5　中国民航机场类别

机场类别	机场
一类 1 级	首都、浦东
一类 2 级	广州、虹桥、深圳、成都、昆明
二类	杭州、西安、重庆、厦门、青岛、海口、长沙、大连、南京、武汉、沈阳、乌鲁木齐、桂林、三亚、郑州、福州、贵阳、济南、哈尔滨
三类	其他

表 4.6　中国民航机场起降费收费标准（国内航班）

机场类别	起降费/（元/架次）				
	≤25 吨	26～50 吨	51～100 吨	101～200 吨	201 吨以上
一类 1 级	240	650	1 100+22×（T－50）	2 200+25×（T－100）	5 000+32×（T－200）
一类 2 级	250	700	1 100+23×（T－50）	2 250+25×（T－100）	5 050+32×（T－200）
二类	250	700	1 150+24×（T－50）	2 350+26×（T－100）	5 100+33×（T－200）
三类	270	800	1 300+24×（T－50）	2 500+25×（T－100）	5 150+33×（T－200）

注：T 为飞机最大起飞重量。

表 4.7　中国民航机场起降费收费标准（国际及中国港澳航班）

机场类别	起降费/（元/架次）				
	≤25 吨	26～50 吨	51～100 吨	101～200 吨	201 吨以上
所有机场	2 000	2 200	2 200+40×（T－50）	4 200+44×（T－100）	8 600+56×（T－200）

注：T 为飞机最大起飞重量。

表 4.8　中国民航机场停车费、客桥费、旅客服务费和安检费收费标准（国内航班）

机场类别	停车费/（元/架次）	客桥费/（元/小时）	旅客服务费/（元/人）	安检费	
				旅客行李/（元/人）	货物邮件/（元/吨）
一类 1 级	2 小时内免收；超过 2 小时，每停场 24 小时（包括不足 24 小时）按照起降费 15%计收	单桥：1 小时以内 200 元；超过 1 小时，每半小时（包括不足半小时）100 元。多桥：按单桥标准的倍数计收	34	5	35
一类 2 级			40	6	40
二类			42	7	41
三类			42	7	42

表 4.9　中国民航机场停车费、客桥费、旅客服务费和安检费收费标准

（国际及中国港澳航班）

机场类别	停车费/（元/架次）	客桥费/（元/小时）	旅客服务费/（元/人）	安检费	
				旅客行李/（元/人）	货物邮件/（元/吨）
所有机场	2 小时内免收；超过 2 小时，每停场 24 小时（包括不足 24 小时）按照起降费 15%计收	单桥：1 小时以内 200 元；超过 1 小时，每半小时(包括不足半小时)100 元。多桥：按单桥标准的倍数计收	70	12	70

CAAC 有关文件规定，当国内航空公司飞行国际和我国港澳航班时，按照表 4.6 和 4.8 标准的 60%收费；国内航班、国际与我国港澳航班“双轨制”收费标准将限期并轨。

假如 A320 飞机在国内航线运营，150 座布局，MTOW=73.5 吨（162 040 磅），MLW = 64.5

吨（142，195 磅）。利用 Liebeck 方法计算的起降费为 213 美元/航段，利用 AEA 方法计算的起降费为 446 美元/航段，利用 CAAC 方法计算的机场收费为 9 322 元/航段（1 332 美元，假设美元/人民币汇率为 7.0，二类机场起飞着陆）。其中起降费为 1 726 元/航段（247 美元/航段）。结果表明，欧洲机场的收费标准比较高。

4.2.1.7　导航费（Navigation Charge）

导航费包括航路导航费和进近指挥费，按飞机重量及航线距离收费。与机场收费类似，导航费存在明显的地区差异。在某些情况下，从燃油消耗的角度看是经济的航路，可能因为该航路的导航收费昂贵而变得不经济。在美国的国内航线上运营，导航不收取费用。

（1）Liebeck 方法。

对于国内航线运营：NC=0；

对于国际航线运营：$NC=0.136\times500\times(MTOW/1\ 000)^{0.5}$。

式中，NC 为着陆费，单位：美元/航段；MTOW 表示最大起飞重量，单位：磅。

（2）AEA 方法。

$$NC=0.5\times BR\times(MTOW/1\ 000)^{0.5}$$

式中，NC 为着陆费，单位：美元/航段；BR 表示轮挡航程，单位：千米；MTOW 表示最大起飞重量，单位：吨。

（3）CAAC 方法。

表 4.10 ~ 表 4.13 是中国民航 2012 年 6 月生效的导航费和进近指挥费收费标准。计算收费时，以吨为单位的最大起飞全重向上取整。

表 4.10　中国民航导航费收费标准（国内航班）

最大起飞全重/吨	收费标准/（元/公里）
0 ~ 25	0.11
26 ~ 50	0.23
51 ~ 100	0.39
101 ~ 200	0.52
201 以上	0.56

表 4.11　中国民航进近指挥费收费标准（国内航班）

最大起飞全重/吨	收费标准/（元/公里）		
	一类机场	二类机场	三类机场
0 ~ 25	2.46	2.42	2.2
26 ~ 50	3.22	3.17	2.88
51 ~ 100	3.64	3.58	3.25
101 ~ 200	5.1	5.01	4.55
201 以上	6.27	6.16	5.6

表 4.12　中国民航导航费收费标准（国际及中国港澳航班）

最大起飞全重/吨	收费标准/（元/公里）
0 ~ 25	4.19
26 ~ 50	5.47
51 ~ 100	6.19
101 ~ 200	8.67
201 以上	10.66

表 4.13　中国民航进近指挥费收费标准（国际及中国港澳航班）

最大起飞全重/吨	收费标准/（元/公里）
0 ~ 25	0.60
26 ~ 50	1.20
51 ~ 100	1.40
101 ~ 200	1.50
201 以上	$(T/50)^{0.5}$

假如 A320 飞机在国内航线运营，航段距离 926 公里，MTOW=73.5 吨（162 040 磅），利用 Liebeck 方法计算的导航费为 0 美元/航段，利用 AEA 方法计算的导航费为 561 美元/航段，利用 CAAC 方法计算的导航费为 626 元/航段（89 美元，假设美元/人民币汇率为 7.0，二类机场起飞着陆）。结果表明，欧洲机场的导航费收费比较高。

4.2.1.8　地面服务费（Ground Handling Charge）

属于直接运行成本的地面服务费包括：配载、通信、集装设备管理及旅客与行李服务费；客梯、装卸和地面运输服务费；过站服务费；飞机例行检查和放行费。这些项目收费大多数都是按照飞机最大商载或座位数收费。

在 Liebeck 方法和 AEA 方法中，不考虑地面服务成本，因为 ATA 和 AEA 把地面服务成本列入间接运行成本。因此下面仅介绍 CAAC 方法。表 4.14 给出了中国民航地面服务费收费标准。

表 4.14　中国民航地面服务费收费标准

地面服务项目	收费标准
配载、通信、集装设备管理及旅客与行李服务	飞机最大商载≤10 吨时，30 元/吨 飞机最大商载>10 吨时，33 元/吨
客梯、装卸和地面运输服务（当使用客桥时，不考虑客梯、旅客和机组摆渡车的费用；当飞机有随机客梯时不考虑客梯费用）	飞机最大商载≤10 吨时，5 元/吨 飞机最大商载>10 吨时，6 元/吨 客梯：45 元/小时 旅客摆渡车：55 元/小时 机组摆渡车：40 元/次
货物和邮件服务（如无货邮则不考虑）	飞机最大商载≤10 吨时，25 元/吨 飞机最大商载>10 吨时，28 元/吨

续表

地面服务项目	收费标准
过站服务	飞机座位数≤100 座，100 元/架次 飞机座位数 100～200（含）座，120 元/架次 飞机座位数 200～300（含）座，240 元/架次 飞机座位数>300 座，480 元/架次
飞机勤务	一般勤务： 飞机座位数≤100 座，100 元/架次 飞机座位数 100～200（含）座，150 元/架次 飞机座位数 200～300（含）座，300 元/架次 飞机座位数>300 座，600 元/架次 例行检查： 160 元/人时（一般为 1 人时） 飞机放行： 50%例行检查费

假设 A320 飞机有 150 座，最大商载为 19.756 吨，无货邮，使用客桥。CAAC 方法的地面服务费计算结果为 1 435 元/航段（205 美元/航段，假设美元/人民币汇率为 7.0）。

4.2.1.9 民航发展基金（CAAC Development Fund）

民航发展基金是中国特有的直接运行成本项目，在中国境内乘坐国内、国际及我国港澳航班的旅客都必须承担民航发展基金费用。国家按照飞机最大起飞重量、航段距离和航线类型向航空公司征收，如表 4.15。收费政策向西部地区和东北地区倾斜，为支持支线航空发展，政策规定当飞机最大起飞重量低于 50 吨、航线距离小于等于 600 公里时，按照表 4.15 的征收标准减半征收民航发展基金。

表 4.15 民航发展基金征收标准　　单位：元/km

飞机最大起飞重量	航线类型		
	第一类航线	第二类航线	第三类航线
	东中部 16 省市范围内航线：北京、天津、上海、河北、山西、江苏、浙江、福建、山东、安徽、江西、河南、湖北、湖南、广东、海南	东中部 16 省市与西部、东北 15 省市之间的航线	西部、东北 15 省市范围内航线
≤50 吨	1.15	0.90	0.75
51～100 吨	2.30	1.85	1.45
101～200 吨	3.45	2.75	2.20
>200 吨	4.60	3.65	2.90

假设 A320 飞机在国内第一类航线运营，航线距离 926 公里，MTOW = 73.5 吨。CAAC 方法的民航发展基金为 2 130 元/航段（304 美元/航段，假设美元/人民币汇率为 7.0）。

4.2.1.10 餐食费（Catering Cost）

餐食费是旅客服务成本，ATA 和 AEA 把它列入间接运行成本，因此在 Liebeck 方法和 AEA 方法中，不考虑餐食费。但客舱乘务员的安排是客舱设计的一部分，同样为旅客提供所需的餐食服务的客舱厨房设计也是客舱设计的一部分，一些低成本航空公司把不提供机上免费餐食作为降低成本的一项措施。因此，在 CAAC 方法中考虑了餐食费用。

餐食费是航线距离和舱位等级的函数。由于中国民航缺乏可利用的旅客餐食费统计数据，CAAC 方法利用少量实际数据和国外餐食费数据趋势得到一条描述中国民航经济舱餐食费的模拟曲线，如图 4.3 所示。我们假定公务舱旅客的餐食费是经济舱旅客餐食费的 1.6 倍，头等舱旅客的餐食费是经济舱餐食费的 2 倍。餐食费估算公式如下：

$$CC = k_{CA} \times [13.63 \times \ln(BR) - 69.45] \tag{4.14}$$

式中 CC ——餐食成本（单位：元/航段）；

k_{CA} ——舱位因子，经济舱、公务舱、头等舱对应的舱位因子分别为：1、1.6、2；

BR ——轮挡距离（单位：海里）。

假设 A320 飞机总座位数 150 座，其中经济舱 138 座，公务舱 12 座，航线距离 500 海里。CAAC 方法计算餐食费为 2 389 元/航段（341 美元/航段，假设美元/人民币汇率为 7.0）。

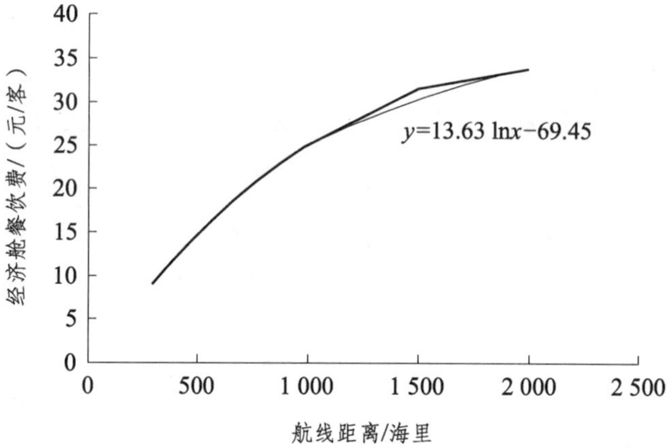

图 4.3 经济舱的餐食费函数

4.2.2 间接运营成本

4.2.2.1 航站及地面费用

与航班运行不直接相关的机场及地面费用。如航站相关设施设备的租金、装修、广告宣传等费用，要注意与直接运营成本中的机场收费和地面服务费区分。

4.2.2.2 商载保险

商载是航空专业术语，就是商业载荷，英文名称 Payload，一般叫“有效载荷”，是指飞机的最大有效载荷能力——航空器装载中收费的那一部分装载（如旅客、货物等）的重量——可以产生收益的那部分载重。对这部分客货投入的保险费属于间接运营成本。

4.2.2.3 订票和销售推广

机票代理费是指航空公司为了保证销售渠道，把部分机票交给代理商销售并支付一定的“佣金”。2008 年，国家取消了机票代理费统一收费标准后，机票代理人的主要收入来源为 3% 的代理费和完成一定的售票量后航空公司给予的销售奖励，这就是业内所说的“3+X”制度。2015 年 6 月航空公司陆续下调机票代理的代理费，把代理人的佣金降为零。销售推广费是为了机票促销而付出的相关成本费用（如宣传资料、推广活动、人员津贴等）。

4.2.2.4　综合管理

综合管理费用通常包括行政管理费用、人力资源管理费用、财务管理费用、信息技术费用等。不同的航空公司，综合管理费用的构成可能会有所不同。但总体来说，综合管理费用的构成都包括了公司运营所需的各种必要费用。

4.3　航程与座位数对运输成本的影响

4.3.1　航程对运输成本的影响

图 4.4 展示了 B737-800 飞机在短途航线上的运输成本与航程之间的关系。可以看到，在 1 000 ~ 5 000 公里的可用航程内，运输成本与航程几乎呈线性关系。图 4.5 给出了长途航线上 B777-200 飞机的运输成本与航程之间的关系。同样地，在 3 000 ~ 9 000 公里的可用航程范围内，运输成本与航程仍然呈现极强的线性关系。这个现象表明，我们可以估算某个机队在任何一个航程上的运营成本。

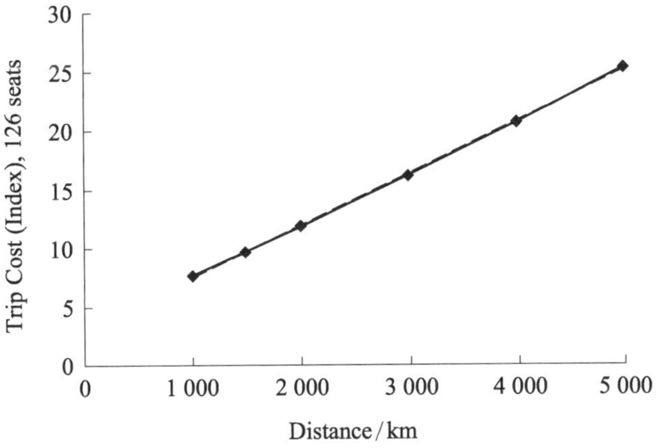

图 4.4　短途航线上运输成本与航程的关系

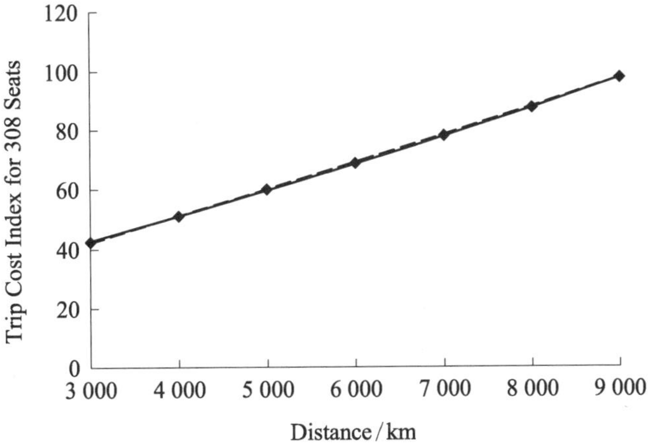

图 4.5　长途航线上运输成本与航程的关系

4.3.2 座位数对运输成本的影响

表 4.16 中第 1 列是飞机机型，第 2 列是全经济舱布局下的座位数，第 3 列是两舱布局下的座位数。在实际运营中，航空公司根据服务要求、高溢价客舱份额和运营策略的考虑，采取不同的座位数布局。长途航线需要预留更宽敞的厨房和厕所空间，长途航线的两舱布局适用于轮挡时间超过 10 个小时的航班。不同航空公司和地区之间的长途航班布局存在很大差异，表格中的座位数只是针对不同飞机布局的可比标准，可以根据不同的服务标准调整该比例。

表 4.16　不同机型座位布局

机型	全经济舱布局	两舱布局
短途航线		
A318	117	107
737-600	122	110
737-700	140	126
A319	138	126
A320	160	150
737-800	175	162
737-900	189	177
A321	202	183
757-200	217	200
757-300	258	243
长途航线		
767-200	238	163
767-300	280	200
767-400	315	229
A330-2	355	233
A330-3	379	268
777-200	415	308
777-300	510	385
747-400	553	429

航空公司普遍相信，在飞机上多设置一排座位会产生很高的边际收益，因为飞机整体运营成本几乎没有变化，而航班的单座成本会降低 5%。航空研究人员都非常关注飞机座位数问题，飞机座位数的差异，对航空公司来说可能代表产品质量的差异，而对制造商来说可能代表产品定位的差异。

图 4.6 表明，在短途航线上，飞机的运营成本与座位数几乎呈线性关系，但这种线性关系并没有运营成本与航程之间的关系那么明显，因为成本计算方法在不同飞机型号和制造商

之间并不像同一架飞机在不同距离上的成本那样一致。机组人员及飞机基本设施设备的成本是相对固定的，而随着座位数的增加，飞机运行的增量成本却很小。

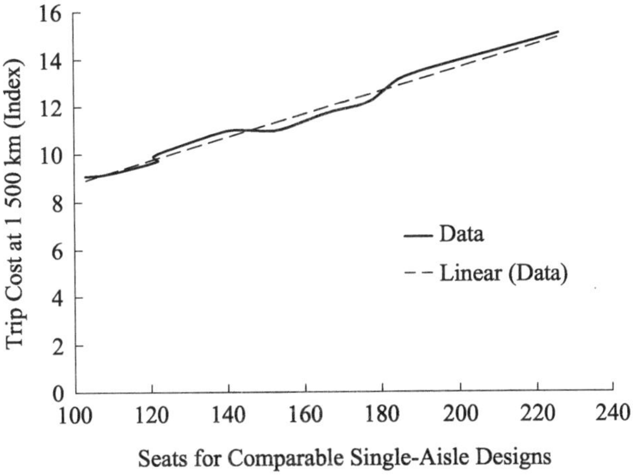

图 4.6　短途航线上运营成本与座位数的关系

很难找出明确的原因来解释为什么成本会随座位数增加而呈线性上升。一些物理成本，如结构件的成本往往比尺寸增长得更快，而其他成本则增长得更慢。例如，大型发动机的维护成本增加缓慢，因为拆卸发动机的成本是相似的，与零件的大小无太大关系。总的来说，工程方面的考虑导致成本相对于当前使用范围内的容量呈线性上升。图 4.7 描述了长途航线上，飞机运营成本与座位数的关系，可以发现这两者之间仍然呈现较强的线性关系。

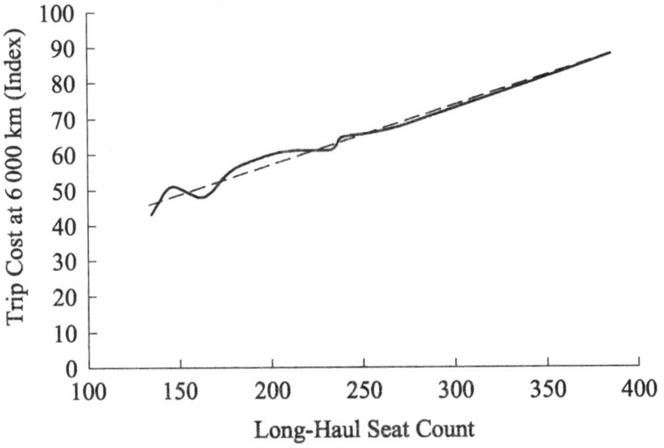

图 4.7　长途航线上运营成本与座位数的关系

以上所谓的运输成本指的是直接运营成本，平均占航空公司总成本的 50%～60%。还有一部分间接运营成本，如一般行政管理费用占成本的 30%左右，佣金和销售费用占总成本的 20%左右。不同航空公司之间会有所差异。

第 5 章 航线网络

5.1 航线网络概述

对目标市场的需求进行分析（预测）后，航空公司最基本的决策就在于到底采用何种航线形式来满足市场需求，如非经停直达航线、多次经停或不转机经停航线、中转联程航线（包括同一承运人中转、代码共享中转、联运中转等）。这些不同形式的航线集合形成航线网络，航线网络决策要考虑多种影响因素，本节会做详细介绍。

5.1.1 航线网络的概念

所谓航线网络是指航空承运人为了保证运营质量（如准点、频次），飞机按照一定频率和时刻执行航班计划的路径形式①。这些路径最终表现为按照一定方式连接而成的网络结构，由机场、航线等要素构成。

理论上，我们可以将具有 OD 需求的所有城市对连接起来形成一个理想的网络，可以称之为“需求链”。如果航空公司提供的实际服务与“需求链”构成的网络完全重合，即是说航空公司正好在相应于 OD 需求的无经停网络中运营，那么对于旅客来说是最好的模式。但是行业运营的经济性排除了这种情形。实际情况是，每个承运人在设计网络时都会通过直飞航线覆盖部分 OD 市场，而通过经停或中转航线覆盖其他市场。这样做的目的是提高网络运行的经济性，这是网络设计的依据和基础。

图 5.1（a）是一个拥有 5 个航点的需求链，共有 10 个城市对 OD 需求，粗线表示干线市

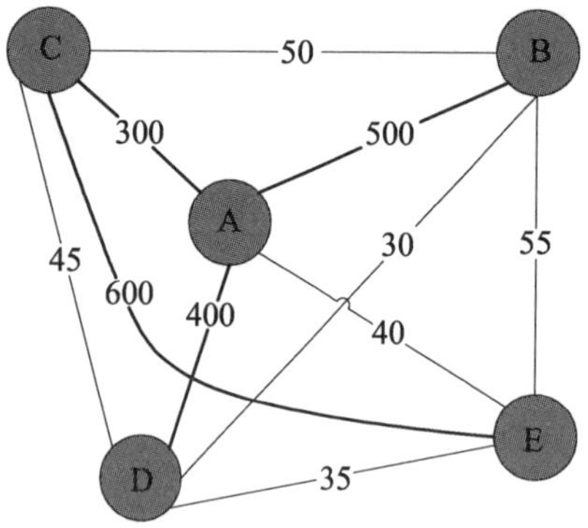

（a）5 个航点“需求链”

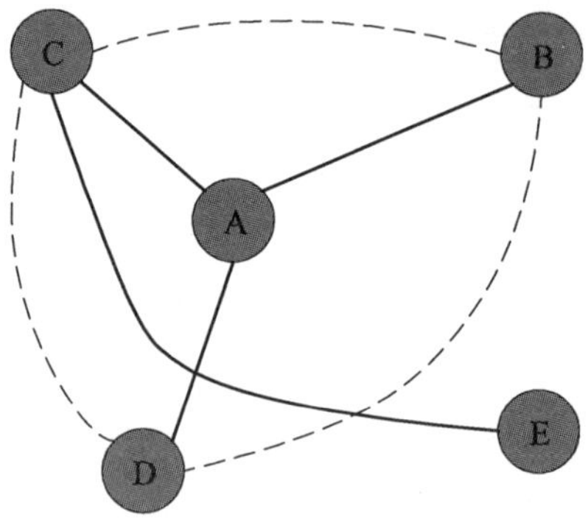

（b）航线网络结构

图 5.1 “需求链”和航线网络结构示意图

① LEDERER P J, NAMBIMADOM R S. Airline network design. operations research, 1998, 46(6): 785-804.

场（运输需求较大），细线表示瘦薄市场（运输需求较小）。理论上讲，航空公司应该提供全部城市的直达航班以满足所有 OD 需求，但从经济性角度来看是不合算的，因为航班成本中有很大比例属于固定成本，如果无法达到飞机机型的盈亏平衡载运率，将无法盈利甚至产生亏损。因此，航空公司会通过网络设计来“趋利避害”，提升运营经济性，如在干线市场 BA、CA、DA、CE 建立直达不经停航线，在 BC、CD、DB 瘦薄市场建立通过枢纽 A 的中转航线，而 AE、BE、DE 瘦薄市场由于无法建立有利可图的航线连接而被放弃，最终呈现的网络结构如图 5.1（b）所示。

5.1.2　航线网络的重要性

航线是一种重要的市场资源，它是航空公司赖以生存的必要条件。合理的航线网络布局对于有效组织生产，提高生产效率和生产质量，控制生产成本具有重要意义。具体来说，航线网络的重要性体现在如下几个方面：

（1）航线网络是航空公司生产运营的基础。

航线是航空公司提供运输产品的“生产线”，是一切运营活动的基础，具有战略性、系统性和长期性特征。有了布局科学合理的航线网络，才可能顺利制定后续各项规划和战略，如机队运力规划、人力资源规划、市场营销策略、竞争战略等。航线网络的规划工作事关全局，举足轻重，牵一发而动全身，应高度重视和关注。

（2）航线网络对公司运营成本和收益产生系统性影响。

航线网络决策决定了各类资源（运力、人力资源、时刻等）的配置效率，影响公司的整体运营成本和收益水平，而且这种影响是系统性、长期性的，在短期内很难大幅调整。例如，如果航线需求潜力较大，则收益水平就较高且具有可持续；如果航线网络为枢纽结构，则可以充分发挥规模、密度、范围经济性；如果采用的机型频率不适应市场需求特征，则可能产生潜在的经济损失或市场损失。

（3）航线网络可以产生重要的竞争优势。

航线网络布局科学合理、衔接紧密、覆盖面广，则航空公司可以提供更优良的运输服务，提升综合竞争力。美国在放松管制后，航线网络结构发生巨大变化，从原来的点对点网络为主转变为枢纽轮辐式结构为主，很多大型航空公司建立了强大的中转枢纽，形成所谓的“枢纽堡垒”，对局部市场产生较强的支配力和垄断性，极大增强了自身的竞争优势。

5.1.3　航线网络的影响因素

5.1.3.1　外部因素

航线网络决策的外部因素主要涉及公司所处国内外政治、地理经济、市场准入、设施保障、行业竞争等环境条件所带来的机遇和挑战。

1. 政治因素

政治稳定是航线市场稳定的重要保障，如果某个国家或地区政局不稳，或存在战争隐患，则需要杜绝开辟这类航线。国家之间的大政方针也有可能带来潜在的市场机遇，比如 2013 年中国提出“一带一路”倡议，为我国民航开辟大量的国际航线提供了重大的战略机遇。2008

年3月美欧“开放天空”协议正式生效[①]，欧盟境内和美国的所有机场都向对方开放，取消航班数量及票价等方面的所有限制，横跨大西洋的欧美航空大市场就此诞生。2020年1月英国“脱欧”对往返英国的航线产生影响。

2. 地理经济

优越的地理区位会促进城市经济发展，一些城市变成重要的门户城市，具有重要的经济地位和强大的经济辐射能力，对游客也有很强的吸引力，使得这类城市可以同时作为交通枢纽和旅行目的地。如迪拜之所以能成为全球最重要的航空枢纽之一，其中一个重要的原因就在于其得天独厚的地理区位——欧洲与亚洲的交汇点。而希斯罗机场成为欧洲重要航空枢纽的原因之一就在于伦敦属于世界金融中心，跟全球各地区存在密切的经济、文化交流。

3. 市场准入

在我国航线经营权属于国家，因为空间也是一种资源，这种资源属于国家所有。经营某条航线，公司必须向航空运输主管机关提出申请，经批准后方有权使用，所以航空公司要开辟或进入某一航线市场，必须准备充足的资料和方案，作为申请航线权的理由，并接受管理部门的审查。

4. 设施保障

机场和航路是航空公司进行运输生产的客观条件，机场和航路的状况直接影响航空运输生产和航线的经济效益。首先应从适航及安全的角度考察机场和航路是否符合一定的标准要求，如机场海拔（高原机场）、是否飞越水域等；其次对新开航线的机场、航路的气象、地理和使用条件等数据要有充分的了解，并做出准确的判断；最后当航线较长时，考虑是否需要设置经停点。另外，一些航线可能还要考虑是否有环保方面的限制，如欧美发达国家一些机场对飞机噪声、二氧化碳的排放等限制越来越严格。

5. 行业竞争

竞争使得运营变得更为艰难，但同时也会促进行业发展。行业竞争包括行业内部竞争和行业之间的竞争。国内航司整体运力过剩，竞争非常激烈，而且低成本航空模式的兴起更是加剧了竞争的激烈程度。行业外的其他交通方式，如高速公路、高速铁路的建设和完善，对航空运输业产生了巨大的冲击。航线网络的布局应该充分考虑行业内竞争以及高铁等行业外部竞争所带来的影响。

5.1.3.2 内部因素[②]

1. 航空公司的战略目标

每个航空公司都有特定的战略目标，战略目标明确了航空公司的市场定位和顾客群体。如美国西南航空公司将自己定位为低成本运营的地区航空公司，其航线结构以城市对为主，

① 欧盟和美国的航空协议谈判始于2003年，历时四年，经过11轮磋商，才最终在2008年4月30号达成初步协议，即欧美双方将允许对方航空公司利用本方领空，同时消除跨大西洋航空业投资限制等。

② 朱金福，等. 航空运输规划[M]. 西安：西北工业大学出版社，2009：324-325.

并逐步发展为蛛网式网络。

2. **航空公司现有航线网络**

航空公司现有航线网络不论是点对点结构还是枢纽轮辐式结构，在新建航线时都要考虑与已有航线的协同作用。新航线的开辟不仅要有利于该航线本身，而且要有利于公司整个航线网络的改善，使各航线间能相互输送客流，并使公司在总体收益上有所提高，切忌新线挤旧线或自我竞争，除非准备撤销那条旧航线。

3. **航空公司机队状况**

飞机是航空公司进行运输生产的必备工具，运力状况对航线的选择是有决定意义的。由于飞机的技术性能是一定的，因而它的使用范围也有限制，既要使航线适应飞机（根据机型选择合适的航线），又要使飞机适应航线（根据航线选择适宜的飞机）。在航线选择中，需要根据已有的运力或将要增加的运力，考量所选航线是否适合。

4. **航空公司市场开发能力**

市场开发能力取决于航空公司高层的重视程度，市场主管部门的开发能力以及公司内部各部门协同水平。从航空公司发展历程看，一支素质高、战斗力强的市场开发队伍对航空公司的竞争力有举足轻重的影响。在决策航线开辟或退出的决策时，成功的概率更大。

当有如下情况出现时，可以做出退出航线市场的选择。退出某一航线市场，也要提前向航空运输主管机关提出申请，经批准后方可实施。① 航线市场供应增加，竞争激烈，本企业在竞争中处于不利地位，市场占有率低；② 由于地面运输方式的改进和规模扩大使航空运输量锐减；③ 航线运营收不抵支，且有继续恶化的趋势。

5.2 航线网络决策①

5.2.1 航线网络决策的基本思路

首先对航空运输市场的整体发展趋势和结构进行分析预测，结合公司战略目标和市场定位，选择航线网络布局的重点区域市场以及航线连接模式。依据吞吐量、增长率、通航点数量等指标，并综合考虑综合保障条件、管理层意图，从重点区域市场内选择最佳的运营基地，或者构建合适的运营枢纽。规划具体航线时，以飞行小时数、ASK 等为基本参考指标。根据机型性能、对航线市场环境预测、公司生产资源，围绕运营基地/枢纽选择备选航线，确定航线运力投放策略和生产经营指标。

国际航线规划主要面向航线层面，因为涉及大机型、运行成本高、前期投入大、进入退出灵活性差，因此航线规划会具体到每条特定的航线是否开通，如何投放运力。

国内航线规划则主要面向基地层面，因为国内市场波动周期较短，航线层面的预测偏差可能会比较大，一般是从基地布局、基地的目标份额和发展战略、运力投放规划（频率和机型）等方面进行考虑。从本质上讲，航空运输企业具有很强的地缘性，在一个基地要有一定的市场份额，才能占据主导地位，获得品牌溢价能力。

---

① 部分内容引自中国民航飞行学院孙宏教授《机队与航线网络规划》课程资料。

国内基地布局方法一般采用定量定性相结合的方法，例如层次分析法，分为几个维度，如航空设施、经济层面、发展潜力、市场竞争情况等，将人均 GDP、购买力、历史旅客流量等量化排序，利用数量统计等多种方法对基地评估打分。同时考虑管理层以及战略导向（如5%的权重），如当地发展政策支持、高层之间发展协议等。基地分为三个层次，一是核心目标市场，份额占 50%以上，如北京、上海；二是重要市场，份额占 30%左右，如分公司的基地；三是重要目标市场，这些城市重要但无须辐射，只需连接好这几个市场即可。选出基地之后再确定份额（班次份额、ASK 份额、座位数等），并基于效益原则做出最佳决策。

5.2.2 航线网络决策的基本方式

5.2.2.1 从宏观到微观的决策方式

从宏观到微观是一种自上而下的航线决策模式，是决策者基于经济环境、政策环境、技术环境、文化环境等宏观背景，以公司总体战略为出发点，充分考虑自身资源条件及市场竞争状况，从整体到局部，从区域市场到细分市场，逐级确定各航线网络要素的决策过程。流程如下：

（1）预测各主要区域市场发展速度和市场规模；

（2）根据公司的战略目标、各市场区域之间的客流量，选择需求增长潜力较大的区域作为航线网络布局的重点；

（3）预测各区域市场主要机场的吞吐量，选择构建网络的基点，规划在各区域市场的运力投放重点及比例；

（4）确定执飞航线以及在各条航线的运力投放指标、市场份额指标。

5.2.2.2 从微观到宏观的决策方式

从微观到宏观是一种自下而上的航线决策模式，决策者基于航线运营数据（OD 客流量、机票价格等）、机型数据（可用运力、机型等级、运营成本等）、飞行人力资源数据（可用飞行小时）、航线时刻资源等，从局部到整体，自下而上归集数据信息，最终确定各航线网络要素的决策过程。流程如下：

（1）收集、整理各条航线历史经营数据、航线 O&D 流数据、各机场客货吞吐量增长率等数据；

（2）依据每条航线历史增长速率和民航整体发展趋势，预测各条航线的客货运量、收益、客座率水平；

（3）逐层向上汇总各条航线的预测信息，最后得出未来 2～5 年公司整体宏观市场发展状况，并以网络收益最大化为目标提出航线运力分配方案。

5.2.3 航线网络的调整和优化

新开航线需要经过周密的航务可行性、商务可行性分析。航线评估是调整和优化航线网络的重要基础，一般根据公司的发展战略规划，以及对航线市场环境的分析预测，综合考虑下列各项因素，选择经济上可行的航线运营。

5.2.3.1 经济性因素

（1）各条航线上的潜在需求和收益水平；

（2）基于未来总客运量需求预测水平的市场份额；
（3）机型在每条航线上运营的机会成本；
（4）网络效应对运营成本、收益、利润的影响。

5.2.3.2 技术性因素

（1）航线的特殊性（如高原航线、跨水域航线等）；
（2）飞机的适航性、性能及数量；
（3）运行的限制因素，飞机/机组的衔接、调配问题；
（4）法规的要求、双边市场准入协议、有限的机场时刻资源。

其中经济性是航线评估的主要方面，对于在竞争环境中运营并以利润最大化为目标的航空公司更是如此。航线评估最重要的输入应该是对该航线上潜在客货需求即预期收益的预测。值得注意的是，对于给定航线，本地 OD 市场只能算航线需求及收入的主要来源，但绝非唯一来源。在枢纽网络中，中转或联程旅客，以及需要经过该航段的其他 OD 市场旅客，可能会对航线营利性产生重大影响。

在得到某个时段的 OD 需求预测值之后，下一个重要工作是估计航空公司在总需求中的市场份额。预测的市场份额取决于其本身的计划航班频率、航班品质（如直飞或联程）及其计划起飞时间。在市场竞争环境下，产品和服务的品质，价格的高低也是影响市场占有率的重要因素。

航线评估的基本准则是飞机短期内在新航线上产生增量利润的潜力。一些现实因素对经济性评估也会产生重要影响，如能否获得足够航程和运力的飞机。如果新航线涉及新的目的地，还会产生诸如购置机场设施、设置营业部、聘用相关人员等额外成本。各类监管规定、双边协议、机场时刻限制也会制约新航线的运营，可能使盈利航线变得不具可行性。例如，某航空公司想要开通一条从纽约到香港的航线，但机场可用的到达时刻不理想，使航班不能按预期时间起飞。这种情况会对该公司在这一市场上的份额及航线利润造成负面影响。

某些情形下，即使航线经济性评估的结果是亏损，但航空公司从战略层面考虑后还是会决定运营这条航线。这可能是考虑到国际双边协议中的政治因素、航线机会和其他方面的不确定性，航空公司有可能从长期竞争力提升和市场形象需要的角度认为，新开一条短期内亏损的航线是值得的。

案例 5.1：对目标航线上的航班在未来一个或多个时期内的需求、市场份额、收入、运营成本等方面的预测结果是新航线营利性评估的重要前提条件。下面详细展示蒙特利尔（YUL）至米兰（MXP）的航线营利性分析过程①。

表 5.1 展示了需求和收入的计算过程。需求预测中包含该航空公司运营新航线后获取几种类型需求的年估计量。本地 OD 需求的预测值为每年 102 000 人次（双向客流量）。航空公司希望以 450 美元的平均单程票价获取本地 OD 市场上 70%的需求份额，另外 30%的需求选择其他服务形式，特别是由其他航空公司通过各自枢纽（如纽约、费城、伦敦、阿姆斯特丹、法兰克福）提供的中转联程服务。该航班每年预期总客运收入约为 4 882 万美元，估计货运收入为客运收入的 10%左右（可根据类似航线的货运比例调整），这样该航班年运营总收入

① 案例引自彼得·贝罗巴巴等：《全球航空业（第 2 版）》，2018 年 7 月第 1 版，第 182-185 页，数据有改动。

约为 5 370 万美元。

表 5.1 航线营业收入的估算

年需求量与票价估计	年需求量/人次	按比例分摊的平均单程票价/$	总收入/$
YUL-MXP 本地 OD 市场总需求量（双向）	102 000		
每天一班的预期市场份额	70.00%		
新航线上 YUL-MXP 的本地旅客量	71 400	$450	$32 130 000
额外的客流量			
北美城市-YUL-MXP 中转旅客量（双向）	24 000	$425	$10 200 000
YUL-MXP-其他城市中转客流量（双向）	12 000	$400	$4 800 000
其他城市-YUL-MXP-其他城市中转客流量（双向）	4 500	$375	$1 687 500
总旅客量（双向）	111 900		$48 817 500
额外的货运收入	按客运收入10%计算	10%	$4 881 750
	总收入		$53 699 250

表 5.2 展示了目标航线的运营成本及年利润估算过程。运营成本（机组、燃油、维修、折旧等）都基于计划轮挡时间计算。每轮挡小时的飞机运营成本以该航空公司在可比航线上同机型 767-300 ER 的数据或同机型的行业整体成本数据为基础进行估算。除飞机运营成本外，其他几种间接运营成本也是新航班总成本估算过程中的重要输入数据。实际测算时，航空公司应当使用自己的历史数据，以便更准确估算航线盈利水平。

表 5.2 航线运营成本及利润估算

输入和假设条件		计算得到的指标/年	
飞机型号	B767-300ER	年航班频率	715
座位数（两舱布局）	210	轮挡小时数	6 081
航班执行率	98%	RPK	457 223 400
年总航班次数（单向）	358	客运收益率	0.106 8
YUL-ROM 轮挡小时数	8.00	ASK	613 856 124
ROM-YUL 轮挡小时数	9.00	离港座位数	150 234
		登机旅客数	111 900
YUL/ROM 不经停直达距离（英里[①]）	4 086	平均客座率	74.48%
飞机每轮挡小时的运营成本			
机组成本	890	直接运营成本	$34 965 175
燃油/滑油	3 280	旅客服务	$6 858 351
所有权	870	交通运输量服务	$2 461 800

① 1 英里=1.609 344 千米（公里）。

续表

输入和假设条件		计算得到的指标/年	
维修	710	飞机服务	$1 287 720
每轮挡小时总成本	5 750	促销	$4 393 575
		一般行政管理	$1 227 712
间接运营成本			
旅客服务（每单位 RPM）	$0.02		
交通运输量服务（每名登机旅客）	$22.00	运营成本	$51 194 333
飞机服务（每次起落）	$1 800.00	营业利润	$2 504 916.75
促销（占客运收入比例）	9%		
一般行政管理费用（每单位 ASM）	$0.002	营业利润率	4.66%

注：767-300ER 飞机成本数据来自航空公司该机型在类似航线上的运营情况，或者该飞机型号在数据库里的成本数据，如美国交通部 Table 41。

表 5.2 的右侧部分是新开航班每年总成本、利润的估算结果。根据假设条件和输入数据，估算出该航线运营的平均客座率为 74.48%，运营利润率为 4.66%。可以看到，营利性评估的结果是否准确，在很大程度上依赖于每一个输入参数的准确性，并且对数据准确性非常敏感。需求预测、市场份额估计、票价水平以及运营成本数据都会对最终的利润估算结果产生重大影响。

这种以电子表格形式呈现的航线评估模型，在保持其他输入值不变的情况下，可以用于检测某个输入值的敏感度。例如一旦航空公司在蒙特利尔至米兰本地 OD 市场的占有率降到 63.38%以下，新开航线就会变得无利可图（见图 5.2），同时意味着该航线的盈亏平衡客座率为 69.99%。该模型还可以对需求预测、平均票价甚至运营成本的各个组成部分，如燃油成本进行敏感性分析。这些分析能够帮助航空公司了解在未来不确定性条件下，航线盈利的整体潜力。

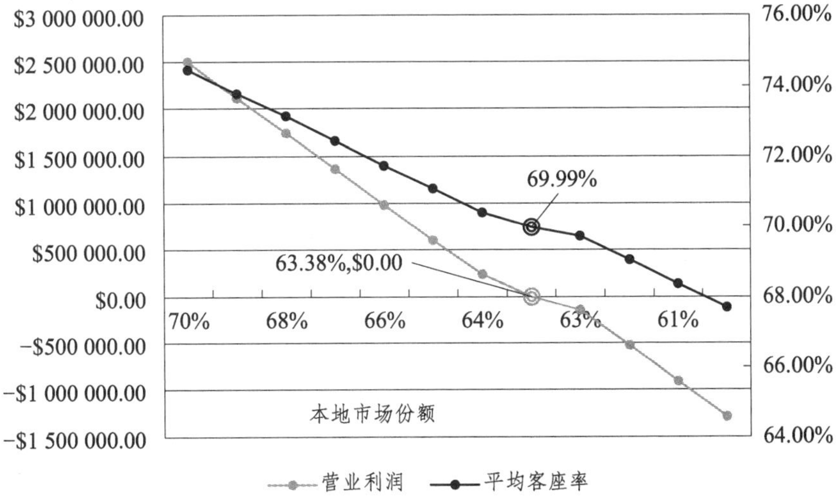

图 5.2 营业利润和平均客座率随本地市场份额变化的趋势图

需要特别说明的是，如果新开的航线只是准备短期经营航线（例如特殊事件、旺季增加等），则需要在航空公司运营成本中剔除某些特定的部分①。例如，蒙特利尔至米兰的这个航班仅计划在旺季运营几个月，并假定此类临时航班服务不会使航空公司日常综合及管理成本增加，那么在评估模型中就可以忽略这部分成本。此外，如果新开航线决定在短期使用航空公司现有某架利用率不高的飞机，那么在进行航线营利性评估时也可以不再考虑飞机的折旧成本。

5.3 航线网络结构

5.3.1 航线网络结构的分类及特点

5.3.1.1 点对点航线网络结构

点对点航线网络（Point to Point）又称为城市对航线网络或线性网络，网络中的航线都是不经停直飞航线，旅客不需要经过第三方机场中转即可到达目的地。在航空业发展早期，由于航空政策、机型、机场、城市经济发展水平及航空公司规模等诸多因素的影响，点对点航线网络曾经是航空公司普遍采用的航线网络结构，也是我国目前航线网络结构的主流模式。如图 5.3 所示，网络中有 8 个通航点（A-H），全联通条件下点对点航线共 28 条②。

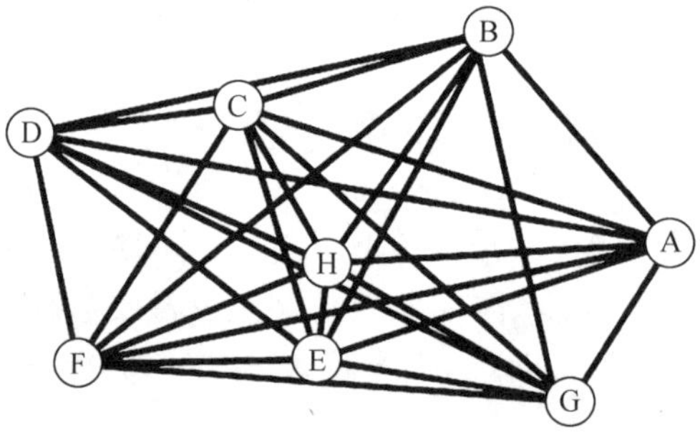

图 5.3　点对点航线网络结构示意图

点对点航线结构是一种基本的航线组织形式，其建立的依据是两地之间存在足够的 OD 需求，或是考量一些重要的外部因素（如政治、政策等）。其优点是旅客不必中转，直达目的地，节省旅行时间；对航空公司来说形式简单，便于运力调配，没有高峰运营压力。在不考虑运输成本的情况下，这种模式对旅客和航空公司来说都是很理想的运输方式。

但是这种网络结构也存在一些固有的缺陷：① 由于城市对之间的需求有限，从根本上限制了航班频率及客座率，造成航线资源的浪费③。航空公司出于成本和盈利的考虑，可能会

① BALDANZA B. Measuring airline profitability. Handbook of Airline Operations, 1999, 147-159.

② 计算公式为 $\frac{n(n-1)}{2}$，n 为航点数量（实质是从 n 个点中选 2 个点的组合问题）。

③ 据估计，美国仅有 5%的国内城市对能够产生足够的 OD 需求，以支撑不经停直达航班服务（Lott& Taylor，2004）。这也是最大的国内市场，占到整个交通流量的 75%。当然，竞争也最为激烈（Lott，2003）。

降低航班频率，导致旅客计划延误增加，客流进一步减少，航空公司不得不进一步降低频率以增加客座率，从而陷入恶性循环。② 航空公司在点对点航线上的竞争异常激烈，每一家承运人都会投入大量的运力资源，产生大量重复性飞行、重叠性航班，去争夺有限的航线客源，且常常会陷入价格战，导致成本上升，收益下降。③ 航线需求往往呈周期性波动，航空公司很难将其与运力完美匹配。网络航空公司可以在不同需求水平的城市对之间调节交通流，但点对点航空公司却并不具备平衡城市对之间需求变动的能力。他们只能通过改变频率、机型尺寸等方式来适应需求的波动。

5.3.1.2 枢纽轮辐式航线网络结构

枢纽轮辐式航线网络（Hub-and-Spoke Network, HS）是一种辐射状航线结构，中心城市像车轮的轴心，连接周边城市的航线像车轮辐条（图 5.4）。枢纽轮辐式航线网络使大多数航空公司的运营活动集中在一个或少数几个枢纽机场，严格意义上的枢纽网络只在枢纽机场之间建立直达航线，任意的轮辐城市之间旅行必须经过枢纽机场进行中转[①]。但在实际应用中，航空公司更多采用混合式航线网络，也称为非严格的枢纽航线网络，即在枢纽航线网络的基础上允许轮辐城市之间的直航。

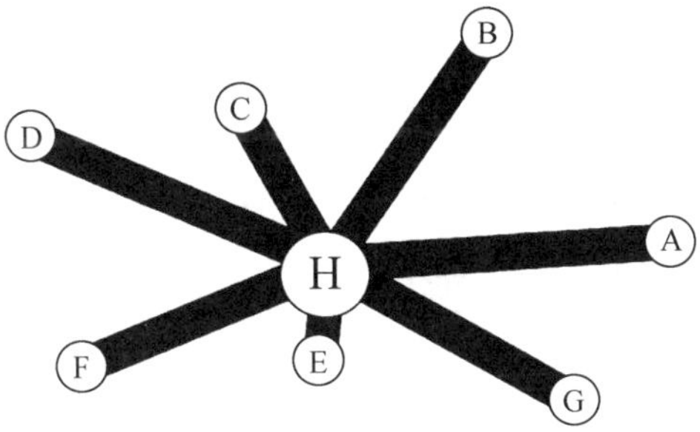

图 5.4 枢纽轮辐式航线网络结构

此处，有必要对“枢纽”的概念进行分析和界定。目前，有三种意义上的枢纽机场定义：① 根据 FAA 定义，任何美国机场，只要其乘机人次超过美国国内总乘机人次的 0.05%，那么就可以称之为“枢纽”，这种概念不包含航班计划或其他运营方面的意义，单纯从数量比例的角度界定。按照以上的比例范围划分为大型枢纽（≥1%）、中型枢纽（0.25%～1%）和小型枢纽（0.05%～0.25%）。② 把吞吐量较大的机场或某航空公司的基地当作枢纽，不管航班计划有没有衔接性，天然存在某些中转航班的枢纽，称为“简单”或“随机”枢纽。我国很多大型机场就属于此类枢纽。③ 航空公司认为，只要一个机场在一个较短的时间内的进出港航班时刻是为了中转旅客或货物而设计的（旅客要在此处换乘飞机），这样的机场就是枢纽，也被称为“衔接航班枢纽”。一般认为枢纽机场的中转率应该达到 30%以上，MCT 平均在 90 分钟。枢纽既是中转站，也是本地旅客的始发地与目的地。本书中枢纽轮辐式航线网络中所指的“枢纽”以第三种定义为准，一般认为是“衔接航班枢纽”。

在美国 400 多个商业机场中，每天的单向客流超过 50 人次的机场不足 20%。据估计，仅有 5%的国内城市对能够产生足够的 OD 需求以支撑非经停直达航班服务，这些需求也是最

① OUM T H, et al. Airline network rivalry. The Canadian Journal of Economics, Vol. 28, No.4a (Nov., 1995), P836-857.

为庞大的国内市场，占到整个交通流量的 75%左右[①]。因此，现实中大量的城市对只能通过枢纽中转衔接，适合构建枢纽轮辐式航线网络结构。这种航线网络结构对航空公司和旅客各有优缺点，现作简要分析。

1. 航空公司角度

枢纽轮辐式航线结构是目前较为成熟的网络结构，也是空运发达国家的航线网络中常见的形式。对于航空公司来说，建立枢纽轮辐式航线网络具有两方面的优势：一是竞争优势，二是成本优势。同时也具有两方面的劣势：一是成本劣势，二是收入劣势。

竞争优势体现在：

（1）增加中转连接机会，提高市场覆盖范围。航空公司通过枢纽把一定数量的城市连接起来，航班量比采用点对点网络形式少很多。每当枢纽增加一个轮辐就会相应放大枢纽的联动优势，即实质上以很低成本拓展航空公司服务的市场范围。假设要将 8 个航点组成网络，如果是点对点网络结构（图 5.3），则在全连接情形下需 28 条直达航线产生 28 个 OD；如果是单枢纽网络结构（图 5.4），则仅需 7 条直达航线即可产生 28 个 OD。现在增加 1 个航点，前者需增加 8 条直达航线才能覆盖所有市场，后者则仅需增加 1 条直达航线即可覆盖全部市场。两种形式在市场开发成本、市场开发效率、市场适应性等方面存在巨大差异。

（2）网络航空公司对枢纽市场有更强的垄断性，能够有效阻碍潜在竞争者进入，并可以获取垄断溢价。

（3）GDS 优先显示。如某网络航空公司有三个航班从三个始发地（O_1,O_2,O_3）经过枢纽 H 中转后飞往目的地 D，尽管从 H 到 D 的航班仅由一架飞机执行，但当 H 本地旅客在选择 H 到 D 的航班时，会发现 GDS 系统中有三个不同的航班可供选择。这种“漏斗航班”（Funnel Flights）方式可以提高屏幕显示位置，使航班在 GDS 系统中的排名上升至第一页并把竞争对手的航班压在下面，从而增加了旅客选择的概率。

成本优势体现在：通过有效组织客流，产生范围经济、密度经济和规模经济性，维持较高的航班频率，较大的飞机尺寸以及较高的客座率水平，从而降低运营成本。

（1）范围经济体现在用较少的飞机或航班服务一定数量的 OD 市场，这意味着一些原本单独服务的市场被同时服务，从而使分摊的运营成本降低。

（2）密度经济则体现在合并轮辐城市客源进而可以采用更大的飞机机型，其实质是“机型经济性”[②]。一般来说，进港航班越多，它为出港航班提供的支持就越大。例如，一个来自 25 个航点的进港航班波到达枢纽机场后，一架 150 座级的离港航班要达到 66.6%的客座率，只需要每架进港航班提供 4 个中转旅客即可（不考虑本地旅客）。

（3）规模经济性则体现在以下几方面：① 市场营销及信息经济性；② 以较低成本迅速扩张航线网络（参考上述竞争优势第（1）条），多条轮辐航线共同分担枢纽的建设成本和运营成本；③ 地理区域集中的规模优势，例如设置在枢纽机场的维修基地可以极大降低维修成本，提高维修效率。

① COOK et al. A comparison of hub-and-spoke and point-to-point systems. Journal of Aviation/Aerospace Education & Research, Vol. 17, No2, 2008.

② 飞机及相应的航班具有实物不可分割性（Indivisible），座位可以单独销售但必须同时交付，所以盈亏平衡客座率就非常重要，它受到飞机机型尺寸的直接影响。

成本劣势体现在：

（1）建立和运营枢纽的成本非常高。枢纽机场会配置大量专门基础设施及从业人员以适应中转需求，如地服人员、维修人员以及登机口、休息室、行李系统等。这些资源的利用随航班波的高峰或低谷被集中使用或集中闲置[①]，且 40%左右的本地旅客并不会或很少使用这些设施和人员，导致资源闲置浪费（Donoghue，2002）。

（2）航线成本或航班成本增加。由于存在大量中转，航线迂回绕行，飞机起降次数增加，平均航程缩短，导致单位运营成本上升（起降费、燃油成本、维护成本、人工成本等均有所增加）[②]。

（3）飞机利用率降低。构建枢纽要面对一个重要问题是进出港航班波的客流集散。航班波客观需要较长的地面中转时间，这可能延长飞机的地面等待时间，降低登机口使用率。另外，为了更好匹配进出港航班波，枢纽航空公司可能会限制轮辐城市航班在外站的停留时间，从而降低飞机的总体利用率。

（4）容易造成延误及不正常航班快速蔓延。准时是枢纽轮辐式航线网络的关键，但枢纽容易受到天气、机械故障、流量拥堵、运营效率等影响。相对于点对点航线网络，枢纽轮辐式网络中的航班不正常问题蔓延更快，影响更大[③]。

收入劣势体现在：

（1）中转旅客一般有多个路径选择（依赖于市场的区位特征），因而航空公司对中转旅客的垄断性小于本地旅客，同时为中转旅客提供的服务质量也低于本地旅客（主要体现在总旅行时间），这些因素导致中转客源收益低于本地客源收益[④]。例如荷兰皇家航空的本地客源占比很小，导致其收益水平一直低于本地客源充足的英国航空和德国汉莎。

（2）平衡本地和中转需求实现收益最大化存在很大困难。体现在两方面：① 确定本地座位和中转座位的分配比例问题。如从爱丁堡至希斯罗航班的所有旅客中，大约有 30%是中转旅客，因此总体上应为这些旅客留出至少 30%的座位，确切是多少应该基于网络收益角度，充分考虑本地需求特征后确定。② 中转需求座位的目的地分配问题。假如爱丁堡至希斯罗航班上还有一个保留给中转旅客的座位，那么我们应如何确定将这个座位销售给哪个目的地的旅客呢？是经伦敦中转至开罗的旅客（收益较低，但预订请求在前）还是经伦敦中转至悉尼的旅客（收益较高，但预定请求在后）？这些问题使得以枢纽为基础的收益管理变得异常复杂。

2. 旅客角度

枢纽网络优势：

（1）很多城市之间原本没有或无法提供非经停航班，枢纽轮辐式网络为旅客提供了更多的连接机会。

（2）与单独提供非经停航班相比，枢纽轮辐式网络可以提供更高频率的航班服务。

---

① 参考 Berdy（1998，2002）对连续性流动枢纽的论述。

② 参考 Swan（2002）论文及 Halloway, S.（2003）著作《实用航空经济学》。

③ 参考 Irrgang（1995）的解释。

④ 本地客源对保持枢纽的盈利能力具有非常重要的意义。一般来说，枢纽的本地客源最少占到整个枢纽周转量的 25%～40%。航空公司承运两个进出枢纽的本地单程旅客获得的收益要高于承运一个通过枢纽中转的旅客。

（3）如果轮辐城市可以连接多个枢纽，中转旅客可以享受竞争导致的低票价。

枢纽网络劣势：

（1）中转航班会导致总旅行时间增加，降低航空服务质量。

（2）堡垒枢纽（Fortress Hub）模式导致网络航空公司对枢纽市场的垄断性，本地需求旅客可能不得不承受较高票价①。

权衡利弊以后，我们可以发现与传统的点对点航线网络结构相比，枢纽轮辐式航线网络并没有绝对的压倒性优势。枢纽轮辐式航线网络有利于客源的汇聚和分流，但并不一定能很有效地利用资源；由于绕开枢纽的航班（Bypass）与日俱增，OD 市场的密度和需求随之增长，两种航线模式都不能有效地满足旅客的需求。尽管一些实证研究显示，枢纽结构的确可以降低单位成本②，但枢纽成本的变动却是错综复杂的，在不同情况下也许有不同的结论。

“9·11”事件后，美国枢纽网络的低效率饱受批评。从根本上说，枢纽模式提供了商务旅客特别需要的网络和航班时刻，但这需要付出高昂的成本代价，并且人们对所有旅客从枢纽当中获得的总体价值是否能够覆盖总体成本存在疑虑。唯一达成共识的是：枢纽为航空公司创造了大量的通航点、本地市场需求和中转需求。

5.3.2 航线网络结构的演变历程

美国在 1978 年放松管制之前，是由民用航空局（Civil Aeronautics Board, CAB）授予航空公司经营许可权，分配航线及指导机票价格。早期的民航航线大多数呈线性结构（点对点网络或城市对网络），主要连接大型城市。二战后，CAB 允许小型地方航空公司提供连接中小城市到大型城市的航空服务，航线范围得到扩张，但是航线之间的衔接度很差，不同承运人之间的航班计划缺乏协调，中转延误时常发生，旅客的行程很不便利。

CAB 为了响应国会鼓励正常竞争、避免恶性竞争的提案，逐步在航线运营中引入寡头竞争，而竞争促使航空公司更加关注产品创新和服务品质。虽然线性航线结构在管制时代占主导地位，但一些航空公司已经逐渐开始发展有限的中转航线，如达美航空和东方航空在亚特兰大机场，联合航空在芝加哥机场，美国航空在达拉斯机场。

20 世纪 70 年代的石油禁运、经济衰退以及新的宽体客机迅速普及等因素导致航空载运率骤降，航空业亏损扩大。当时，在加利福尼亚州和得克萨斯州内，一些提供简单廉价服务的地区航空公司反而具有很好的盈利能力，学者和政客们开始争论行业管制可能不再符合公众利益。1978 年的《航空放松管制法案》将航空公司从 40 多年的经济管制中彻底解放出来（Cook,1996）。

放松管制后最大的意外事件是枢纽运营模式的盛行。放松管制的支持者们曾经信誓旦旦地预测，全国范围内会逐步形成点对点形式的线性网络结构，向公众提供简单、廉价的航空服务，就如同加利福尼亚州内的太平洋西南航空（Pacific Southwest）和得克萨斯州内的西南航空（Southwest）（Bailey&Liu,1995）那样。但事实却是，传统干线航空公司通过自身成长、兼并重组等方式迅速构建起枢纽轮辐式航线网络结构，以获取更多的 OD 需求。许多新进入者则采用低成本的点对点网络模式参与竞争。令人惊讶的是，这些航空公司，包括一些坚持

① Graham et al, 1983; Bailey et al,1985; Call and Keeler,1985; Morrison and Winston, 1987; Borenstein, 1989; Transportation Research Board,1999; Bamberger and Carlton, 2002.

② McShane and Windle, 1989; Brueckner et al, 1992.

传统点对点航线模式的老牌干线航空公司，如东方航空、泛美航空、布兰尼夫国际航空[①]等都失败了，而那些构建枢纽轮辐式网络并经受住早期动荡的干线航空却成功了，并逐渐开始主导整个空运市场（Borenstein,1992），只有美国西南航空，稳扎稳打、步步为营，从得克萨斯州缓慢向外扩张，成为少有的点对点线性网络模式的成功者。

实际上，航空运输中的枢纽系统并不是新鲜事物。早在放松管制之前，泛美航空和东方航空已经在 Atlanta（亚特兰大），美国航空在 Dallas（达拉斯），联合航空在 Chicago（芝加哥）建立了航空枢纽。可以想象，即使没有发生放松管制运动，整个行业也会朝着复杂的枢纽轮辐式网络结构演进。但是，CAB 严格的航线特许政策（进入、退出、定价等）导致行业结构十分僵化死板，极大限制了枢纽在竞争中的战略作用。放松管制后，枢纽轮辐式系统似乎在一夜之间集中爆发，并逐渐成为行业演进过程中的一种重要战略行为。

最为典型的两个例子是美国联合航空和美国航空。放松管制后，特定的经济环境刺激了新的低成本航空进入市场，以及小型航空公司扩张。传统干线航空不得不面临来自同类航空及低成本航空的激烈竞争，尤其是低成本航空，以票价低、周转快、无中转直飞服务为特色，对传统干线航空产生巨大冲击。联合航空是当时规模最大的航空公司，它应对放松管制后的竞争策略包括：在高密度航线上增加运力，撤销低密度低利润航线，削减劳动力成本等。所有传统干线航空都曾采用类似的策略，但是收效甚微。高密度航线，尤其是高密度点对点航线是所有航空公司关注的焦点，竞争非常激烈，导致收益降低甚至产生亏损。另一方面，与劳工谈判也不顺利，无法得到工会的支持。1979 年，联合航空试图与公司员工重新协商劳动合同，结果导致机务工人罢工两个月，影响非常恶劣，这表明传统大型航空公司的劳动力成本具有很强的刚性，调整难度很大。

美国航空是另一个典型案例，其规模在当时排名第二，运营成本最高。大多数飞机是第一代 B707 和 B727-100，燃油效率很低。员工大多是工会成员，劳动力成本很高，公司机制僵化。仅从成本结构的角度来看，美国航空是很难在放松管制的环境下存活下来的。面对巨大的竞争压力，美国航空考虑削减成本的策略包括：缩减规模，销售飞机，退出薄利的航线市场，卖掉部分航空公司业务，甚至考虑转型为低成本航空。虽然最后成本有了一定程度的降低，但还是不足以取得竞争优势。美国航空意识到，如果想要作为一个大型航空公司长期生存下去，这些传统的削减成本的措施还远远不够，况且经济衰退还吞噬了大量的运营收益。美国航空清醒意识到，如果不想沦为平庸的小型公司甚至破产倒闭，就必须采取重大的变革措施（Read,1993,p.175）。于是它实施了一项影响深远的战略行动——打造枢纽轮辐式航线网络结构，这最终使其成为放松管制时代最大的三家航司之一。1981 年 2 月，美国航空宣布增加进出 Dallas/Fort Worth（达拉斯/沃斯堡）新枢纽的航班量，同年 6 月增加了 11 个新航点，到年末航班量翻了 3 倍，达到每天 300 多班次。这个事件标志着传统大型干线航空正式迈入枢纽运营模式，这种运营模式对平均成本和收益均产生重要影响，且极大地提高了生产效率，适应了刚性的劳动力成本结构。

① 布兰尼夫国际航空（Braniff International Airways）是美国一家存在于 1928 年至 1982 年之间的航空公司，主要经营美国中西部和西南部、南美洲、巴拿马等地区航线，并在后期开始涉足亚洲和欧洲。但由于包括燃油价格不断上涨，企业野心过大，公司过分扩张，同业竞争激烈，以及 1978 年美国颁布航空放松管制法案等因素，这家航空公司在 1982 年 5 月 12 日停止营业。

放松管制后（20 世纪 80 年代早期），主要的大型航空公司都开始争相构建自身的枢纽支配力，利用 CRS 系统吸引旅客预订机票，为代理人提供可观的佣金报酬，将其与自身系统绑定，建立常旅客计划，提高转换成本。在这场追逐市场的竞赛中，传统大型航空公司往往占据先机，尤其是那些具有区位优势并首先构建起枢纽系统的公司。枢纽系统改变了航空业的生产组织模式、需求及基本的游戏规则，规模经济、范围经济、密度经济开始发挥重要作用。中小型航空公司逐渐消失，规模成为重要的战略优势。大型航空公司在枢纽机场投入大量资源，包括运力、设施、时刻等，逐渐掌握市场主动权，他们建立的枢纽系统成为抵御竞争的战略堡垒。至 90 年代后期，美国航空在 Dallas/Fort Worth 机场，每天运营的航班数超过 700 班次，竞争者已很难插足该市场。可以这样说，放松管制后传统大型航空公司的枢纽战略，实质上是针对低成本航空竞争的生存之道。

2001 年的“9・11”事件导致世界航空运输市场陷入低谷，随后几年内，最大的几家全服务航空公司遭受上百亿美元的亏损，其中有 4 家公司进入破产程序。与此同时，低成本航空却发展壮大起来，如 Jetblue, Southwest 等都取得良好的经营业绩，美西南航空甚至创造了连续 47 年盈利的纪录（1973—2019）。人们将这种强烈的业绩反差归咎于航线网络结构的差异，很多学者、从业者以及公众媒体甚至断言枢纽系统已不再有效（Legacy Carrier Challenge, 2004；McDonald, 2002；Tretheway, 2004）。

5.3.3 航线网络结构的特征分析

5.3.3.1 复杂网络理论

航线网络属于典型的具有复杂结构特征的网络，近年来针对航线网络结构特征的分析主要采用复杂网络方法。复杂网络基于图论发展而来，由节点和边构成。节点对应复杂系统中的实体，例如航空运输系统中的机场或机场所在城市；边是复杂网络中节点与节点之间的联系，例如机场之间的航班联系。边可以有权重，表示节点间联系的紧密程度，例如机场之间的航班数量。边也可以有方向，表示不同个体之间的单向或双向连接。

复杂网络分析方法中常见的几个概念包括网络密度、最短路径、网络直径、特征路径长度、集聚系数、度、中介中心性和邻近中心性。假设图 5.5 是一个无向航线网络示意图，节点间的权重均为 1，以此为例对以上概念加以解释。

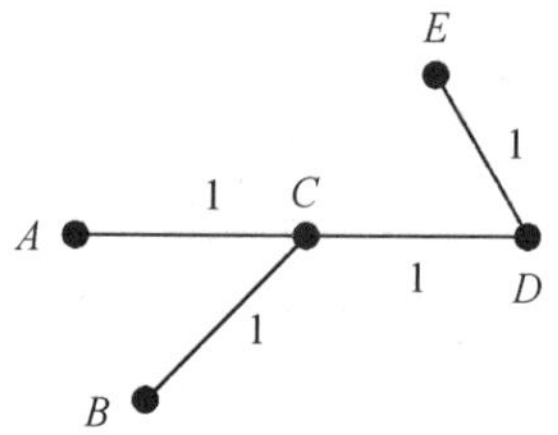

图 5.5　无向航线网络示意图

网络密度（γ）定义为航线网络中实际存在的连边数与最大可能连边数的比值，用于分析网络结构的紧密度。计算公式为：

$$\gamma = \frac{2E}{n(n-1)} \tag{5.1}$$

式中，E 为网络中实际存在的边数。

最短路径（Shortest Path）：连接两个节点的边数最少的路径。节点 i 和 j 之间的距离，定义为连接这两个节点的最短路径上的边的数目。例如节点 A 和节点 C 之间的距离为 1，节点 A 和节点 B 之间的距离为 2。如果两个节点并不连通，那么它们之间的距离是正无穷大。一个网络中的最大距离被称为网络的“直径”。

网络的平均路径长度(Average Path Length)L 定义为任意两个节点之间的距离的平均值，网络的平均路径长度也称为网络的特征路径长度（Characteristic Path Length）或平均距离(Average Distance)，直接反映网络连通效率的高低。公式为：

$$L = \frac{2}{n(n-1)} \sum_{i \neq j} d_{ij} \tag{5.2}$$

式中，d_{ij} 为节点 i 和节点 j 之间最短路径的边数；n 为节点个数。

集聚系数定义为节点的邻居节点之间实际存在的连边数与最大可能连边数的比值，计算公式为：

$$C_i = \frac{E_i}{k(k-1)/2} \tag{5.3}$$

式中，C_i 为节点 i 的集聚系数；k 为节点 i 的邻居节点个数；E_i 为邻居节点间实际存在的连边数。网络的集聚系数 C 定义为所有节点集聚系数的平均值。

节点的度定义为与节点直接相连的节点个数，度值反映节点在网络中的直接连通性。计算公式为：

$$C_i^{(d)} = \sum_{j=1}^{N} a_{ij} \tag{5.4}$$

式中，$C_i^{(d)}$ 为节点 i 的度；N 为网络中节点个数。如果节点 i 和节点 j 有边相连，a_{ij} 等于 1，否则，a_{ij} 等于 0。平均度定义为航线网络中所有节点度值的平均值。

节点 i 的中介中心性定义为经过节点 i 的最短路径数与所有节点间最短路径数的比值，反映节点影响其他节点联系的能力，揭示节点在网络中的中转和衔接功能。计算公式为：

$$C_i^{(c)} = \frac{N-1}{\sum_{j=1; j \neq i}^{N} d_{ij}} \tag{5.5}$$

式中，$C_i^{(c)}$ 为节点 i 的邻近中心性。

5.3.3.2　中国航线网络结构特征及演化

1. 基本结构特征

近 20 年，我国内部交通环境发生重大变化，航空网络基础设施不断发展，机场、航线和运营航班数量不断增加。基于 2000—2018 年全年航班时刻表数据，采用复杂网络方法可对全国航线网络的结构特征进行分析。分析前首先进行数据清洗和整理，以通航城市为节点，合并拥有 2 个及以上机场的城市数据。另外，拆分有经停机场的航线，例如，将成都—徐州—哈尔滨航线拆分为成都—徐州和徐州—哈尔滨，并保持航班频率不变。城市间的航班联系通常为双向，如果有城市 A 飞往城市 B 的航班，相应地会有城市 B 飞往城市 A 的航班。考虑到飞行的对称性以及描述的简便性，将全国航线网络有向的 OD 数据处理为不区分方向的航线网络模型。

全国航线网络的基本统计特征如表 5.3 所示。2000—2018 年通航城市数由 118 个增长至

227 个，年化增长 3.5%，其中东、中、西部通航城市分别由 45、33、40 个增加至 64、75、88 个。同时，节点之间的边数由 887 条增长至 3 423 条，年化增长 7.4%。网络密度介于 0.1 ~ 0.14 之间，总体呈现先降后升的趋势，这意味着全国航线网络在扩张过程中新增通航城市和新增连边保持异步变化，网络具有异速增长特征。相较于网络密度，航班密度更能揭示城市联系的紧密程度。全国航线网络的航班密度总体呈现先升高后降低的态势，2000—2011 年航班密度由 1 071 增加至 2 377，增长 121.9%。2011 ~ 2018 年航班密度出现回落，由 2 377 降至 1 985，降低 16.5%。航班密度变化的直接原因在于 2011 年之后航班增长速度持续低于城市间连边的增长速度。2000—2011 年城市间连边以年化 4.88%的速度增长，2011—2018 年以 12.53%的速度增长，对应时期的航班增长速度分别为 12.76%和 9.66%。2011 年之后城市间连边增长速度较快主要是因为随着经济的发展，更多城市之间加强了人口流动联系，催生了对航空运输的需求。航班数增速放缓源于短途和长途航班增长速度均出现不同程度下降。统计显示，2011 年之前和之后 800 千米以下航班分别以年化 10.09%和 6.03%的速度增长；800 千米以上的航班分别以年化 14.32%和 11.14%的速度增长。其中，800 千米以下短途航班增速放缓的部分原因可能来自高铁开通运营的影响。从具体案例来看，例如成都—西安 2017 年全年直达航班约 3 700 架次，由于成都—西安高铁（于 2017 年 12 月 6 日开通运营）的影响，2018 年直达航班急剧下降至 800 架次左右。此外，表 5.3 显示全国航线网络平均航距不断增加，由 1 167 上升至 1 384，也从侧面反映了部分短途航线受高铁影响航班数减少继而导致平均航距增大。

表 5.3　全国航线网络基本统计特征

年份	节点数	边数	航班数量	网络密度	航班密度	平均航距
2000	118	887	950 432	0.128	1 071	1 167
2001	117	897	1 045 368	0.132	1 165	1 191
2002	120	930	1 179 938	0.130	1 268	1 185
2003	116	865	1 190 900	0.130	1 376	1 234
2004	124	912	1 382 435	0.120	1 515	1 205
2005	132	966	1 620 616	0.112	1 677	1 198
2006	140	1 053	1 910 411	0.108	1 814	1 205
2007	145	1 187	2 277 446	0.114	1 918	1 214
2008	149	1 205	2 491 944	0.109	2 068	1 240
2009	160	1 315	2 899 840	0.103	2 205	1 226
2010	166	1 411	3 342 685	0.103	2 369	1 279
2011	169	1 498	3 562 055	0.106	2 377	1 292
2012	176	1 689	3 919 003	0.110	2 320	1 279
2013	176	1 975	4 459 760	0.128	2 258	1 292
2014	197	2 249	4 851 478	0.116	2 157	1 311
2015	202	2 350	5 093 340	0.116	2 167	1 336
2016	212	2 572	5 592 173	0.115	2 174	1 367
2017	222	3 111	6 367 951	0.127	2 046	1 375
2018	227	3 423	6 795 445	0.133	1 985	1 384

特征路径长度整体呈现缓慢下降趋势，由 2.115 下降至 1.965，见表 5.4。网络的整体联系更为紧凑，效率有所提高，表明全国航线网络处在一个不断调整与演变的发展阶段。2000—2018 年节点间的最短路径的最小值为 1，最大值即网络直径为 3 或 4。其中长度为 1 的最短路径占比约 12%，未发生明显变化；长度为 2 的最短路径的比重由 63%提升至 77%左右，长度为 3 的最短路径的占比由 24%降至 9.5%。随着航线网络结构的完善，城市间的可达性将继续提高。集聚系数整体呈现先上升后下降的倒“U”型变化模式，这主要是 2010 年之前新增机场和航线主要在东、中部地区，而 2010 年之后新增机场和航线主要机场在西部。与同规模的随机网络相比，航线网络具有与之较为接近的特征路径长度，比值保持在 1.02 ~ 1.06 之间，处于同一数量级。集聚系数是随机网络的 5.7 ~ 8.1 倍，航线网络表现出“小世界”效应①。

表 5.4　2000—2018 年全国航线网络路径长度分布及集聚系数

年份	航线网络观测值					随机网络理论值	
	特征路径长度	集聚系数	最短路径比重/%			特征路径长度	集聚系数
			1	2	3		
2000	2.115	0.806	12.8	63.0	24.0	2.011	0.118
2001	2.091	0.802	13.2	64.5	22.3	1.971	0.129
2002	2.083	0.808	13.2	65.2	21.5	1.997	0.134
2003	2.092	0.833	13.0	64.9	22.1	1.997	0.136
2004	2.114	0.820	12.0	64.9	23.1	2.027	0.115
2005	2.123	0.830	11.2	65.5	23.2	2.049	0.116
2006	2.14	0.838	10.8	64.5	24.6	2.045	0.109
2007	2.100	0.845	11.4	67.3	21.4	1.997	0.119
2008	2.121	0.841	10.9	66.0	23.1	2.046	0.114
2009	2.118	0.837	10.3	67.5	22.2	2.057	0.104
2010	2.087	0.847	10.3	70.7	19.0	2.030	0.109
2011	2.091	0.839	10.6	69.8	19.6	2.029	0.106
2012	2.042	0.823	11.0	73.8	15.2	2.005	0.103
2013	2.035	0.834	11.5	74.7	12.6	1.950	0.118
2014	2.002	0.813	11.6	76.5	11.8	1.940	0.120
2015	2.007	0.79	11.6	76.4	11.7	1.950	0.113
2016	1.997	0.804	11.5	77.6	10.5	1.932	0.116
2017	1.974	0.784	12.7	77.4	9.8	1.890	0.127
2018	1.965	0.781	13.3	77.0	9.5	1.877	0.136

2. 节点中心性

2000—2018 年节点城市的平均度（度均值）呈上升态势，如图 5.6（a）所示，由 15 提

① 节点数量巨大，但是平均距离却小得惊人，这就是所谓的小世界效应。

升至 30.2，城市直接连通性显著提升。采用基尼系数①测算中心性指标的不平均程度，发现度中心性的基尼系数值呈现先升后降的变化趋势，即节点的度分布异质性先增强后减弱。分地域来看，东部地区城市度均值最高，城市直接连通性最好，平均度由 23 增长至 48.1，但提升幅度（109%）相对最小。西部城市度均值最低，城市直接连通性最差，度均值由 9.6 增长至 23.2，提升幅度（142%）最大。中部地区城市平均度由 10.7 增长至 22.9，提升数量和幅度（113%）均介于东西部城市之间。就具体城市而言，度中心性提升较大的城市主要分布在京津、长三角、珠三角、成渝城市圈，西安、昆明、兰州、沈阳、海口等城市作为各自省份中经济发展首位度较高的城市，度值也有显著提高。

中介中心性分布差异明显，总体而言，节点中介中心性均值呈下降趋势。分区域而言，东部城市中介中心性均值最大，介于 0.007 ~ 0.015 之间；西部次之，介于 0.004 ~ 0.011 之间；中部最小，介于 0.001 ~ 0.003 之间，如图 5.6（b）所示。中介中心性的基尼系数值也呈现先上升后下降的变化并保持在 0.9 以上，表明节点中介中心性异质性较强。而就节点个体而言，75%的已有城市中介中心性值增加，中转作用加强。造成这一现象的主要原因在于网络新增通航城市以支线边缘节点为主，承载的中转或衔接功能较弱。新增节点中介中心值虽然较低，但新增节点和航线强化了已有城市的中转功能。纵向对比发现，节点邻近中心性均值在波动中提升，由 0.485 增加至 0.518，如图 5.6（c）所示，全局可达性提高。平均而言，东部城市邻近中心性>中部城市>西部城市，其中西部城市邻近中心性均值提高幅度最大。各年份的邻近中心性基尼系数值均低于 0.1，总体呈下降趋势，表明城市间的全局可达性差异较小，集聚性增强。随着网络和航班密度的进一步扩大，城市的全局可达性仍将提高，差异性可能会进一步减小。

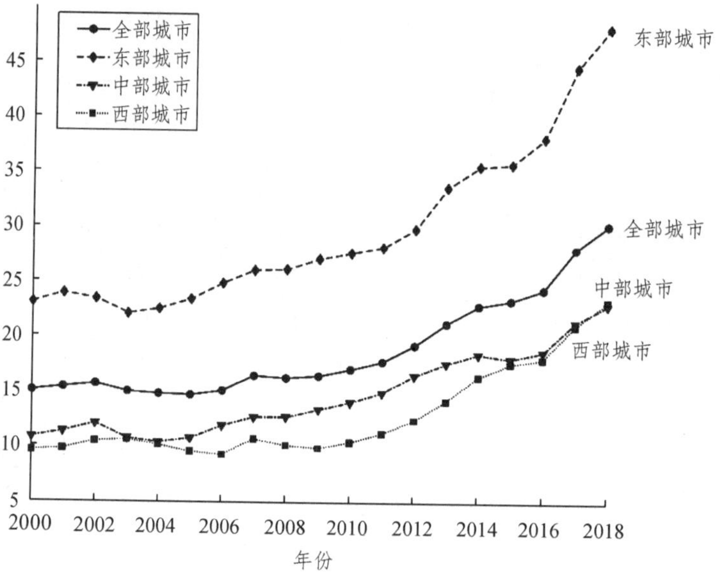

（a）平均度变化

① 基尼系数是用来衡量变量观测值不平均程度的指标，取值介于 0～1 之间，基尼系数越大说明数值的不平均程度越高。根据参考文献，基尼系数的计算公式为 $G=\frac{N+1}{n-1}-\frac{2}{N(n-1)u}\cdot\sum_{i=1}^{n}p_i w_i$。其中 N 为变量的观测数，w_i 为第 i 个对象的观测值，p_i 为观测值为 w_i 的对象的排序，观测值最大的排序为 1，观测值最小的排序为 N，u 为变量观测值的平均值。

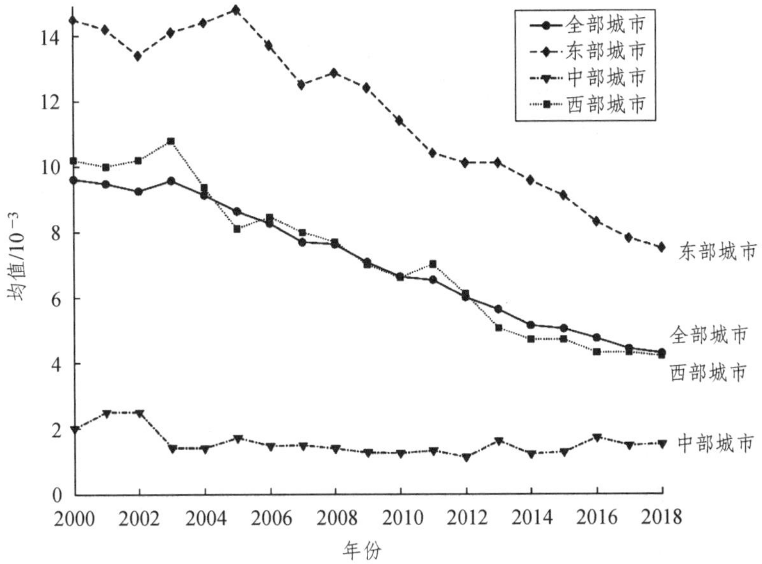

（b）中介中心性

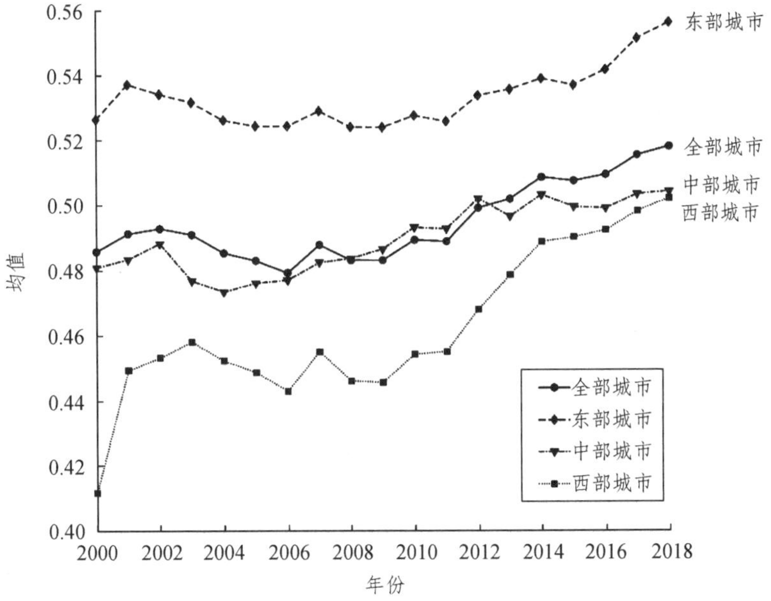

（c）邻近中心性

图 5.6　全国航线网络节点中心性均值变化趋势

3. 航班联系结构时空分异特征

城市对之间航班数与旅客流量具有强正相关性，分析航班分布结构及其演化过程有助于加强对网络中人口流动及其变化规律的理解。全国民航网络航班数呈逐年增长的趋势，从宏观分布来看具有较强的不均衡性。图 5.7 以 2000 年、2010 年和 2018 年数据为例展示了航班累计概率分布，可以看出明显的“长尾”结构特征。2000 年、2010 年和 2018 年城市对间的航班数平均值分别为 547、1 192 和 997，航班数超过城市间航班均值的城市对数占比仅有 27% ± 3%。2000—2018 年城市对之间的航班数基尼系数值由 0.59 增加至 0.64，分布异质性呈扩大趋势。2000 年航班数最多的前 1%、5%和 10%城市对之间的航班数占总航班数的比例分别为 9.8%、28.4%和 43.5%，2018 年分别提升至 11.3%、33.2%和 50.1%，枢纽城市对之间航班联系的“头部效应”进一步强化。

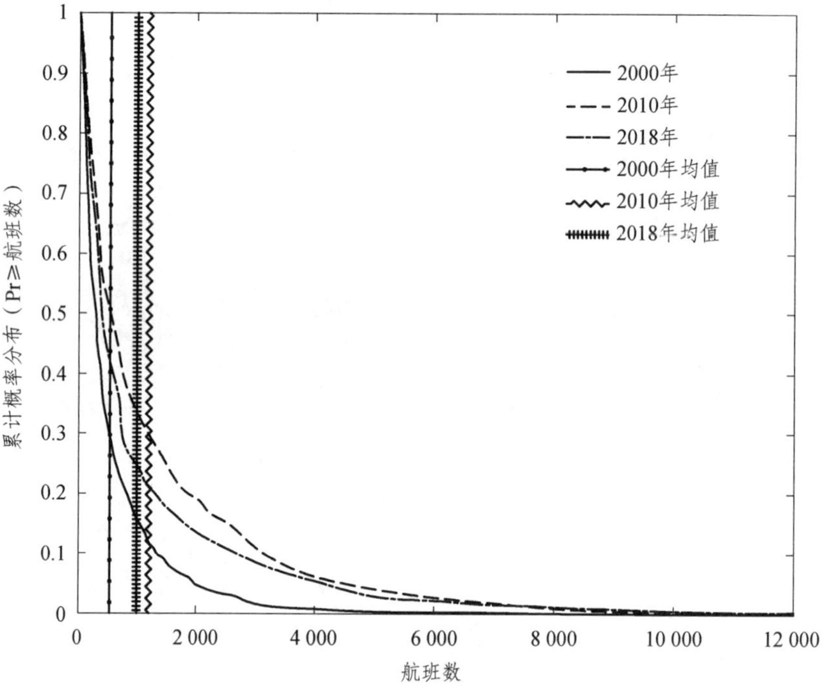

图 5.7　城市对间航班数累计概率分布图

全国民航网络航班联系区域差异突出，图 5.8 从东、中、西三大区域的角度展示了全国民航网络的地区性联系及其特征变化。2000—2018 年城市航班联系强度不断加深，但其内部始终存在巨大差异。具体而言，东部地区内部航班联系占比最高但出现较大幅度下降，由 2000 年的 41.3%降至 2018 年的 26.1%。其次，占比较高的是东—中、东—西跨区域的航班联系，二者占比均呈现上升趋势。东—中的跨区域航班联系占比由 20.8%提升至 23.9%，东—西的跨区域航班联系由 18.6%提升至 24.1%，这意味着民航网络发展的重心呈现出向中西部转移的趋势。中部地区内部的航班联系占比较低，这并非因为中部地区空港城市较少（实际有 79 个，占总数 1/3），而是相较于航空而言，中部地区内部交通联系可能更多依赖地面运输方式。2000 年中—西部的跨区域航班联系占比仅为 5.4%，2018 年提升至 9.1%。西部地区内部的航班联系占比约 11%，基本保持不变。

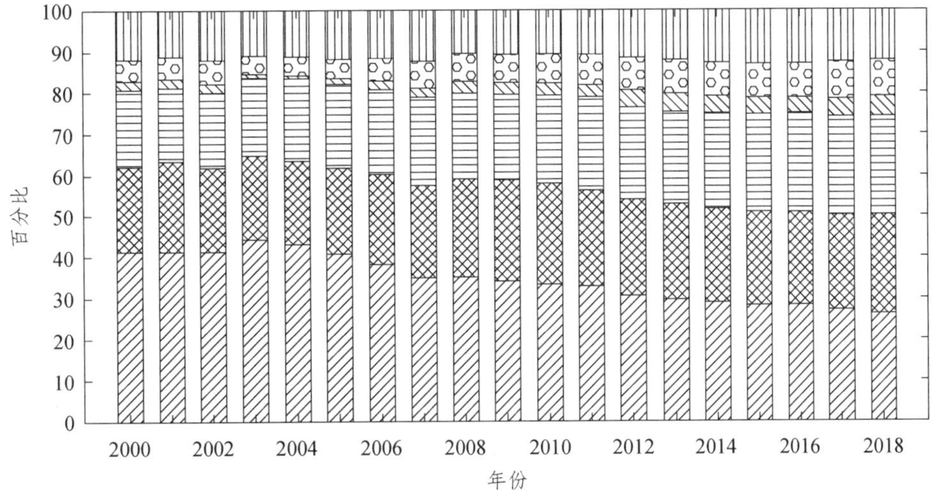

图 5.8　2000—2018 年全国民航网络城市对航班联系地区性分布及其变化

图 5.9 选取 2000 年、2010 年和 2018 年数据可视化显示，全国民航网络联系时空结构特征及其变化，空港城市符号大小差异代表起飞航班数的不同。为保持图形的可读性，图中仅突出显示航班最多的前 100 条连线。可以看出，不同时间航班数较高的连线均主要发生在“胡焕庸线”以东，近 20 年整体形态未发生根本性变化。航班数最多的前 100 条连线主要连接了行政等级高、经济发达、人口密度大或旅游职能突出的城市，包括北京、上海、广州、深圳、杭州、成都、重庆、武汉、长沙、厦门、贵州、西安、沈阳、昆明、海口、乌鲁木齐、西双

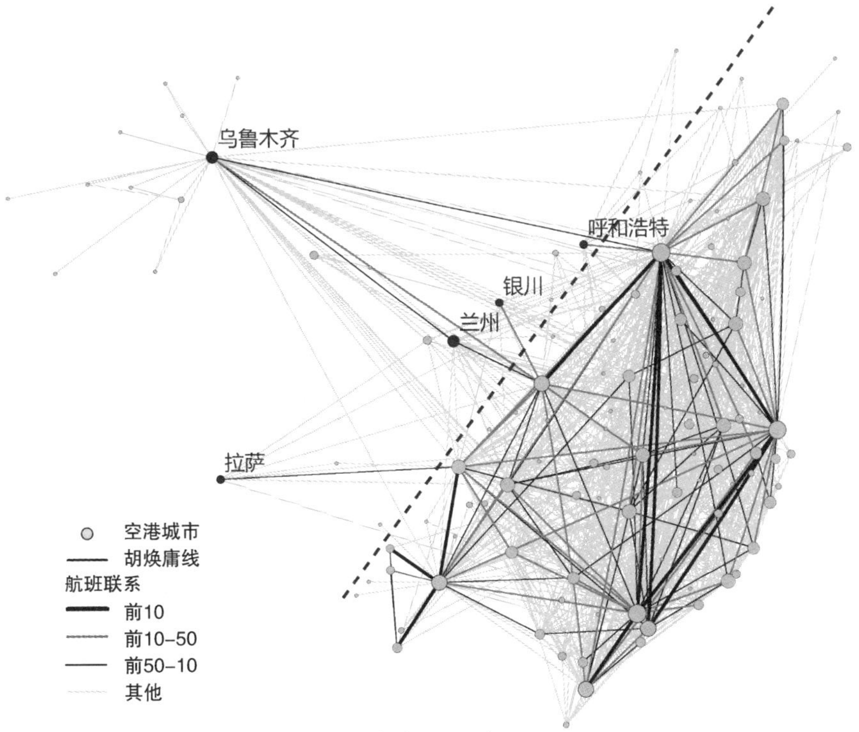

（a）2000 年

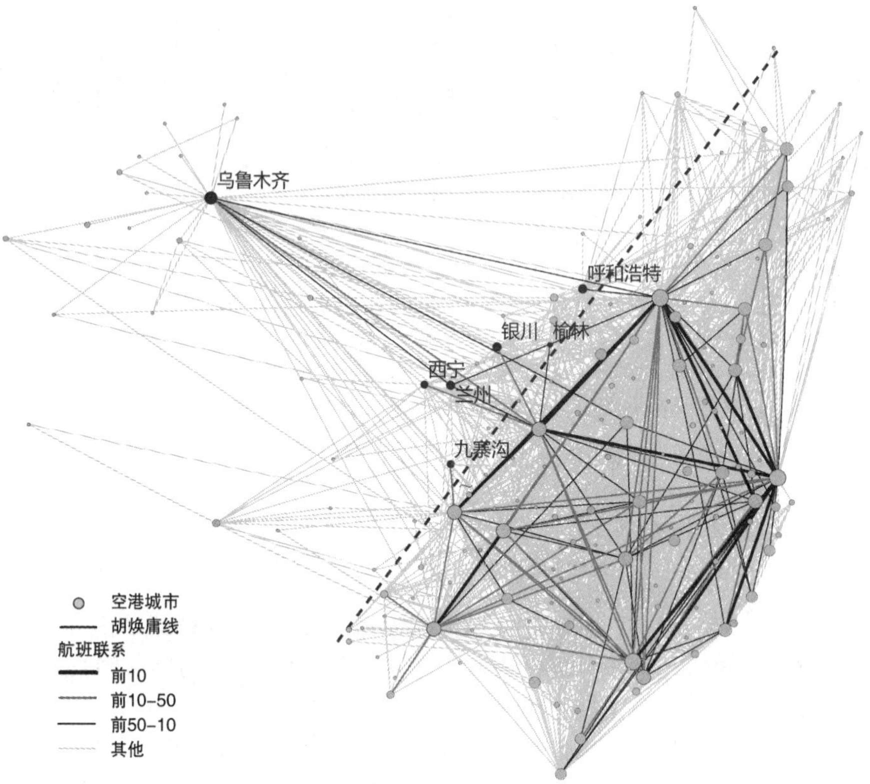

（b）2010 年

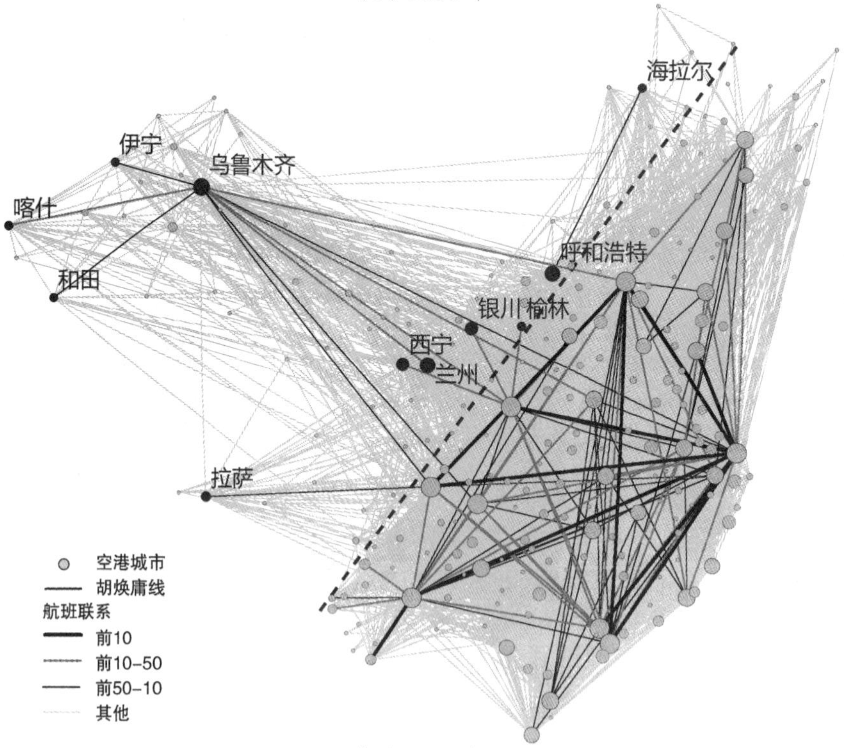

（c）2018 年

图 5.9　全国民航网络航班联系空间分布示意图

版纳、丽江等，这些城市及城市间的连线构成全国民航网络骨架。2000 年航班联系最多的前 100 条连线中仅北京—呼和浩特、北京—乌鲁木齐、西安—银川、西安—兰州、西安—乌鲁木齐、兰州—乌鲁木齐、成都—拉萨 7 条连线与胡焕庸线以西的城市有关（图中黑色标注），至 2018 年航班数最多的前 100 条连线中有 15 条连接了胡焕庸线以西的城市，如图 5.9（c）所示。随着航线网络的完善和社会经济活动重心向西拓展，胡焕庸线以西的副省级区域中心将带动周边城市更多地融入民航网络前的顶层结构中，例如以乌鲁木齐为中心的对外航班联系。从图 5.9 还可以发现，2000 年航班联系前 10 的连线主要与北京相连，上海次之。2018 年前 10 的连线中有 3 条与北京相连，而与上海相连的多达 7 条。

5.3.3.3 国内主要航司航线结构特征比较

除了对全国航线网络进行分析以外，对主要航司的航线网络进行分析也具有比较重要的意义。本节介绍采用复杂网络分析方法对国内前 10 大航空公司的航线网络进行分析，包括中国国航（“国航”）、南方航空（“南航”）、东方航空（“东航”）、华夏航空（“华夏航”）、四川航空（“川航”）、深圳航空（“深航”）、海南航空（“海航”）、厦门航空（“厦航”）、山东航空（“山航”）、春秋航空（“春秋航”），括号内为对应航空公司的简称。国航、南航、东航通常被称为“国有三大航”，国航、南航、东航和海航通常被称为“国内四大航”。截至 2020 年底，我国共有客运航空公司 53 家，对主要航空公司的定义并无统一客观标准。综合考虑机队规模、营业收入、生产数据等指标，最终确定以上十大航空公司为目标对象。所用数据来源于官方航线指南（Official Airline Guide，OAG），具体为 2019 年 9 月 1 日～30 日出发和到达城市均在内的航班，数据包括航空公司、航班号、出发城市、到达城市、出发、到达时间等信息。需要说明的是，所有航班均为直达航班，因此研究对象为航空直达网络。经统计，十大航司航班数占国内航班总数的 70%以上，能够支撑本书对主要航司航线网络结构特征进行比较的研究目的。在分析前进行数据清洗和整理，以通航城市为节点，对拥有 2 个及以上机场的城市数据进行合并处理。如果两个城市之间有航班执飞，则认为节点间存在一条航线，即网络连边，其中边权为节点间双向航班总数。考虑到航班飞行的对称性，将航司的航线网络有向的 OD 数据处理为不区分方向的网络模型。

1. 网络全局结构特征

将节点和航线视作网络规模，对十大航司航线网络全局结构特征进行比较，统计结果如表 5.5 所示。国有三大航规模较其他航司更大，航线网络发达，属于国内航空公司的第一阵营，其中东航具有最大的网络规模；春秋航网络规模最小，由 67 个城市和 183 条航线组成。特征路径长度介于 2.04～2.37 之间，特征路径长度越小，网络的通达性越高。十大航司网络特征路径长度均高于全国航空网络（1.89），意味着任意一家航司的网络通达性均低于全国航空网络。从统计结果中可以发现，国有三大航特征路径长度、网络效率、结合度和连接率均较为接近，结构相似度高。厦航特征路径长度最小，网络通达性最好。华夏航特征路径最大，网络效率和结合度最小，意味着相对低的通达性和内聚性。华夏航是一家专门从事支线航空客货运输的航空公司，具有国有三大航司之外最大的网络规模。华夏航之所以呈现出相对差的通达性和内聚性主要因为其航线网络是由三个独立子网构成的非完全连通图。海航是国内四大航之一，成立于 1995 年。2019 年海航通航城市仅 80 个，但具有最高的网络效率、结合度和连接率，节点平均连接的航线最多，网络通达性、内聚性和复杂程度较高。连接率最低的是春秋航，每个节点平均连接的航线不足 3 条。

表 5.5　主要航司航线网络结构特征

	节点	航线	特征路径长度	网络效率	结合度	连接率
国航	143	750	2.177	0.495	0.074	5.245
南航	158	872	2.246	0.483	0.070	5.519
东航	**181**	**1 007**	2.197	0.489	0.062	5.564
华夏航	149	540	**2.367**	***0.427***	***0.049***	3.624
川航	119	467	2.174	0.494	0.067	3.924
深航	103	484	2.249	0.490	0.092	4.699
海航	80	464	2.074	**0.537**	**0.147**	**5.800**
厦航	76	356	***2.040***	0.535	0.125	4.684
山航	87	319	2.237	0.490	0.085	3.667
春秋航	***67***	***183***	2.182	0.497	0.083	***2.731***

注：表中黑体为最大值，黑斜体为最小值。

十大航司网络节点直达性表现出一定的相似性和差异。对节点度平均值、最小值、最大值和标准差进行描述性统计分析，结果如表 5.6 所示。各网络中节点度最小值均为 1，最大值与节点规模高度相关，相关系数为 0.951。不同航司网络中节点度值最高的城市分别为北京（国航）、广州（南航）、上海（东航）、重庆（华夏航）、成都（川航）、深圳（深航）、海口（海航）、厦门（厦航）、青岛（山航）、上海（春秋航），均为副省级及以上城市，也是各航司总部或主运营基地所在地。十大航司网络节点平均度介于 5.5 ~ 11.6 之间，其中海航平均度值最大，节点直达性最高。春秋航平均度值最小，节点直达性最低。国航、南航、东航也具有较高的平均度，仅次于海航，但国有三大航网络的节点度分布离散程度高于包括海航在内的其他航司。

表 5.6　航司网络节点度描述性统计

航司	平均值	最小值	最大值	标准差
国航	10.5	1	107	15.07
南航	11.0	1	101	15.72
东航	11.1	1	136	16.75
华夏航	7.2	1	87	10.79
川航	7.8	1	92	11.60
深航	9.4	1	62	10.67
海航	11.6	1	48	10.92
厦航	9.4	1	58	10.77
山航	7.3	1	52	9.41
春秋航	5.5	1	46	7.46

对节点度分布进一步分析发现，多数节点连接的航线较少。十大航司网络中节点度值高于平均值的节点数占比介于 23.5% ~ 40%之间，其中海航最高，华夏航最低。图 5.10 为各航司航线网络节点度的累计概率分布图，采用不同形式的函数拟合发现对各航司来说指数分布都具有最佳拟合效果。拟合函数的指数介于 – 0.08 ~ – 0.24 之间，调整后 R^2 均大于 0.9。节点度累计概率分布拟合函数单调递减，指数越小衰减速度越快，节点度值异质性越强。国航、

南航、东航、深航、海航分布函数指数较为接近，呈现近似的分布规律，华夏航、川航和山航相似度较高。春秋航拟合函数指数最小，衰减速度最快，节点度分布异质性最高。

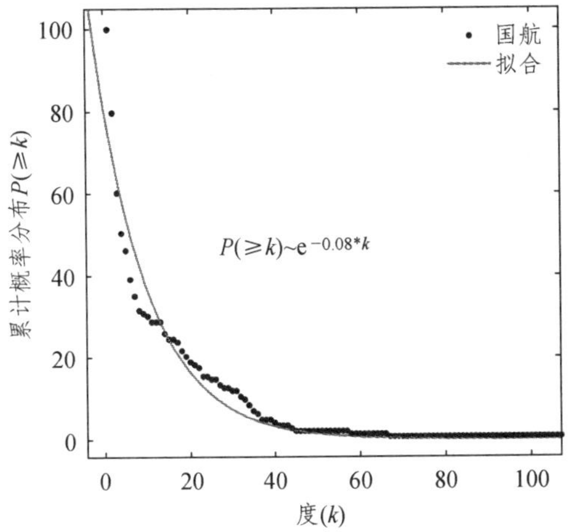

（a）国航

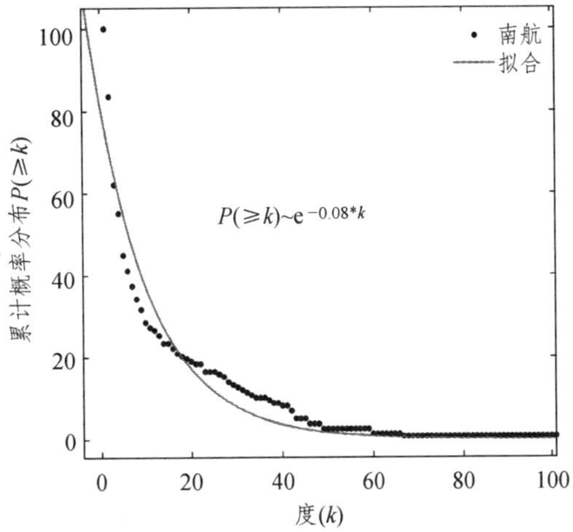

（b）南航

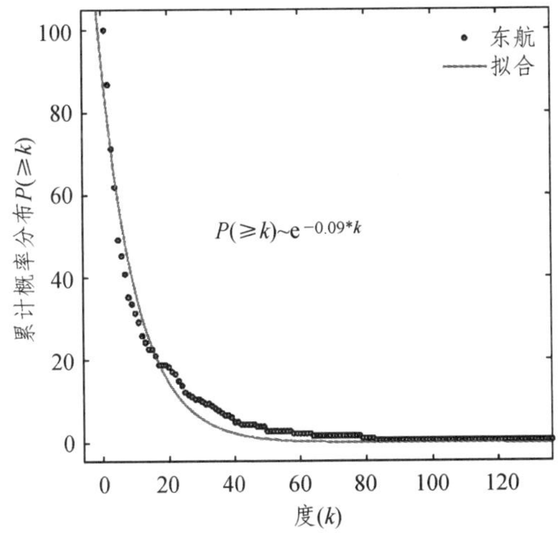

（c）东航

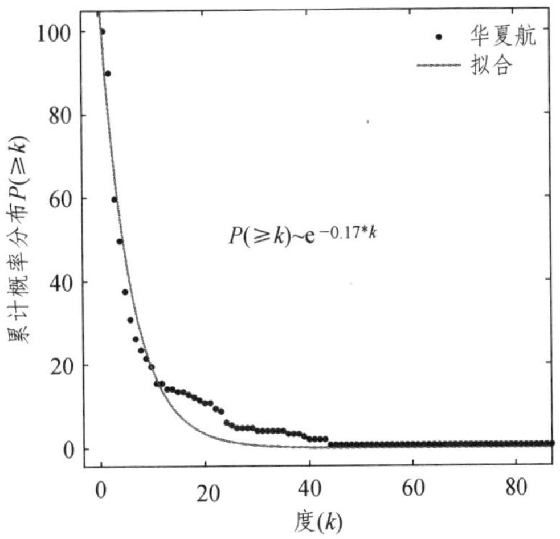

（d）华夏航

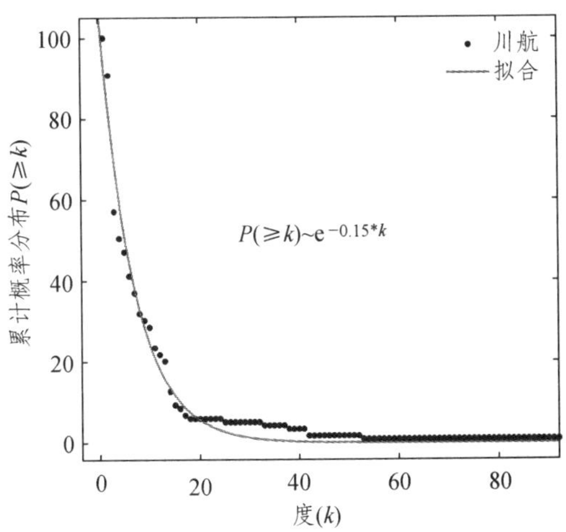

（e）川航

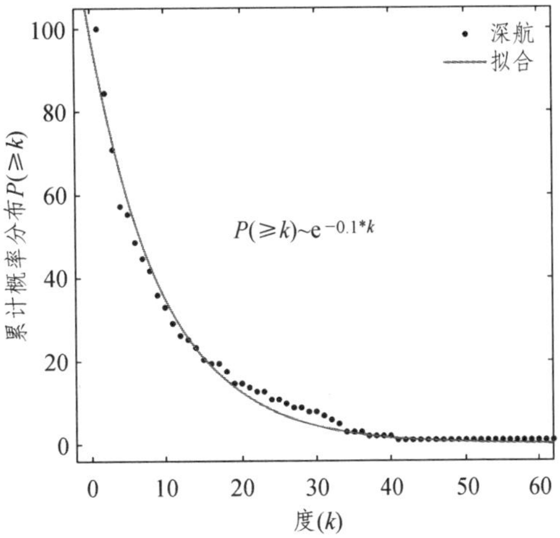

（f）深航

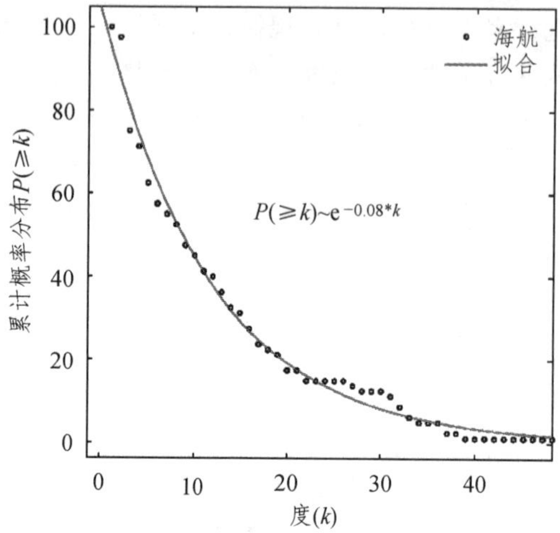

（g）海航

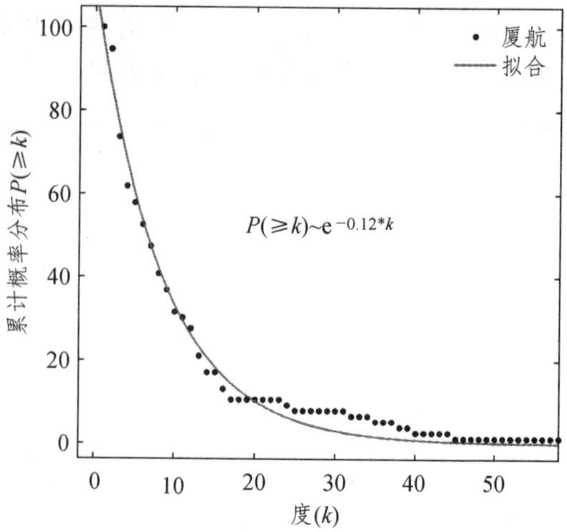

（h）厦航

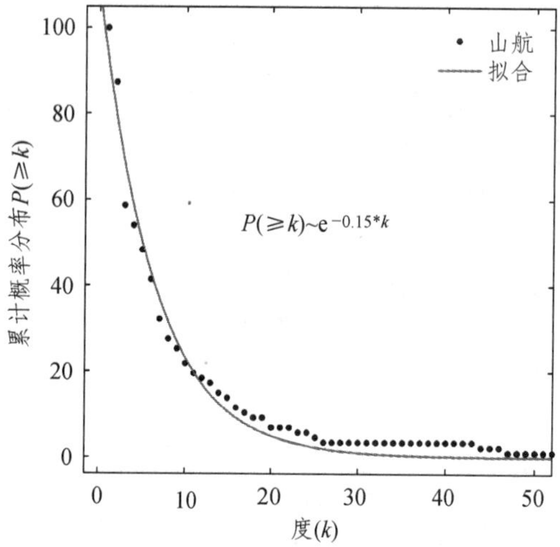

（i）山航

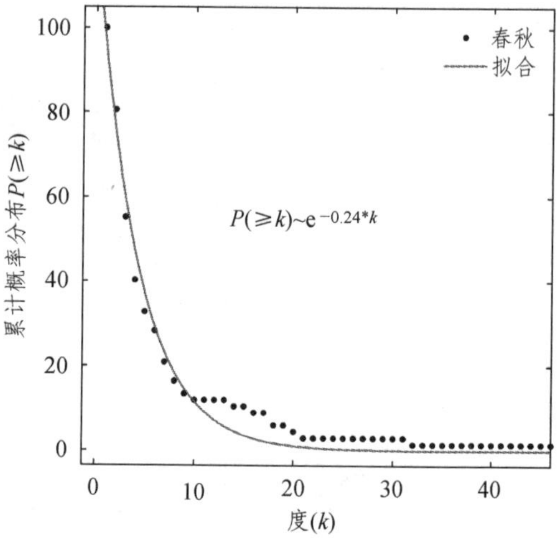

（j）春秋航

图 5.10　十大航司网络节点度累计概率分布

2. 航班分布特征

十大航司市场定位存在差异，在区域人口流动和社会经济联系中发挥不完全一样的作用，导致航班联系呈现不同的空间分布特征。图 5.11 是航司网络中跨区域航班联系占比的统计结果，各航司中东—西间航班联系均占有较高比例，介于 26.7%～42.6%之间，其中川航比例最高，深航最低。东—西部地理距离远，地面交通方式时间成本高，航空成为跨区域流动的主要交通方式，是各大航司重点布局的市场。各航司中部地区的航班联系占比均最少，介于 0.6%～2.8%之间，主要因为相较于航空运输，中部地区交通联系更多依赖地面方式。

十大航司航班联系占比呈现一定差别，除华夏航和川航外其他八大航司东—东间航班联系均占比较高，其中春秋航最高。东部地区经济活动活跃、人口流动性强，催生较高的航空出行需求，因此区域航班联系占比较高。但不难发现，国有三大航东—东航班联系占比低于其他航司，可能与国有三大航相对均衡的全国性市场定位有关。西—西部航班联系占比差异较大，介于 3.5%～35.3%之间。其中，华夏航和川航的航班联系占比位居前 2 位，分别为 35.3%

和 24%。华夏航和川航的公司总部分别位于重庆和成都，西—西部较高的航班联系占比较高可能与二者的区位优势有关。西—西部航班联系占比最低的为厦航和春秋航，均为 3.5%。

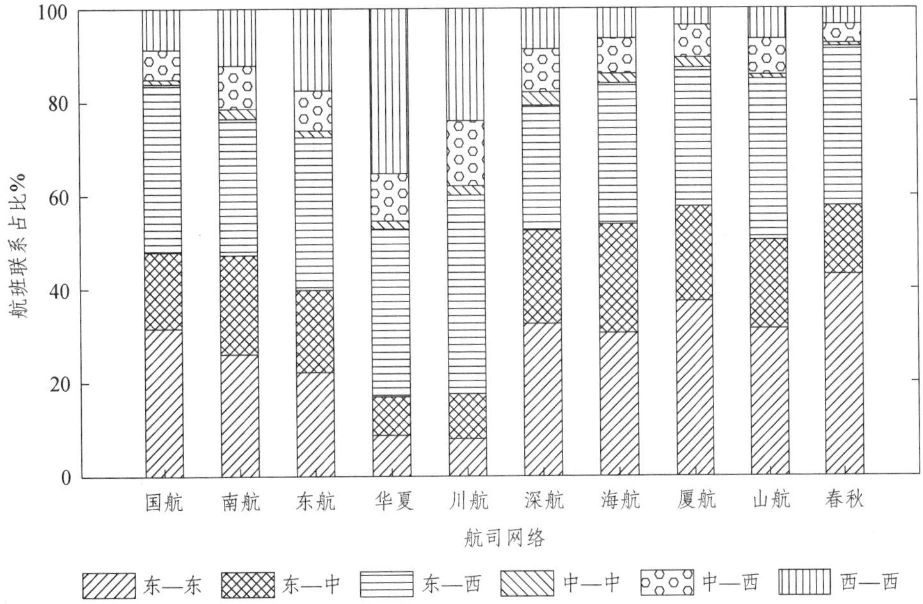

图 5.11　十大航司航班联系地区性分布

3. **核心边缘结构**

核心边缘结构是网络中节点相互联系而形成的一种中心紧密连接、外围逐渐稀疏的拓扑意义上的特质空间结构，能够揭示网络的层次性。采用数学图论和关系结构的方法将节点归组为不同集团，并寻找这些集团之间的关系，从而判定网络的核心-边缘结构。以图 5.12 中的节点数学关系矩阵来说明核心-边缘结构：矩阵中灰色格子表示横向和纵向元素之间存在联系，a1 和 a2 之间不仅存在联系，同时分别与 b1、b2 和 b3 存在联系，处于核心位置，二者构成一个子群。b1、b2 和 b3 以相同的形式与 a1、a2 联系，彼此之间不存在连接关系，三者处于矩阵的边缘地带形成另一个子群。核心-边缘结构可以通过 Pajek 软件的“块建模”功能进行识别，通过计算节点间的非相似性对节点进行聚类。

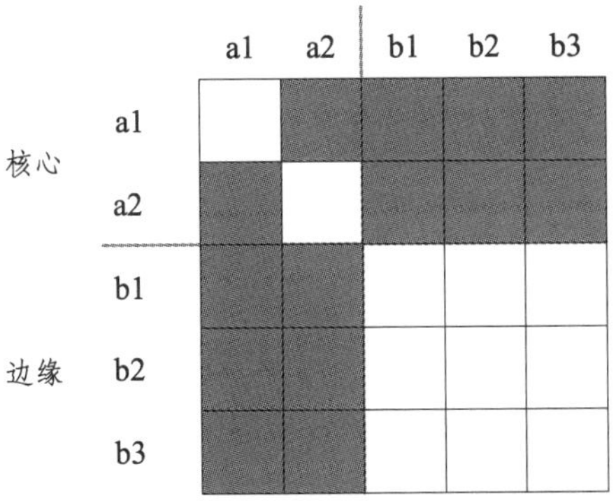

图 5.12　核心-边缘结构概念模型

核心-边缘结构是复杂交通网络最为重要的特征之一，挖掘并比较分析十大航司网络的核心-边缘特征对于深度理解航司的发展策略具有重要参考价值。利用 Pajek 软件对主要航司航线网络进行核心-边缘结构分析，能够发现典型的层级特征。参照他人对航空网络层级的划分方法，将十大航司航线网络划分为三层并分别定义为核心、桥接和边缘层。图 5.13 选取国航、深航、华夏航、春秋航四大航司作为代表展示网络的核心-边缘结构。其中国航为三大国有航司的代表，深航为其他股份制航司代表，华夏航是专门从事支线航空运输的航司，春秋航为民营资本独资经营的低成本航司。图中节点层级用颜色区分，其中核心、桥接和边缘层分别采用红色、绿色和蓝色标识。节点大小采用城市出发航班数（加权度）描述，节点越大，出发航班数越多。从图上能够看出，十大航司呈现出不同的网络结构体系，各层级包含的城市及数量存在明显区别。

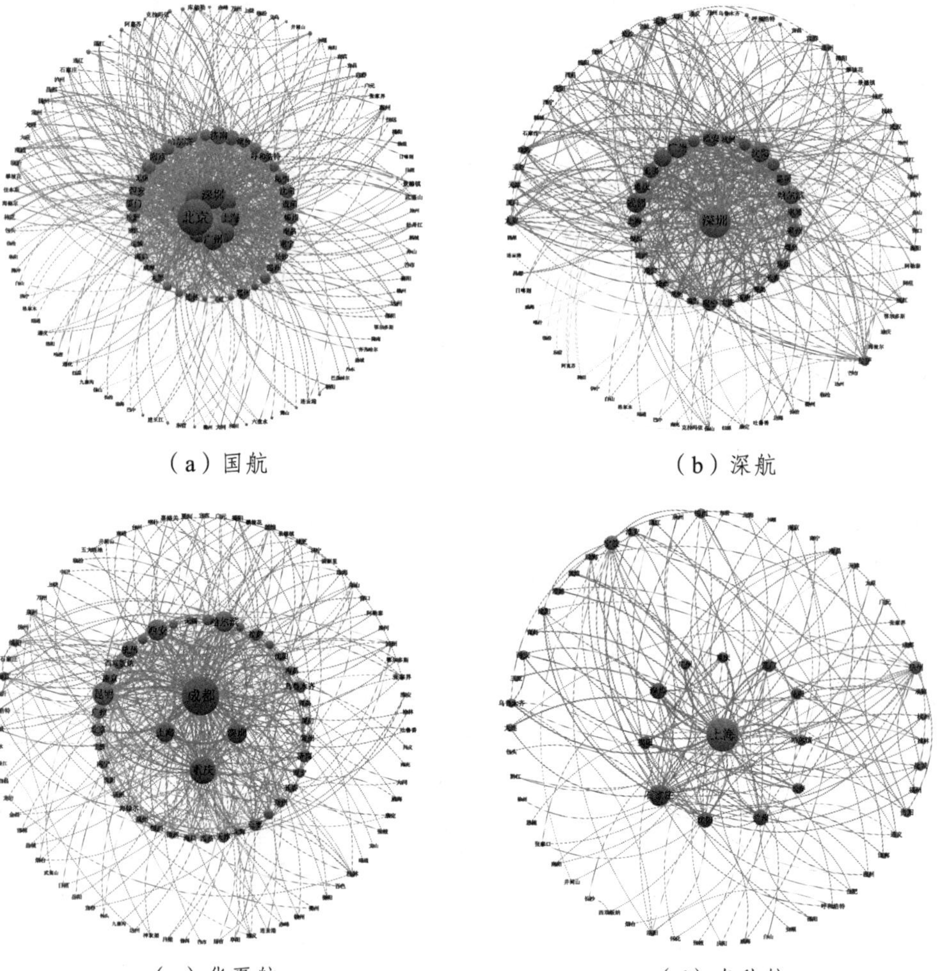

（a）国航　　（b）深航

（c）华夏航　　（d）春秋航

图 5.13　航司航线核心-边缘结构

表 5.7 统计了各层级城市数量并列举了核心层所包含的城市，核心层城市根据加权度大小由高至低依次排列，黑色加粗字体为航司总部或主运营基地所在地。可以看出，各航司网络中加权度最大的节点均为航司或主运营基地所在地，呈现明显的“属地优势”特征。根据核心-边缘结构识别方法，国有三大航核心层包含的城市最多且城市重叠度较高。北京、上海、

深圳、广州、成都、重庆均位于国有三大航网络的核心层，但加权度排名不完全一致。国有三大航之外，其他航司核心层包含的城市相对少，其中深航和春秋航网络核心层仅由 1 个城市构成，分别形成以深圳和上海为核心的轴辐式结构。华夏航总部设在重庆，在重庆、贵阳和大连均设置了运营基地。山航总部位于济南，主运营基地为济南遥墙机场和青岛流亭机场，形成了济南和青岛为核心的网络结构体系。

表 5.7　十大航司网络各层城市数量

	城市数量			核心层城市
	核心层	桥接层	边缘层	
国航	8	38	97	**北京**、深圳、成都、广州、青岛、重庆、上海、杭州
南航	8	29	121	**广州**、深圳、乌鲁木齐、北京、重庆、上海、杭州、成都
东航	8	24	149	**上海**、昆明、西安、北京、成都、南京、广州、重庆
华夏航	5	32	112	**重庆**、贵阳、大连、济南、青岛
川航	4	39	76	**成都**、重庆、深圳、上海
深航	1	29	73	**深圳**
海航	5	40	35	**海口**、北京、广州、深圳、长沙
厦航	5	24	47	**厦门**、福州、杭州
山航	2	27	58	**青岛**、**济南**
春秋航	1	11	55	**上海**

注：黑色加粗字体为航司总部或主运营基地所在地。

5.3.4　航线网络结构的一个理论模型①

5.3.4.1　理论模型*

我们将航线网络抽象为由多个航点均匀分布于一个圆周而构成的网状结构。在点对点网络中（如图 5.14 抽象模型），所有轮辐城市直接相连，飞机在计划周期内首先以航点 1 为始发点，到达航点 2 后返回，再到达航点 3 后返回，再到达航点 4 后返回，直到完成航点 n 的到达返回；然后飞机（空机）移动到航点 2，再以航点 2 为始发点，到达航点 3 后返回，再到达航点 4 后返回，直到完成航点 n 的到达返回；然后飞机（空机）移动到航点 3，分别完成航点 4，5，…，n 的到达返回，以此规则循环往复，直到飞机最后回到航点 1，最终形成一个全连接的点对点网络。而在枢纽轮辐式网络中（如图 5.15 抽象模型），飞机在计划周期内从每个轮辐城市飞往枢纽机场，等待所有旅客完成中转衔接后，再飞往各自的轮辐城市，周而复始，循环往复。枢纽机场是一个客流汇集的中枢点，轮辐城市围绕它交换旅客。

① 本节中标*为选学内容，主要是利用数字仿真方法直观描述两种典型航线网络结构的成本特点。高年级学生或研究人员可以尝试理解理论模型，低年级学生或一般读者可以仅了解变量间关系（图表）。

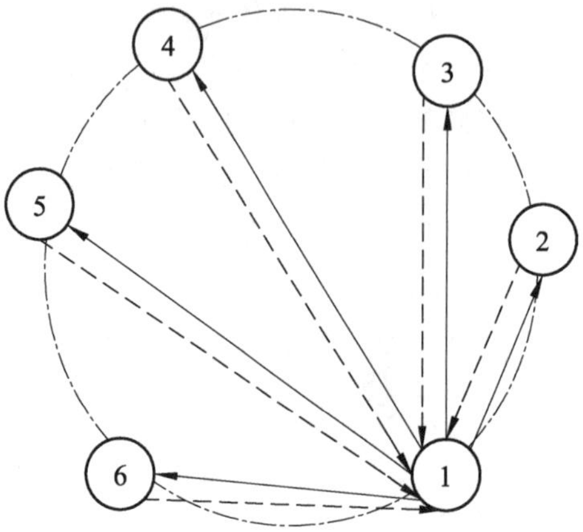

图 5.14 点对点航线网络（理论抽象）

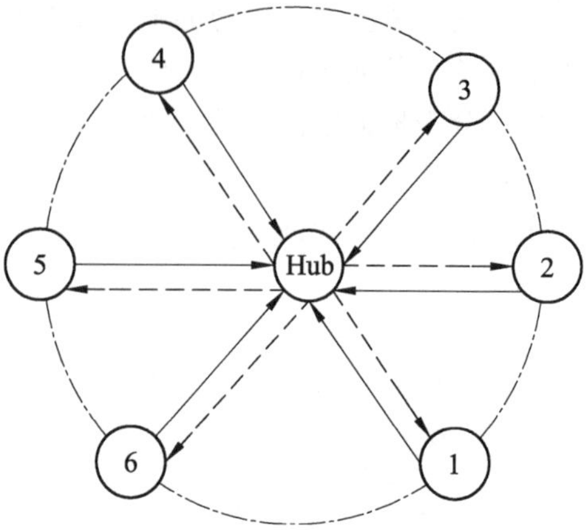

图 5.15 枢纽轮辐式航线网络（理论抽象）

1. 模型符号和参数

n：圆周上城市数量；

R：圆周半径；

v：飞机平均巡航速度；

f：每天的航班频率；

ρ：两个城市之间每天的交通需求；

g：每个航段地面时间；

α：起降延误概率；

λ：延误参数，$\frac{1}{\lambda}$为每个起降的期望延误时间；

ω：旅客计划延误的单位成本；

τ：旅客旅行时间的单位成本；

a,b：飞机可变成本参数，$(a,b>0)$，每座公里变动成本 = $a+b/(seats)$；

c,d：飞机固定成本参数，$(c,d>0)$，每座公里固定成本 = $c-d(seats)$；

A_α：轮辐机场保证延误水平不超过α的航班计划延误时间；

B_α：枢纽机场保证延误水平不超过α的航班计划延误时间。

2. 模型假设

（1）n个城市均匀分布于半径为R的圆周上（抽象为圆周）；

（2）每个城市对之间每天的需求为ρ，旅客理想的离港时间在一天中均匀分布；

（3）每个城市对之间每天的频率为f，航班时刻在一天中均匀分布；

（4）运力是充足的，不存在需求溢出；

（5）飞机需要起飞、降落及地面时间；

（6）起飞或降落延误与起降飞机的数量无关；

（7）ω和τ对所有 OD 需求是一样的；

（8）为了保证网络可比性，暂不考虑 Hub 的本地需求。

旅客成本分为两类：旅客计划延误成本和旅行成本。旅客计划延误成本的概念已在 3.2.2

节做了说明。旅行成本包含三部分：飞行时间成本、地面时间成本和航班计划延误成本。其中，飞行时间是指飞机处于空中的全部时间；地面时间包括飞机起降阶段地面时间、旅客值机安检、登机及下机时间等；航班计划延误（Planned Delay Time）是指航班时刻表中，为了应对飞机起降等引起的随机延误而设置的缓冲时间，这种时间耗费产生的成本称为航班计划延误成本。

航空公司成本包含三部分：飞机变动成本、飞机固定成本、旅客服务成本。飞机变动成本是关于飞机运力和飞行距离的函数，包括燃油成本、维护成本和机组成本；总变动成本等于座公里数乘以单位座公里变动成本；飞机固定成本是由购买或租赁飞机产生的成本，其总值往往是固定不变的，但单位成本会随飞行距离或载客人数增加而降低；旅客服务成本包括订票、地面服务、安检、行李托运、餐食等成本，只占到总成本很小比例，因此模型中暂不考虑。

3. 结果

计算结果如表 5.8 所示。

表 5.8　旅客成本和航空公司成本的理论表达式

	成本	点对点网络	枢纽轮辐式网络
旅客	飞行时间	$F_p=\rho n\frac{2R}{v}\cot\left(\frac{\pi}{2n}\right)\tau$	$F_h=\rho n(n-1)\frac{2R}{v}\tau$
	地面时间	$G_p=\rho n(n-1)g\tau$	$G_h=2\rho n(n-1)g\tau$
	航班计划延误	$D_p=\rho n(n-1)A_\alpha\tau$	$D_h=[\rho n(n-1)A_\alpha+\rho n(n-1)B_\alpha]\tau$
	旅客计划延误	$\frac{24}{4f}n(n-1)\rho\omega$	$\frac{24}{4f}n(n-1)\rho\omega$
航空公司	飞机变动成本	$VC_p=SM_p\left(a+\frac{bf}{\rho}\right)$，其中 $SM_p=2R\rho\left[n\cot\left(\frac{\pi}{2n}\right)+\pi\right]$	$VC_h=SM_h\left(a+\frac{bf}{(n-1)\rho}\right)$，其中 $SM_h=2R\rho n(n-1)$
	飞机固定成本	$FC_p=TS_p\left(c-\frac{d\rho}{f}\right)$，其中 TS_p 表示点对点网络所需运力 $TS_p=\frac{2R\rho}{v}\left[n\cot\left(\frac{\pi}{2n}\right)+\pi\right]+\rho n(n-1)g+\rho n(n-1)A_\alpha$	$FC_h=TS_h\left[c-\frac{d(n-1)\rho}{f}\right]$，其中 TS_h 表示枢纽轮辐式网络所需运力 $TS_h=\frac{2R\rho}{v}n(n-1)^2+2\rho n(n-1)^2g+\rho n(n-1)^2(A_\alpha+B_\alpha)$
	旅客服务成本	占比很小，暂不考虑	占比很小，暂不考虑

航班频率是航线网络设计中的一个重要变量。表 5.8 包含航班频率相关成本（Frequency Related Cost），包括旅客延误成本、航空公司部分固定成本、航空公司部分变动成本。点对

点网络 $FRC_p = \frac{6}{f}\omega n(n-1)\rho - TS_p\frac{d\rho}{f} + SM_p\frac{bf}{\rho}$，枢纽轮辐式网络 $FRC_h = \frac{6}{f}\omega n(n-1)\rho - TS_h\frac{d(n-1)\rho}{f} + SM_h\frac{bf}{(n-1)\rho}$。

5.3.4.2　数值模拟

本节利用数值仿真模拟技术，探讨各网络变量与成本之间的关系。基本假设如下：$v=900$，$g=0.25$，$\alpha=0.2$，$\lambda=10$，$\omega=20$，$\tau=30$，$a=100$，$b=1000$，$c=100000$，$d=6$。在其他条件一定的情形下，分别考查成本受航线需求、航点数量、平均航程、航班频率等因素的影响。

1. 航线需求的影响

图 5.16（a）是不同网络形式下旅客成本的分项对比。结果表明，枢纽网络条件下的各项旅客成本都要高于点对点网络，这在逻辑上也很好理解，因为枢纽网络有大量的中转客流，航路存在一定的迂回曲折，在枢纽机场的额外起降、地面滞留、时刻衔接等都需要花费更多的旅行时间。

图 5.16（b）是不同网络形式下航空公司成本的分项对比。结果表明，枢纽网络的变动成本高于点对点网络，主要原因是枢纽网络会产生更多的客公里产出（中转、客流汇集）。枢纽网络的固定成本也高于点对点网络，不同于点对点网络的线性增长，枢纽网络的固定成本随需求呈非线性增长，但增长率下降（座位数线性增长与单位固定成本非线性增长的共同作用结果），显示出一定的规模经济性特征。

图 5.16（c）是不同网络形式下的总成本对比示意图。枢纽网络的总成本高于点对点网络，但两者的增长率存在差异，当市场规模达到一定程度后，枢纽网络总成本反而会低于点对点网络，从而体现出一定的规模经济性，结合图 5.17，这种规模经济性主要来源于固定成本的分摊效应。

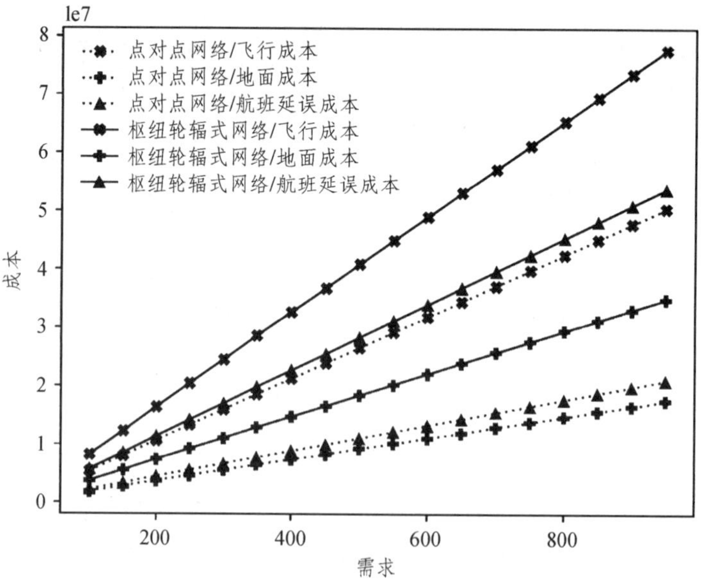

（a）不同网络形式下旅客成本分解

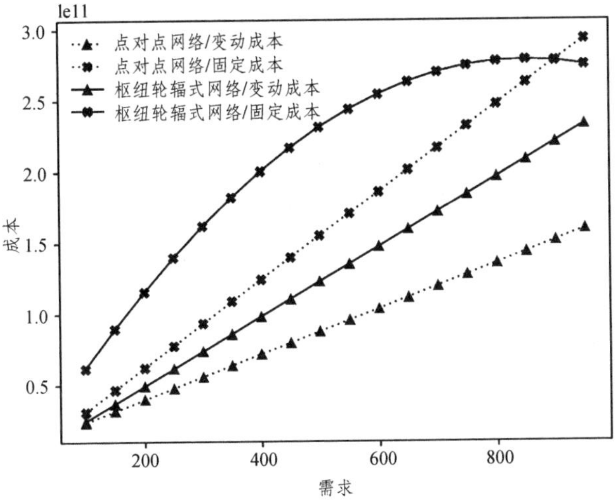

（b）不同网络形式下航空公司成本分解

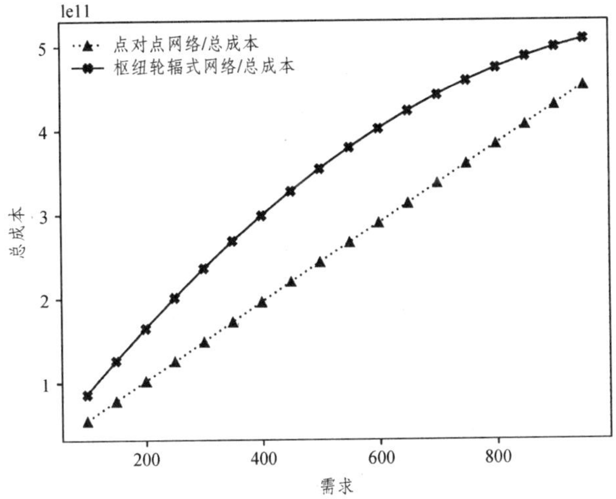

（c）不同网络形式下总成本对比

图 5.16　不同网络形式下需求对总成本的影响

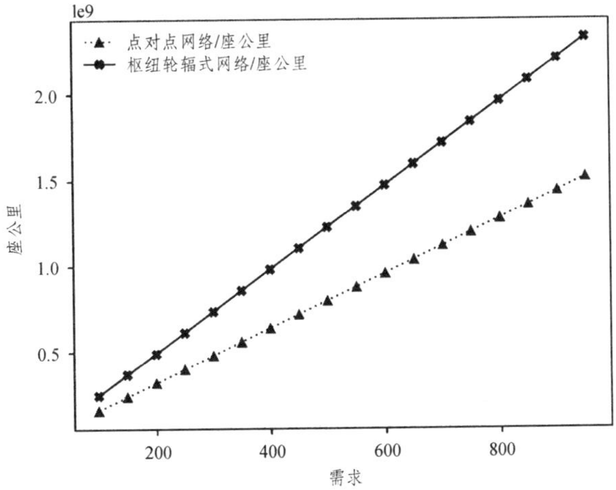

（a）不同网络形式下产出（座公里）

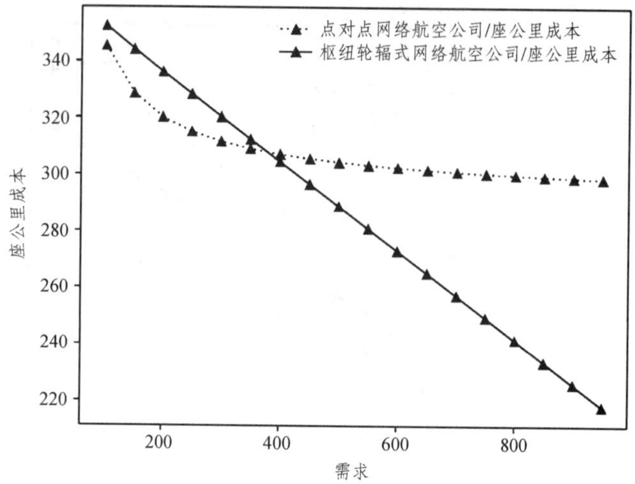

（b）不同网络形式下航空公司单位成本

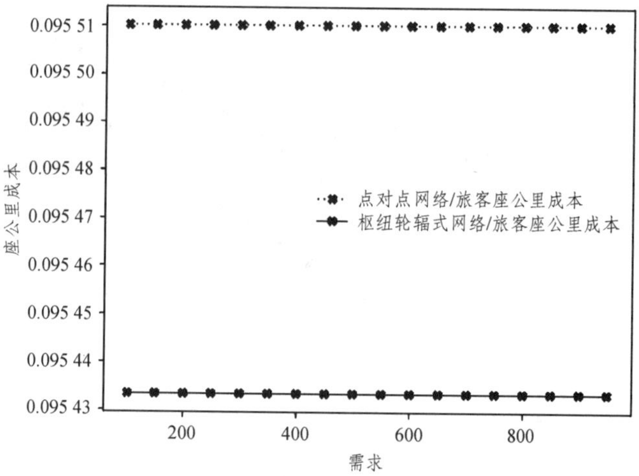

（c）不同网络形式下旅客单位成本

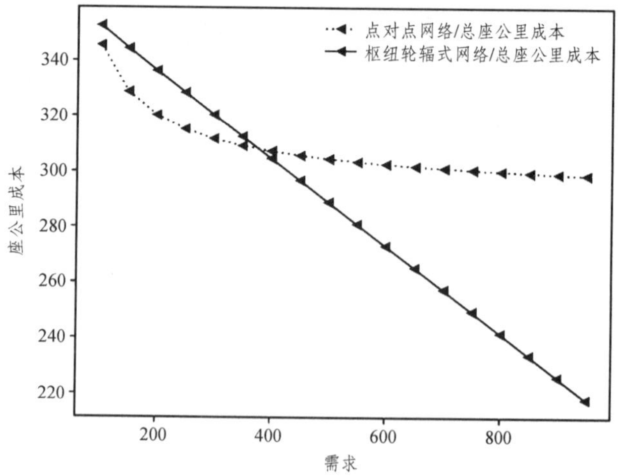

（d）不同网络形式下总单位成本

图 5.17　不同网络形式下需求对单位成本的影响

图 5.17 进一步考察两者的单位成本。5.17（a）是两种网络的产出对比，枢纽网络产出随需求增长更快，这直接导致枢纽航空公司的单位成本下降得更快[见图 5.17（b）]，而旅客单位成本差距很小且相对稳定[见图 5.17（c）]，因此总单位成本主要受航空公司单位成本主导[图 5.17（d）与（b）图形极相似]。枢纽系统就是通过对客流有组织地中转、汇集、疏散，以适度的旅客成本换取航空公司的规模经济性，以获取更大的成本优势。理论上讲，枢纽网络可能具有更优良的系统经济性。

2. **航点数量**

不同网络形式下，随航点数量增加，旅客成本分解、航空公司成本分解、总成本分别见图 5.18（a）、（b）、（c）。发现三种成本趋势与航线需求相似，只是两种网络条件下，航空公司变动成本非常接近，固定成本差距较大，且呈非线性增长，枢纽网络增长率更大。

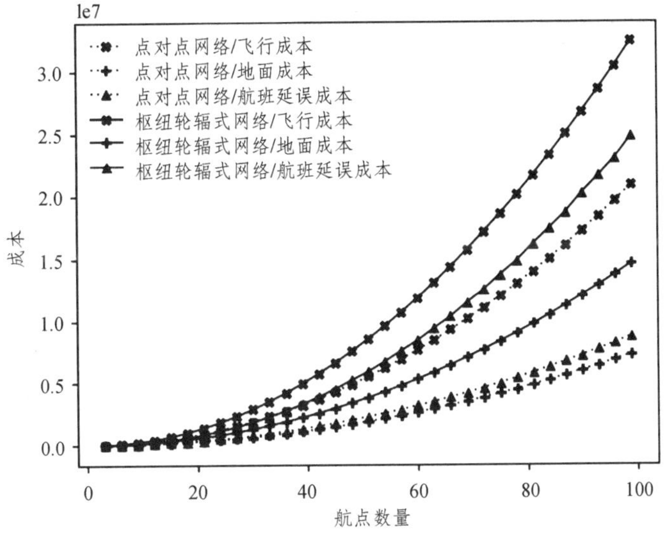

（a）不同网络形式下旅客成本分解

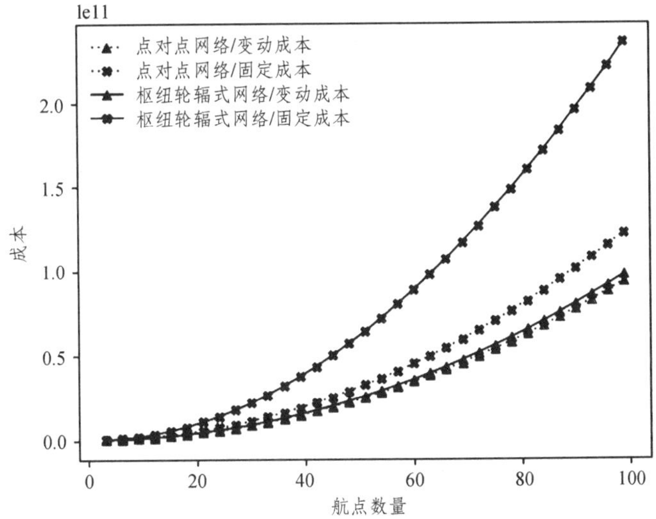

（b）不同网络形式下航空公司成本分解

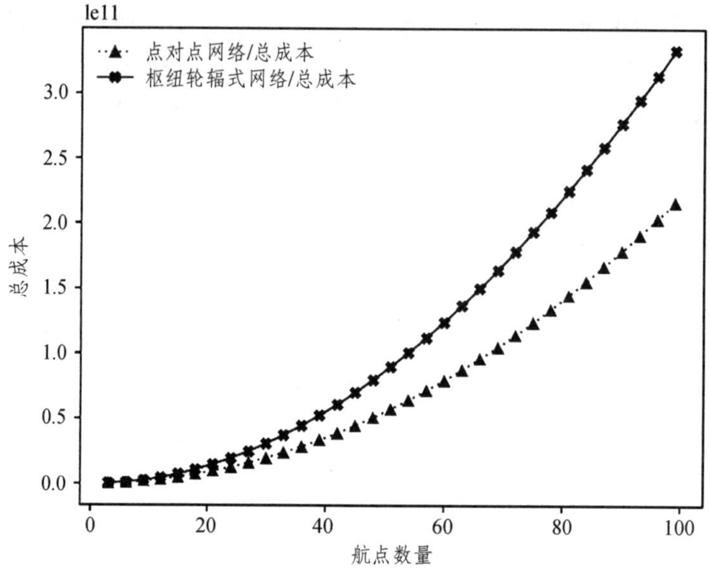

（c）不同网络形式下总成本对比

图 5.18　不同网络形式下航点数量对总成本的影响

随着航点数量增加，两种网络的旅客单位成本增加至接近，枢纽航空公司的单位成本逐渐增加，但增长率非常低，最终趋于稳定，点对点航空公司的单位成本逐渐降低，但下降率也非常低。当航点数量在一定范围内时，枢纽网络的成本优势是强于点对点网络，显示一定的规模经济性；当航点数量超过一定范围时，枢纽网络的成本优势可能会变弱，原因在于中转连接呈指数级增长，导致枢纽机场的地面成本、航班延误成本等增长更快（见图 5.19）。

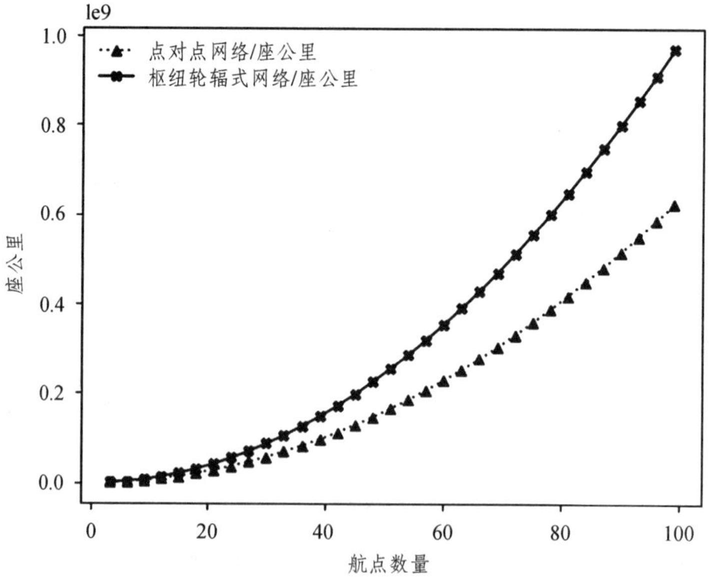

（a）不同网络形式下产出（座公里）

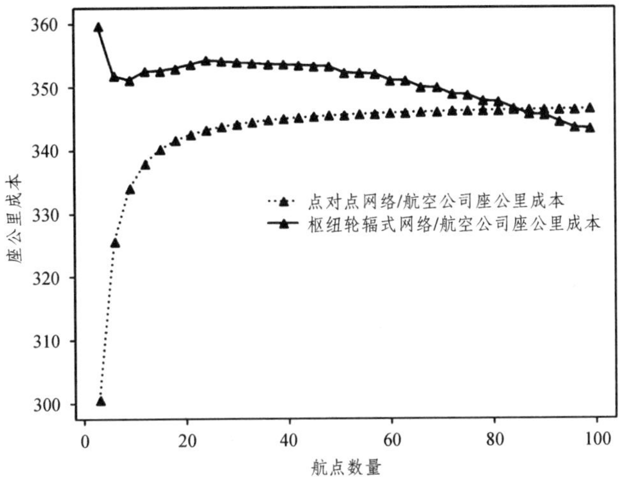

（b）不同网络形式下航空公司单位成本

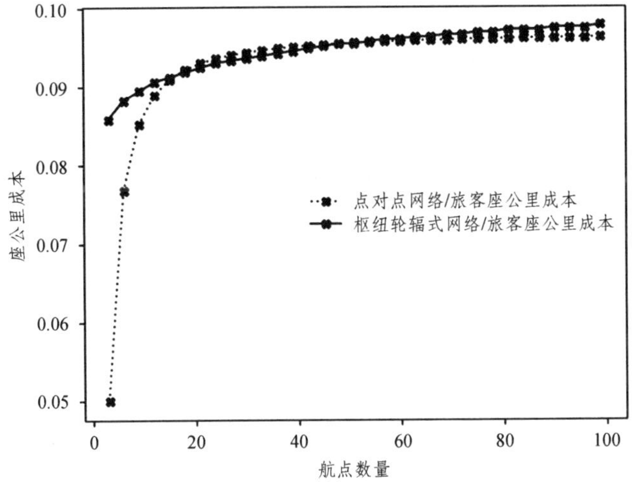

（c）不同网络形式下旅客单位成本

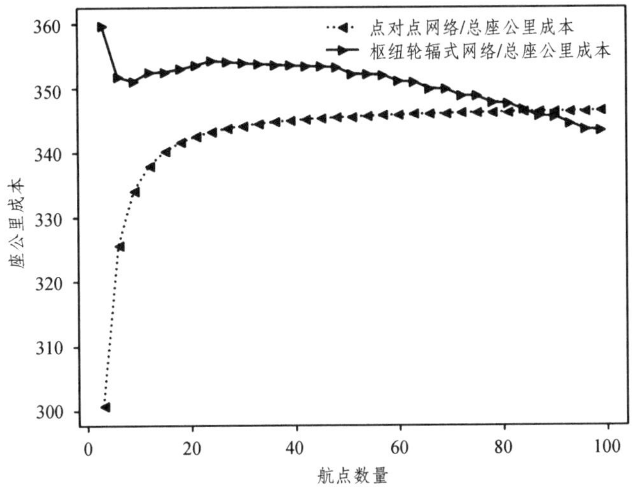

（d）不同网络形式下总单位成本

图 5.19　不同网络形式下航点数量对单位成本的影响

3. 平均航程

图 5.20 为不同网络形式下平均航程对总成本的影响。

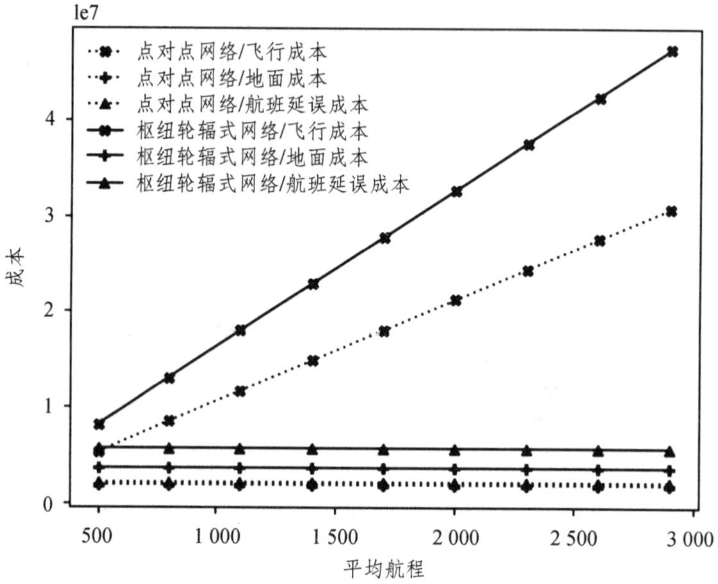

（a）不同网络形式下旅客成本分解

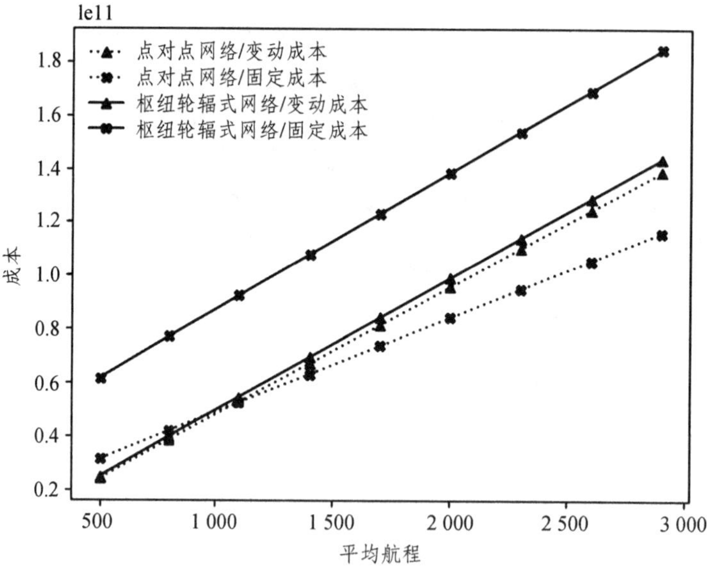

（b）不同网络形式下航空公司成本分解

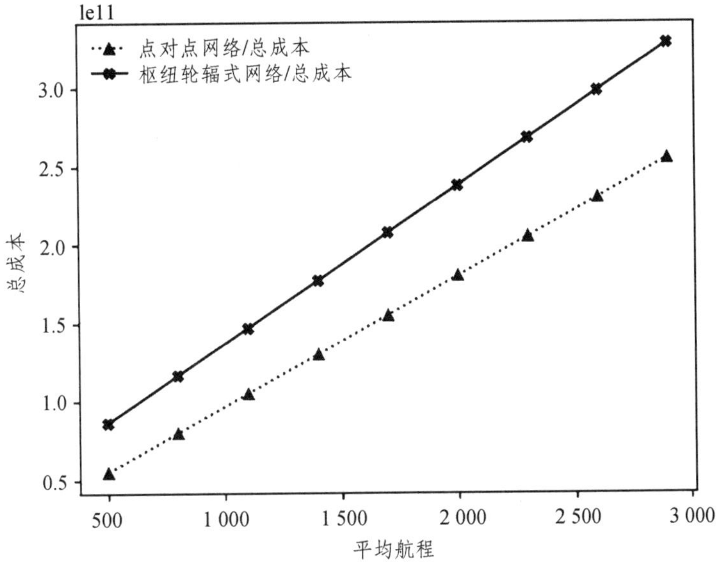

（c）不同网络形式下总成本对比

图 5.20　不同网络形式下平均航程对总成本的影响

图 5.21（b）、（c）、（d）是不同网络形式下航空公司单位成本、旅客单位成本、总单位成本随平均航程的变化趋势。旅客单位成本的变动仅与飞行时间成本相关，且枢纽网络远大于点对点网络，这是中转航线迂回曲折的结果。两种网络形式下航空公司的单位变动成本非常接近，枢纽航空的固定成本较高，因此总单位成本也较高。

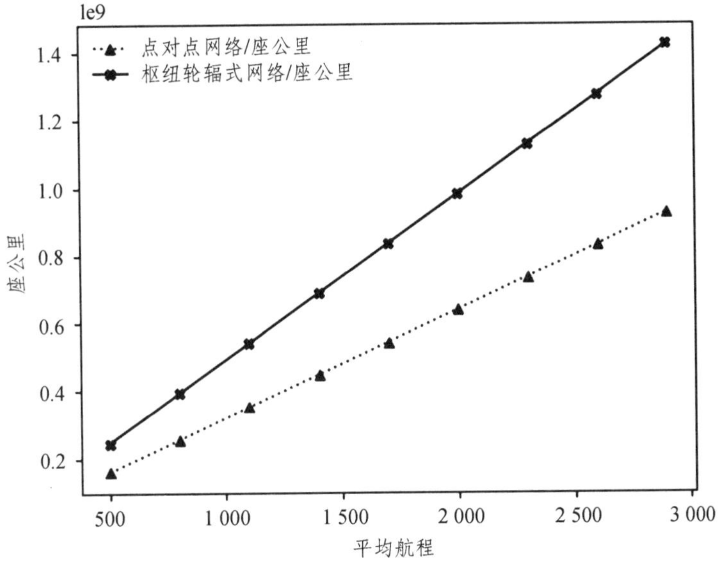

（a）不同网络形式下产出（座公里）

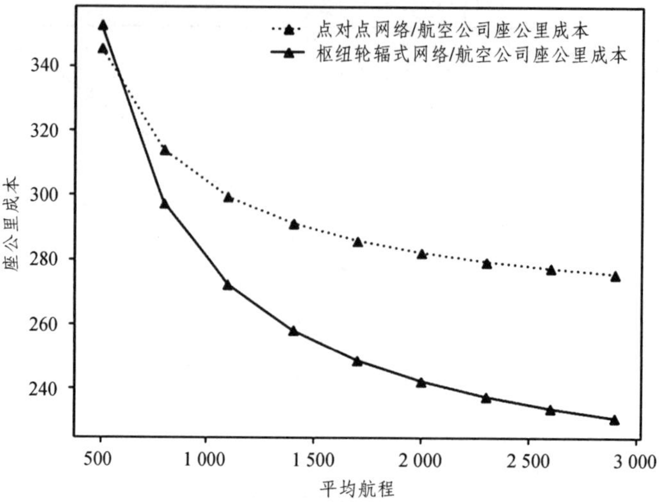

（b）不同网络形式下航空公司单位成本

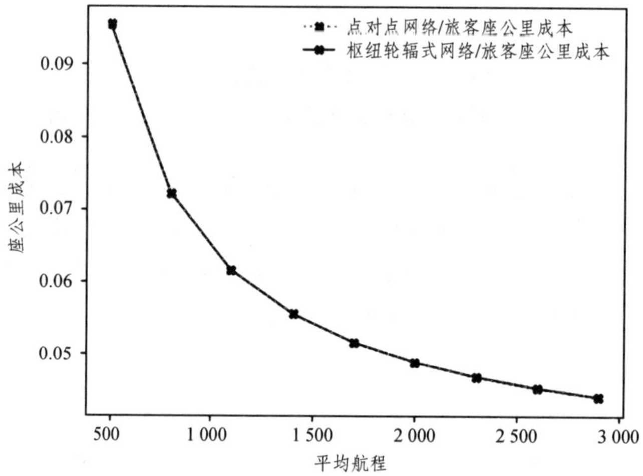

（c）不同网络形式下旅客单位成本

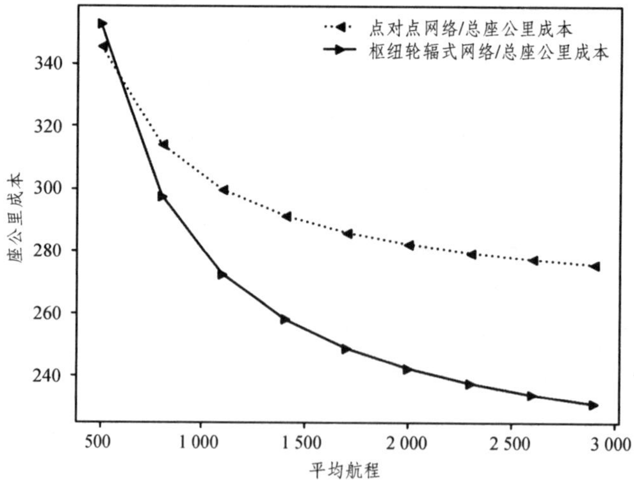

（d）不同网络形式下总单位成本

图 5.21 不同网络形式下平均航程对单位成本的影响

随着平均航程增加，两种网络的旅客座公里成本以相似的速度下降，但在枢纽网络条件下，航空公司的座公里成本下降得更快，导致总的座公里成本也下降得更快。原因在于当平均航程增加时，枢纽网络的产出增幅更大，大型飞机运营的经济性得到体现。这也是现实中低成本航空更倾向于运营短程航线，而枢纽航空公司倾向于长程航线的原因。

4. **航班频率**

图 5.22 是不同网络形式下航班频率对总成本的影响。图 5.22（a）表明枢纽轮辐式网络的飞行成本、地面成本和延误成本都比点对点网络更高。图 5.22（b）表明枢纽网络的固定成本比点对点网络要高得多，但是变动成本却不一定，枢纽网络的变动成本随航班频率增加变化不明显，而点对点网络的变动成本会随着航班频率增加而快速增长。图 5.22（c）表明在一定航班频率的范围内，枢纽网络的总成本会远远高于点对点网络，但是当航班频率超过一定范围后，枢纽网络的总成本增长会趋于平缓，表现出明显的规模经济性，而点对点网络的总成本随航班频率线性增加。

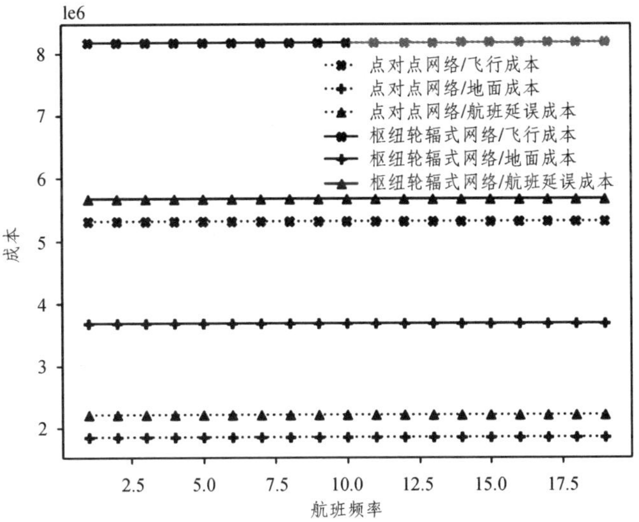

（a）不同网络形式下旅客成本分解

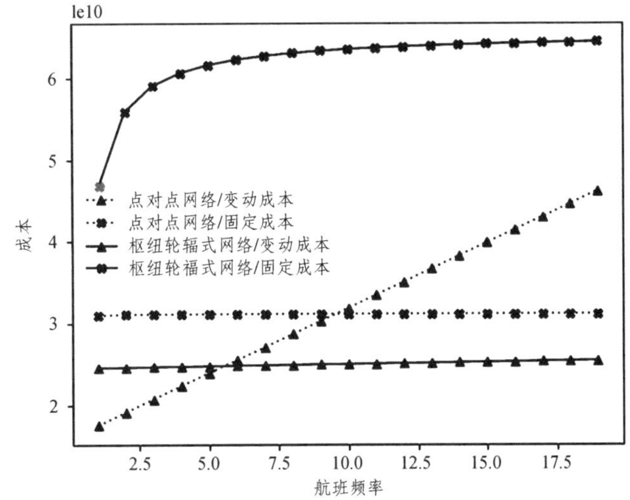

（b）不同网络形式下航空公司成本分解

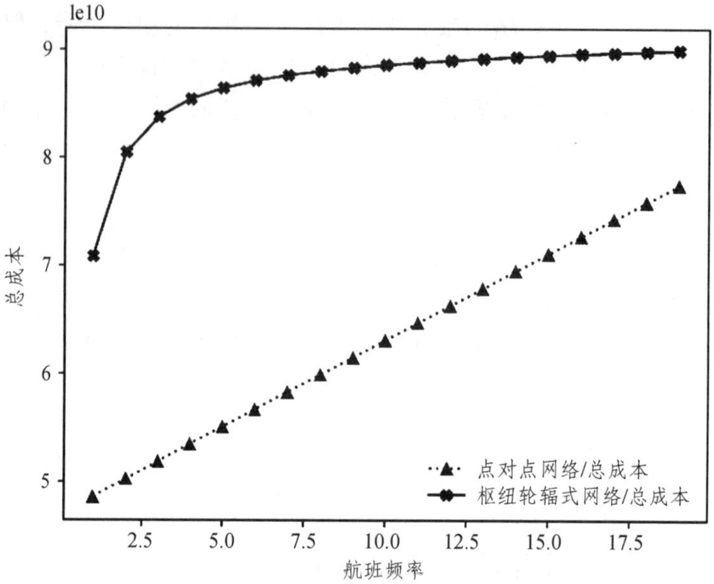

（c）不同网络形式下总成本对比

图 5.22　不同网络形式下航班频率对总成本的影响

图 5.23 是不同网络形式下的单位成本对比。5.23（b）表明在枢纽网络环境下，航空公司的单位座公里成本会随着航班频率的增加而增加，但边际变动是递减的。航班频率较低时，点对点网络的单位座公里成本较低，但随着航班频率增加，单位变动成本会线性增长。5.23（c）表明两种网络形态下的旅客旅行单位成本保持相似的变动，都会随着航班频率的增加而递减，可以发现，当航班频率超过一定幅度时，枢纽网络才能发挥更大的竞争优势。

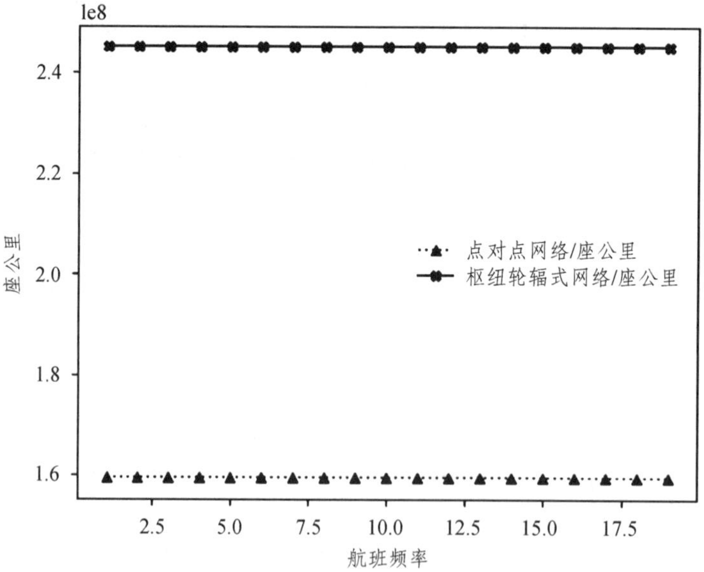

（a）不同网络形式下产出（座公里）

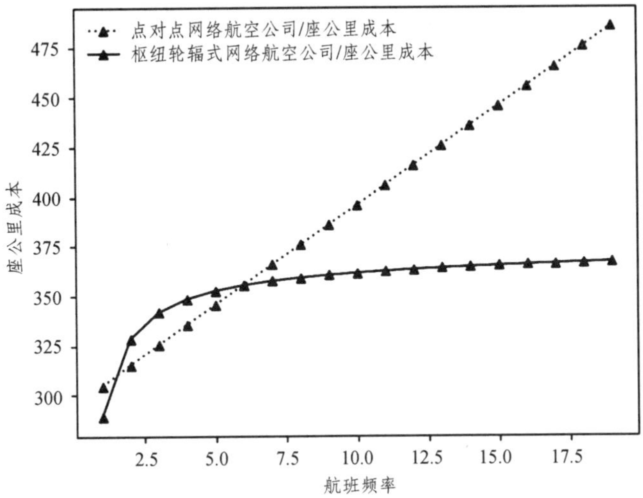

（b）不同网络形式下航空公司单位成本

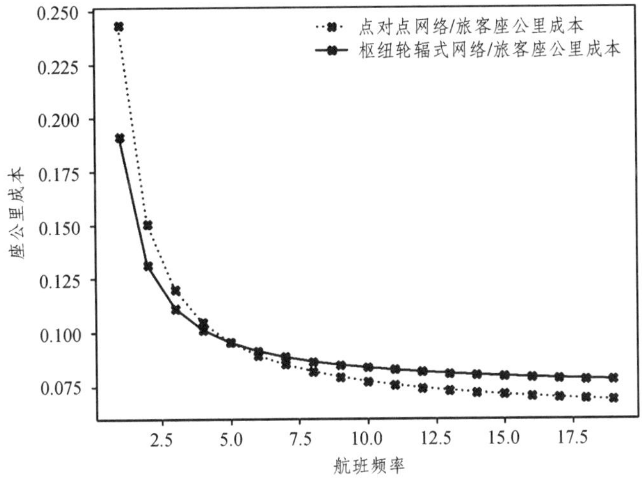

（c）不同网络形式下旅客单位成本

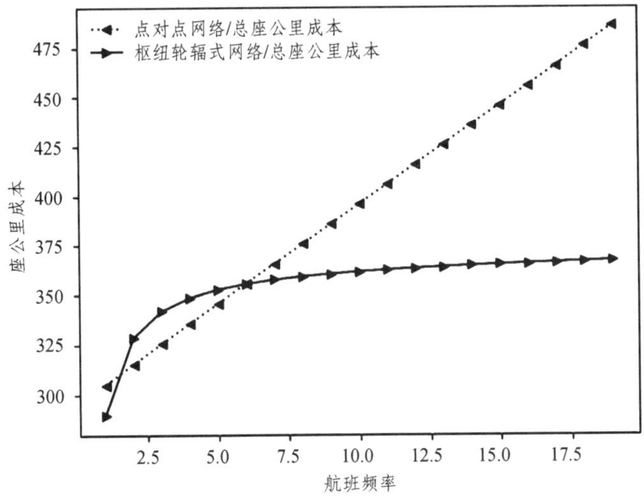

（d）不同网络形式下总单位成本

图 5.23　不同网络形式下航班频率对单位成本的影响

第6章 机队与运力

对于航空公司而言，现代民航飞机的价格十分昂贵，使用周期很长（15~20 年），机队规模和结构是否合理将长期影响航空公司的运营成本。只有当飞机机型与所运营的航线相匹配时，才能实现控制成本、提高收益的目标。

6.1 机队规划概述

6.1.1 机队规划的含义

机队是指航空公司所有飞机的总称，包括飞机数量和不同型号飞机构成比例关系，前者叫机队规模，后者叫机队结构。机队规模体现了航空公司的运输能力即运力，用座位数或吨位数表示，它应与市场需求相匹配。如果机队规模过大，飞机载运率和利用率偏低，会造成资源浪费，增加运营成本；如果机队规模过小，运力无法满足市场需求，又会造成潜在损失。机队结构指机队中不同型号飞机的构成比例，对成本效率产生重要影响。理论上讲，单一机型具有最佳的成本效率，但在机队结构的实务决策中，航空公司还会考虑诸如公司战略、市场定位、国际政治等多种因素，综合评判。

机队规划是航空公司重要的战略规划之一，是关系到航空公司兴衰存亡的大型投资行为。机队规划的含义有狭义和广义之分，狭义的机队规划仅包含机队规模和机队结构的筹划，广义的机队规划不仅包含狭义机队规划内容，还包括机队置换计划、机队配置计划等。机队规划的目的：一是要促进机队规模与运力需求相匹配，二是要促进机队结构与网络结构相匹配。从经济和市场的角度来讲，就是要保持运力供需在特定时期内的基本平衡（或动态平衡），降低经营风险，实现资源的最优配置。

6.1.2 机队规划的影响因素

影响机队规划的因素是很复杂的。机队的规模和结构必须和市场需求的规模和结构相适应，市场需求是影响机队规划最重要的因素，它不仅从总量上影响机队的规模，而且从需求的结构上影响各种机型的数量及结构比例。除此之外，还有一些其他重要的影响因素。

6.1.2.1 公司战略及市场定位

战略是指公司根据环境变化，依据本身资源和实力选择适合的经营领域和产品，形成自己的核心竞争力。市场定位是确定公司及产品在消费者心中有别于竞争品牌的位置，并取得在目标市场中的最大竞争优势。从宏观视角看，航空公司的总体战略及定位决定了飞机机型的尺寸型号，如低成本航空一般采用单一机型[①]，以降低运营成本；全服务航空一般采用多种型号的机型，以适应不同类别的航线需求；一些定位为特定市场服务商的航空公司，则可能需要某种特定型号的飞机，如阿联酋航空对 A380 超大机型的需求，维珍航空对远程客机 A330、A340、B787 等机型的需求，小型支线航空公司对支线飞机 ERJ、CRJ、ARJ 的需求等。

6.1.2.2　飞机的技术经济因素

技术经济因素是指飞机本身的性能因素，包括飞机的安全性、航程适应性、机型的经济性、飞机的航速和最高业载等，这些因素对机队规划都有影响。例如，飞机的安全性是一票否决，设计有缺陷的飞机即使再便宜也不能考虑购买[②]。飞机航程适应性应当与航线特点相一致，与市场需求相匹配；飞机的航速和最高业载决定了一架飞机所能提供的最大运能，最终影响机队的规模；飞机的经济性影响着公司的运行成本，因而影响决策者的取舍，并最终影响机队结构。

能帮助航空公司选择机型的最重要的技术和性能参数是“载荷-航程曲线”。图 6.1 是波音 767 机型例子，载荷-航程曲线反映出该机型的技术能力，即搭载了一定量的旅客和/或货物时的最大飞行距离。每种机型都有其独特的有效载荷-航程曲线（在不同机身上安装不同型号的发动机就能得到独特的载荷-航程曲线），该曲线线性取决于飞机的空气动力学设计、发动机技术、油箱容量及典型的客/货配比等因素。

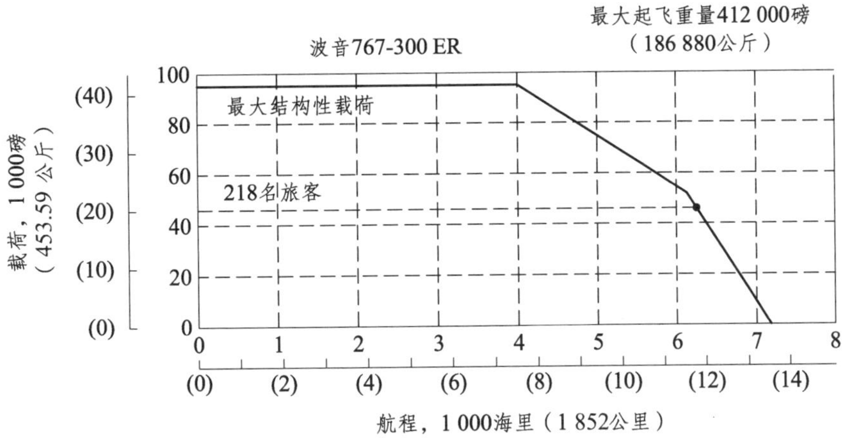

图 6.1　有效载荷-航程曲线的实例（波音公司，1998）

另外，每种机型还有一些与运营环境密切相关的技术指标，如每种机型对最大起飞和最大降落重量都有具体要求，这些指标决定了起降跑道的最短长度，因而也决定了能运营该机

① 低成本航空会千方百计降低运营成本，包括机队成本。一个典型的例子是，瑞安航空在 2019 年 737 MAX 失速事件后，为了低成本获取 737 机队订单，时任 CEO O'Leary 对波音喊话：瑞安损失不小，但我们不需要现金赔偿，波音只需对 737 MAX 机队的订单给予特惠折扣即可。此举可以大大降低机队成本。

② 造成空难的主要原因是：飞行员失误、机械故障以及恶劣天气，还有一些政治原因。所有原因中，飞机本身的设计问题引发的坠机事故是最不能容忍和接受的。如臭名昭著的 DC-10 型飞机（由于货舱舱门设计缺陷而导致严重空难）以及 B737 Max 飞机（由于飞行软件缺陷导致飞机失去控制）。

型的机场。此外，机场的滑行道长度、登机口空间乃至地面设备设施等都会对航空公司机型选择产生影响和制约。

6.1.2.3　财务与经济因素

航空公司能否购买新飞机取决于能否从内部或外部获得所需资金。虽然飞机可以通过购买、租赁等多种方式引进，但不同方式的经济成本和财务风险是存在差异的。航空公司需要对每种备选机型的经济和财务状况进行评估，以确定每种选择对成本和收益的影响。新飞机的启动成本不仅包括购买价格，还包括备用引擎及备件库存的成本，如果该机型是首次加入机队，还要考虑购买新的地面设备以及员工培训费用。

当航空公司引进新飞机时，需要在经济和财务层面做如下权衡：应该购买运营成本较低但拥有成本较高的新飞机，还是继续使用燃油和维护成本较高但拥有成本较低的旧飞机，还应该考虑新飞机载荷变化对收益的影响，以及新飞机对市场的吸引作用。

6.1.2.4　其他因素

除此之外，还有一些其他因素可能影响飞机机型选择，如环境因素、政治因素等。例如，许多机场限制或禁止引擎噪声超标的老旧飞机运营，一些国家制定空气污染法律法规限制机场周边飞机排放的气体种类及排放量。2012 年，欧盟强制实施了“排放交易计划”（ETS），旨在限制进出欧洲机场的航空公司的碳排放量。这些环保法规促使航空公司更新老旧机队，积极引进新技术飞机，使噪声和排放符合法规要求，但的确需要承担更高的资金成本。

飞机被视为一种“政治的飞行物”，表明飞机与国家政治有着千丝万缕的关联。在一些情况下，确定机队中机型类别数及制造商数量并非完全基于经济性考虑，而是可能受到政治因素的影响。20 世纪 90 年代海湾战争结束后，沙特阿拉伯航空公司购买了大批由波音和麦道公司生产的美国飞机。在美国政府的直接政治压力下，沙特政府要求沙特阿拉伯航空公司接受这些美国飞机（Lynn, 1995）。2018 年，美国恢复对伊朗的制裁。伊朗对空客、波音和 ATR 的飞机订单被迫取消，与俄罗斯签的 40 架 SSJ100 订单也落空了，这导致伊朗无法获取合适的飞机机型。我国在引进大型商用客机时，也会平衡中美、中欧的政治经贸关系。

6.2　机队规划内容

机队规划的内容包括飞机选型决策、机队规模决策、机队结构决策、机队置换决策、机队配置决策等。

6.2.1　飞机选型决策

飞机选型决策是针对给定的航线网络特征，如需求、航程、机场条件、航线特殊性等，基于飞机经济性和技术性指标选择最为合适的机型类别。所谓机型一般通过其固定成本、运营成本、等级舱位、最大航程及其家族归属等属性进行定义（Listes and Dekker，2005），例如支线客机（Regional Aircraft）通常是指 100 座以下，飞行距离为 600 公里至 1 200 公里的小型客机。

飞机选型是在机队规划工作中确定了机队等级、规模后，根据航线、机场等情况，对预选的若干型号、相同等级的飞机进行综合评估，为航线选择最合适机型的过程，它是机队规划工作的第一步。飞机机型选择是一个涉及面很广的多层次、多目标决策问题。在决策过程中，不仅要研究飞机的技术性能和经济性能，还要从航空公司的外部环境和内部结构及经营规模、经营策略等方面来考虑，对飞机的各项性能指标进行系统的、全面的分析和评价，在一定决策准则下确定最优的飞机机型。

飞机选型一般遵循以下几条原则：

① 飞机的技术特征必须满足航线运营的基本要求，如航程、双发延程、高原或高高原、跨海、跨越北极等特殊航线特征。

② 尽量保持机队较高的通用性水平。不同运营模式对通用性要求存在较大差别。

③ 机型尺寸要适应市场需求和竞争需求，如座级、航线性质、需求特征、品牌号召力等。

④ 机型的经济性指标符合要求（盈利能力、单位成本、耗油率），可进行投资回报率评估，如投资成本、运营成本等。

6.2.2　机队规模决策

航空公司的机队规模必须与市场需求相适应，可以用三组指标来描述：一是反映航旅运输市场规模大小的市场需求指标，包括：客运量、货邮量、客运周转量、货邮周转量等；二是反映航空公司运力大小的运输能力指标，包括：飞机架数、机型系列、飞机业载、平均座级、可用座公里等；三是反映航空公司运营绩效的“三率”指标，包括：日利用率、客座率、载运率。“三率”指标是反映运力供给与需求匹配的综合指标，当出现运力供不应求时，“三率”指标相对偏高，当运力指标供过于求时，“三率”指标相对偏低。

机队规模基本决定了主要技术人员的规模，包括飞行员、乘务员、签派员和机务维修人员。例如，通常一架飞国际航线的飞机需要配备 10 ~ 12 名飞行员和 25 ~ 30 名客舱服务员，而国内航线一般配备 6 ~ 8 名飞行员和 12 ~ 16 名客舱服务员。机队规模还决定了航空公司所经营的航线数量和能运行的航班量，因而也就决定了能完成的最大运输量（或周转量）、市场销售和管理人员的数量。因此，机队规模反映了航空公司的规模。

6.2.3　机队结构决策

机队结构决策是确定机队中不同座级、不同航程飞机的构成比例，属于较高层级的管理决策问题，涉及很多的影响因素，而且从长期看还可能出现各种不确定性，如取消现有航线、增加新航线或调整现有航线的班次等①。一般来说，较少的机型类别可以有效降低运营成本（在航材储备、人员培训等方面有规模经济性，也有利于提高熟练度），但市场适应性可能不足（满足不同细分市场的需求）；较多的机型类别可能具备较强的市场适应性，但运营成本会较高。机队规划的一个重要目标就是寻求机队结构与航线结构的匹配性，在运营成本和市场适应性之间寻找满意的均衡点。

为评价机队构成，必须考察飞机的两个结构性因素：机身和引擎（飞机不就是由一个机

① LISTES, DEKKER. A scenario aggregation—based approach for determining a robust airline fleet composition for dynamic capacity allocation. Transportation Science, Vol. 39, No. 3 (August 2005), P367-382.0

身加几个引擎拼起来的吗？）。机队结构的差异体现在三个层次[①]：第一层次，也是最重要的一个，即制造商差异。第二层次是飞机家族差异，属于相同飞机家族的飞机差异性很小，如机身长度、业载水平、引擎特征、机组要求、航材备件等。一个飞机家族可能包含不同的机型，如波音公司的 B757，B767，空客公司的 A320 系列。而同一个机型也可能包含不同的飞机家族，如 B737-200，737-500，B737-600 就属于不同的飞机家族。第三层次是飞机型号和引擎型号的差异[②]。

机队结构对航空公司的运营成本和运营绩效产生很大影响，Borges Pan 和 Espirito Santo（2004）开发了一个衡量机队结构状况的指标：机队标准化指数（Fleet Standardization Index），该指标可以用来比较不同规模机队之间的一致性程度。机队标准化指数 IPF[③]通过如下步骤得到：

$$\mathrm{IPF}=\alpha_1\mathrm{IPC}+\alpha_2\mathrm{IPM}$$

其中，IPC，IPM 分别针对机身和发动机。$\alpha_1+\alpha_2=1$，一般令 $\alpha_1=0.6, \alpha_2=0.4$。$0<\mathrm{IPF}\leqslant 1$，当 $\mathrm{IPF}=1$ 时表示机队中仅有一种机型且只包含一种引擎型号（一些低成本航空公司就是如此），随着机队中飞机及引擎差异性增加，IPF 的值会降低。IPF 具有对数性质，从 1 迅速降低但却很难趋近于 0。

$$\mathrm{IPC}=\frac{\sum \mathrm{IPPC}}{\text{Number of Manufacturers}}$$

$$\mathrm{IPPC}=\frac{\sum \mathrm{IPPCC}}{\text{Number of Families From the Manufacturer}}$$

$$\mathrm{IPPCC}=\frac{\text{Number of Aircraft in the Family}}{\mathrm{AMF}\times\mathrm{TFC}}$$

AMF 指家族中飞机机型的数量（the Number of Aircraft Models in the Family）；TFC 指机队中飞机总数量（the Total Number of Aircraft in the Fleet）。

$$\mathrm{IPM}=\frac{\sum \mathrm{IPPM}}{\text{Number of Manufacturers}}$$

$$\mathrm{IPPM}=\frac{\sum \mathrm{IPPMM}}{\text{Number of Types from the Manufacturer}}$$

$$\mathrm{IPPMM}=\frac{\text{Number of Aircraft in the Type}}{\mathrm{EMT}\times\mathrm{TFM}}$$

① JANI KILPI. Fleet composition of commercial jet aircraft 1952—2005: developments in uniformity and scale. Journal of Air Transport Management, 2007, 13: 81-89.

② 机型发展简史：20 世纪 60 年代只有窄体客机，且涡桨飞机逐渐被喷气式飞机所取代，市场中存在大量的中小规模飞机制造商；20 世纪 70 年代初引入宽体喷气客机以及 100 座以下的支线喷气飞机；20 世纪 80 年代出现飞机家族的概念，如新一代飞机 B757、767，经典 737 以及 A320 系列等；20 世纪 90 年代产生新一代的宽体客机，为双引擎飞机开辟长程航线铺平了道路。

③ 论文作者是巴西人，机队标准化指数的葡萄牙语“Indice de Padronização de Frotas”的首字母缩拼为 IPF，本教材按此术语引用。

EMT 指某种类型引擎的型号数量（Number of Engine Models of that Type）；TFM 指机队中引擎的总数量（the Number of Engines in the Fleet）。

【例 6.1】 某航空公司拥有一个 20 架飞机组成的机队，包含：5 架引擎为 CFM56-5B4 的 A319，5 架引擎为 CFM56-5B6 的 A320，5 架引擎为 CFM56-5C2 的 A340-300，2 架引擎为 CF6-80 的 A330-200，3 架引擎为 GE90-94B 的 B777-200ER（表 6.1、表 6.2）。

表 6.1 机队标准化指数计算案例（机身）

Level	A/C MFR	Family	#of Aircraft	#of Models	#of Families	#of Mfrs	Index
IPPCC	Airbus	A32S	10	2			0.250 0
IPPCC	Airbus	A330/340	7	2			0.175 0
IPPC	Airbus				2		0.212 5
IPPCC	Boeing	B777	3	1			0.150 0
IPPC	Boeing				1		0.150 0
IPC	All		20			2	0.181 3

表 6.2 机队标准化指数计算案例（发动机）

Level	Eng. MFR	Eng. Type	#of Engines	#of Models	#of Types	#of Mfrs	Index
IPPMM	CFM	CFM56	40	3			0.266 7
IPPM	CFM				1		0.266 7
IPPMM	GE	CF6	4	1			0.080 0
IPPMM	GE	GE90	6	1			0.120 0
IPPM	GE				2		0.100 0
IPM	All		50			2	0.183 3

结论：该公司机队一致性指数 IPF = 0.6 × IPC+0.4 × IPM = 0.182 1。大多数全服务航空公司的一致性指数都在 0.1 左右，而低成本航空如美西南、捷蓝的 IPF 指数非常高，这类公司一般运营单一机型。

图 6.2 显示，世界主要航空公司的机队一致性呈逐步降低趋势，表明航空公司倾向于采用多样化的机型去适应多样化的市场需求。运营单一机型的航空公司，如皮埃蒙特航空（Piedmont Aviation）或美国西南航空，会对行业一致性指数产生很大影响。除此之外，航空业发展趋势也会对该指数产生重要影响。20 世纪 80 年代中期产生了大量的新机型，大型航空公司迅速将这些机型引入机队，导致行业平均的一致性指数迅速下降。第一次海湾战争后经济陷入萧条，大批老旧机型退役，行业平均指数上升。90 年代后的行业平均指数下降较为平缓。2001 年“9 · 11”恐袭事件后，行业受到巨大冲击，平均指数再次上升。

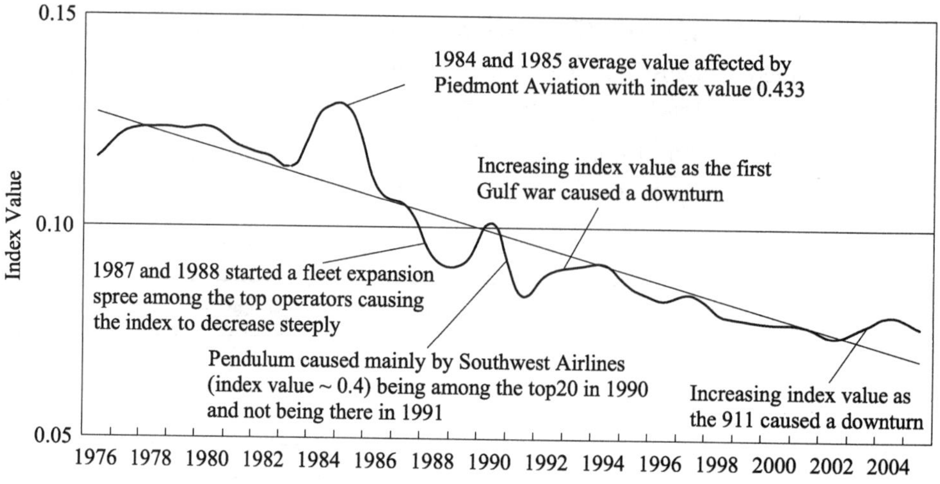

图 6.2　世界排名前 20 航空公司的平均机队一致性指数（1976—2005）

Seristö Vepsä lä inen（1997）认为一致性程度较高的机队可以产生更好的财务绩效①。Jani Kilpi（2007）选择了 10 家不同规模、不同机队结构的航空公司，测试它们在 1997—2005 年间机队结构与财务绩效之间的相关性，结果如图 6.3 所示②。测试结果显示，最低为 1997 年 0.32，最高为 2000 年 0.81，平均值为 0.64。因此，他们得出结论：机队的一致性程度越高，航空公司的财务绩效越好（或一致性程度较高的机队能够产生更好的财务绩效）。

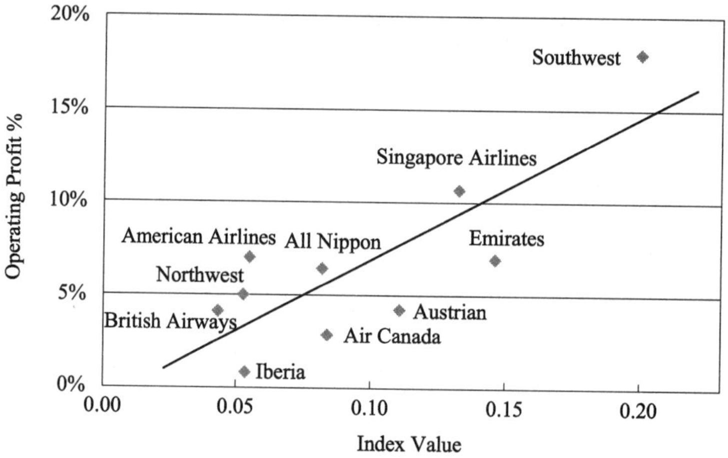

图 6.3　机队一致性指数与其财务绩效的相关性（2000 年）

6.2.4　机队置换决策

机队置换决策是航空公司为了满足未来一段时间内市场需求的变化，对各飞机机型的退役、引进等方面做出的系统安排，包括置换的机型类别、数量、时间、方式等。它是机队规划中的一项重要工作，对航空公司的运营成本产生很大影响。在实务中，机队置换决策要综

① SERISTÖ H, VEPSÄ lä inen, A P J. Airline cost drivers: cost implications of fleet, routes, and personnel policies. Journal of Air Transport Management 3, 11-22, 1997.

② JANI KILPI. Fleet composition of commercial jet aircraft 1952—2005: developments in uniformity and scale. Journal of Air Transport Management, 2007, 13:81-89.

合考虑公司经济可行性、尽量满足市场需求、与现有机队保持一致性等要求。

新置换飞机与航空公司现有（或规划）的机队机型保持一致非常重要，因为这可以显著降低飞行员与机务人员的培训成本，并减少由于引进新机型后采购和存储航材备件的数量及成本。机队一致性指航空公司不仅拥有完全相同机型的飞机，还可以是同一制造商所生产的类似机型的飞机，类似机型具有相似或相同布局的驾驶舱，以及相同的维护方式与备件库存。如空客 A320 系列飞机除了座位数不同外其他方面几乎完全相同（A318 约 110 座，A319 约 130 座，A320 约 150 座，A321 约 170 座），对飞行员的要求完全一致，这为航空公司机组排班提供了极大的灵活性，并能够有效降低机组人员成本。

6.2.5　机队配置决策

如果航空公司有多个基地机场，则需要进一步根据各基地机场完成运输量的预测和各机型飞机在各基地机场的运营成本，决定在各基地机场应投放何种机型，投放多少架飞机。一些集团公司会根据每个分子公司的航线结构、运力需求、飞机构型等条件，进行统一的规划和调配，提高飞机利用率，降低运营成本，提升整体运行效率。

6.3　机队规划方法

Hoff 等人（2010）在一篇综述文章中引用了大量的机队规划文献，其中大多数都是采用整数规划方法求解，但专门针对商业航空的文献还相对匮乏。Belobaba 等人（2015,Ch.7）在其所著教材《全球航空业》第七章中指出，实务中航空公司主要通过基于电子表格的财务评价方法完成机队规划决策。相对于非常复杂的航班计划和收益管理系统，如此重要且涉及庞大资金投入的资本预算决策竟然采用如此简陋的辅助工具，的确让人匪夷所思[①]。实际上，航空公司的机队规划是一个非常非常复杂的决策问题[②]，它需要考虑的重要因素实在太多，比如未来需求状况[③]、财务金融方面的约束、运营成本方面的要求，竞争因素、公司品牌效应，甚至政治关系等。

6.3.1　宏观机队规划法

宏观机队规划法又称为自上而下的规划方法（Top-Down）[④]，这是一种基于聚合数据的分析方法。宏观机队规划模型可以通过一个相对简单的电子表格来构建，里面包括诸如运输量预测值、飞机技术经济参数、运营成本、机型盈利估计等方面的数据资料。输入聚合或平均的航线数据，输出不同机型的运营利润估算值。具体规划步骤如下：

① 基于历史及现状确定一个合理的平均载运率，比如 75%；

---

① BELOBABA et al. Global airline industry, 2th[M]. 2016. Ch.7, P161.

② CARREIRA, JOANA S, LULLI, GUGLIELMO, ANTUNES, ANTÓNIO P. The airline long-haul fleet planning problem: the case of TAP service to/from Brazil. European Journal of Operational Research, 2017, 263(2): 639-651.

③ 需求是机队规划最基本、最重要的输入。不仅需要考虑需求的不确定性，还应考虑需求的层次和分布特征，需求还受到航班产品设计及服务质量的影响。

④ BELOBABA et al. Global airline industry, 2th[M]. 2016. Ch.7, P168.

② 基于需求预测确定规划期内的运力缺口，如图 6.4；
③ 基于飞机技术经济特征确定引进机型类别、运力分担比例、飞机利用率；
④ 基于以上数据最终确定各机型飞机数量。

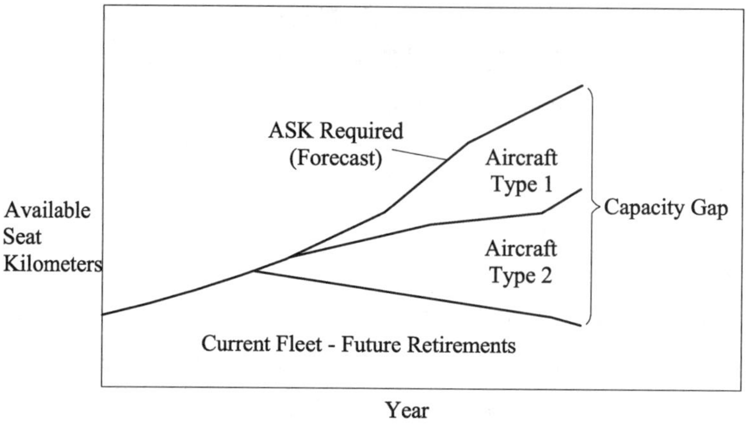

图 6.4　运力缺口分析（引自 McDonnell-Douglas 飞机公司，1981）

图片来源：Belobaba et al., Global Airline Industry,2th[M]. 2016. Ch.7, P168。

如图 6.4 所示，当针对某个周期进行机队规划时，“运力缺口”等于未来所需可用座公里数减去现有可用座公里数及计划退役的可用座公里数。由于各机型的技术经济特征不同（如有效载荷、航程等），以及各类航线对机型的需求存在差异，航空公司的运力缺口须由多种机型弥补。每种机型的航程与日均利用率可确定该机型的“飞机生产率”，以每天的可用座公里数表示，然后根据这些参数可以计算各机型所需的飞机数量。

宏观机队规划方法不需要精确的航线信息、OD 需求或航班计划，它是在给定航司层面的需求变动、运营成本变动条件下利用电子表格工具快速评价新飞机需求的一种简洁模型。如果航线网络结构发生变化，也仅仅用高度聚合指标表示，如平均航程。因此，面对未来 10～15 年高度的不确定性，人们更倾向于采用较简单的宏观机队规划方法。

【例 6.2】假定某航空公司现有 2 架 A 200 型和 5 架 B150 型飞机，A200 和 B150 飞机座位数分别为 200 座级和 150 座级。现在准备为下个五年做机队规划，公司决定规划期内仍然只采用 200 座级和 150 座级的飞机，且没有针对现有飞机的任何退役计划。通过调查和分析，预测五年后旅客周转量将达到 30.22 亿收入客公里，两种机型的分担率分别为 40%和 60%。根据财务数据和运营数据，得到两种机型的技术经济参数，如表 6.3 所示。

表 6.3　两种机型的技术经济参数

参数	150 座级	200 座级
小时成本/（元/时）	35 090	43 850
平均巡航速度/（公里/时）	650	700
最大座位数/座	158	220
日利用率/小时	8.20	8.80
平均客座率	0.75	0.75
市场需求/亿客公里	19.33	12.88
已有飞机数量/架	5	2

150 座级飞机每年 ASK = 158 × 650 × 8.20 × 365 = 3.07（亿客公里）

200 座级飞机每年 ASK = 220 × 700 × 8.80 × 365 = 4.95（亿客公里）

150 座级飞机需求 = 19.33/0.75/3.07 = 8.39（架）

200 座级飞机需求 = 12.88/0.75/4.95 = 3.47（架）

实务中，机队规划的原则是运力增长速度应适度低于需求增长速度，因此可以采用向下取整的方式确定飞机需求数量，本例可取 150 座级、200 座级飞机在五年末需求分别为 8 架、3 架，分别新增 3 架、1 架，此时年总运营成本为 12.63 亿元。

以上规划结果只表明未来五年内，航空公司应该新增的飞机数量及总运力，但没有呈现出各型飞机的引入进度、运力变化及其对成本的影响。现作进一步深入分析。假定将现时点作为基准年，RPK 为 20 亿人公里，往后推五年为规划期，平均客座率为 75%，规划期内 RPK 平均增长率为 10%。计算过程及结果如表 6.4、表 6.5 所示。

表 6.4　各型飞机引入规划计算过程

		基准年	第 1 年	第 2 年	第 3 年	第 4 年	第 5 年
ASK 总目标		26.67	29.33	32.27	35.49	39.04	42.95
A200	目标 ASK	10.67	11.73	12.91	14.20	15.62	17.18
	现有 ASK	10.67	10.67	10.67	15.61	15.61	15.61
	ASK 增加量		1.07	2.24	−1.42	0.00	1.57
	需求飞机		[0.2]	[0.5]	[0.0]	[0.0]	[0.3]
B150	目标 ASK	16.00	17.60	19.36	21.30	23.43	25.77
	现有 ASK	16.00	16.00	19.07	19.07	22.15	28.30
	ASK 增加量		1.60	0.29	2.22	1.28	−2.53
	需求飞机		[0.5]	[0.1]	[0.7]	[0.4]	[0.0]
引进调整							
A200	ASK 增加量			2.53			−0.96
	A200 飞机增加			[0.5]			[0.0]
B150	ASK 增加量		2.67		0.81	1.28	
	飞机增量		[0.9]		[0.3]	[0.4]	

表 6.5　各型飞机引进进度规划

	最初状态	基准年	第 1 年	第 2 年	第 3 年	第 4 年	第 5 年
机队飞机引进							
A200	2	2	2	3	3	3	3
B150	5	5	6	6	7	8	8
合计	7	7	8	9	10	11	11
ASK（亿人公里）							
A200	10.67	10.67	10.67	15.61	15.61	15.61	15.61

续表

	最初状态	基准年	第 1 年	第 2 年	第 3 年	第 4 年	第 5 年
B150	16.00	16.00	19.07	19.07	22.15	28.30	28.30
合计	26.67	26.67	29.74	34.69	37.76	43.91	43.91
ASK（%）							
A200	40%	40%	36%	45%	41%	36%	36%
B150	60%	60%	64%	55%	59%	64%	64%
运力缺口	—	0.00	0.41	2.42	2.27	4.87	0.96

现假定存在三个引入方案：方案一，第 1 年一次性引入 4 架飞机；方案二，第 3 年一次性引入 4 架飞机；方案三，如表 6.5 所示分阶段引入飞机，第 1 年引入 1 架 B150，第 2 年引入 1 架 A200，第 3 年和第 4 年各引入 1 架 B150。读者可以试着分析三种引机方案的总成本（图 6.5）。

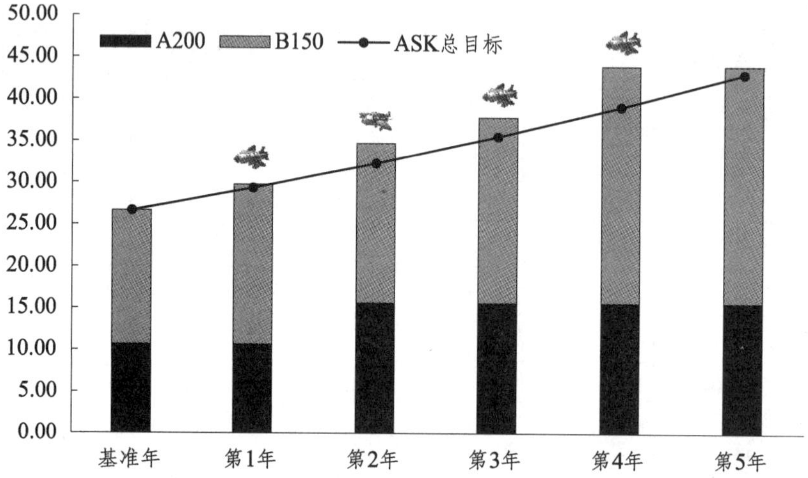

图 6.5　航空公司飞机引进进度及运力变化情况

6.3.2　微观机队规划方法

微观机队规划方法又称为自下而上的规划方法（Bottom-Up）[①]，这是一种基于详细数据的由局部至整体的分析方法。微观机队规划的优点是，可以直接给出机队的结构和在各航线上的分布，对航空公司的机型选择、航班计划的安排具有实际意义。下面分单航线和航线网络两种情况分别进行微观机队规划。

6.3.2.1　单航线飞机架数的计算

考虑第 k 年航线 j 的机队规划问题，设旅客需求量为 P_{jk}（$k=1,2,\cdots,n$），第 k 年机型 i 的飞机日利用率为 T_{ik}，则一架机型 i 的飞机的年利用率为

① BELOBABA et al. Global airline industry, 2th[M]. 2016. Ch.7, P169.

$$\overline{T_{ik}} = 365T_{ik}$$

设航线 j 的里程为 d_j，机型 i 在航线 j 的轮挡速度为 v_{ij}（含地面滑行速度），则机型 i 的飞机飞航线 j 的轮挡时间（从撤走飞机轮挡时开始，飞机经过滑行、起飞、飞行、下降、着陆、滑行，直到上轮挡为止的时间间隔）t_{ij} 为

$$t_{ij} = \frac{d_j}{v_{ij}}$$

假设航线 j 的旅客需求是双向对称的，则一架机型 i 的飞机飞航线 j 一年可承运的旅客人次为

$$Y_{ijk} = \frac{2\eta_{ij} s_i \overline{T}_{ik}}{2t_{ij}} = \frac{\eta_{ij} s_i \overline{T}_{ik}}{t_{ij}} \tag{6.1}$$

式中，η_{ij} 是机型 i 飞行航线 j 的客座率，s_i 是机型 i 的飞机可提供的座位数。$2\eta_{ij}s_i$ 表示一架机型 i 的飞机执行一个航班的来回程实际承运的旅客数，$\frac{\overline{T}_{ik}}{2t_{ij}}$ 表示一架机型 i 的飞机飞行航线 j 一年的飞行班次（来回程数）。机型 i 第 k 年飞行航线 j 所需飞机架数为：

$$x_{ij} = \frac{P_{jk}}{Y_{ijk}} = \frac{P_{jk} t_{ij}}{\eta_{ij} s_i \overline{T}_{ik}} = \frac{P_{jk} d_j}{\eta_{ij} s_i \overline{T}_{ik} v_{ij}} \tag{6.2}$$

【例 6.3】 新飞航空公司要计算 1995 年（当时为 1994 年）沈阳—上海航线（SHE-SHA）需要的飞机架数，现已知该航线是由新飞航空公司和东海航空公司经营的，航程为 1 364 km。预计 1995 年该航线旅客需求量为 185 358 人次，新飞航空公司的市场占有率为 0.82。采用 A300-600 R 及 MD-82 飞该航线，A300-600 R 飞机的日利用率为 7.6 h，轮挡速度是 727 km/h，飞该航线的客座率为 0.7，最大可用座位数是 274 个；MD-82 的日利用率是 7.2 h，轮挡速度是 664 km/h，飞该航线的客座率为 0.75，最大可用座位数是 155 个。如每种机型单独飞此航线，试测算该公司应各投入 A300-600 R，MD-82 多少架才能满足旅客需求量？[①]

解：已知 $k = 1995$ 年，$j =$ SHE-SHA，$d_j = 1\ 364$ km，新飞航空公司在 SHE-SHA 航线上旅客需求量 $P_{jk} = 185\ 358 \times 0.82 = 151\ 994$ 人次。

若 $i =$ A300-600 R 单独飞此航线，则 $T_{ik} = 7.6$ h，$\overline{T}_{ik} = 7.6 \times 365 = 2\ 774$ h，$v_{ij} = 727$ km/h，$s_i = 274$，$\eta_{ij} = 0.7$，轮挡时间 $t_{ij} = \frac{d_j}{v_{ij}} = \frac{1\ 364}{727} = 1.876\,\text{h}$，一架 A300-600 R 飞机一年可承运的旅客数为：

$$Y_{ijk} = \frac{\eta_{ij} s_i \overline{T}_{ik}}{t_{ij}} = \frac{0.7 \times 274 \times 2\ 774}{1.876} = 283\ 610 \text{ 人次}$$

因此若此航线只用 A300-600 R 执飞，则 1995 年需要 A300-600 R 飞机为：

① 民航特定时期的典型案例，仅用于说明书中所述方法或观点，不影响其有效性。

$$x_{ij}=\frac{P_{jk}}{Y_{ijk}}=\frac{151\ 994}{283\ 610}=0.54\text{ 架}$$

如果采用机型 i = MD-82 单独飞行该航线，则 T_{ik} = 7.2 h，$\bar{T}_{ik}$ = 7.2×365 = 2 628 h，v_{ij} = 664 km/h，s_i = 155，η_{ij} = 0.75，轮挡时间为：

$$t_{ij}=\frac{d_j}{v_{ij}}=\frac{1\ 364}{664}=2.05\text{ 小时}$$

同理可算得需要 MD-82 飞机 x_{ijk} = 1.02 架。

6.3.2.2　航线网络机队规划模型

微观机队规划方法可以通过建立合适的线性规模模型来求解，涉及的输入变量包括但不限于：机型数据、航线网络数据、OD 需求数据、运营成本数据、航班计划数据等。输出包括飞机分配方案，航线、航班甚至单架飞机的详细运营方案，可以用这些输出结果推测不同机队方案下的财务绩效。理论上讲，一个完善的微观机队规划模型可以详细描述航空公司在未来一段时间内采用不同机队方案所产生的运营效果。所谓的不同机队方案是在不同的需求和成本假设条件下产生的差异化场景，这为航空公司进行广泛的“What-If”模拟仿真提供了条件。具体步骤如下：

① 描述航线网络、机型特征；

② 预测 OD 需求；

③ 生成未来航线航班计划；

④ 基于自身及竞争者可能的航线航班计划，利用市场份额模型求取公司 OD 需求份额；

⑤ 利用交通流量分配模型（Traffic Allocation Model）将预测的需求分配至航班计划中每个具体的航班。

Gibson（2010）在其博士论文中详细评述了机队规划的相关文献。他认为机队规划的几个研究方向中最重要的是运筹学的应用，研究者尝试利用线性规划技术来求取最优机队规模。早期的线性规划模型包括 Miller（1963）的线性规划，Burger and Rice（1966）的整数线性规划以及 Larson（1968）的动态规划。另一种途径是建立所谓的启发式算法，其实质是关于机队规模与市场需求相适应的一系列描述性规则，如 Gunn（1964），Howard and Eberhardt（1967），Jessiman et al.（1970）。随后，飞机制造商也开始利用线性规划方法解决机队规划问题，比较有代表性的一个研究来自 Douglas Aircraft 的 Schick and Stroup（1981），他们在公司机队规划实践中测试了一系列的模型，其中“Multi-Year”模型一般基于以下三个目标之一：直接运行成本最小化、新设备引进成本最小化、以上两者之和最小化。现在给出微观机队规划方法的典型模型。

设某航空公司有 K 种机型，机型 i 的最大可用座位数是 s_i，最大年利用率是 T_i；该公司经营 m 条航线，已通过市场调查和市场预测，航线 j 的年客运需求是 D_j，允许的年航班总量是 P_j；一架机型 i 的飞机在航线 j 上执行一个航班发生的成本是 c_{ij}，飞航线 j 的客座率是 η_{ij}，轮挡时间是 t_{ij}。令机型 i 飞行航线 j 的年班次是 x_{ij}，则简单线性规划模型由式（6.3）~ 式（6.6）表示

$$\min C=\sum_{i=1}^{K}\sum_{j=1}^{m}c_{ij}x_{ij} \tag{6.3}$$

$$\text{s.t.}\begin{cases}\sum_{i=1}^{K}\eta_{ij}s_i x_{ij}\geqslant D_j, j=1,2,\cdots,m & (6.4)\\ \sum_{j=1}^{m}t_{ij}x_{ij}\leqslant T_i, i=1,2,\cdots,K & (6.5)\\ \sum_{i=1}^{K}x_{ij}\leqslant P_j, j=1,2,\cdots,m & (6.6)\\ x_{ij}\geqslant 0, i=1,2,\cdots,K; j=1,2,\cdots,m\end{cases}$$

该模型的目标函数式（6.3）是要求航空公司的年运行总成本最小化。模型约束条件有三组：第一组，即式（6.4），表示公司在航线 j 上提供的总运力应不小于该航线的年运输需求；第二组，即式（6.5），表示每种机型的实际年利用率不大于公司规定的限定值；第三组，即式（6.6），表示航线 j 安排的航班总数不得超过该航线允许的航班总量。

年利用率限制条件式（6.5）的 T_i 很难给出，因为实践中可以给出各机型每架飞机的平均年利用率（平均日利用率 × 年服役天数），而某机型的总年利用率 = 每架该机型飞机的平均年利用率×架数，但是飞机架数正是要求的变量，还无法事先知晓。因此 T_i 只能是粗估，或者干脆放弃机型年利用率约束条件式（6.5）。

该模型没有考虑机场和航线对机型的约束，也没有考虑航线最大机型数的限制。如果要引进这些约束，必须使用机型选择变量。令机型 i 执飞航线 j 时 $y_{ij}=1$，否则 $y_{ij}=0$，则可以将机场约束式（6.7）、航程约束式（6.8）、机型数量约束式（6.9）等引入上述模型中。

$$g_i y_{ij}\leqslant G_j \tag{6.7}$$

$$d_j y_{ij}\leqslant mL_{ij} \tag{6.8}$$

$$\sum_{i=1}^{K}y_{ij}\leqslant k_j \tag{6.9}$$

$$x_{ij}\leqslant F_{ij}y_{ij} \tag{6.10}$$

式中，g_i 是机型 i 的飞机等级，G_j 是航线 j 的两端机场中等级较低的机场跑道等级。d_j 是航线 j 的长度，mL_{ij} 是机型 i 飞航线 j 的最大航程。k_j 表示航线 j 上投入的机型不超过 k_j 种（由于地勤、调度等因素，机型过多会导致经济性不佳）。F_{ij} 是机型 i 在航线 j 上的最大航班数。

同时将式（6.6）用式（6.10）代替，并且存在关系：

$$\sum_{i=1}^{K}F_{ij}y_{ij}=P_j, j=1,2,\cdots,m$$

如果已知一架机型 i 飞机的年利用率 $\overline{T}_i$ 并已求得了最优的 x_{ij}，则可以用式（6.11）计算机型 i 的最优架数（单向的）

$$F_i=\sum_{j=1}^{m}x_{ij}d_j/(v_i\overline{T}_i)$$

或

$$F_i = \sum_{j=1}^{m} t_{ij} x_{ij} / \overline{T}_i \tag{6.11}$$

请注意，并没有要求上述规划模型的最优解 x_{ij} 是整数，因为最终要求的是各机型飞机的架数，用式（6.11）计算得到的飞机架数一般是小数，因此没有必要要求 x_{ij} 为整数。

微观机队规划方法存在一些缺点，建立规划模型需要详细预估未来场景，包括 OD 需求、航线网络、航班计划、航班运行成本等，预测结果的精度不易把握，模型比较复杂，而且很难将竞争者的反应考虑进来。实际上，未来竞争环境的不确定性远远超过航线本身的不确定性，因此这种方法一般适用于中短期规划。

机队规划周期较长，市场环境变化较快，需求和成本预测面临巨大的不确定性，规划者花费大量精力估算出的各类细节信息可能并不那么可靠，加上很多公司还会考虑政治影响，或制造商机位限制等现实问题，导致所谓的"最优"规划方案往往仅停留在理论层面，无法在实务中落地实施，或者效果不甚理想。一些学者甚至对投入大量精力构建微观机队规划模型的努力和价值表示怀疑①。在实际运用中，常常把宏观、微观两种方法结合使用，以便获得更加可靠的机队规划结果。

① GIBSON. Aircraft investment planning and uncertainty[D]. 2010, Cranfield University, P171-176.

第 7 章　航班计划[①]

7.1　航班计划概述

7.1.1　航班计划的含义

狭义的航班计划指定期航班的频率、班期、时刻以及机型指派等决策问题，在国内这种航班计划的执行周期是半年。广义的航班计划指和航空运输生产活动相关的一系列生产计划，包括狭义的航班计划、飞机维修计划、飞机排班计划、机组排班等。本教材仅介绍狭义的航班计划，暂不涉及飞机维修、飞机排班及机组排班等广义的航班计划内容。

航班计划是航空公司一切生产活动的基础和核心，客货销售计划和运营飞行计划等其他生产计划都是建立在航班计划基础上，并为航班计划的顺利实施提供保障。完整的航班计划包括航线、航班、班次、班期、执行航班计划的机型等其他要素，最后以航班时刻表的形式公布。

7.1.2　航班计划的内容

航班计划的制订可以分为两个相对独立的过程，一个是航班频率和时刻优化，另一个是机型指派问题。

航班频率和时刻优化是指在运输需求预测结果的基础上，根据航空公司各航线市场上需求在一个周期内的分布、机场时刻资源以及机队资源，确定合理的航班频率（班次）、班期和时刻等，其目的是最大限度地扩大公司在航空运输市场中所占的份额，增加销售收入。

机型指派问题是根据飞机舱位容量、运营成本、潜在收益及飞机可用性，将具有不同舱位容量的机型指派给各定期航班的问题。因为不同型号的飞机有不同的飞行性能（如航程、升限、最大起飞重量、爬升能力等），对某一航线来说，并不是所有机型都适合执行这条航线上的航班。此外，不同机型对应不同座舱布局和容量，运营成本也有很大差异，如 B737-300 飞机的座位数一般为 144 ~ 148 座，直接运营成本为 3 ~ 5 万元/小时，而 A340-200 飞机的座位数可达 380 座，直接运营成本为 8 万元/小时左右。机型指派的目的是确定航班所使用的最佳机型，即为每一个定期航班指派一种且只有一种飞机机型（不具体指定某一架飞机），从而使收益最大化或运营成本最小化。

7.1.3　航班计划的主要影响因素

7.1.3.1　航空需求特征对航班计划的影响

航空旅客对航空运输产品属性具有不同的态度和偏好。航空运输产品属性可分为若干类型，例如飞机客舱布局相关类、航班计划相关类、票价相关类和服务相关类等。哪些旅客选

① 朱金福，等. 航空运输规划[M]. 西安：西北工业大学出版社，2009：374-375.

择特性与航班计划相关，一是旅客对航线（例如是否中转、中转几次）的选择行为，在出行时间都可以满足的情况下，旅客选择中转次数少的航班；二是旅客对机型的选择行为，在其他条件都相同的情况下，旅客倾向于选择大机型的航班；三是旅客出行时间的选择，这一特性具体反映在旅客需求分布曲线上。

如图 7.1 所示是一年中旅客需求的分布图，可以看出，一年中 2 月、7 ~ 8 月、10 月是需求旺季，需要安排加班，12 月 ~ 1 月、3 月 ~ 4 月是需求淡季，可适当减少航班频率，安排飞机大修。如图 7.2 所示是一天中旅客需求的分布密度图，可以看出早晨 8：00 ~ 10：00 和下午 5：00 ~ 7：00 是需求高峰小时，在这期间应当安排较高频率航班。

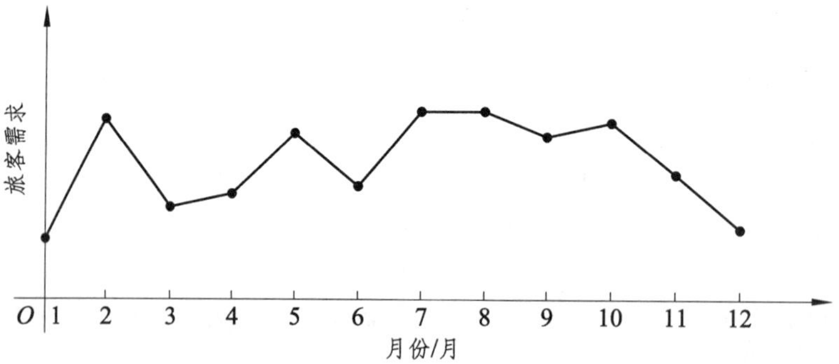

图 7.1　一年中旅客需求分布图

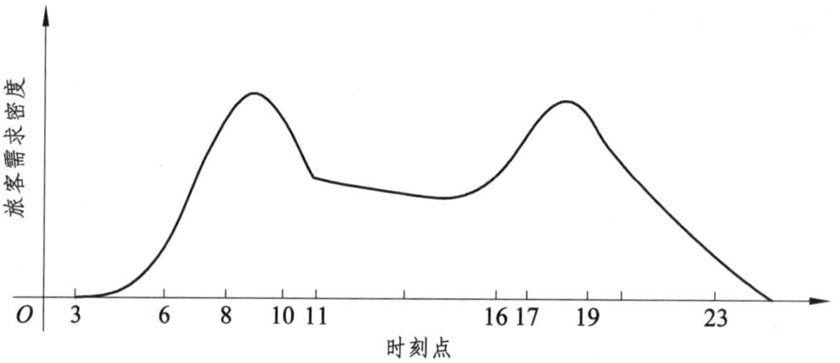

图 7.2　一天中旅客需求分布图

7.1.3.2　机型尺寸与航班频率的关系

运力资源是航空公司宝贵而有限的资源，制作航班计划时，要将运力在航线网络中进行合理配置。由于每个航线市场都有其自身特点，对整个航线网络进行运力优化配置时，既要全盘考虑，也要具体分析。在航空公司实际操作中，通常用可供座/吨位数表示运力。

运力安排主要包括两方面的内容：一是确定各航线市场的机型，可能多种机型并存使用；二是确定各航线市场的班次，即航班频率。

1. 机型选择

在第 6 章中，已经详细讨论过机型选择问题。这里要注意的是，在选择机型时，不但要考虑航线旅客流量、航线距离、航线条件、机场条件及机型经济性等因素，还要考虑航班频率的影响。在旅客需求确定的情况下，航班频率越大，所选用的机型越小；反之，航班频率小了，所选用的机型就应大些。

2. 航班频率

指确定各航线市场一个星期/一天的航班频率。在确定航班频率时，主要考虑航线市场旅客流量、航空公司运力供给、机型属性和经济性等因素。

（1）旅客流量。旅客流量增大，则应当增加航班频率。因为此时航班频率降低了，将造成旅客溢出，这不仅增加了航空公司的机会成本，而且影响了航空公司市场形象；反之，则应适当减少航班频率。对于旅客而言，航班频率越大越好，这样可以降低旅客计划延误和随机延误成本；但从航空公司角度来看，当市场需求确定时，航班频率过大，就会造成客座率下降，增加运行成本，影响航空公司的经济效益。

（2）运力供给。航空公司运力供给充足时，应增加航班频率；运力不足时应适当减少频率。飞机是一种非常昂贵的资源，航空公司一般不备份运力。

（3）机型。在航线旅客需求确定的情况下，选择大机型，航班频率应小些；反之，选择小机型，则航班频率应大些。

从上面的分析可以看出，机型和航班频率是紧密相连的。在每周旅客流量一定的情况下，航空公司可以选择以下两种策略之一：① 选择较大机型，减少航班频率；② 增加航班频率，降低机型座级。

航空公司在实际操作中，对每周旅客流量比较大的航线市场，往往倾向于选择第一种策略，因为这对降低航空公司运营成本（起降费、航站服务费、机组、维修成本等），提高空域利用率，减轻机场拥挤状况等方面将起到很好的作用；相反，在每周旅客流量比较小的航线市场，则倾向于选择第二种策略。

7.1.3.3 航线竞争对航班计划的影响

航空公司间针对旅客及市场份额的竞争受到如下因素的影响：① 提供服务的每条航线上的航班频率与起飞时刻。② 与其他航空公司相比价格高低，必须在法规允许范围内展开价格竞争。③ 所提供产品与服务的品质，包括机场和机上的服务、对折扣价产品使用的限制条件等。

旅客选择产品与服务时会综合考虑航班频率、起飞时刻、产品价格与服务品质，以使“总体负效用”最小。每个旅客都愿意以最低的价格，购买出发时刻最方便且服务最好的航班。不过旅客很少能同时获得最低的价格、完美的行程和最高品质的服务，因而只能在满足预算条件的前提下，在这些因素中进行权衡并最小化负效用。

当其他因素相同时，OD 市场上航空公司的市场份额约等于他投放的航班频率份额，直接表示为竞争性直飞航班的频率。这一结论是在对历史航线数据和客流数据分析的基础上得出的，可以作为一条相对简单的经验法则使用。整个航空业目前使用最普遍的用以描述航空公司市场份额与航班频率之间关系的方法是“S 曲线”模型（在 9.1.2 节有详细阐述，此处暂不赘述）。航班频率和市场份额之间的这种 S 曲线关系，解释了航空公司为何将航班频率作为重要的竞争性武器使用。

假设大量的旅客期望出行时间均匀分布于一整天时间中，且旅客会选择那些最接近自己期望出行时间的航班。那么拥有较多出港航班的航空公司，将独占期望在仅由他提供唯一航班的时间段内出行的全部旅客；此外在两个航空公司都提供服务的时间段内必然会产生竞争，由两者分享全部出行需求。

从 S 曲线模型及上面的例子中容易发现，为了在直飞市场上保持市场份额，互相竞争的航空公司会提供相同数量的航班频率。在只有两家公司竞争的市场上，这两家公司提供相同的航班频率，他们都会获得大约一半的市场份额。同样在 3 家公司竞争的市场上，如每家提供 33%的航班频率比例，大致就能各自保持 33%的市场份额。

7.1.4 航班时刻表制定步骤

航空运输生产飞行包括正班飞行、加班飞行、专机飞行、包机飞行和其他飞行等五种类型的飞行，其计划的制订包括确定正班飞行的航班时刻表和飞机路线，航班时刻表是核心内容，可按如下步骤制订。

（1）确定航线。

确定航线一般从以下两方面来考虑：一是调整原有航线；二是开辟新航线，第 5 章已经详细介绍了航线网络设计和航线评估方法，它确定了各 O-D 流的路线。

（2）确定机型。

应用第 6 章的方法对机队的发展做出了规划，已经有了一个优化的机队。每个航班使用的机型将用 7.5 节介绍的机型指派方法来确定。

（3）确定每周班次。

也即确定航班频率。每周班次的确定应根据运量、运力、机型和经济效益等因素来安排。运量大、运力充足时，应当增加航班密度；反之，则应适当减少航班密度。从旅客和货主的要求来看，航班密度越大越好，这样可以随时满足其需要，降低计划延误成本。但从民航企业的角度来看，航班密度过大，就会造成载运率下降，影响企业的经济效益。因此，应当在最大限度满足社会需要与尽可能提高企业经济效益之间寻找平衡点，使计划的每周班次保证载运率达到或超过平衡载运率。航班频率的优化方法将在 7.3 节讨论。

（4）确定航班号。

国内航班号由航空公司二字英文代码加 4 位阿拉伯数字组成，航空公司代码由中国民航局规定公布；后面的 4 位数字表示航班的编号，前两位表示相关航空公司，后两位是航班序号。单数表示去程航班（由飞机基地出发的航班），双数则表示回程航班（返回基地的航班）。例如，航班 MU2835，MU 为东方航空公司代码，2835 为序号，单数表示去程航班。

国际航班号由航空公司二字英文代码加 3 位阿拉伯数字组成。第一位数字表示航空公司，后两位表示航班序号，单数为去程，双数为回程。例如，CA982，表示由中国国际航空公司承运的纽约—北京的回程航班。

（5）确定班期。

确定班期即确定航班的飞行日期。如果航班当天往返，则在去程和回程栏填写同一日期；如果航班往返不能在同一天完成，则在去程和回程栏内填写始发日期和回程到达日期。班期的确定尽可能按均匀分布的原则来安排，这样既方便了旅客和货主，也便于航空运输企业自身的客货组织工作。

（6）确定航班时刻。

确定航班时刻即确定航班的起飞时间。起飞时刻的确定应根据季节、气候、机场条件、机场的合理使用、与其他航班的衔接、航线流量和需求分布等因素来安排，将在 7.4 节介绍航班时刻优化的方法。

7.2　航班计划编制

7.2.1　航班计划编制步骤

在国内，航班计划的编制通常包括以下几个步骤：

（1）调查研究和预测，掌握影响航班计划编制的外部因素。它包括市场需求状况，有关地区的政治、经济、体育和文化活动，热点商务、旅游航线，以及竞争对手的市场动向等情况。对这些影响航班计划编制的外部因素，都要进行认真细致的调查、分析和预测，切实掌握它们的现状和发展变化趋势。

（2）明确航空公司自身条件。它包括航空公司自身的运营情况以及现有的人力、财力、物力等，提出未来一段时间内航空公司的目标任务和市场定位等。例如，准备开拓哪些市场（新开哪些航线，新开航线的班次如何），调整哪些市场（哪些航线需要加、减班次，哪些航班时刻可以调整等）。

（3）草拟方案，比较选择。根据掌握的内、外条件和航空公司确定的目标，提出航班计划的初步方案，并对多种方案加以比较和选择。草拟航班计划方案时，对每条航线进行具体分析，提出对航线、机型、班次、班期、时刻的安排意见等。

（4）综合平衡，确定航班计划。航班计划初步方案确定以后，根据一系列平衡考虑，最终确定航班计划。考虑的平衡因素主要如下：

① 飞机使用均衡。它包括飞行小时、起落架次等的均衡。目前国内航空公司的飞机平均日利用率大约为 9～12 小时。

② 航线班期频率平衡。它指每条航线的班期力求均匀，如某航线每周 7 班，则应尽可能每天安排一班，尽量避免某一天几班，另一天或几天没有航班。对于几家航空公司共同运营的航线，还需要在各航空公司之间做进一步的平衡。这种全民航范围内的平衡是在中国民用航空局主持下，每年两次的航班计划协调会上，各航空公司代表通过协商后最终确定。

③ 航站工作量平衡。它指航站每天进出港飞机架次力求均衡，包括每周各天的均衡和每天时间先后的均衡两个方面，这样有利于充分利用机场设施（机坪、候机楼等），有利于保持好的工作秩序，有利于提供安全舒适的服务。

7.2.2　航班计划编制流程

7.2.2.1　季度航班计划编制流程

目前，在我国民航企业的实际运营中，为适应空运市场季节性变化，每年制订两次航季航班计划，即冬春季航班计划和夏秋季航班计划。季度航班计划的编制流程如图 7.3 所示。

1. 相关部门

航班计划部门负责季度航班计划的编制，整合各方资源、各相关部门的资料及意见、局方对航季的评审规则和相关政策、航季历史航班库的整理、上一个航季的市场销售数据和运营状况分析、公司运行数量、公司基地规划和航线网络规划，组织相关部门讨论，制订季度航班计划初稿，主管领导审批后报局方批准，最后公布实施。其他相关部门协助完成航班计划的编制工作。

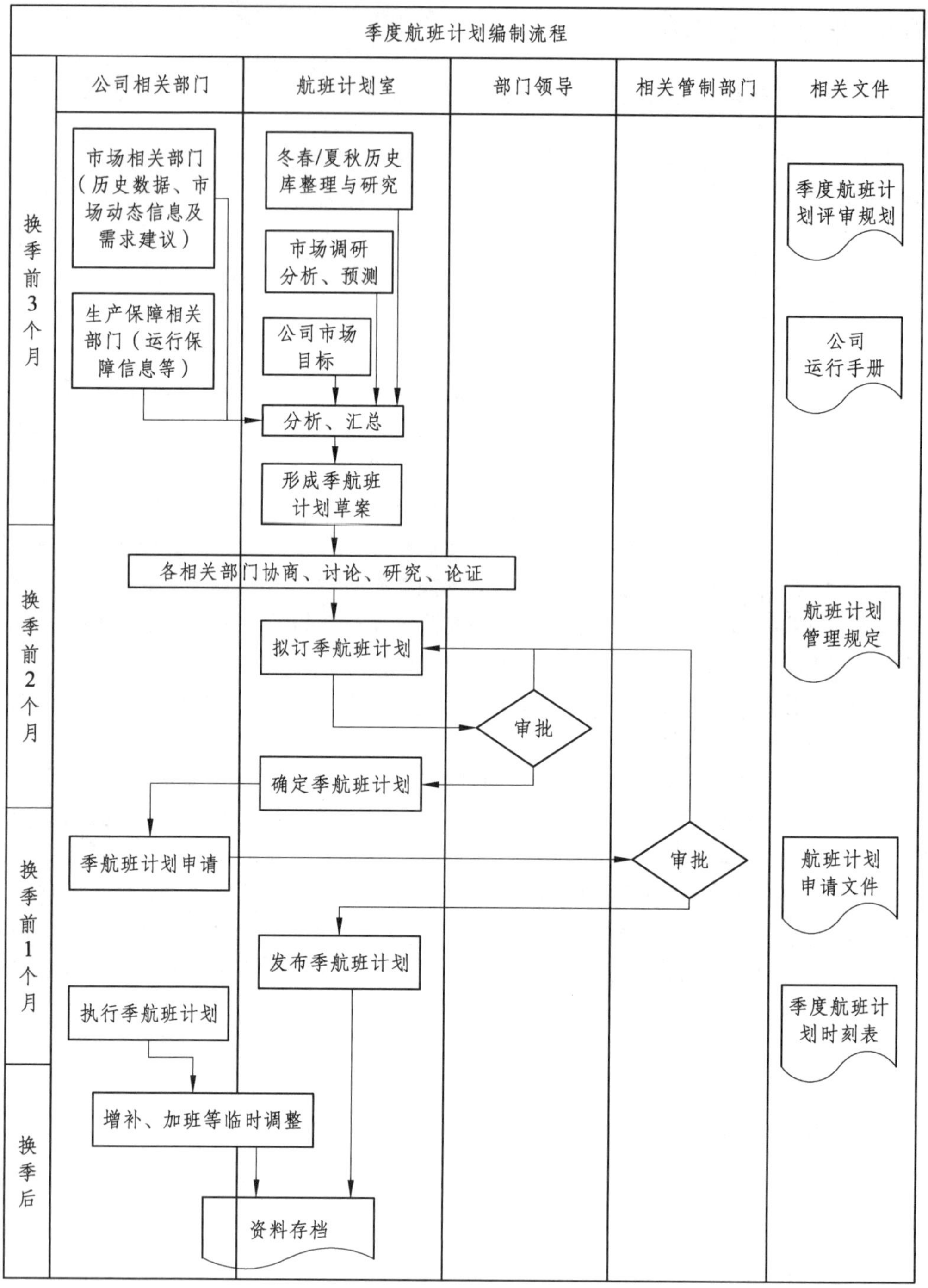

图 7.3　季度航班计划编制流程示意图

涉及的相关部门包括：市场营销部/商务部、运行控制中心、飞行部、乘务部、机务部、计划财务部、公司管理办公室、货运公司等。

相关管制部门：中国民航局运输司、中国民用航空局空中交通管理局（简称空管局）、地区管理局运输处。通常还需要与有关机场当局协调机场资源的使用问题。

2. 时间范围

冬春季航班计划的执行时间是当年10月份的最后一个星期日至次年3月份最后一个星期六止。夏秋季航班计划的执行时间是当年3月份最后一个星期日至10月份的最后一个星期六。具体日期根据日历确定。

3. 工作流程

（1）前期准备阶段，工作包括：

① 航班计划部门分别在每年 6 月初（冬春季航班计划）和 11 月初（夏秋季航班计划）向相关部门征求冬春和夏秋季航班安排意见。

② 各相关部门在接到通知的 14 天内，以书面形式向航班计划部门提出反馈意见。

③ 航班计划部门对反馈意见进行汇总、整理与分析。

（2）季度航班计划草案制订阶段，工作包括：

① 航班计划部门在现有航班的基础上，根据公司的战略目标、公司基地规划和航线网络规划、机队规划以及客、货运的市场需求情况，在航班换季前三个月完成航季航班计划草案（初稿）编制工作。每年的 6 ~ 7 月（6 月底 ~ 7 月初）编制冬春季航班计划草案，每年的 11 ~ 12 月（11 月底 ~ 12 月初）编制下一年的夏秋季航班计划草案。

② 在航班换季前两个月，航班计划部门将季航班计划（修改稿）报部门及公司主管领导批准，制订出航季航班计划表。每年的 7 ~ 8 月确定冬春季航班计划，12 月 ~ 下 1 年 1 月确定下一年的夏秋季航班计划。

（3）航班计划申报、协调阶段，主要工作：

根据季航班计划表的内容，填写“新开航线计划表”“新增航班计划表”“新增使用空、海军机场计划表”并汇总，在航班换季前一个半月，由航班计划部门公共事务室（时刻协调部门）向中国民航局、空管局、地区管理局等有关部门申报，并负责参加航季航班计划的汇总会、审定会、时刻协调会、时刻校对会和最终校对会等五个民航规定的系列会，完成季度航班计划的全部申请批复工作。此后，公共事务室应整理会议审批结果，形成书面报告，呈报航班计划部门，同时将航线经营权、航班量、时刻资源等情况通告各相关部门。

（4）航季航班计划执行阶段，工作包括：

① 航班计划部门根据获得批准的冬春/夏秋季航班计划、“新开辟的航线航班表”“增加的航线航班表”“新增使用空、海军机场计划表”，制订“冬春/夏秋季航班计划”。

② 航班计划部门在航班换季前一个月将冬春季航班计划（9 月底）或夏秋季航班计划（2 月底）向公司相关部门公布，相关部门签收、执行并进入销售系统。

③ 航班计划部门将“冬春/夏秋季航班计划”等相关资料归档留存，一般存档期至少两年。

④ 航季航班计划在执行的过程中，各相关部门对航班运行状况和市场销售情况进行跟踪监控，根据需要做出临时调整。需要临时调整的航班，执行航班计划调整工作程序（图 7.3）。

7.2.2.2 月度航班计划编制流程

月度航班计划是在销售部门的销售建议、月度市场分析、航班优化调整等综合研究的基础上，发挥“市场快速反应”机制，如一切可能的市场机会，以收益最大化为目标制订的。月度航班计划主要指春运、暑运加班航班计划的编制。编制流程如图 7.4 所示。

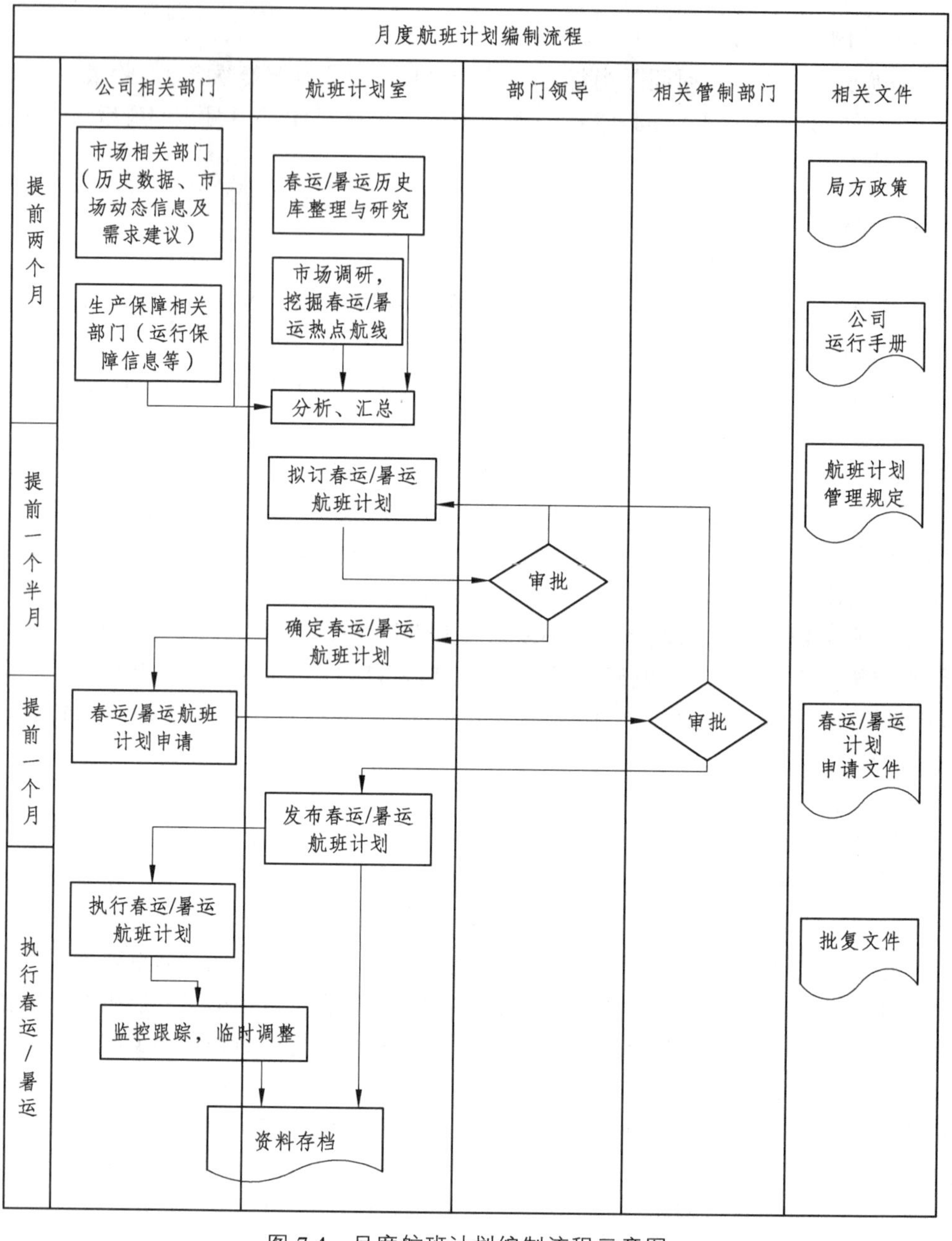

图 7.4　月度航班计划编制流程示意图

（1）相关部门。

航班计划部门负责月度春运/暑运航班计划的编制，整合各方资源，组织相关部门讨论，制订春运/暑运航班计划初稿，主管领导审批后报局方批准，最后公布实施。

涉及的相关部门及相关管制部门与季度航班计划相同。

（2）时间范围。

春运航班计划的执行日期大致为春节开始前 15 天到元宵节后 5 天，根据市场情况变化有所不同（每年国家会发布具体春运时间）。

暑运航班计划的执行日期大约为每年 7、8 两个月，根据市场（地域）变化也会有所不同。

（3）工作流程。

① 前期准备工作。航班计划部门根据市场部等相关部门所提供的历年春运/暑运历史数据、当前市场信息以及春运/暑运计划的需求建议，结合本部门对市场的监控与分析结果，分析出春运/暑运热点航线，拟定加班重点。并汇总机务部等运行保障部门所提供的飞机停场检修计划和其他运行保障信息，给出公司运力安排计划，提前两个月拟定春运/暑运加班计划。在春运/暑运旺季一个半月前，召开各部门协调会，对计划做必要调整，然后递交部门主管领导审批，最终确认春运/暑运航班计划。

② 申请批复。根据春运/暑运航班计划表的内容，在春运/暑运开始执行前一个月，由公共事务部门（时刻协调部门）向中国民航局、空管局、地区管理局的相关部门申报并获得批准。

③ 确定航班计划。航班计划部门根据批复情况对航班计划进行必要调整，形成最终计划，并在执行日期前半个月向公司相关部门公布春运/暑运航班计划，相关部门签收、执行。

春运/暑运航班计划在执行的过程中，各相关部门对航班运行状况和市场销售情况进行跟踪监控，根据需要做出临时调整。对于需要临时调整的航班，执行航班计划调整程序。

7.2.2.3　包机航班计划编制流程

临时性包机是相对于定期航班而言的，是根据市场需求或顾客的申请，临时经营的航班，不包括定期执行的包机航班。提出包机申请的提前时间限制，各航空公司差别较大，但一般要求至少提前半个月提出包机申请。临时包机的工作流程如图 7.5 所示。

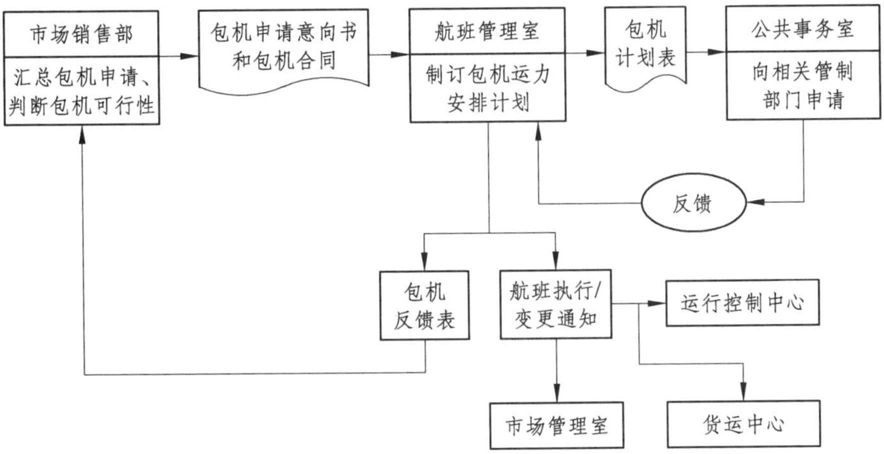

图 7.5　包机航班计划编制流程示意图

（1）市场销售部门接受包机申请。包机申请的内容包括包机所希望的航班时刻、包机的收入与成本计算、旅客数估算、对正常航班收入的可能影响，根据市场需求情况判断包机对正常航班影响程度，评估包机的利润，分析包机可行性，并提交相应的包机意向书和包机合同。经航班计划部门审核后，指派专人根据运力和运行保障情况，编制临时包机计划。由市场销售部门牵头组织召开各相关部门协调会，协商后的计划由航班计划部门报部门主管领导审批，确认包机航班计划。

（2）公共事务部门根据包机计划表内的包机计划、时刻等向民航局、空管局等相关管制部门起草传真电报，获得包机许可及包机时刻的批复。未得到批复的包机计划应反馈给航班计划室。

（3）航班管理室根据最终确定的包机计划，填写航班变更通知单，通知运行控制中心、货运中心，执行包机计划。

（4）事后由市场收益部门对临时包机计划的实施效果进行追踪调查。

7.3 航班频率决策

7.3.1 单航线航班频率决策

1. 成本最小化

航班频率设置使总成本最小化，总成本包括航班运行成本、旅客旅行时间成本。

$$C = D\left[\frac{c_{sd}T}{4f} + c_{td}\left(\frac{L}{v} + t_d\right) + a_0\right] + c_f f \tag{7.1}$$

式中，C 是总成本，D 表示旅客需求，c_{sd} 表示单个旅客的计划延误成本，f 表示航班频率，T 表示航班计划周期，$\frac{T}{4f}$ 表示旅客延误时间（在第三章已有介绍），c_{td} 表示旅客的单位旅行时间成本，L 表示航线航程，v 表示飞机平均巡航速度，t_d 表示实际延误时间，a_0 表示旅客支付的固定成本，如机票、保险及其他服务费用，c_f 表示航班运行成本。

令 $\frac{\partial C}{\partial f} = 0$，得最优的航班频率 $f^* = \frac{1}{2}\sqrt{\frac{DTc_{sd}}{c_f}}$，设 l 为客座率，最优机型座位数

$$s^* = \frac{D}{l}\cdot\frac{1}{f^*} = \frac{2}{l}\sqrt{\frac{Dc_f}{Tc_{sd}}}$$

可见最优航班频率与旅客需求、计划周期和旅客单位时间计划延误成本的平方根成正比，与航班运行成本的平方根成反比。而最优机型座位数则与需求及航班运行成本的平方根成正比，与设计客座率、计划周期和旅客单位时间计划延误成本的平方根成反比。

2. 利润最大的航班频率

航线利润等于航线收入减去运行成本，运行成本包括航路运行费、起降费和旅客成本。航线利润等于

$$R = (p - c_p)D - (c_r + c_l)f \tag{7.2}$$

式中，p 是平均票价，c_p 是单位旅客成本，c_r 和 c_l 分别是航路运行费和起降费，旅客需求 D 是航班频率 f 的函数。

将利润函数对航班频率求导，并应用复合函数求导法则，然后令导数等于零，得

$$\frac{\partial R}{\partial f} = (p - c_p)\frac{\partial D}{\partial f} - (c_r + c_l) = 0 \tag{7.3}$$

旅客需求 D 对航班频率 f 的弹性为 $\mathrm{e} = \frac{\partial D/D}{\partial f/f}$，将该弹性表达式代入式（7.3），得到

$$f^* = \frac{(p - c_p)\mathrm{e}D}{c_r + c_l} \tag{7.4}$$

式中，c_p 相对于 p 很小，常常可以忽略不计。此时，最优航班频率与航线旅客需求和机票价格成正比，与航班成本成反比。可见利润最大化和成本最小化条件下的最优频率有较大差异。

7.3.2　多条线航班频率决策

现在讨论多条航线、一种机型条件下，以旅客计划总延误时间最小为目标函数的航班频率优化问题。假设航空公司只有一种机型，座位数为 s，在计划周期 T 中可提供 S_p 个座位小时的生产能力，经营 m 条航线，第 i 条航线轮挡时间为 t_i 小时，需求为 D_i。旅客计划总延误最小的目标函数为

$$\min SD = \frac{T}{4}\sum_{i=1}^{m}\frac{D_i}{f_i} \tag{7.5}$$

同时受到总座位小时数的约束

$$\sum_{i=1}^{m} f_i t_i s = S_p \tag{7.6}$$

用 Lagrangian 乘子将上述约束条件并入目标函数式（7.5），得

$$\overline{SD} = \frac{T}{4}\sum_{i=1}^{m}\frac{D_i}{f_i} + \lambda\left(\sum_{i=1}^{m} f_i t_i s - S_p\right)$$

应用条件极值法则，得

$$\frac{\partial(\overline{SD})}{\partial f_i} = -\frac{T}{4}\cdot\frac{D_i}{f_i^2} + \lambda t_i s = 0$$

$$\frac{\partial(\overline{SD})}{\partial \lambda} = \sum_{i=1}^{m} f_i t_i s - S_p = 0$$

由此解得

$$\lambda = \frac{T}{4s}\cdot\frac{D_1}{f_1^2 t_1} = \frac{T}{4s}\cdot\frac{D_2}{f_2^2 t_2} = \cdots = \frac{T}{4s}\cdot\frac{D_m}{f_m^2 t_m}$$

因此　$$f_i = \sqrt{\frac{D_i / t_i}{D_1 / t_1}} f_1$$

代入约束条件式（7.6）得

$$\sum_{i=1}^{m} f_i t_i s = s f_1 \frac{\sum_{i=1}^{m}\sqrt{D_i t_i}}{\sqrt{D_1 / t_1}} = S_p$$

解得

$$f_1^* = \frac{S_p\sqrt{D_1 / t_1}}{s\sum_{i=1}^{m}\sqrt{D_i t_i}} = \frac{S_p\sqrt{D_1 t_1}}{s t_1\sum_{i=1}^{m}\sqrt{D_i t_i}} = \frac{T_p\sqrt{D_1 t_1}}{t_1\sum_{i=1}^{m}\sqrt{D_i t_i}}$$

进一步可得到其他航线的最优航班频率，一般有

$$f_l^* = \frac{S_p\sqrt{D_l t_l}}{s t_l \sum_{i=1}^{m}\sqrt{D_i t_i}} = \frac{T_p\sqrt{D_l t_l}}{t_l \sum_{i=1}^{m}\sqrt{D_i t_i}}, l = 1, 2, \cdots, m$$

式中，$T_p = \frac{S_p}{s}$ 是机型的总利用率，因子 $n_p = \frac{T_p}{t_l}$ 是机型总利用率用于执行航线 l 的理论航班频率。如果将 $D_l t_l$ 看作是航线 l 的旅客运输量（单位是客时），那么

$$\omega_l = \frac{\sqrt{D_l t_l}}{\sum_{i=1}^{m}\sqrt{D_i t_i}}$$

是航线 l 旅客运输量的平方根比例，叫作旅客运输量权重。可见最优航班频率等于理论航班频率乘以旅客运输量权重。用服务质量（旅客计划延误时间）来规划航班频率时，各航线航班频率按照 $\sqrt{D_i t_i}$ 分配飞机总利用率。

假设其他航线需求不变，可以计算某航线航班频率随需求的变化。

7.4 航班时刻决策

在航班频率确定以后，接着确定班期，即确定各航班在一周内的分布。方法是根据旅客需求在一周内的分布（可能是定性的或者是定量的），将航班安排在需求较大的日子，以尽可能服务更多的旅客。班期确定后，再根据航班执行当天的需求分布确定航班时刻。

一个合理的航班时刻应满足大多数旅客的出行愿望，它在航空公司客运竞争中起到相当重要的作用。同等条件下，较好的时刻能够吸引更多的旅客。

7.4.1 航班时刻的影响因素

可以从内、外两个方面来分析航班时刻的影响因素。

1. 外部因素

（1）机场容量限制。

航班时刻是一种有限资源，根据中国民航局规定，每一个机场都有航班总量的限制，造成了对航班时刻的限制。近年来，国内航空运输市场保持了快速发展，北京、上海、广州等繁忙机场的起降架次屡创新高，非常有限的航班时刻资源与快速增长的市场需求之间的矛盾愈显突出。

（2）航空管制限制。

航班时刻也是一种公共资源，各航空公司应该在“公平、公正、公开”的原则下，科学地分配航班时刻。

《民航航班时刻管理暂行办法》（《暂行办法》）明确规定了“政府管理为主，多方参与”的航班时刻管理体制，即由中国民航局制定统一的时刻管理政策，负责全国民航时刻管理工作，由中国民航局空管局、地区管理局、各航空公司、机场多方参与协调，合理分配航班时刻资源。同时，该《暂行办法》也详细规定了航班时刻的申请、协调程序以及航班时刻的退出机

制等。

（3）旅客出行需求。

对于旅客，航班时刻恰当，就能减少计划延误，应当在遵守时刻管制的情况下，安排尽可能满足大多数旅客出行需求的时刻，更有利于提高竞争能力，扩大航空公司的市场份额。

2. 内部因素

（1）航班结构调整。

根据前面航空旅客的需求特征分析，可以知道航空旅客存在明显的时空特性，即航空旅客的流量、流向会随时间动态地变化，这意味着航空公司应根据市场的变化情况，调整航班结构，包括航班频率、时刻等的调整。

（2）航班衔接的影响。

航班衔接指航段之间在时空关系上的连续性。例如，一架飞机执行上海至北京的航班，16:00 到达北京，经过必要的过站准备时间（不小于最小过站时间，例如 45 min），下一个从北京出发的航班的出发时间不能早于 16:45。

7.4.2　航班时刻的优化方法

1. 航班时刻的经验确定

航班时刻的优化安排可以根据对需求的定性认识（经验），也可以根据需求的定量分布来确定。根据对需求分布的定性认识，可以按照以下步骤安排航班时刻：

① 根据当天的航班数，均匀安排航班。

② 根据对需求分布的定性认识，将航班时刻尽量移到其附近的高峰点。

③ 根据可能获得的时槽，调整航班时刻。

如果可以获得需求的定量分布，那么可以按照下述方法 2 进行优化。

2. 航班时刻的优化模型

为了建立航班频率与时刻优化模型，做出以下假设：

① 旅客选择航班时会选择离自己计划乘机时间最近的航班（时刻）。

② 已知在一个周期内相关航线的旅客平均累计需求分布。

③ 同一条航线的每一位旅客的单位计划延误时间成本是相同的。

④ 航线的航班时刻最优的目标函数是要求旅客计划延误的总成本以及开设航班成本之和成本最小。

根据以上假设③和④，航班时刻的优化问题就转化为旅客计划延误成本的最小化问题，建立线性规划模型求解，本书不做介绍。

7.5　机型指派模型简介

7.5.1　机型指派的约束条件

通过前面航班频率和时刻优化，我们已经有了一个初步的航班时刻表，但这个航班时刻表中还没有为各航班指定机型。本节将讨论机型指派问题（Fleet Assignment Problem，FAP），有时也称为机型分配问题。它根据不同机型具有不同的座位数、运行成本和潜在收益，指派不同的飞机类型给设计好的定期航班。飞机座位是航空公司的产品属性，如同其他产品一样，大量的存货能支持大规模销售的同时会导致浪费。而且航空公司的座位是“易腐的”，也就是说在航班离港前没有销售出去的座位就会虚耗掉。因此，理想的决策就是将“合适的座位数”以“合适的价格”提供给合适的旅客，这两者中，“合适的座位数”由机型指派确定，而“合适的价格”则由收益管理决定（见第 8 章）。

为建立机型指派模型，首先简单介绍机型指派问题的基本约束条件，包括一般约束条件和特殊约束条件。一般约束条件主要指航班覆盖约束、飞机流平衡约束、飞机数约束；特殊约束条件主要包括航线、机场约束，飞机利用率约束，经停、中转航班约束等。

（1）航班覆盖约束。要求为每个航班指派一种且仅一种机型。但也有研究文献要求覆盖尽可能多的航班，以使收益最大，没有被覆盖的航班意味着被取消，这在国内很少见。因为在计划阶段不会考虑取消航班，只有在天气、机械故障等不得已条件下，才考虑取消航班。

（2）飞机流平衡约束。在时空网络的每个机场节点，对于每一种机型，地面原有飞机数+到达飞机数 = 出发飞机数+留下飞机数，在机型指派周期开始与结束时，各航站具有相同的机型飞机数分布。

（3）飞机数约束。指各种机型使用的飞机架数不得超过可提供的飞机架数。

（4）航线、机场约束。不同机型的飞机有不同的属性，如飞行高度、速度、最大航程等，不同的航线、机场对机型有一定的限制，例如远距离航线或国际航线，要求较大的机型，高原机场等气候条件复杂的机场对机型有特殊要求，等等。

（5）飞机利用率约束。飞机是一种极其昂贵的资源，必须保证飞机具有较高的利用率，这也是降低航空公司运营成本，提高经济效益的有效措施之一。

（6）经停、中转航班约束。在国内中转航班并不多，主要是一次经停航班，即一个航班由两个航段组成，例如广州—南京—北京，在南京经停，两个航段使用同一个航班号；经停约束就是指对一个航班号的两个航段指派同一种机型。

这些都是机型指派通常考虑的约束条件。另外，一些航线、机场对同一种机型中的不同飞机也有特殊要求，该约束在飞机排班时再考虑。

定期航班计划包括以一日为周期和以一个星期为周期两种。以一日为周期的航班计划中各航班每日重复（周末可能适当减少），以一个星期为周期的航班计划是每隔一周航班重复执行。如果以一个星期为周期的航班计划中多数航班每天重复的话，那么也可以在以日为周期的航班机型指派结果的基础上，再进行例外处理。由于国内航空公司基本都是以周为航班周期，本节主要介绍周航班计划的机型指派问题。

7.5.2 机型指派的优化模型

下面针对国内航线网络及航班计划特点，建立以一个周为周期的机型指派 0-1 整数规划模型。将时空网络扩展为周机型指派时空网络，如图 7.6 所示。

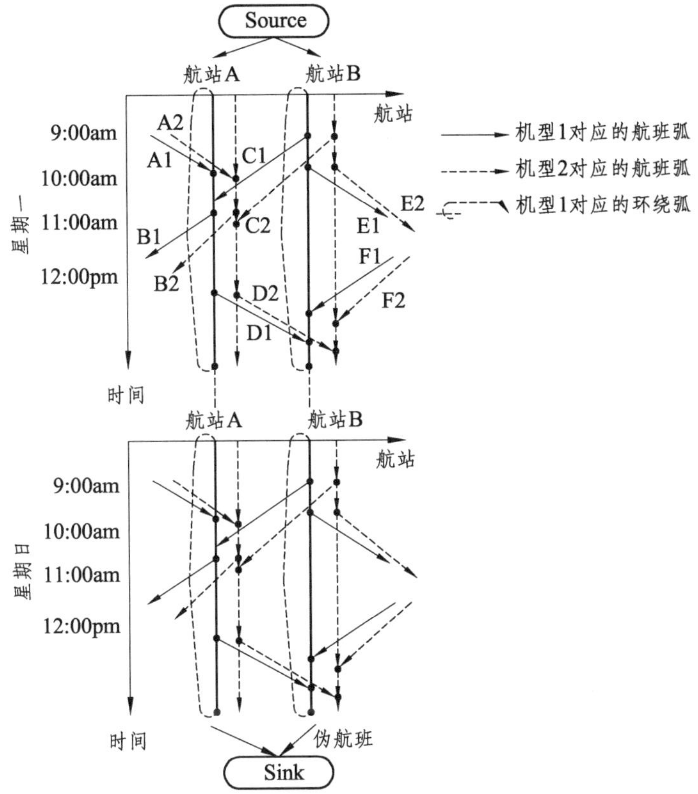

图 7.6　周机型指派时空网络图

设周机型指派时空网络为 $G(N^k, A^k)$，节点 N^k 表示机场与时间轴的二维时空点集合，弧 A^k 表示航段集合；模型符号和参数具体说明如下：

K：表示机型集合，$k \in K$。

n_k：表示机型 k 的飞机架次。

s_k：表示机型 k 的座位数。

t_k：表示机型 k 的最小过站时间。

U_k：表示机型 k 的最大日利用率。

S：表示航站集合，$s \in S$。

S^k：表示机型 k 能飞的航站集合，有 $S^k \subseteq S$。

F：表示实际航段集合，一个航班段 $(i \in F)$ 包含的信息有出发时间 $(i.\mathrm{dep}T)$ 和到达时间 $(i.\mathrm{arr}T)$、出发航站 $(i.\mathrm{dep}A)$ 和到达航站 $(i.\mathrm{arr}A)$，预计旅客量 $(i.\mathrm{pax})$ 和平均票价 $(i.\mathrm{price})$ 等。

F^k：表示机型 k 能飞的航段集合，有 $F^k \subseteq F$。

K^i；表示能飞航段 $i(i \in F)$ 的机型集合，有 $K^i \subseteq K$。

O：表示经停航班集合，$O \subset F$。针对目前国内航班的实际情况，只考虑一次经停，用 o 表示一个经停航班，$o \in O$，它包含两个航段 $o_1 \in O$，$o_2 \in O$。

F^-：表示与源节点 Source 连接的伪出发航班集。

F^+；表示与汇节点 Sink 连接的伪到达航班集。

p_{ik}：表示机型 k 执行航段 i 的收益，它是航班 i 旅客量 $(i.\mathrm{pax})$、平均票价 $(i.\mathrm{price})$ 以及机

型 k 座位数 (s_k) 的函数。当航班 i 的旅客量大于机型 k 的座位数时，表示有旅客溢出，则机型 k 执行航段 i 的收益为机型 k 座位数与航班段平均票价的乘积，即 $p_{ik}=s_k \times i.price$；当航班 i 的旅客量小于等于机型 k 的座位数时，没有旅客溢出，则机型 k 执行航班 i 的收益为航班 i 旅客量与航班 i 平均票价的乘积，即 $p_{ik}=i.pax \times i.price$

C_{ik}：表示机型 k 执行航班 i 的总成本，$C_{ik}=OC_{ik}+SC_{ik}$。

OC_{ik}：表示机型 k 执行航班 i 的运行成本，$OC_{ik}=a_k+b_k t_i s_k$，其中，a_k，b_k 分别为机型 k 的固定成本和可变成本系数，t_i 为航节 i 的轮挡时间，即 $i.\text{arr}T-i.\text{dep}T$。

SC_{ik}：表示机型 k 执行航班 i 的旅客溢出成本，它也是航班 i 旅客量 $(i.\text{pax})$、平均票价 $(i.\text{price})$ 以及机型 k 座位数 (s_k) 的函数。当航班段 i 的旅客量小于等于机型 k 的座位数时，没有旅客溢出，则机型 k 执行航班段 i 的旅客溢出成本为 0，即 $SC_{ik}=0$；当航班段 i 的旅客量大于机型 k 的座位数时，有旅客溢出，则机型 k 执行航班段 i 的旅客溢出成本为旅客溢出量与航班段 i 平均票价的乘积，即 $SC_{ik}=(i.\text{pax}-s_k)\times i.\text{price}$。

x_{ik}：表示决策变量，当指派机型 k 给航班段 i 时取值 1，否则为 0。

根据上述参数及变量描述，以利润最大化为目标函数建立周机型指派模型如下：

$$\max z=\sum_{i\in F^k}\sum_{k\in K}p_{ik}x_{ik}-\sum_{i\in F}\sum_{k\in K}c_{ik}x_{ik} \tag{7.7}$$

$$\text{s.t.}\quad \sum_{k\in K^i}x_{ik}=1,\quad \forall i\in F \tag{7.8}$$

$$\sum_{i\in F^-}x_{ik}-\sum_{i\in F^+}x_{ik}=0,\quad \forall k\in K \tag{7.9}$$

$$\sum_{i\in F^-}x_{ik}\leqslant n_k,\quad \sum_{i\in F^+}x_{ik}\leqslant n_k,\quad \forall k\in K \tag{7.10}$$

$$\sum_{i\in G}x_{ik}-\sum_{i\in H}x_{ik}\geqslant x_{jk},\quad \forall k\in K,\quad j\in F^k\cup F^+ \tag{7.11}$$

$$\sum_{i\in F^k}T_i x_{ik}\leqslant 7U_k n_k,\quad \forall k\in K \tag{7.12}$$

$$\sum_{k\in K^i}s_k x_{ik}\geqslant i.\text{pax}\times(1-i.\text{spill}),\quad \forall i\in F \tag{7.13}$$

$$\sum_{o_1\in O}x_{o_1,k}-\sum_{o_2\in O}x_{o_2,k}=0,\quad \forall k\in K,\quad o\in O \tag{7.14}$$

式中，集合 $G=\{i\mid i.\text{arr}A=j.\text{dep}A \,\&\, i.\text{arr}T+t_k\leqslant j.\text{dep}T,\forall i,j\in F^k,\forall k\in K\}$

对于将要从某机场出发的航班 j，它是在该机场航班可以衔接的到达航班的集合；集合

$$H=\{i\mid i.\text{dep}A=j.\text{dep}A \,\&\, i.\text{dep}T\leqslant j.\text{dep}T \,\&\, i\neq j,\forall i,j\in F^k,\forall k\in K\}$$

是在航班 j 前从该机场出发的航班的集合。它们都是使用同一种机型的航班。

式（7.7）为利润最大化目标函数，即总收益减去总成本，式（7.8）为航班覆盖约束，要求每个航段指派一种且仅一种机型，式（7.9）为飞机守恒约束，要求周期结束时各机型在各机场飞机数分布与周期开始时一样，式（7.10）为机队规模约束，即飞机架次限制，式（7.11）表示飞机可用性约束，即如果 $x_{jk}=1$，则保证在航班离港时至少有一架 k 机型飞机在机场待命，式（7.12）为飞机利用率约束，式（7.13）为飞机的座位数约束，即如果航班段 i 的旅客量 $i.\text{pax}=100$，最大旅客溢出率 $i.\text{spill}=0.1$，则要求指派给航班段 i 的机型座位数 $s_k\geqslant 90$，式（7.14）表示经停航班约束，即要求一次经停航班的两个航段指派相同机型。

第8章 收益管理

8.1 收益管理相关概述

8.1.1 收益管理的概念

在理解收益管理的概念之前，有必要了解需求的基本知识。需求被定义为消费者在特定时期内愿意并能够以不同价格购买的不同数量的产品或服务。基础经济学指出，价格和需求之间存在反比关系。简单地说，当一种产品的价格下降时，该产品或服务的需求量增加。价格上涨时，该产品或服务需求的数量减少。价格和数量之间的这种反比关系被经济学家称为需求定律。就航空运输业而言，如果某航班机票的价格从 330 美元降至 260 美元，机票需求量将会增加。当机票价格从 330 美元增加到 405 美元，机票需求量会减少。

需求定律认为，消费者会对价格的下跌和上涨做出反应。然而，消费者对价格变化的反应程度可能会有很大差异。消费者对价格变化的反应或敏感程度被称为需求弹性。一些消费者对价格变化相对敏感，他们对产品或服务的需求被定义为弹性需求。一些消费者对价格变化的反应不敏感，他们对产品或服务的需求被定义为非弹性需求。

在航空运输业中，根据需求弹性将旅客市场划分为两类：商务旅客和休闲旅客。商务旅客往往对价格变化不敏感，他们的需求缺乏弹性。休闲旅客往往对价格变化更敏感，他们的需求富有弹性。从价格的角度看，航空公司没有理由对非弹性需求打折扣。然而，航空公司应该鼓励尽可能多地弹性需求，通常通过提供带有限制的折扣机票来“保护”非弹性需求。如果非弹性和弹性需求管理不当，则会导致航空公司损失大量的潜在收益。如果折扣座位太多，就无法获取商务旅客的高溢价；如果折扣座位太少，就会导致很多座位被闲置。弹性需求和非弹性需求的管理为收益管理提供了基础。

收益管理是一种用于在各种类型顾客之间分配有限资源的技术，它指导企业如何将有限产能的“无差异”产品分配给不同的需求者，以实现总产能的收益最大化。在航空运输业中，有限的资源是未来航班上的座位,客户的多样性是指将旅客市场细分为商务旅客和休闲旅客。一旦飞机起飞，所有空着的座位都将变得一文不值。因此，航空收益管理是在正确的时间以正确的价格将正确的座位出售给正确类型的旅客。

8.1.2 实施收益管理的条件

成功实施收益管理技术的行业往往具有某些共同特征。这些行业的产品易腐烂，产能有限，需求随时间变化，市场可细分，产品或服务可提前销售，边际成本低。航空公司的座位是易腐的，因为它们在特定的时间点即航班起飞之后就不能出售了。收益管理在不降低收入的情况下，将座位库存浪费降到最低。

（1）座位库存有限。

由于飞机购置成本高昂，短期内难以增加运力，航空公司的座位供给能力是有限的，飞机可以容纳的乘客数量有一个物理限制。此时，可以充分运用需求定律来动态管理座位库存和需求量之间的关系，调低价格以刺激需求，调高价格以压制需求。

（2）市场可细分。

商务旅客和休闲旅客之间的内在差异使得航空业的市场细分成为可能。在这种情况下，飞机上的座位并不能被视为一个物理实体。航空公司可以为不同的细分市场提供不同的产品组合，如不受限制的机票、更合适的航班时刻等，商务旅客通常愿意为这些服务支付溢价。结果是相同的基本产品收取不同的价格。收益管理确保以不同的价格提供差异化的服务（与相同的基本产品不冲突），以保证从现有座位库存中产生最大的收益。

（3）提前销售。

成功地采用收益管理的行业的另一个共同特征是产品或服务可以提前销售。毫无疑问，航空运输业遵循这一标准，因为机票可以在旅行日期之前购买。休闲旅客倾向于在旅行日期之前购买机票，而商务旅客倾向于在旅行日期附近预订。另外，可以科学预测订票时间和需求类型，并按一定规则分配有限的座位库存。

（4）边际成本低。

成功采用收益管理的行业的最后一个共同特征是边际成本低。这一特性与易腐产品特性密切相关。对于边际成本较低的行业来说，与其让产品白白浪费，不如把它卖掉。收益管理确保将尽可能多的库存以最优价格出售，以确保最大的收益和最小的浪费。在第四章已经阐述，航空公司的航班成本中固定成本占相当大的比例，通常情况下，新增一名旅客的边际成本非常低，相对于总成本来说甚至可以忽略不计。

8.1.3 收益管理的发展历程

从历史的角度来看，收益管理产生于美国 1979 年航空业放松管制。在 20 世纪 70 年代，美国航空公司开发了第一个在线预订系统，名为 Sabre（Semi-Automated Business Research Environment）。预订系统集中控制机票预订活动。放松管制后，Sabre 积累了大量的预订历史数据，这些数据具有很高的价值。在后放松管制时代，随着竞争加剧，美国航空公司（American Airlines）前首席执行官 Robert Crandall 开发了一个可以调整折扣座位和全价座位比例的系统。这个系统为美国航空公司员工提供了一个平台，用于监控各种票价等级的实际预订率，并将其与预测预订率进行比较，然后相应地调整各票价等级的座位库存。Robert Crandall 后来将这一管理机票预订的程序命名为“收益管理”。

目前，航空收益管理已经有了很大的发展，几乎实现完全的自动化。到了 1988 年，美国航空全面实施 DINAMO（Dynamic Inventory and Maintenance Optimizer），这是一个集成了超售、折扣座位分配和需求管理等多项功能的综合系统。DINAMO 系统使航班座位损失率仅为 3%，而产出增加了 30%。产出增加是因为航空公司的收益分析师可以做出更好的收入决策，分析师将识别问题的任务交给 DINAMO 系统来完成，而自己只是在软件系统的协助下专注于解决问题。

如今，Sabre Airline Solutions™ 声称 Sabre AirMax®是自动化收益管理的最流行的系统，它支持整个收益管理的应用范围，包括预订数据收集、离线数据收集、预测、超售、优化、绩效评估及报告。一些额外的功能包括离港日期管理、交通流类别管理以及可用座位管理，所有这些都允许分析师在收益管理过程的各个领域快速有效地采取行动。Sabre Airline Solutions™ 宣称采用 Sabre AirMax®系统可以使公司收益提高 5%～7%。美国航空和达美航空认为收益管理技术每年分别为他们至少增加 5 亿美元和 3 亿美元的收入。

8.1.4　收益管理的主要策略

（1）超售（Overbooking）。

与收益管理相关的两种主要策略是超售和座位库存管理。超售是指航空公司有意出售超过可用座位，以抵消旅客取消和未到的情况（Cancellations and No-shows），使航班客座率尽量最大化的销售行为。据航空公司估计，一个卖完全部座位的航班在离港时由于旅客的取消和未到情况，平均将会有 15%的座位是空的。因此，当一个航班多接受一个旅客预订的边际收益等于超售预订一个旅客的边际成本时，就会达到最佳的超售预订点。在这个最佳点之后，每一个额外超售预订的期望成本超过了它所能增加的收入，导致期望总收益将开始下降。超售可以让航空公司通过填补因未到或取消航班而空出的座位来实现收益最大化。然而，这种做法存在一些固有的风险。有时，想要登机的乘客会超过飞机所能容纳的数量（取消或未到旅客低于预期）。此时航空公司不得不让一些乘客主动放弃他们在飞机上的座位，代价是提供免费的机票、餐食和酒店房间。如果超售预订的乘客可以在同一家航空公司当天晚些时候的航班上重新预订，则航空公司所承担的成本将是最小的。否则，如果需要提供免费的机票、餐食和酒店房间，那么航空公司的成本就相当可观。然而，最大的代价可能是顾客满意度的潜在损失。因此，有一些航空公司对超售策略不以为意，例如，捷蓝航空（JetBlue Airways）就不实施超售政策，以减轻乘客的焦虑，消除这种做法可能产生的潜在成本，并提高顾客忠诚度。

（2）座位库存管理（Seat Inventory Control）。

收益管理的第二个重要策略是座位库存管理（SIC）。简单地说，座位库存管理的主要问题就是限制折扣机票的数量，其实质是平衡一个航班的折扣舱位和全价舱位的比例以实现收益最大化或载运率最大化。一般来说，折扣机票越多，载运率会越高，但是过多的折扣机票会降低总体收益。要防止这种收益的稀释效应，航空公司必须采取收益管理，对票价等级定价和座位库存进行实时控制。收益管理决定每个票价等级提供的座位数量，以实现收益最大化。优秀的收益管理系统有能力监控每种类型客户的每个航班的预订活动，从而实现准确的需求预测。这些预测需求的变化将进一步允许收益管理系统调整折扣座位比例、超售预订率和不同票价等级的数量。

虽然定价是收益管理的重要内容，旨在提高整体收益水平，但是在大多数情况下，一个航班的票价还要受到相同航线上竞争者航班的重要影响。座位库存控制能够让航空公司基于航班层面的操作来应对共飞公司航班的价格竞争，以实现最大化整体收益的目的。控制特定航班的票价组合被视为价格竞争中最重要的一种举措，甚至比票价水平本身更加重要。座位库存控制具有非常显著的经济效益，达美航空（Delta Airlines）估算，一个航班如果只卖全价票，要比只卖折扣票每年多增加 5 千万美元的收益，可见组合价格策略的必要性和重要性。

8.2 收益管理基本模型

8.2.1 座位库存控制的简化模型（SIC）

航空公司座位库存管理问题既有概率因素又有动态因素。这个问题首先是概率性的，因为航空公司收到的未来航班座位的最终预订请求数量，更具体地说，是该航班提供的不同票价等级的请求数量，存在不确定性。这个问题同时又是动态的，因为接受的座位预订请求总数每天都在变化，这可能会影响对未来预订请求的估计，进而影响在票价等级中剩余座位的最佳分配。

需求具有概率性是航空公司座位库存控制问题的核心，因为每个票价等级的预期请求数量估计值必须从历史需求分布中得出。同样重要的是一个航段上可用座位总数的容量限制。如果旅客对某票价等级的请求数量超过分配给该票价等级的座位数量，就会导致该请求被拒绝，这被称为需求“溢出”（Spill）。

图 8.1 展示了一个简化的两舱座位控制模型。$p_i(r_i)$是概率密度函数，r_i是航班起飞前收到的 i 票价等级座位请求数量。收到第 1 类票价等级请求的数量不低于 S_1^* 的概率为 $P_1(S_1^*)$，由 $p_1(r_1)$ 下的阴影面积表示。

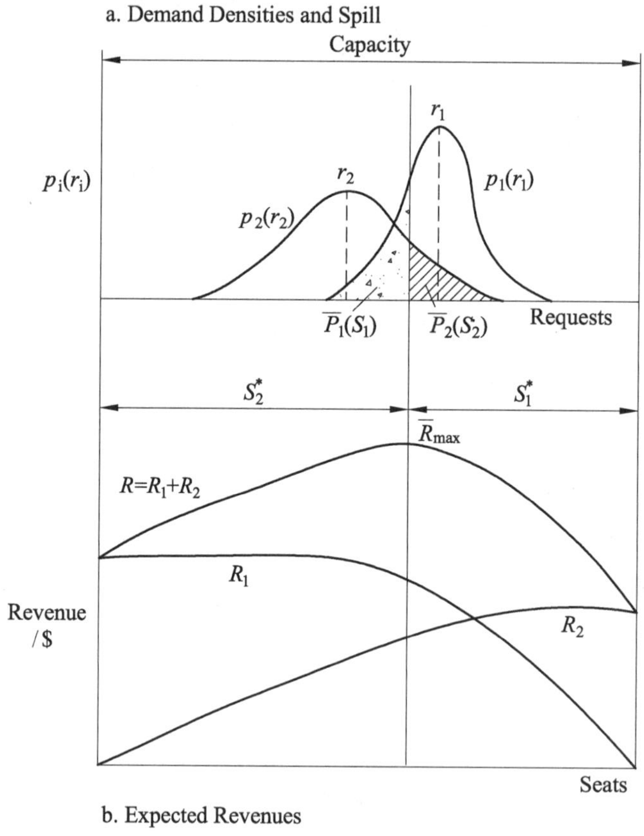

图 8.1 一个两舱座位库存控制问题的示意图

我们可以假设一个座位库存控制问题的静态模型，以总容量限制为约束，确定两个独立的座位等级之间的最优分配（非嵌套的）。i 个票价等级共享的客舱总容量为 C，即 $C=\sum_i S_i$。模型有三个重要的假设：① 低价乘客总是提前订票；② 不存在取消预订的情形；③ 被拒绝的请求是航空公司的收益损失。

设 f_i 表示接受 i 票价等级的预订请求时航空公司得到的平均票价，$b_i(S_i)$ 表示为 i 票价等级分配 S_i 个座位条件下的预期预订数量。我们需要找到一个最佳的 S_i 使得总收益最大化，对每个票价等级 i 有：$R_i(S_i)=f_i \cdot b_i(S_i)$，$R=\sum_i R_i$。对于只有两个票价等级的问题，它们的平均票价水平分别为 f_1 和 f_2，为每个票价等级分配的座位数分别为 S_1 和 S_2，满足条件 $S_1+S_2=C$。

$$\begin{aligned} R &= R_1(S_1)+R_2(S_2) \\ &= R_1(S_1)+R_2(C-S_1) \\ &= f_1 \cdot b_1(S_1)+f_2 \cdot b_2(C-S_1) \end{aligned} \tag{8.1}$$

要求式中 R 的最大值，则使得 R 对 S_1 求偏导数为零，即 $\partial R/\partial S_1=0$。在最优状态下，不能通过从等级 1 拿走一个座位并将其分配给等级 2 来增加总的预期收入。每个等级的期望边际座位收益（Expected Marginal Seat Revenue，EMSR），所有票价等级的期望边际座位收益（$\mathrm{EMSR}_i=\partial R_i/\partial S_i$）都相等，但由于所施加的容量限制，不一定等于零。票价等级 i 的第 S 个座位的期望边际座位收益等于该票价等级的平均票价 f_i 与销售 S_i 及以上座位数的概率 $P_i(S_i)$，以上的最优条件可以表达为：

$$f_1 \cdot P_1(S_1^*)=f_2 \cdot P_2(S_2^*)$$

因此有

$$\frac{P_1(S_1^*)}{P_2(S_2^*)}=\frac{f_2}{f_1} \tag{8.2}$$

S_1 和 S_2 的最优值取决于每个票价等级的预期需求概率密度、相对票价水平以及可用的总运力等参数。图 8.1 中展示了 R，S_i，C 之间的关系。当 C 个座位中的 S_1^* 分配给票价较高的 1 类座位时，$R=R_1+R_2$ 达到最大值。

从该模型中得出的 S_i^* 表示基于每个票价等级的预期需求将可用座位分配至每个独立票价等级（Bucket）的最佳值。假设每个票价等级之间的需求是相互独立的，并且只在航班预订期开始时进行最优座位分配，之后并不做任何调整。现实中，对不同类型票价的需求可能并不是独立的，因为对一种票价等级的高需求可能与对另一种票价等级的高需求相关联。更重要的是，这个静态座位库存管理模型没有考虑到预订过程的动态特性，在这个过程中，接受的实际预订数量可能会为预期的最终请求数量提供有价值的附加信息。

LITTLEWOOD[①]于 1972 年将两个票价等级的边际收益相等的方法应用于动态预订环境，以寻求在一个航段上收益最大化的座位分配策略。他认为，当销售一个低价座位的既定收益超过以更高票价销售同一座位的预期收益时，通过“关闭”低价舱位的额外预订，可以使总航班收益最大化。只有当满足下列条件时才能接受低价座位的请求：

① LITTLEWOOD K. Forecasting and control of passenger bookings. AGIFORS Symp, Proc.12, 95-117(1972).

$$f_2 \geqslant P_1(S_1) \cdot f_1 \tag{8.3}$$

式中，$P_1(S_1)$表示将所有剩余座位销售给高价格旅客的概率。满足上述条件的S_1的最小值即为票价等级 1 上收益最大化的预定限制。

Trans World Airlines 的分析师在 1973 年[①]，汉莎航空（Lufthansa）的 RICHTER[②]在 1982 年分别提出了基于 LITTLEWOOD 简单模型的扩展模型。但最后都可以证明，扩展模型本质上等同于原始模型。RICHTER 计算了当低价乘客最终拒绝高价乘客的座位时总预期收入的损失，分配给低价乘客一个额外座位的差额收益被定义为低价销售获得的收益与潜在高价乘客损失的收益之差。

$$\mathrm{DR} = f_2 \cdot P_2(S_2) - f_1 \cdot P_1(C - S_2 + 1) \tag{8.4}$$

当 DR 设为零时，两个票价等级的预期边际座位收入相等。最初的式（8.4）同时包括低票价和高票价需求请求的概率密度，但事实证明，在预订限制动态调整或嵌套票价等级环境下，只要有座位就不会拒绝高票价请求，因此同时需要两个票价等级的概率密度是不必要的。Richter 证明，在这种情况下，低价座位的最优限制不是低价需求的函数，尽管低价需求的分布会影响航班的预期总收益。式（8.4）中的最优性条件简化为：

$$f_2 / f_1 = P_1(C - S_2 + 1) \tag{8.5}$$

因此，式（8.5）实际上相当于 LITTLEWOOD 在（8.3）中的“简单模型”。

一些研究者还检验了模型推导的假设条件。例如，MAYER 于 1976 年对简单模型进行了敏感性分析[③]。MAYER, TITZER 和 GRIESSHABER 探讨了低价乘客提前订票的假设如何影响最佳座位分配和预期收益水平的问题[④]。还有一些更深入的拓展，此处不再赘述。

以上介绍的座位库存控制模型很有实用价值，但也存在一些缺陷，如假定各票价等级相互独立，以及能够准确模拟随机需求。首先，这些模型得到的最优座位分配方案不一定适用于嵌套的票价等级预订结构，即未必能使后者的订票收益最大化。在一个嵌套的预订系统中，不太可能轻松找到最优预订限制的解析解。其次，座位库存控制问题的规模和航空公司竞争环境的波动性要求任何优化模型都能有效适应不断变化的运营条件。需要特别指出的是，LITTLEWOOD 这种“简单”模型，可以动态地用于限制航段或特定市场的预订，可能是改善座位库存控制的更实用有效的方法，然而大型优化模型并不利于实际运用。

8.2.2 期望边际座位收益模型（EMSR）

期望边际座位收益（Expected Marginal Seat Revenue，EMSR）模型在考虑未来航班需求的概率性质的条件下确定票价等级预订限制。航空公司往往对最低票价产品实行提前购买限

---

① BHATIA A V, PAREKH S C. Optimal allocation of seats by fare, presentation by trans world airlines to agifors reservations study group, 1973.

② RICHTER H. The differential revenue method to determine optimal seat allotments by fare type. AGIFORS Symp, Proc.22, 339-362(1982).

③ MAYER M. Seat allocation, or a simple model of seat allocation via sophisticated ones. AGIFORS Symp, Proc. 16, 103-125(1976).

④ TITZE B, GRIESSHABER R. Realistic passenger booking behavior and the simple low-fare/high-fare seat allotment model. AGIFORS Symp, Proc. 23, 197-223(1983).

制，价格敏感的旅客并不在乎这类限制，意味着低票价的产品会先于高票价产品被预订一空。因此，座位库存控制问题是确定有多少最低票价级别的座位不出售，而保留下来以备在临近航班出发日时出售给高票价请求者。因此，决策模型必须找到较高票价等级的保护水平（Protection Level），这些水平可以转换为较低票价级别的预订限制。在嵌套的票价等级预订系统中，每个预订限制是可以出售给该票价等级的最大座位数量（包括自身及较低票价等级）。因此，最高票价等级的预订限制为共享舱位的总容量。最高票价等级的保护水平等于它的预订限制减去最低票价等级的预订限制。

确定每个票价等级的预订限制有两种情形：静态模型和动态模型。静态问题是在预订流程开始时尽可能考虑到与票价等级预订相关的不确定性，基于此确定这些票价等级的初始限制。动态问题是指在航班出发日临近时，根据实际预订提供的额外信息定期修改这些初始限制。

8.2.2.1　静态 EMSR 模型

以往模型假定各票价等级的需求密度相互独立，乘客拒绝航班/票价等级请求对航空公司来说意味着预订损失。接受的预订代表航空公司获得一定收入，因为我们假设没有出现预订取消或乘客未到的情况（No-Show）。

航空公司收到不同票价等级的请求数量存在不确定性。从平均水平看，某一特定航班的总需求以一周中的每天和一年中的每季度而系统性地波动。在某一时期内持续取样的类似航班中，旅行需求会围绕期望值随机波动。可以用概率密度函数来表示这种随机需求。以往的研究通常假设航班总需求呈高斯（正态）分布，其均值和方差取决于所研究的市场以及旅客的特征（Belobaba,1985）。我们定义 $p_i(r_i)$ 为航空公司在某航班的预订过程结束时，收到的 i 类票价等级的预订请求总数 r 的概率密度函数。

分配给特定票价等级 S_i 的座位数量可能少于对该票价等级的实际请求数量，从而导致需求被拒绝或溢出。因此，我们可以定义一个累积概率，即所有预订请求将被接受的概率是 S_i 的连续函数

$$\begin{aligned} &P_i(S_i) = P[r_i \leqslant S_i] = \int_0^{S_i} p_i(r_i)\mathrm{d}r_i \\ &P[r_i > S_i] = \int_{S_i}^{\infty} p_i(r_i)\mathrm{d}r_i = 1 - P_i(S_i) = \overline{P}_i(S_i) \end{aligned} \tag{8.6}$$

式中，$\overline{P}_i(S_i)$ 表示收到超过 S_i 个 i 类票价等级的请求的概率，或发生溢出的概率。EMSR_i 为当第 i 类票价等级的可用座位数量增加一个时，该等级的期望边际座位收益值。票价等级 i 的第 S_i 个座位的期望边际收益 $\mathrm{EMSR}_i(S_i)$ 等于该等级的平均票价乘以售出 S_i 或更多座位的概率：$\mathrm{EMSR}_i(S_i) = f_i \cdot \overline{P}_i(S_i)$。

考虑一个单航段的航班，有两个嵌套的票价等级 1 和 2，平均票价水平分别为 f_1 和 f_2。为了使总期望收益最大化，预订过程应优先考虑第 1 类乘客。第 1 类票价等级将以共享座位的总容量 C 作为其预订限制 BL_1。S_2^1 表示不受第 2 类票价等级保护，且仅供第 1 类票价等级使用的座位。S_2^1 是第 1 类票价等级的最优保护水平，需要满足式（8.7）条件：

$$\mathrm{EMSR}_1(S_2^1) = f_2 \tag{8.7}$$

如图 8.2 中所示，S_2^1 的最优值是 $\text{EMSR}_1(S_1)$ 曲线与 f_2 的交点。第 2 类票价等级的最优预订限制为 BL_2，等于共享座位容量 C 与最优保护水平 S_2^1 之差。

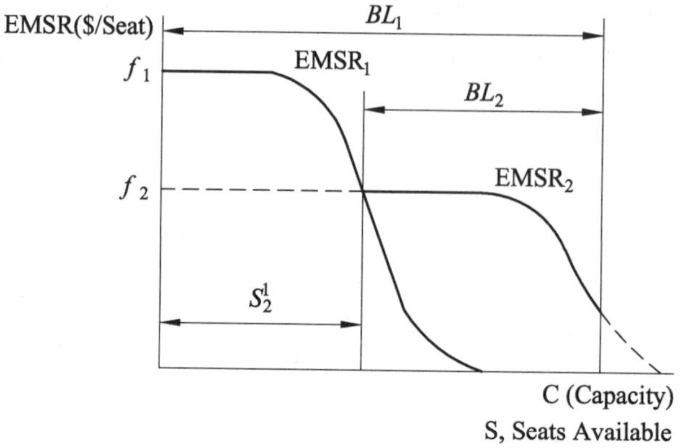

图 8.2　两个票价等级的 EMSR 模型

静态座位库存控制要求在预订流程开始时就设置好预订限制。第 2 票价等级的请求只有在达到 BL_2 时才会被拒绝，此时所有剩余座位的期望收益将大于第 2 票价等级的平均票价。如果第 2 票价等级的请求没有达到 BL_2，则剩余座位就会分配给更高的票价等级 1。在缺失实际订票信息的条件下，票价等级 1 中超过 S_2^1 的订票请求的每个座位期望收益将低于 f_2。

如果要这种方法扩展到单个航段的多个票价等级，只需要对相关票价等级的期望边际收益进行更多轮的比较即可。假如在一个航段上提供 k 个票价等级，S_j^k 达到最优值必须满足：

$$\text{EMSR}_i(S_j^i) = f_j, i < j, j = 1, \cdots, k \tag{8.8}$$

k 个嵌套票价等级所需的总比较次数为：

$$\frac{k(k-1)}{2}$$

这些保护水平又决定了每个票价等级的预订限制：

$$BL_j = C - \sum_{i<j} S_j^i \tag{8.9}$$

式（8.9）表明，所有期望边际收益大于 f_j 的订座请求都应被 j 票价等级拒绝。反之，任何 j 票价等级的预订请求都可以接受。从式（8.9）中得出的一个或多个 BL_j 值可能是负的，在这种情况下，如果要使期望收益最大化，就不应该提供 j 票价等级的座位。因此，有如下结论：

$$BL_j = \max\left[0, C - \sum_{i<j} S_j^i\right] \tag{8.10}$$

票价等级 j 的嵌套保护水平 $NP_j = BL_j - BL_{j+1}$。在 EMSR 框架中，最低票价等级本身没有保护水平，而是一个预订限制，等于所有上层等级都得到保护后剩余的座位数量。对于座位总容量为 C，具有 k 个票价等级的座位库存控制问题，NP_j 需要满足式（8.11）：

$$C = \sum_{j<k} NP_j + BL_k \tag{8.11}$$

图 8.3 展示了一个三票价等级问题的 EMSR 保护水平 S_j^i，嵌套保护水平 NP_j 以及订座限制 BL_j 之间的关系。

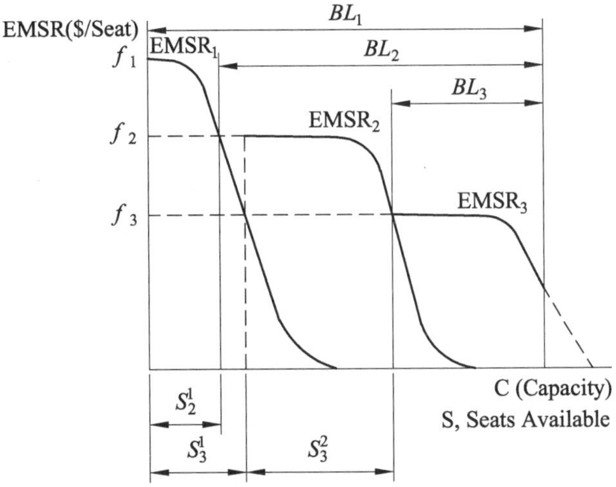

图 8.3 嵌套三票价等级问题的 EMSR 求解

理论上讲，在无须更改模型基本结构的情况下，可以为任意数量的嵌套票价等级生成 EMSR 预订限制。需要注意的是，并非所有机票预订系统都以这种方式嵌套，甚至它们可能根本没有任何嵌套结构。嵌套订座结构在座位库存管理中具备较大的价值，因为物理座位并没有本质区别，不同票价等级的机上服务也没有实质性差异。没有嵌套票价等级系统的航空公司，实际上否认了市场中存在高票价等级需求的事实，从而失去潜在的额外收益。

8.2.2.2 动态 EMSR 模型

EMSR 决策框架可以应用于座位库存控制的动态环境中，基于已接受的实际预订获得额外信息，并根据这些信息例行修改票价等级的预订限制。由于任何票价等级的实际预订（不考虑取消和未到）都将转化为占用座位的收入乘客，将实际预订纳入 EMSR 决策框架可以减少与需求估计相关的不确定性。

在静态问题中，EMSR 模型需要按票价等级估计预期的总请求。在动态情况下，需要在起飞前的不同时间估计未来的请求，以计算可用而未预订座位的最佳保护水平。EMSR 框架的动态应用涉及重复使用前文描述的静态模型，但需要修改输入数据。其目标是确定航班出发前剩余时间内的最佳票价等级限制，而不考虑已经做出的预订决策的优劣。因此，动态情况下，每个 EMSR 计算都是基于最新可用的需求信息对该订票时间点的预期票价收入进行静态评估。

对于动态问题，必须根据航班出发前第 t 天到出发当天之间的每个票价等级的历史订票需求密度来估计未来的预订需求。我们将 r_i^t 定义为出发前第 t 天到第 0 天之间的第 i 类票价等级的请求数量，有 $r_i^t \leqslant r_i$。从第 t 天开始的座位请求概率密度为 $p_i(r_i^t)$，相应地在此期间收到 i 类票价等级的订座请求数量不低于 S 的概率为第 $P_i^t(S)$。

在航班起飞前的任意 t 天，EMSR 模型所需的输入是每个票价等级的平均票价水平 f_i，在预订期间可能保持不变，也可能会发生变化，以及由概率密度 $p_i(r_i^t)$ 导出的座位请求数量 $P_i^t(S)$。航班出发前剩余时间内，第 1 类票价等级相对于第 2 类票价等级的最优保护水平为 $S_2^1(t)$，有

$$\text{EMSR}_1^t[S_2^1(t)] = f_1 \cdot P_1^t(S_2^1) = f_2$$

这个第 t 天的保护水平可以用来求出第 2 类票价等级修正后的最优预订限制，为 $BL_2(t) = C - b_1^t - S_2^1(t)$。其中 b_1^t 为第 t 天之前接受第 1 票价等级的所有订票数量。此时剩余的最大可用座位数为 $C - b_1^t$，$S_2^1(t)$ 表示剩余座位中为第 1 票价等级所保留的座位数。从本质上讲，实际已接受的预订座位和符合未来预期的预订座位都受到保护，以实现期望收益最大化的要求。

如果超过两个票价等级，则须与前述方法一样，将上一票价等级的 EMSR(S) 值与下一票价等级的平均票价水平进行比较。每次比较较高的第 i 类票价等级和较低的第 j 类票价等级都会产生一个最优值 $S_j^i(t)$ 满足

$$\text{EMSR}_i[S_j^i(t)] = f_i \cdot P_i^t(S_j^i) = f_j$$

基于实际预订情况对较低票价等级的预订限制进行修正，得到

$$BL_j(t) = C - \sum_{i<j} b_i^t - \sum_{i<j} S_j^i(t)$$

较低票价等级的嵌套保护水平 $NP_j(t)$ 与初始情况相同，但包含实际预订数据：

$$\begin{aligned} NP_j(t) &= BL_j(t) - BL_{j+1}(t) \\ &= \sum_{i \leqslant j} S_{j+1}^i(t) - \sum_{i<j} S_j^i(t) - b_j^t \end{aligned} \tag{8.12}$$

式（8.12）中，要求 $BL_j(t)$ 大于等于零，同时限制它不小于票价等级 j 及所有低于等级 j 截至第 t 天已接受的实际预订数量。订票程序中，较早收到的订座请求往往是较低的票价等级，而不是较高票价等级。因此，根据 EMSR 法则计算所得的修正 $BL_j(t)$ 将会小于票价等级 j 及低于等级 j 的所有总订座数量。假设没有取消或未到（No show）的情况，则修改后的 j 票价等级的预订限制变为式（8.13）：

$$BL_j(t) = \max\left[C - \sum_{i<j} b_i^t - \sum_{i<j} S_j^i(t), \sum_{k \geqslant j} b_k^t, 0\right] \tag{8.13}$$

EMSR 框架适用于单航段航班中嵌套的多票价等级预订系统，以确定各等级的最佳保护水平和预订限制。在预订流程开始之前，可以根据对未来航班的预期请求总数的估计得出初始预订限制。这些限制可能会在预订过程中根据实际预订情况和对票价等级未来需求的估计进行动态修正。

EMSR 决策模型的这种动态应用保留了以往研究中关于需求密度、拒绝请求、取消和未到等条件的简单假设。此外，还增加了其他一些关键的假设条件，比如不同票价等级之间的

预订行为相互独立，以及航班出发前的各时间段之间也相互独立。如果有必要的话，可以基于这种预测模型导入实际预订数据来估计未来的订座需求。

8.2.2.3 收益管理的工作思路

有了收益管理的基础知识，我们就可以在现实生活中探索收益管理是如何工作的。假设一家航空公司的某航班建立了两个票价等级，通常被称为桶（Bucket）：全价票价和折扣票价。执飞该航班的空客 A320 飞机有 156 个座位，定于 5 月 3 日（假设今天是 4 月 3 日）起飞的航班目前正在销售座位。航空公司收益管理人员可以选择以折扣价出售所有 156 个座位，尽管航班的客座率会很高，但航班收益率将受到影响。收益经理同时也意识到，高收益率的商务旅客会在较晚的日期订购机票。因此，飞机上一定数量的座位必须以全价票价销售，这部分座位应该被保护起来。实际上，公司承认航空市场可以细分为商务旅客和休闲旅客，两种类型的旅客对机票价格和航空产品的需求存在显著差异，这允许管理人员可以对他们收取不同的价格。

作为区分两个细分市场的一种手段，航空公司将引入在两个细分市场之间设置障碍（Barriers）或“栅栏”（Fences）的预订规则。航空公司经常使用的一个“栅栏”是：购买折扣机票的乘客必须在周六晚上停留一晚。因为对价格敏感的休闲旅客更有可能在周末旅行，而对价格不那么敏感的商务旅客更有可能在周末回家，所以这个“栅栏”（要求周六晚上住宿）可以让航空公司向高收入的商务旅客出售尽可能多的座位，同时保证较高的客座率。

航空公司收益管理人员还会限制可以打折出售的最大座位数量，即预订限制。为高收益率顾客保留的座位被称为保护水平。假设大多数休闲旅客会在大多数商务旅客之前购买座位，预订限制限制了可以以折扣票价出售的座位数量：一旦达到预订限制，剩余的座位（保护水平）将以全价出售。在上述航空公司的例子中，空客 A320 飞机上有 156 个座位和两个票价等级。从数学角度看，预订限制等于总座位数减去保护水平（预订限制 = 156 – 保护水平）。因此，航空公司的任务是确定预订限制或保护水平，知道其中一个就可以计算出另外一个。

8.2.3 EMSR 模型的应用案例

8.2.3.1 背景和条件

① 根据以上背景（收益管理工作思路中的例子），A320 飞机有 156 个座位，两个票价等级；

② 航空公司考虑是否将保护水平从 Q+1 调到 Q（Q 取值为 0 ~ 155）；

③ 已经卖出 156 – Q – 1 个座位（见图 8.4）。

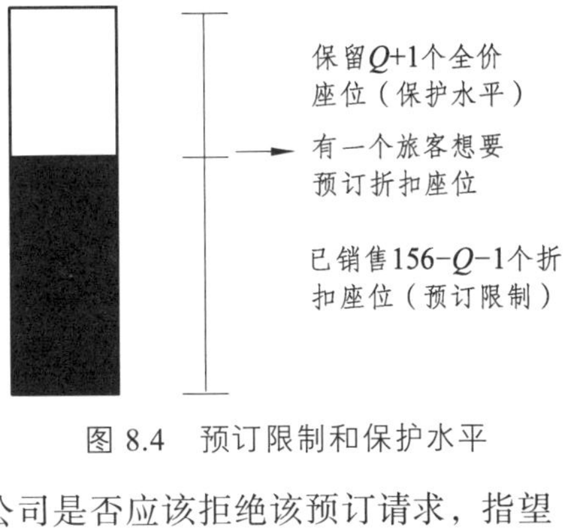

图 8.4 预订限制和保护水平

8.2.3.2 场 景

一位休闲旅客打来电话，希望以折扣票价购买第一个“受保护”座位。

8.2.3.3 问 题

航空公司是否可以以折扣票价接受第（Q+1）个预订请求，从而将保护水平从 Q+1 降低到 Q？或者，航空公司是否应该拒绝该预订请求，指望将来能以全价票把同样的座位卖给一位商务旅客？

8.2.3.4　解决方案

为了确定图 8.5 中决策树的每个分支的值，必须知道每个分支的概率和分支末端的收益值。为了解决这个问题，假设往返机票的折扣票价为$250，全价票价为$399。为了得到每个分支上的概率，定义随机变量 D 来表示全价座位的预期需求。航空公司可以根据历史需求来估计 D 的分布，也可以基于一周中某天、是否有假期以及其他可预测的事件来估计 D 的分布。在这个例子中，我们假设这个分布是直接从 123 天的历史需求中得出的，如表 8.1 所示。第三列的“累积概率”是需求等于或低于第一列（Q）座位数的天数比例。

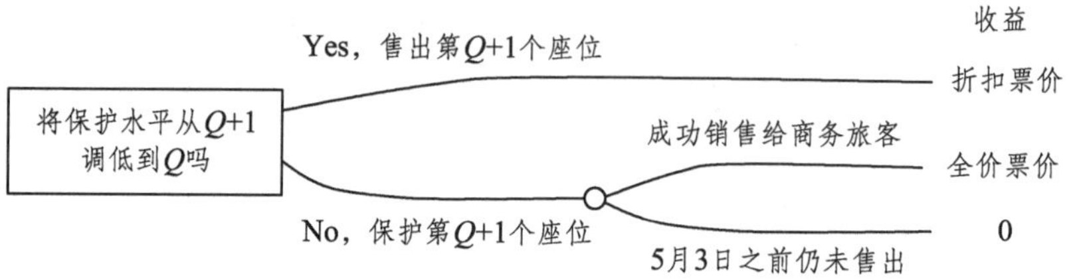

图 8.5　保护水平决策树示意图

表 8.1　全价票价座位的历史需求数据

全价票价的座位需求（Q）	需求天数	累积概率 $F(Q) = \text{Prob}\{D \leq Q\}$
0～70	12	0.098
71	3	0.122
72	3	0.146
73	2	0.163
74	0	0.163
75	4	0.195
76	4	0.226
77	5	0.268
78	2	0.285
79	7	0.341
80	4	0.374
81	10	0.455
82	13	0.561
83	12	0.659
84	4	0.691
85	9	0.764
86	10	0.846
>86	19	1.000
全部	123	1.000

现在考虑图 8.5 中展示的决策模型。如果航空公司决定保护第（Q+1）个座位不被出售，那么这个座位以后可能会被出售，也可能不会被出售。只有当全价票价的需求 D 大于等于

Q+1 时才会售出，并且此事件的概率为 $1-F(Q)$。相反，如果需求 D 小于或等于 Q，受保护的座位不会被出售，概率为 $F(Q)$。图 8.6 是图 8.5 代入数值计算得到的决策结果。

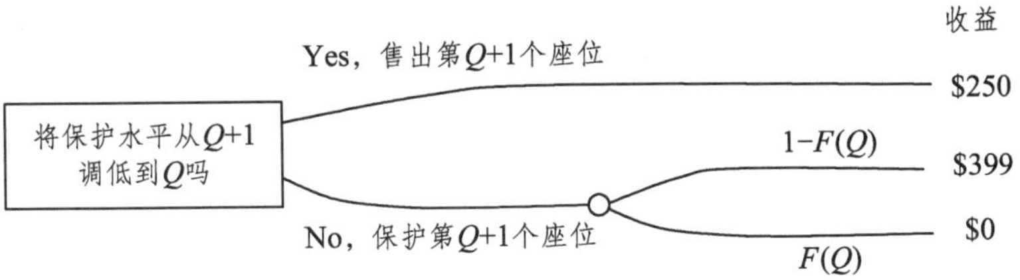

图 8.6 保护水平数值计算结果

根据图 8.6，可以计算将保护水平从 Q+1 降为 Q 的价值。降低保护水平的结果是以折扣价出售第 $(Q+1)$ 个座位，产生 250 美元的收益。而保护第 $(Q+1)$ 个座位的期望收益为：

$$[1-F(Q)]*(\$399)+F(Q)*(\$0)=\$399-\$399F(Q)$$

要将保护水平降为 Q，需要满足以下条件：

$$\$399\text{-}\$399F(Q)\leqslant\$250$$

得到 $F(Q)\geqslant 0.373$。$F(Q)$ 是表 8.1 中的第三列，找到累积概率值大于或等于 0.373 的最小 Q。

8.2.3.5 结 果

通过以上计算分析，该预订系统的最优保护水平为 $Q^*=80$，其对应的累积概率值为 0.374。此时预订限制 = 156 − 80 = 76。如果选择较大的 Q^*，航空公司将保护太多座位，可能导致部分座位无法售出。如果选择较小的 Q^*，航空公司可能会以折扣价出售过多座位，从而拒绝太多高收益率的商务旅客。

8.3 ABLS 和 PODS 简介

8.3.1 自动预订限制系统（ABLS）

根据麻省理工学院航空运输实验室（Flight Transportation Laboratory）和西部航空公司之间的研究协议，1986 年开发并实施了自动预订限制系统（Automated Booking Limit System，ABLS）。ABLS 系统中的决策模型是基于上述的 EMSR 方法，该系统可以用来计算特定航班的票价等级预订限制。到 1986 年底，EMSR 收益最大化模型和动态预订限制的调整程序也被整合进 ABLS 系统中。在 1987 年前 3 个月，西部航空在实际运行的航班中测试了 ABLS 的效果，比之前依靠个人经验的调整结果有显著提升。

8.3.1.1 数据输入需求

EMSR 决策框架需要两种类型的输入数据来确定特定的航班的票价等级限制——按票价等级估算的预期需求以及预订各票价等级的平均收益。EMSR 模型所需的需求输入是按票价等级估计未来航班的预期请求总数。由于该模型考虑了需求的随机变化，因此还需要对预期请求期望值的方差进行估计。具体来讲，不仅要估计各票价等级从航班出发前 t 天到出发当天之间的期望需求，而且还要估计这些需求的波动范围。此外，实际预订数量也是必要的需求输入。

目前，大多数航空公司的预订系统按票价等级记录未来航班的总预订量。很多航空公司开发数据库管理系统，每天按票价等级生成当前预订和限制的摘录。这些摘录将成为一个不断发展的历史数据库的一部分，该数据库包含所有航班出发前每天的总预订量。一旦航班起飞，就可以从数据库中检索到该航段的完整预订历史。

EMSR 模型需要按票价等级估计预订请求的平均值和标准差。这些估计可能来自同一航班或同一航段的类似航班的订座数据。如果历史样本仅包括在预订过程中未达到票价等级预订限制的离港航班（意味着未拒绝任何请求），则直接将净预订请求（Net Booking Request）视为真实需求即可。

在没有达到一个或多个票价等级预订限制的情况下，所有航班都被预订一空是不可能的。在这种情况下，一个或多个特定票价等级的请求很可能被航空公司拒绝，而现有数据库无法显示这些被拒绝的请求是如何处理的。因此，预订系统数据库中的净预订请求代表了对特定航段和票价等级的总请求的约束估计（Constrained Estimate）。如果给定每个票价等级的预订水平，并且知道这些预订水平是否受到预订限制的约束，则可以使用统计方法来推导每个票价等级请求的无约束估计（波音公司，1982）。

不管是静态还是动态 EMSR 决策模型，一般都可以从航空公司预订系统中可用的现有数据中得出必要的需求估计。航空公司虽然可以从其预订系统中提取大量的历史预订数据，但详细的收入数据很难获取。作为 EMSR 决策模型的重要输入之一（前文已经论述了需求估计），与不同票价等级预订相关的收益水平同样重要。无论这些数据是来自于收入数据库还是零星的优惠券，都需要对未来航班的每个票价等级预订的乘客收益水平进行估计。

因此，EMSR 决策模型输入的需求和收益水平估计值受到航空公司收集和存储的数据特征的影响。数据越不符合 EMSR 模型的输入要求，就越需要特定的估计程序和假设条件来产生所需的输入数据。对于希望利用如 EMSR 这种决策模型来改进其座位库存控制过程的航空公司来说，在可用数据的约束下使用特定的估计方法可能是唯一的选择。

8.3.1.2 ABLS 的开发和实施

开发 ABLS 的目的是使航班票价等级预订限制的设置和调整过程更加系统化和自动化。航空公司希望自动化系统的实施将减少座位库存控制人员的手工工作，使他们能够将分析工作集中在需要密切关注的重要航班上。在系统中加入 EMSR 决策模型的目的是，根据对输入数据的系统评估，为分析人员提供票价等级预订限制的具体建议。

该系统由两个并行组件或程序组成：批处理（Batch）和在线处理（Online Processing）。批处理程序的目的是根据一周中同一天同一航段最近出发的预订数据样本，设置并定期修改所有未来航班的票价等级预订限制。票价等级的平均收益水平来源于最近期的历史订座数据。批处理程序按周天（Day-of-Week）轮换进行，如计算在未来 90 天内所有星期二出发的所有航班（航段）的预订限制。此后，票价等级限制每周修订一次，直至并包括航班出发前 6 天。这些修订不仅纳入了最新的可用数据，而且还要根据同一航段已建立的历史订座模式重新计算票价等级的最佳座位保护水平。然后考虑实际订座数量，得出每个票价等级的修订预订限制。

在线程序允许分析人员进行干预，针对单个航段和一周中的一天运行 EMSR 决策模型。

它还使分析人员能够将模型建议的预订限制与当前限制以及同一周天(Day-of-Week)航班(或航段）的实际预订情况进行比较。另外，EMSR 建议的保护水平和预订限制可以在加载到预订系统之前手动覆盖。

8.3.2 旅客出发地/目的地模拟器（PODS）

8.3.2.1 PODS 诞生的背景

长期以来，波音公司的研究人员一直对影响航空旅行需求的旅客行为深感兴趣。到 20 世纪 90 年代初,波音公司已经开发了一个集成概率模型,称为“决策窗口”(Decision Window，简称 DW）系统，该系统包含了有关旅客在给定一组竞争对手相关属性的条件下，如何在航空公司服务之间进行选择的各种研究结果。DW 系统首次意识到旅客行程安排的重要性，对航空公司需求建模作出了重要贡献。经典 Logit 模型认为航班频次是影响市场份额的重要因素（在第 9 章有介绍），但 DW 模型则认为航班的相对时刻对市场份额同样具有重要的价值。

DW 首先定义每个旅客的首选旅行时段，以符合旅客计划的最早出发时间和最晚到达时间为界限。然后，根据市场上可用的计划时刻来匹配这个“窗口”，只有那些完全在旅客窗口范围内的时刻才会被后续的决策程序所考虑。还有一些更细微的差异化，包括航线质量（直飞与中转）、航空公司形象甚至飞机型号偏好（螺旋桨、窄体喷气式飞机、宽体喷气式飞机）等，捕捉了很多重要的影响因素，以更准确地表达实际的竞争情况。

DW 的初衷是要开发一个高水平的机队规划和航班调度工具。使用 DW 系统，建模人员能够测试不同的出发地点和飞机类型，以确定一个可以提供适当服务水平的航班时间表（一般以平均客座率来衡量）。虽然 DW 系统在对比竞争性航班计划的优劣方面取得了巨大进步，但是模型的审查视角偏于宏观，无法深入分析非受限路径偏好(Unconstrained Path Reference ）与实际旅客流（the Realized Passenger Flow）之间的关系。另外，DW 系统忽略了价格因素的影响，限制了其测试规划场景的范围。为了扩展 DW 模型的应用，波音公司开发了旅客出发地/目的地模拟器（Passenger Origin/Destination Simulator，简称 PODS），在 DW 系统的旅客分配框架内纳入价格水平和多票价等级。

PODS 最初由波音公司的 Hopperstad、Berge 和 Filipowski 提出，是波音公司决策窗模型的一个扩展，用来研究航班时刻对航空公司市场份额的影响。PODS 作为收益管理的经验工具为 PODS 协会服务，这个协会由 MIT(Massachusettes Institute of Technology)和 7 家主要的国际航空公司组成 。波音公司和 MIT 航空运输实验室合作探索了 PODS 环境下的收益管理功能。

8.3.2.2 PODS 组成架构

PODS 由四部分组成：历史订座数据库（Historical Booking Database）、预测模块（Forecaster）、收益管理座位存量控制（Revenue Management Seat Inventory Control）和旅客选择模型（Passenger Choice Model）。这四部分之间的结构关系，如图 8.7 所示。

历史数据是由对历史订座的纪录产生的，订座历史数据被用来预测未来的航班。预测需求是 PODS 模拟器的第二个组成部分。预测人员对要离港的航班设置订座限制，收益管理优化人员需要根据所用的收益管理方法的数据特征输入预测需求。在下一节中，我们将探讨舱位等级需求预测过程，这个过程与路径需求预测相似。

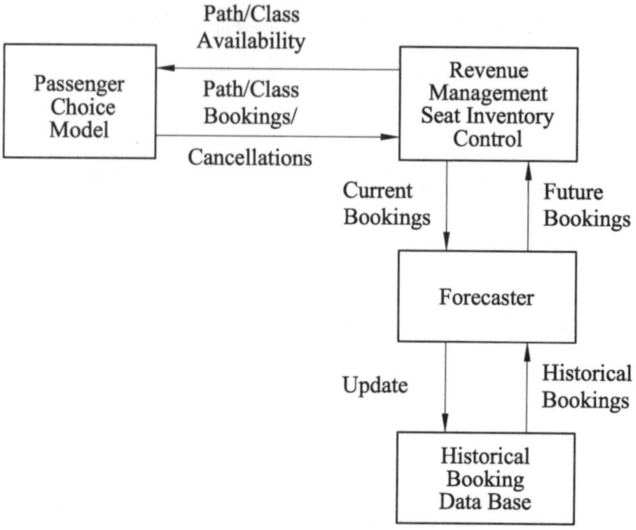

图 8.7　PODS 组成架构

需求预测是基于对同一航班同一舱位等级的订座历史数据的。目前，在 PODS 中有四个舱位等级：Y、B、M 和 Q，Y 是价格最高的等级，依次减少，Q 是价格最低的等级。需求预测包括两个步骤：第一步，预测人员对历史的订座数据进行截取。实际上，如果过去的航班中，某个舱位等级在起飞前就关闭了，那么历史数据库中的订座纪录就会是一个受到限制的观测数据，有必要考虑如果没有容量限制，这个航班/舱位等级的需求是多少。在 PODS 中，根据这些受到容量限制的实际订座数据，有几种截取方法可以获取对航班/舱位等级无容量限制的需求估计。第二步，用这些需求估计预测未来航班的舱位等级需求。在 PODS 中，有几种方法可以用来实现基于历史数据的预测，这种预测结果在每个订座时间段开始时就被送给收益管理优化人员，在每个航班离港前，这些数据会在订座过程中更新 16 次。Zickus（1998）①详细地描述了在 PODS 中进行预测和截取的方法。

座位存量控制是基于航班上剩余的座位数量和需求预测的。舱位等级的订座限制是嵌套设置的。根据订座限制接受订座请求。每做一次订座，对应等级和所有等级的订座限制就减少一个单位。这种订座纪录在历史数据库中实时保持更新。在每个订座时间段开始阶段，订座限制根据更新的数据重新优化。Darot（2001）②详细地描述了各种不同的座位存量控制方法。

最后一个组成部分是旅客选择模型。这部分为每个离港航班产生订座请求数量。每个旅客根据自身的特征和舱位等级订座限制条件，在所有的运输选择集合中选择满足他们需求的选项。下面将详细地讨论有关 PODS 旅客选择模型的问题。

8.3.2.3　PODS 旅客选择模型

PODS 旅客选择模型是基于波音公司所做的一些研究工作而设计的，特别是波音决策窗

① ZICKUS J S. Forecasting for airline network revenue management; revenue and competitive impacts. S.M. Thesis. Massachusetts Institute of Technology, Cambridge MA, 1998.

② DAROT J. Revenue management for airline alliances: passenger origin-destination simulation analysis. S.M. Thesis. Massachusetts Institute of Technology, Cambridge MA, 2001.

模型（DW）。其主要有以下四个步骤：首先，产生航空旅行需求；其次，定义每个旅客的特征集合以模拟其选择偏好；再次，根据旅客特征和航空公司的座位存量确定旅客的选择集合；最后，旅客根据自身特征和选项属性做出选择决策，如图 8.8 所示。

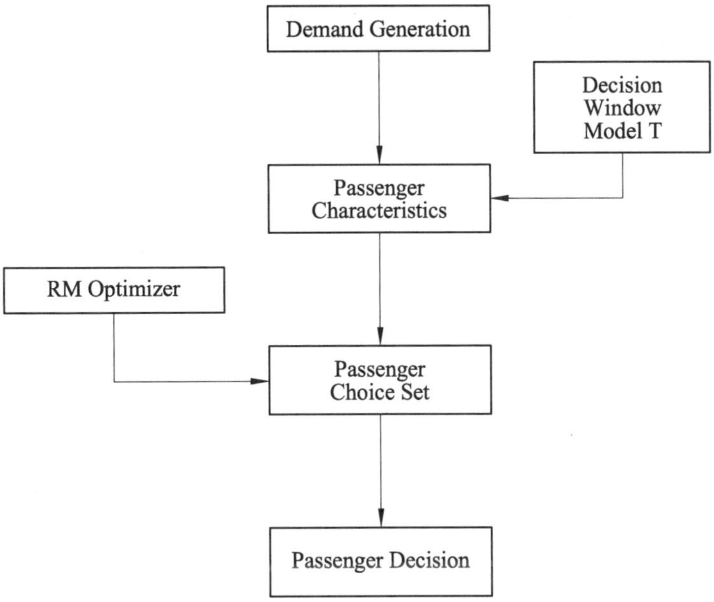

图 8.8 PODS 旅客选择模型流程图

1. 第一步：需求产生

旅客选择模型的第一步是计算在某个特定细分市场上，将会订座出行的潜在旅客数量。在 PODS 中，根据不同的出行目的，将旅客分为休闲和商务两种类型。对这两种类型的旅客分别建立模型，计算出每个市场上商务旅客需求和休闲旅客需求。

在 PODS 网络中，模拟器要计算每天每个 OD 市场上的休闲和商务旅客的需求。在需求生成的过程中，并没有考虑一些可变的因素，如季节变化、一周中每天的需求水平变化等。尽管没有考虑这些因素，每天的需求还是不同的。Wilson（1995）①给出了离港日需求变化的更多信息。

给定每个航班订座需求的总数量，可以决定订座过程中的舱位分配。PODS 中订座过程开始于航班离港前 63 天，分为 16 个时间段。随着离港日期的到来，时间段长度由最初的一周逐渐缩短，以便反映更加密集的订座活动。通常来说，休闲旅客往往比商务旅客更早订座，这种趋势因为低等级票价的提前购票限制而加强了。

一旦在特定时间所有 OD 市场上两种类型的旅客需求量被计算出来了，PODS 旅客选择模型就进入第二步——确定旅客的特征集合。

2. 第二步：旅客特征集合

每个计划旅行的旅客，或在 PODS 中订座的旅客都会被赋予一系列特征来表示他对不同航空服务属性的偏好。这些特征对旅客的选择行为有重要的影响，根据这些特征，旅客会选

① WILSON J L. The value of revenue management innovation in a competitive airline industry. S.M. Thesis. Massachusetts Institute of Technology, Cambridge MA, 1995.

择一个旅行选项。在 PODS 中，旅客特征集合主要由三部分组成：个体旅客的决策窗，最大支付意愿和旅客负效用（Disutility）集合。

PODS 旅客选择模型是基于波音决策窗模型的，为了表示旅客对特定时刻的偏好，每个旅客都被赋予一个时间决策窗口。这个窗口的边界表示了最早离港时间和最后的到达时间，这是旅客最初的时间约束，它表示旅客出行计划的时间安排是一个范围而不是一个特定的时间值。

在 PODS 中用宽度和位置这两个因素定义旅客的决策窗口。一个决策窗口的宽度是最短旅行时间和一个叫作时刻容忍度（Schedule Tolerance）的随机要素的总和。时刻容忍度的值是根据市场阶段和旅行目的对每个旅行者随机取值的。商务旅客平均的决策窗口比休闲旅客的短。另外，短距离市场的时刻容忍度比长距离市场的要小。用决策窗口的位置来表示每个市场上一天中不同时间的需求分布。所有适合决策时间窗口的路径/舱位等级（例如离港时间在决策窗开始时间之后，到达时间在决策窗关闭时间之前），在时间吸引力上对旅客是一样的，所有剩余的路径/舱位等级对旅客也同样是没有吸引力的。旅客对这两种类别路径/舱位等级的效用差异，通过一个特定成本来模拟，称为重新计划负效用（Replanning Disutility）。

除了决策窗口外，每个旅行者都有一个最大支付意愿（Maximum Willingness to Pay）。这个值代表每个旅行者支付意愿机票费用的最大值。如果路径/舱位等级的机票价格高于这个值，旅客就不接受这个路径/舱位等级，会寻找其他满足其旅行需求的选项。一般而言，商务旅客比休闲旅客最大支付意愿的值要高。

旅客负效用（Disutility）常用来代表一些由每个路径/舱位等级的属性决定的非货币成本，这些因素对旅客的选择也有重要的影响。在 PODS 旅客选择模型中，将负效用分为两类：与限制条件相关的负效用和其他负效用。目前，大多数的航空公司都采用了多等级票价结构，并对低等级票价附加一定的限制条件，譬如提前购票、周六过夜等，利用这些限制条件达到细分市场的目的。在 PODS 中，对每个限制条件，每个旅客都被赋予一个随机的负效用值。商务和休闲旅客对限制条件的负效用值是不同的。对商务旅客而言，他乐意选择高舱位等级票价，而不是低等级舱位，这就意味着高舱位的价格成本比低舱位的价格与限制条件负效用成本之和要小。

除了限制条件的负效用外，在 PODS 旅客选择模型中还有三个负效用：重新计划负效用、路径质量指数（Path Quality Index，简称 PQI）和非偏好航空公司。对个体旅客而言，这些负效用是独立的，商务旅客比休闲旅客的平均水平要高。

如果一个路径/舱位等级选项在旅客决策窗口之外，因为时间造成的不便，必须将重新计划负效用加到路径/舱位等级总成本中。由于商务旅客对服务频率和时刻的看重，使得商务旅客的这个成本很高。与联程航班相比，大多数旅客较喜欢直达航班。考虑到这个因素，在 PODS 中为每个路径/舱位等级都赋予一个路径质量指数，对直达航班赋值为 1，联程航班赋值为 2。每个路径/舱位等级的质量负效用是基本负效用与指数值的乘积。所以，对同样的旅客，联程航班的 PQI 值是直达航班的 2 倍。研究证明，由于长途旅客更愿意接受联程航班，所以路径质量负效用根据距离长度的增加而相对地减少。

最后，旅客对特定的航空公司有偏好，部分是由于航空公司的常旅客计划。为了模拟这些偏好，在 PODS 中对每个旅客都赋予一个偏好的航空公司和一个随机的非偏好公司负效用值。如果路径/舱位等级不是由他喜欢的公司提供的，非偏好公司负效用就会加到路径/舱位等级总成本中。Lee（2000）[①]详细研究了关于旅客负效用的问题。

3. 第三步：旅客选择集合

一旦由模拟器确定了旅客特征集合，每个旅客通过两个步骤做出旅行决策。首先，模拟器定义旅客选择集合。总选择集合是市场上所有的旅行选项加上旅客放弃旅行选择。但是由于各种原因，有些选项是可以排除的。比如说航空公司的座位存量控制，使得许多路径/舱位等级在某些特定的时间就没有了；较低等级舱位需要提前订座，如果不满足提前订座限制，那么此舱位就是无效的；在选择集中也将排除价格高于旅客最大支付意愿金额的舱位等级。

4. 第四步：旅客选择

PODS 假定如果旅客的选择集合中只有放弃旅行一个选项，那么旅客就肯定不去旅行；如果旅客的选择集合中至少有 2 个选项，那么他永远都不会选择放弃旅行。PODS 根据以下步骤进行旅客选择：考虑所有非货币因素，对每个选项（除放弃旅行选项）计算广义成本，即价格和所有负效用之和。对旅客而言，他肯定会选择广义成本最低的选项。由于商务旅客更看重路径/舱位等级的属性，所以商务旅客的负效用值都高于休闲旅客的负效用值。

一旦旅客选择了一个舱位/等级，航班座位就要更新了。将此订座信息记录在历史数据库中，用来供预测人员和优化人员在每个时间段结束后进行整个网络的收益管理控制。

目前，PODS 所用的决策规则在货币因素（最大支付意愿）和非货币因素（负效用）之间做了区别。对特定路径/舱位等级的选择是基于这两个因素的，但是这个选择是受到最大支付意愿条件限制的，只有价格低于旅客最大支付意愿的路径/舱位等级在旅客选择集合中才有效。

8.3.2.4 PODS 模型的评价

以前的机票预订模拟都假定需求分布是确定的，在某种座位库存控制机制下，这些需求会在某条路径上寻求合适的座位。相比之下，PODS 通过旅客选择过程内生地决定航空公司和个人的飞行需求，该过程体现了航空旅行特有的竞争因素，包括按照收益管理优化规则对这种需求的处理，如图 8.9 所示。图中这个循环可以看作是“行程生成-分配-路线选择”（Sequential Trip Generation-Distribution-Route Selection）传统交通需求分析模型的一种变体。因为预测是基于历史数据的，因此通过收益管理机制引入了一个额外的反馈效应，使当前旅客的行为特征和选择影响航空公司未来愿意提供的运力。

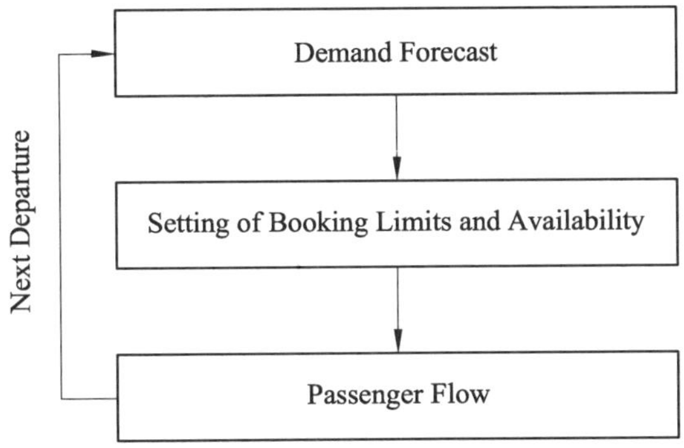

图 8.9 预测-收益管理-航班选择的循环图

① LEE S. Modeling passenger disutilities in airline revenue management simulation. S.M. Thesis. Massachusetts Institute of Technology, Cambridge MA, 2000.

PODS 框架的灵活性允许实验者在复杂的市场环境中展示最重要的竞争维度。尽管如此，应该在这里指出，广义建模环境的某些基本假设简化了现实中的预订和旅客选择过程的各个方面。首先，PODS 假定描述预订行为的参数在模拟期间保持不变，是一个平稳的环境。这意味着航空公司实际预测中一个重要的干扰因素“季节性趋势”并没有被考虑进来。此外，在一周内每天观察到的流量会波动变化，PODS 就是模拟一周中某一天的运营绩效。因此，样本的规模限制了能够模拟的具体周数。

另一个限制 PODS 直接应用于航空公司的制约因素是没有考虑预订的特殊情形，包括起飞前取消，未到（No Shows）和超售。它们在现代收益管理系统的预测和优化程序中具有十分重要的意义，因此波音公司和 MIT 联合开发了适合的模型来处理这些问题。

最后，PODS 将旅客流分配和收益管理座位控制这两个基本过程放在同一时间尺度上处理，带来方法上的挑战。直觉上，人们可能会认为，旅客并不是在每次出发时都会对航空公司的服务做出决策。例如，一个市场中的商务旅客可能仅仅基于旅行习惯选择航空公司的航班。一旦为第一次会议的日程安排做出初始决定，后续的旅行很可能取决于历史经验和对先前选定的备选方案的熟悉程度。如果这种情况是真实存在的，那么就很难准确模拟这类旅客的预订决策行为。另一方面，策略性的库存管理确实应该建立在日常出发的基础上。

尽管存在这些问题，但并不影响 PODS 的有用性。首先，由于目前我们对真实旅客决策过程的理解有限，也许将传统需求模型与收益管理模型集成在一起的方法是最佳选择。其次，如果未来的旅客群体是一大群不经常旅行的人，PODS 方法将更合适，这种情况对休闲市场尤为适用。

第 9 章 行业竞争

9.1 行业内竞争

9.1.1 商业模式竞争

9.1.1.1 两种基本商业模式

1. 全服务航空和低成本航空的概念

全服务航空是指提供舒适甚至奢侈的全方位飞行体验的航空公司，是商业航空诞生之初的商业模式，拥有非常悠久的历史，例如国内的国航、东航、南航，欧美的美国航空、联合航空、达美航空、英国航空、汉莎航空等。

低成本航空打破飞行体验的高端和奢侈特性（不一定不舒适），剔除不必要服务，为旅客提供较低价格的航班服务，是放松管制后新兴的一种商业模式，比如国内的春秋航空，马来西亚的亚洲航空，欧美的西南航空、瑞安航空等。

（1）西南航空（美国）。

西南航空（Southwest Airlines），总部设在美国德州达拉斯。西南航空是精细化运营管理的标杆和典范，近半个世纪保持持续盈利[①]，即使在行业危机（2001 年“9・11”事件）和经济萧条（2008 年全球经济危机）中也保持盈利纪录。西南航空依托美国庞大的市场，创造出低成本、直飞、多枢纽基地的航线网络运营模式，改变了航空市场格局，提升了航空在交通体系中的价值和贡献。2010 年 9 月 27 日，西南航空公司收购穿越航空公司（Air Tran），进而扩展到南美市场。

西南航空只提供短航程、高频率、低价格、点对点直航服务，选择单一机型（截至 2020 年拥有 700 多架全波音 737 系列飞机），选择中小机场（二类机场），简化值机流程，缩短过站时间（平均过站时间 20 分钟），提高飞机的利用率（日利用率 11 小时以上），取消不必要的服务项目，提供高品质的航空旅行服务。西南航空公司是美国民航界唯一连续多年获得行业“三冠王”称号的公司：“航班准点率冠军”“顾客满意率冠军（投诉率最低）”“行李转送准确率冠军”的殊荣。

（2）瑞安航空（欧洲）。

瑞安航空公司（Ryan Air），总部设在爱尔兰，是欧洲最大的低成本航空公司。多年以来，它已经逐步发展成世界上最赚钱的航空公司。瑞安航空由克里斯蒂・瑞安（Christy Ryan）成立于 1985 年，1991 年以低成本模式发展，1996 年欧洲航空市场开放后迅速成长。

瑞安将运营成本控制做到了极致，而且保持航空公司持续最高的盈利能力。瑞安坚持超低票价原则，其平均票价含油税不仅低于普通航空公司，而且大大低于低成本航空竞争对手易捷，瑞安通过不断扩大的机队规模、枢纽基地和航线网络占领欧洲市场。瑞安还利用延伸

① 2020 年新冠疫情导致美国西南航空税前亏损 42.56 亿美元，是西南航空历史上首次亏损。

服务（租车、酒店、旅游等）不断创造额外效益。

“最低成本、最低票价”的品牌形象是瑞安航空的竞争利器，瑞安航空是欧洲市场名副其实的价格屠夫。截至2020年拥有280多架737系列飞机，飞机日利用率达到8～9小时，尚有提升空间。客座率处于较高水平，维持在82%左右。表9.1是一些低成本航空的单座成本数据，表9.2是欧洲主要航空公司的平均票价水平。

表9.1　一些主要低成本航空的单座成本

各项成本	瑞安（RYA）	易捷（EZY）	挪威航空（NOR）	柏林航空（AB1）	西南航空（LUV）
人力成本	5	9	16	15	34
机场收费	8	21	19	37	9
航线成本	6	6	8	8	0
所有权&维修成本	8	9	17	26	17
销售&管理费用等	2	9	10	20	15
总　计	29	54	70	106	75

注：单位为欧元。数据来源为2014年航空公司年报。2017年柏林航空申请破产。

表9.2　欧洲航空公司平均票价水平

航空公司	平均票价	>瑞安
瑞安（RYA）	48	—
易捷（EZY）	82	71%
挪威航空（NOR）	86	79%
柏林航空（AB1）	120	150%
北欧航空（SAS）	129	169%
汉莎航空（LHA）	211	340%

注：单位为欧元。

（3）亚洲航空（亚洲）。

1993年，马来西亚政府国营集团DRB-HICOM成立亚洲航空。亚洲航空是亚洲地区第一家低成本航空公司，也是亚洲地区最大的低成本航空公司。亚航立足亚太，让低成本航空走向世界，探索出亚太低成本航空“单一品牌，多种合作模式”的跨区域扩张之路。0元票价、超低票价，一年四季的“大促”让航空旅行真正大众化成为可能，让亚太30亿人“人人都能飞”。亚航还将商务、旅游、度假、消费（零售）的价值链做到了极致。

为了扩张其在亚太地区的航线网络，同时适应航空管制的要求，亚航通过联合合作方式在亚太地区成立不同的合资公司大力发展航空业务（如亚航X、亚航泰国、亚航印尼、亚航菲律宾及亚航日本等）。亚航扩张的模式不同于西南航空和瑞安航空，类似于维珍航空，这也是亚航特殊的地方。

2. 全服务航空和低成本航空的差异

全服务航空公司和低成本航空公司之间的区别包括战略重点、机队组成、运营基地、分销渠道和收入来源等方面。

（1）战略重点。

全服务航空，如美国航空、汉莎航空等，专注于获取网络收益，而低成本航空则专注于获取航线收益。美国航空即使在2020年疫情时期仍然有95个国内目的地和95个国际目的地，遍布55个国家。美国航空拥有多个航空枢纽，包括达拉斯沃斯堡、夏洛特、洛杉矶和芝加哥。他们会保留一些看似极小的航线市场，前提是它为枢纽输送高收益率航段的旅客，从而对网络形成交叉补贴效应。这是全服务航空能够成功的关键：为旅客提供足够的航线选择、全面的航空服务以及较高的航班频率。实际运营效果也达到预期，2019年财年，美国航空实现净利润21.79亿美元。

对于低成本航空来说，航线的生死取决于它们自身的表现。低成本航空公司关注点对点的连接和单条航线的盈利，而不是枢纽和网络连接性。低成本航空公司通常不喜欢财务绩效表现不佳的航线。例如，边疆航空（Frontier Airlines）经常取消（或"暂停"）没有达到财务预期的航线。另一方面，低成本航空比大多数全服务航空公司更有能力（或更容易）尝试新的航线。

（2）机队构成。

老牌低成本航空西南航空拥有700多架飞机，而且全为737系列。边疆航空拥有100多架飞机，全为A320家族。爱尔兰的瑞安航空拥有大约280架飞机，几乎都是波音737-800机型。全服务航空英国航空拥有250多架飞机，但机队包含了7种机型。美国航空拥有700多架飞机，机队也有7种机型。新加坡航空只有130多架飞机，但仍旧有7种不同类型的飞机。

只运行一种类型的飞机，成本当然会更低一些。这是因为航空公司只需要一种类型的飞机维修设施，只需要为一种类型的飞机培训员工。在整个组织和实际运营中，一切都可以很好地标准化（从而可以发挥规模经济性），这对降低票价至关重要。然而，这限制了低成本航空可以飞行的航线类型，因为每类航线都需要匹配适当尺寸的飞机。全服务航空可以做到这一点，并可以根据需求变化适时更换飞机，这意味着他们可以为旅客提供更多的目的地和选择。当然，对航空公司和旅客来说，它的成本也会更高一些。

（3）运营基地。

虽然这不是一个十分严格的规则，但低成本航空公司往往会避开昂贵的大型机场，而选择二类机场，这些二类机场通常位于离他们所飞往城市更远的地方。例如，西南航空公司在达拉斯就更偏爱达拉斯拉夫菲尔德机场（Dallas Love Field Airport），而不是达拉斯沃斯堡机场（Dallas Fort Worth Airport）。捷星航空从墨尔本郊外飞往另一个很偏僻的航点阿瓦隆机场（Avalon Airport）。瑞安航空放弃巴黎的戴高乐机场，转向市郊80公里外不太知名的博韦机场（Avalon Airport）。这些二类机场的起降费和地面费用要远远低于该地区的大型机场。

然而，城市大型机场往往是全服务航空市场形象的一部分。他们通常（但并不总是）离市中心更近，交通便利，基础设施良好，航站楼也很豪华。许多全服务航空公司都喜欢宣传自己的优质形象，而飞进主要机场也有一定的营销效应。尽管如此，使用崭新豪华的航站楼成本很高，这些成本最初由航空公司承担，并最终转移给旅客。机场服务是全服务航空和低成本航空之间的一个关键区别，也是全服务航空成本更高的原因之一。

（4）分销渠道。

低成本航空和全服务航空之间的一个关键区别是旅客如何购买机票（分销渠道）。除非行程很复杂，许多旅行者都会在网上购买机票。不过，如果你买的是全服务航空公司的机票，尤其是高等级舱位，你可能会去旅行社等实体代理商处购买。他们通常拥有获取网站上不会显示的折扣或福利的途径。另外，实体店的大额交易也更具有私密性。

全服务航空具有多元化的分销渠道，机票价格更贵一些。而低成本航空通常只是在自己的网站上销售机票。这不仅使他们能够完全控制票价，而且还能降低售票成本，因此机票价格会较低一些。

（5）收入来源。

低成本航空的票价非常便宜，其主要收入很大程度上来源于辅助服务。尤其是那些转向超低成本航空（ULCC）领域的公司，如果可能的话，他们甚至会向旅客收取上厕所的费用。2019 年，欧洲航空公司创造了 315 亿美元的附加收入——托运行李、机舱餐食以及预售座位的收入。2019 年，美国的低成本航空从辅助服务中赚取了超过 1 000 亿美元。

全服务航空则收取统一的机票价格，理论上，所有的服务费用都包含其中。他们通常有多种收入来源，包括货运业务、常旅客计划以及来自附属航空公司的利润等。这实质上是一种创造收入的组合方法，旨在分散航空公司在经营周期内的市场风险。例如，2020—2021 年新冠疫情背景下，尽管全服务航空的客运业务呈直线下降，但货运业务和常旅客计划仍然在发挥作用，为航空公司带来增量收入。

9.1.1.2　两种商业模式竞争

1. 低成本航空的竞争：西南航效应

西南航空是从 1978 年放松管制后悄然崛起，但其商业模式可以追溯到 1971 年在得克萨斯州诞生之初。管制时代，CAB 严格控制了航线、定价和航班频率，尤其是对跨州承运人具有很强的约束。但是 CAB 对州内承运人（如西南航空）没有太多干涉，西南航空将主要业务聚焦于州内营利性较好、旅客密度较高的三角航线即达拉斯、休斯敦和圣安多尼奥。由于规模大、成本低，飞机利用率高，西南航空可以自主地将机票价格定得比 CAB 的标准低一些。1978 年，卡特总统签署了航空放松管制法案，允许航空公司在价格、频率、服务等方面展开自由竞争，许多航空公司竞相打造枢纽轮辐式网络系统，而西南航空继续坚持采用最初的点对点网络结构。

枢纽轮辐式航线网络是放松管制后最重要的产物。航空公司在枢纽机场安排“航班波”，大量航班在特定时间窗口（通常是在早晨、中午、晚上）集中起降。枢纽和航班波为旅客提供了更多的行程连接，理论上旅客最多中转一次即可完成任意两点之间的旅行。对于航空公司来说，可以用一定数量的飞机服务更多的航线市场，载运率也会大幅提高，从而产生规模经济性、密度经济性和范围经济性。然而，航班波存在一个严重的缺陷，会导致旅客和飞机闲置等待，降低飞机利用率。

Vowles（2001）认为，西南航空的商业模式有两个前提条件：① 点对点的线性航线网络允许旅客绕过大型枢纽（Bypass）直达目的地，大大缩短旅行时间。② 西南航空通过极力压缩地面停留时间，大幅提高飞机利用率。2000—2002 年，西南航空的每架飞机每年飞行 2 600

个航班，是行业平均水平的 2 倍（Gillen and Lall，2004）。另外，西南航空的员工效率也非常高，每架飞机只配置 70 名员工，而大多数枢纽航空为每架飞机至少配置 100 名员工。西南航空虽然采用的是线性航线网络系统，但其航班载运率与枢纽系统不相上下甚至更高，这源于其对市场的精心挑选（这是其特定商业模式客观决定的）。放松管制以来，西南航空只服务于那些具有高密度客流的航线市场，没有利润就不会进入。而全服务航空不同，他们通常会维持一些低利润甚至负利润的瘦薄市场，以提供更全面的市场覆盖，并创造网络效应。

在枢纽市场上，航空公司的定价往往比相同条件下的非枢纽市场更高（Goetz，2002）。原因在于航空公司对枢纽资源的垄断程度较高，而其他市场往往具有较高的竞争性。低成本航空兴起后，对曾经占据垄断地位的全服务航空发起了挑战。Vowles（2000，2001）、Goetz（2002）和 Button（2002）研究了西南航空对整个行业定价的影响，定价与枢纽垄断性及 LCC 的存在性有关系。Goetz（2002）发现，三个机场的平均票价在西南航空进入后一年内下降了 25%。西南航空进入某市场后，不仅影响机票价格，还会对旅客选择行为产生重大影响。一个典型案例是华盛顿至芝加哥航线，华盛顿地区有 3 个机场（杜勒斯机场、里根机场、巴尔的摩华盛顿国际机场 BWI），而芝加哥地区有两个机场（奥黑尔机场、中途机场）。Vowles（2000，2001）研究发现：虽然西南航空只是在巴尔的摩至中途机场的航线上提供服务，但杜勒斯至奥黑尔航线上的运输量却出现大幅下降。随着西南航空在自己航线上取得绝对优势的市场份额，华盛顿地区至芝加哥地区的所有航班票价都会大幅下降，这种现象被称为“西南航效应”。

西南航效应颠覆了经典的交通影子理论（Traffic-Shadow Theory），Taaffe（1956）提出的交通影子理论认为，任何地区规模最大的机场总是具有最大的吸引力。然而，低成本航空的出现打破了这种规律，通过影响旅客决策模型中的重要变量（如旅行时间、旅行成本、便捷性等）来改变其行为选择。这种现象被称为“机场渗漏”（Airport Leakage），指旅客愿意旅行更远的地面行程，选择票价更便宜的偏远机场搭乘航班。目前，这个地面行程并无公认的数值，Suzuki，Crum，Audino（2004）认为是 150 英里，Fuellhart（2003）认为是 90 英里。图 9.1 展示了旅客选择偏远机场的主要原因，其中较低的机票价格是最重要的原因，航班延误和航班时刻也是比较重要的考虑因素。

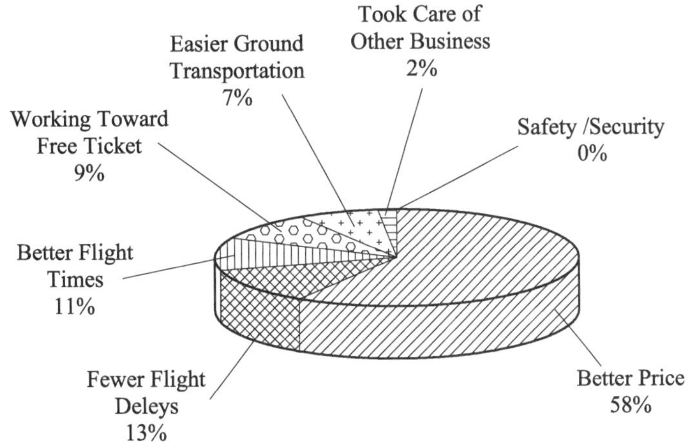

Primary reason passengers chose to fly through a less convenient airport.

图 9.1　旅客选择偏远机场的原因

案例：西南航空在巴尔的摩的市场竞争[①]。

1993 年第三季度，西南航空正式进入巴尔的摩至中途机场的航线市场。进入之前，芝加哥地区的奥黑尔机场是主要的市场门户，旅客为 7 656 人，平均票价为 156.35 美元。而当时该地区排名第二的中途机场仅仅有 542 名旅客。西南航空进入该市场一年后，奥黑尔机场仍然是该市场领导者，旅客达到 13 327 名，增长 74%。但中途机场增长更快，旅客达到 10 790 名，增长 1 855%。增长的原因就是机场的低票价。中途机场由西南航空主导，平均票价为 46.9 美元，下降了 61%。而奥黑尔机场的竞争者被迫将平均票价降为 63.35 美元，下降 59%。

芝加哥奥黑尔机场至华盛顿里根机场的旅客从 19 275 人增至 20 114 人，仅增加 4%，但平均票价从 185.60 美元降至 80.05 美元，降低了 57%。芝加哥中途机场到华盛顿里根机场的旅客从 1 353 人增至 2 125 人，增加了 57%，同时平均票价从 107.85 美元降至 71.76 美元，下降了 33%。

这个市场最大的输家是华盛顿杜勒斯机场，西南航空进入市场后，芝加哥的奥黑尔机场和中途机场吞吐量都有明显增加。芝加哥中途机场至华盛顿杜勒斯机场旅客从 148 人下降到 57 人，芝加哥奥黑尔机场至华盛顿杜勒斯机场旅客从 4 326 人下降至 1 767 人。

2. 行业新进入者商业模式：ValueJet Vs. Jetblue

（1）ValueJet 模式。

20 世纪 90 年代早期的危机促使大量初创公司进入市场，因为飞机、劳动力和其他投入要素的价格变得非常有吸引力。为了进入市场，大多数初创公司都试图复制西南航空的商业模式（有一些变化），其中一些公司获得了初步的成功。

ValueJet 是当时最有前途的初创公司。它成了监管者的宠儿——监管者希望低成本竞争者能够抑制传统大型航空公司的票价。投资者预期 ValueJet 将成为下一个西南航空公司，旅客期望享受短程点对点航线上的低票价。

ValueJet 采用的初创商业模式在很多方面与 20 世纪 80 年代遵循的传统进入策略相一致。ValueJet 购置当时价格极低的二手飞机，并利用非工会工人提供廉价、无附加服务。低成本的二手飞机降低了其进入市场的资本门槛和沉没成本。与西南航空不同，它试图利用其低成本结构挑战由大型航空公司控制的市场。在此期间，还有很多其他低成本初创公司进入市场，但大多数都失败了或仅仅勉强生存下来。

1996 年，ValueJet 一架 DC-9 型飞机发生空难[②]，导致很长时间内没有初创公司进入市场。公众普遍认为低成本初创航空公司更容易发生事故，监管机构的政策也更为谨慎，之前允许 ValueJet 在初创期过快增长，现在监管机构不得不对此类公司实施新的、更严格的安全要求和审查，这些措施包括限制初创公司可以运营的飞机数量和机队增长速度。

① 民航特定时期的典型案例，仅用于说明书中所述方法或观点，不影响其有效性。

② 1996 年 5 月 11 日，ValueJet 的 DC-9 型飞机由于货舱失火坠落，110 人全部罹难。FAA 在事后调查发现，火情是由于 Valuejet 航空维修的外包方 Sabre Tech 公司不按规定交付托运的氧气生成器引发。飞行途中，一个氧气生成器泄漏，释放氧气的同时产生高温，引燃了附近的轮胎，最终引发了机舱大火。一年以后，Valuejet 航空和佛罗里达当地的一家小航空公司 AirTran 合并。Valujet 这个名字就永远消失了。再后来 Southwest 购买了 AirTran，还一直保持着它在亚特兰大的许多老航线。

（2）Jetblue 模式。

Jetblue（捷蓝航空）于 2000 年 2 月进入市场，在当时主要航空公司的霸主地位毋庸置疑，大多数观察家认为初创公司的进入注定会失败。Jetblue 采用的进入模式没有遵循传统进入模式的经验，引起了业界的质疑。在低成本、不提供多余服务的市场方面，Jetblue 面临着难以复制西南航空模式的障碍。另一方面，大型航空公司利用他们强大的枢纽系统、全球化的网络结构、掠夺性定价策略等手段阻挠初创航空公司进入市场。

Jetblue 将自己定位为一家低价、高品质但不提供额外服务的航空公司，并选择了协调机场①纽约肯尼迪国际机场作为其主要基地（初创公司通常会避开这类主要大型机场），并订购大量全新的、非常昂贵的空客 A320 飞机，组建了一支单一机型的机队。另外，不像其他大多数初创企业试图利用经济周期低谷时期廉价的生产要素（如飞机、人员等），Jetblue 反其道而行之，计划在经济周期的高峰时期开始运营。结果证明，Jetblue 的策略取得了成功，现在是一家优秀的低成本航空公司。

9.1.2 航线市场竞争

9.1.2.1 基于 S 曲线的份额模型

航空公司在航线上的竞争受到班次、时刻、票价、产品服务等因素的影响，旅客会根据自身预算约束，综合评估这些因素，权衡后选择“最佳”方案。航空公司则通过优化这些因素，争取最大化的市场份额。“市场份额”是指公司在总市场需求中占有的需求比例，也可以表示为某航空公司载运的旅客数量、PRK 或者收入占整个市场的份额。

当其他因素相同时，OD 市场上航空公司的市场份额约等于他投放的航班班次份额，直接表示为竞争性直飞航班的班次。“其他因素相同”的假设，要求忽略竞争航空公司间的价格和服务品质差异。现实世界中，在成熟市场上航空运输已经成为标准商品，参与竞争的主要航空公司提供的服务实际上并没有太大差异，因而在大多数情况下这些差异确实可以忽略。

目前，航空业普遍采用“S 曲线”模型来描述航线市场份额与班次之间的关系，如图 9.2 所示。这种非线性关系解释了航空公司为何将航班班次作为重要的竞争性武器使用。例如，某条航线上有公司 1 和公司 2 参与竞争，它们提供直飞航班的比例为 60%∶40%，公司 1 获得的市场份额可能超过 60%，公司 2 获得的市场份额可能低于 40%。如果价格和其他服务没有明显差异，两家公司各提供 50%的航班时，将各获得 50%的市场份额。S 曲线模型可以用数学公式描述为

$$ms_i = \frac{(fs_i)^a}{\sum_{i=1}^{n}(fs_i)^a} \tag{9.1}$$

式中，ms_i 为航空公司 i 的市场份额；fs_i 为航空公司 i 的班次份额（包括直飞、经停、联程）；n 为航线市场中参与者数量；a 为指数参数，大于 1，通常取值为 1.3 ~ 1.7。a 值决定了 S 曲

① 协调机场，是指在某一特定的时间段里航班起降架次已经达到或接近机场的保障容量，经民航局确定需要进行时刻协调的机场，协调机场分为主协调机场和辅协调机场两类，主协调机场是指时刻需求超过容纳能力，调整余地很小的机场；辅协调机场是指时刻需求已接近其容纳能力，但尚有调整余地的机场。

线偏离对角线的程度，a 值越大，S 曲线弯曲程度越大，说明当航空公司提供的班次比竞争对手越多时，获得的市场份额也越大。而航线市场的特征决定了指数 a 的取值，一般说来，短途、商务航线上的 a 值较大，说明航班班次对份额的影响较大；而长途、休闲市场上的 a 值较小，说明班次的作用相对较弱。

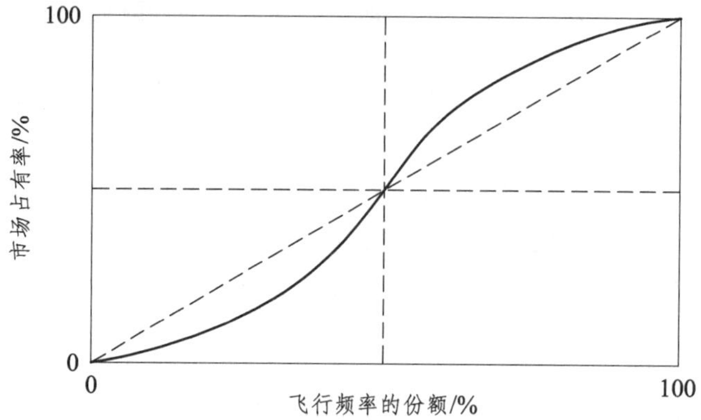

图 9.2　S 曲线份额模型

然而，现实中很多 OD 市场不仅有直飞航班，还有 1 次经停及联程航班，需要将这类航班也考虑进来。一般做法是在模型（9.1）中引入权重系数，根据实践经验，直飞航班权重为 1.0，经停权重为 0.2 ~ 0.3，联程航班权重则低至 0.05 左右。

【例 9.1】某条航线上有两家航空公司参与竞争，公司 1 每天提供 1 个直飞航班，公司 2 每周提供 4 个直飞航班及 3 个经停航班，假如每周 7 天内需求均匀分布，则两家航司的市场份额分别是多少？（假定 S 曲线模型中 a 值取 1.5，经停航班权重取 0.3）。

公司 1 的班次份额 = $(7\times1.0)/(7\times1.0+4\times1.0+3\times0.3)=59\%$

公司 2 的班次份额 = $(4\times1.0+3\times0.3)/(7\times1.0+4\times1.0+3\times0.3)=41\%$

公司 1 的市场份额 = $0.59^{1.5}/(0.59^{1.5}+0.41^{1.5})=63\%$

公司 2 的市场份额 = $0.41^{1.5}/(0.59^{1.5}+0.41^{1.5})=37\%$

9.1.2.2　基于服务质量指数（QSI）的份额模型

QSI 模型是对 S 模型的扩展，最初由美国民用航空委员会（CAB）研发，用于预测新进竞争者对特定航线的航班运营造成的影响（Jenkins，2011），评估特定 OD 市场上航空公司运营的全部航班集合（直飞、经停、联程）与竞争对手产品间的服务品质差异。QSI 模型已经在专业咨询任务及航空公司内部规划部门中广泛应用。

计算 QSI 指数时需要为不同的航班形式赋予权重，大多数时候，权重值由航空公司基于经验判断确定，可以利用历史数据对权重进行校正。需要注意，模型输出结果的优劣很大程度上取决于权重值的准确性。

20 世纪 70 年代，当时的 CAB 还是民航主管部门，承担各类经济管制任务，由于担心航线竞争中产生所谓的“棘轮效应”（Ratchet Effect）①，开发了一个用于预测航班需求及航空公司市场份额的 QSI 模型，该模型可以为 CAB 评估应何时在特定市场新增航班服务，以及

① 由经济学家杜森贝里提出的一个概念，指人的消费习惯形成之后有不可逆性，即易于向上调整，而难于向下调整。此处意思是航班随需求增加而增加，但很难随需求减少而减少。

新增航班对市场产生的影响。最初的 QSI 模型将航班频率、飞机尺寸及其他影响需求的因素作为输入变量，将服务质量作为输出变量。

表 9.3 所示权重是在特定的背景下产生的，当时是大多数航线存在多个航节（航段），航班多为经停航班（不需更换飞机），而很少有联程航班，航班频率较低。放松管制后，模型的应用进一步扩展至航线决策和频率决策。此时，联程航班增多，多点经停航班（2 个及以上经停点）减少，旅客更偏好直飞航班，经停航班的效用大幅降低，原来的权重不再完全有效，很多业内人士对此做了重新校对，如表 9.4、表 9.5 所示。Emrich and Harris（2008）认为 QSI 是高度非线性指标，一次经停航班权重可以低至 0.25，一次联程航班权重可以高至 0.125。

表 9.3　CAB QSI 权重

经停点	QSI 权重
0	1.00
1	0.55
2	0.40
≥3	0.03

表 9.4　Brewer[①] QSI 权重

经停点	QSI 权重
0	1.00
1	0.33
Connections	0.03

表 9.5　Emrich and Harris QSI 权重

经停点	QSI 权重
0	1.00
1	0.25
1-Connection	0.125

【例 9.2】 在某条航线上，PDEW（日单向客流量）为 277，公司 1 每天有 1 个直飞航班，公司 2 有 2 个一次经停航班及 4 个联程航班。现在公司 1 想增加一个航班，试评估对该航线市场的影响。

如表 9.6 所示，该航线市场 QSI 指数为 1.78，公司 1 市场份额为 56.2%，分享的运输量为 155.6 人次。公司 1 增加一个直飞航班，QSI 增加 1.00 至 2.78，假如班次增加刺激需求增加 10%，航线总需求 PDEW 增至 305，公司 1 的市场份额增至 71.9%，分享的运输量增至 219.4 人次，平均班人次为 109.7 人次，比原来减少 48.8 人次。此时，公司 2 的市场份额从原来的 43.8%降至 28.1%，运输量从原来的 121.4 降至 85.6。如果所有公司机型尺寸不变，则客座率均有所降低。由此可见，航班班次增加会提高市场份额，但同时也会稀释所有航班的载客量和客座率。同时，航班增加也会产生增量成本，公司 1 必须在这些增量成本与市场份额增加带来的增量收益之间进行权衡。

表 9.6　某航线市场 QSI 计算

公司	产品	班次	权重	指数
公司 1	直飞	1	1.00	1.00
公司 2	一次经停	2	0.33	0.66
	联程	4	0.03	0.12
QSI	1.78			

① 加拿大航空前董事长及 CEO。

9.2 行业间竞争

在中短途旅行中，越来越多的旅客会选择铁路出行，尤其是高速铁路。在亚洲和欧洲的一些主要航线上，高铁和航空运输已经齐头并进、同等重要。很多研究显示，高铁进入运输市场后，会对航空运输产生极大的冲击和影响①。

9.2.1 高铁发展概况

2003 年 10 月 12 日，秦沈铁路作为中国第一条客运专线铁路正式投入运行。线路全长 404 公里，总投资约 150 亿元，设计速度为 200 公里/小时，初始开行列车速度 160 公里/小时。不管是否把秦沈客专定义为中国第一条高铁，它在中国高速铁路发展史上的地位都是极其重要的。当年秦沈客专立项的一个重要意义，就是为中国后来大规模的高铁建设先行探路，并为其储备技术和人才（表 9.7）。

表 9.7 2003 年高铁开通情况

开通时间	线路名称	起点	终点	线路长度/公里	设计时速/（公里/小时）
2003 年 10 月 12 日	秦沈客运专线	秦皇岛	沈阳	404	250

2004 年 1 月，国务院常务会议讨论并原则通过历史上第一个《中长期铁路网规划》，首次确立了超过 1.2 万公里的“四纵四横”的客运专线网，涉及改建及新建线路约 2.8 万公里。规划确定客运专线的速度为每小时 200 公里及以上。

2004 年至 2005 年，中国北车长春客车股份、唐山客车公司、南车青岛四方先后从加拿大庞巴迪、日本川崎重工、法国阿尔斯通和德国西门子引进技术，联合设计生产高速动车组。

2007 年 4 月 18 日，时速 200 公里的“和谐号”动车组 D460 次列车从上海站出发驶往苏州。这是中国第一列正式开行的动车组，也拉开了全国铁路第六次大面积提速的序幕。繁忙干线提速区段达到时速 200～250 公里，这是世界铁路既有线提速最高值。同时，“和谐号”动车组也开始走进普通大众的生活。

表 9.8 至表 9.21 分别为 2008 年至 2021 年高铁开通情况。

表 9.8 2008 年高铁开通情况

开通时间	线路名称	起点	终点	线路长度/公里	设计时速/（公里/小时）
2008 年 12 月 21 日	胶济客运专线	青岛	济南	363	250
2008 年 8 月 1 日	京津城际铁路	北京南站	天津站	114	350
2008 年 4 月 18 日	合宁客运专线	合肥	南京	166	200

① 广义的高铁包括设计时速 300～350 公里的高速铁路、设计时速 250 公里的客专、设计时速 200 公里的客货共线铁路及城际铁路。

2008 年 8 月 1 日，京津城际高速铁路开通运营，全长 120 公里，设计时速 350 公里，北京、天津两大直辖市间由原来运行 2 小时左右缩短至 30 分钟左右，形成同城效应。京津城际铁路是中国第一条具有自主知识产权、当时运营速度世界最快的高速铁路。

2008 年 10 月，国家批准《中长期铁路网规划（2008 年调整）》，确定到 2020 年全国铁路营业里程达到 12 万公里以上，其中客运专线达到 1.6 万公里以上，重点规划“四纵四横”等客运专线以及经济发达和人口稠密地区城际客运线。

表 9.9　2009 年高铁开通情况

开通时间	线路名称	起点	终点	线路长度/公里	设计时速/（公里/小时）
2009 年 12 月 28 日	郑西客运专线	郑州	西安	505	350
2009 年 12 月 26 日	武广客运专线	武汉	广州	1 069	350
2009 年 9 月 28 日	温福铁路	温州	福州	298	250
2009 年 9 月 28 日	角台温铁路	宁波	温州	275	250
2009 年 7 月 7 日	达成铁路复线成遂段	遂宁	成都	146	200
2009 年 4 月 1 日	合武快速铁路	合肥	武汉	359	250
2009 年 4 月 1 日	石太客运专线	石家庄	太原	225	250

2009 年 12 月 26 日，武广高速铁路的开通运营，标志着中国正飞速进入高铁时代。

表 9.10　2010 年高铁开通情况

开通时间	线路名称	起点	终点	线路长度/公里	设计时速/（公里/小时）
2010 年 12 月 30 日	海南东环铁路	海口	三亚	308.1	250
2010 年 12 月 30 日	长吉城际铁路	长春	吉林市	112.5	250
2010 年 10 月 26 日	沪昆高铁沪杭段	上海虹桥	杭州	169	350
2010 年 9 月 20 日	昌九城际铁路	南昌	九江	131.3	250
2010 年 7 月 1 日	沪宁城际高速铁路	上海站	南京	301	350
2010 年 5 月 13 日	成灌城际铁路	成都	都江堰	68	200
2010 年 4 月 26 日	福厦铁路	福州	厦门	226	250

2010 年 12 月 30 日，海南省交通史上的一号工程——东环铁路正式建成通车，海口到三亚仅需 90 分钟。东环铁路沿着东海岸，穿越最具旅游发展潜力的东部城市带和滨海旅游带，促进海南从单一的目的地旅游转变为沿线旅游、环岛旅游。

截至 2010 年底，中国高铁运营里程达到 8 358 公里，在建里程 1.7 万公里，均居世界第一。

2011 年 6 月 30 日，世界上一次建成里程最长的京沪高速铁路建成通车，线路全长 1 318 公里，设计时速 350 公里，初期运营时速 300 公里（表 9.11）。京沪高速铁路北接京津冀地区、南接长江三角洲，通道吸引区域人口占全国人口的比例超过四分之一。

表 9.11　2011 年高铁开通情况

开通时间	线路名称	起点	终点	线路长度/公里	设计时速/（公里/小时）
2011 年 12 月 26 日	广深港高铁广深段	广州	深圳	116	350
2011 年 6 月 30 日	京沪高铁	北京南站	上海虹桥	1 318	380

2011 年 12 月 26 日，广深港高铁广深段正式开通营运。广深港高铁通过广州南站可实现与武广高铁、广珠城际等高铁、城际铁路的无缝换乘，为北方乘高铁南下的旅客前往香港提供极大的便利，也为广珠城际沿线的珠三角城市居民前往香港提供了快捷的轨道交通方式。

2012 年 12 月 1 日，东北地区第一条高速铁路客运专线，世界上第一条穿越高寒地区的高速铁路——哈大高铁开通运营。线路全长 921 公里，设计时速 350 公里。运营初期实行冬季、夏季运行图，夏季最高运营速度 300 公里/小时，冬季最高运营速度 200 公里/小时。

2012 年 12 月 26 日，京广高铁全线贯通运营（京石客运专线、石武高铁石郑段、石武高铁郑武段、武广客运专线（2009 年 12 月通车）），全长 2 298 公里，成为世界上干线最长的高速铁路。

表 9.12 为 2012 年高铁开通情况。

表 9.12　2012 年高铁开通情况

开通时间	线路名称	起点	终点	线路长度/公里	设计时速/（公里/小时）
2012 年 12 月 31 日	广珠城际铁路	广州	珠海	177	200
2012 年 12 月 30 日	遂渝铁路二线	遂宁	重庆站	131	200
2012 年 12 月 26 日	京石客运专线	北京西站	石家庄	281	350
2012 年 12 月 26 日	石武高铁石郑段	石家庄	郑州	358	350
2012 年 12 月 1 日	哈大客运专线	哈尔滨	大连	921	350
2012 年 9 月 28 日	石武高铁郑武段	郑州	武汉	483	350
2012 年 10 月 16 日	合蚌客运专线	合肥	蚌埠	131	350
2012 年 7 月 1 日	汉宜铁路	武汉	宜昌	292	200
2012 年 7 月 1 日	龙厦铁路	龙岩	厦门	171	200

2013 年 12 月 28 日，被喻为“特区之虹”的厦深铁路全线通车运营。厦深铁路联结厦门、深圳、汕头等经济特区，把珠江三角洲与海峡西岸经济区连接起来，形成东南沿海 3 小时经济圈，将对区域经济的整合和优化产生深远影响。

2013 年全年投产新线 5 586 公里，铁路营业里程突破 10 万公里；其中高铁运营里程突破 1 万公里，成为铁路发展史上新的里程碑。

表 9.13 为 2013 年高铁开通情况。

表 9.13 2013 年高铁开通情况

开通时间	线路名称	起点	终点	线路长度/公里	设计时速/（公里/小时）
2013 年 12 月 30 日	广西沿海城际铁路钦北段	钦州	北海	100	250
2013 年 12 月 30 日	广西沿海城际铁路钦防段	钦州	防城港	63	250
2013 年 12 月 30 日	广西沿海城际铁路南钦段	南宁	钦州	99	250
2013 年 12 月 30 日	柳南城际铁路	柳州	南宁	226	250
2013 年 12 月 28 日	衡柳铁路	衡阳	柳州	1 013	200
2013 年 12 月 28 日	西宝高铁	西安	宝鸡	120	350
2013 年 12 月 28 日	茂湛快速铁路	茂名	湛江	103	200
2013 年 12 月 28 日	武咸城际铁路	武汉	咸宁	91	250
2013 年 12 月 28 日	渝利铁路	重庆北	利川	264	200
2013 年 12 月 28 日	厦深铁路	厦门	深圳	514	250
2013 年 12 月 1 日	津秦客运专线	天津西	秦皇岛	261	350
2013 年 9 月 26 日	昌福铁路（原向莆铁路）	南昌	福州	632	200
2013 年 9 月 11 日	盘营客运专线	盘锦	营口	89	350
2013 年 7 月 1 日	宁杭客运专线	南京	杭州	256	350
2013 年 7 月 1 日	杭甬客运专线	杭州	宁波	150	250

2014 年 12 月 26 日，横贯东西的现代“钢铁丝绸之路”——兰新高铁全线开通运营。线路东起甘肃兰州，途经青海西宁，甘肃张掖、酒泉、嘉峪关，新疆哈密、吐鲁番，西至新疆乌鲁木齐，全长 1 777 公里，再次刷新一次性建设里程世界最长纪录。

2014 年 12 月 26 日，贵广高铁正式通车运行，贵阳至广州的列车运行时间由 20 小时缩至 4～5 小时。作为贵州最便捷的出海大通道，大大缩短了西南地区与珠三角地区间的时空距离。“广州—桂林—贵阳—昆明—曼谷国际黄金旅游线”的设想也会更快成为现实。

2014 年 12 月 26 日，南广高铁全线正式开通运营。作为华南地区的经济大动脉，南广高铁将带动广西融入粤港澳“大珠三角”经济圈。未来南广铁路接入东盟的泛亚铁路网络，形成由中国东南沿海通往东盟国家的国际运输大通道，加强中国与东盟国家间的经贸等各领域的交流与合作。

2014 年全年新线投产里程 8 427 公里，创历史最高纪录，其中高速铁路投产里程超过 5 000 公里。截至 2014 年底，全国铁路营业里程达到 11.2 万公里，其中高速铁路 1.6 万公里。《高速铁路设计规范》和《城际铁路设计规范》等铁路建设行业标准的发布，为高速铁路、城际铁路发展以及推动中国高铁“走出去”提供了重要技术支撑。

表 9.14 为 2014 年高铁开通情况。

表 9.14　2014 年高铁开通情况

开通时间	线路名称	起点	终点	线路长度/公里	设计时速/（公里/小时）
2014 年 12 月 26 日	南广高铁	南宁	广州	577	250
2014 年 12 月 26 日	贵广高铁	贵阳	广州	857	300
2014 年 12 月 26 日	兰新高铁（兰新铁路第二双线）	兰州	乌鲁木齐	1 776	250
2014 年 12 月 20 日	成绵乐城际铁路成都至乐山段	成都	峨眉山	162	250
2014 年 12 月 20 日	成绵乐城际铁路成都至江油段	成都	江油	152	250
2014 年 12 月 16 日	沪昆高铁长沙至新晃段	长沙	新晃	420	350
2014 年 9 月 16 日	沪昆高铁杭长段	杭州	长沙	927	350
2014 年 7 月 1 日	大西客运专线太原南至西安北段	太原	西安	567	250
2014 年 7 月 1 日	宜万铁路宜昌至利川段	宜昌	利川	288	200
2014 年 6 月 18 日	武石城际铁路	武汉	黄石	97	250
2014 年 6 月 18 日	武冈城际铁路	武汉	黄冈	36	250

2015 年 6 月 30 日，具有完全自主知识产权、时速 350 公里的“中国标准”动车组，在北京中国铁道科学研究院环形试验基地展开试验工作，这标志着中国标准动车组研制工作取得重要阶段性成果。

2015 年 6 月 28 日，合福高铁正式开通运营。线路纵贯安徽省中南部、江西省东部、福建省东北部地区。既途经历史悠久、人文荟萃的铜陵、绩溪、宣城等地，又辐射山清水秀、风景优美的巢湖、黄山、武夷山等自然风景名胜，实现了“一站一景”，被誉为“中国最美高铁”。

2015 年 12 月 30 日，全长 345 公里海南环岛高铁西段线路通车，与海南东环高铁形成全球唯一环岛高铁。

截至 2015 年底，铁路营业里程达到 12.1 万公里，居世界第二位，其中高铁运营里程超过 1.9 万公里，居世界第一位，占世界高铁总里程的 60%以上。

表 9.15 和 9.16 分别为 2015、2016 年高铁开通情况。

表 9.15　2015 年高铁开通情况

开通时间	线路名称	起点	终点	线路长度/公里	设计时速/（公里/小时）
2015 年 12 月 30 日	海南西环铁路	海口	三亚	345	200
2015 年 12 月 28 日	牡绥铁路穆棱至绥芬河段	穆棱	绥芬河	74	200
2015 年 12 月 10 日	牡绥铁路牡丹江至穆棱段	牡丹江	穆棱	65	200
2015 年 12 月 28 日	津保铁路	天津站	保定	157.8	250
2015 年 12 月 26 日	新金丽温铁路	金华	温州	188.8	200
2015 年 12 月 26 日	赣龙铁路复线	赣州	龙岩	272.8	200
2015 年 12 月 26 日	兰渝铁路广元至重庆段	广元	重庆北	352	200

续表

开通时间	线路名称	起点	终点	线路长度/公里	设计时速/（公里/小时）
2015年12月26日	成渝高铁	成都	重庆站	308	350
2015年12月17日	丹东至大连快速铁路	丹东	大连	292	200
2015年12月11日	南昆高铁南宁至百色段	南宁	百色	224	250
2015年12月6日	宁安城际铁路	南京	安庆	257	250
2015年9月21日	贵广高铁贵阳东至龙里北段	贵阳	龙里	53.4	250
2015年9月20日	京津城际铁路延伸线	天津站	于家堡	44.8	350
2015年9月20日	吉图珲高铁	吉林市	珲春	359	250
2015年9月1日	沈丹高铁	沈阳	丹东	208	250
2015年8月17日	哈齐高铁	哈尔滨	齐齐哈尔	282	250
2015年6月28日	合福高铁	合肥	福州	852	300
2015年6月26日	郑焦城际铁路	郑州	焦作	78	250
2015年6月18日	沪昆高铁新晃西至贵阳北段	新晃	贵阳	286	350
2015年1月1日	兰渝铁路重庆北至渭沱段	重庆北	渭沱	70.7	200

表 9.16　2016 年高铁开通情况

开通时间	线路名称	起点	终点	线路长度/公里	设计时速/（公里/小时）
2016年12月28日	沪昆高铁昆明南至贵阳北段	昆明	贵阳	463	350
2016年12月28日	南昆高铁昆明至百色段	昆明	百色	486	250
2016年12月28日	昆玉城际铁路	昆明	玉溪	88	200
2016年12月26日	长株潭城际铁路	长沙	湘潭株洲	104	200
2016年12月1日	武孝城际铁路	汉口	孝感	62	200
2016年11月28日	渝万城际铁路	重庆北	万州	247	250
2016年11月16日	青荣城际铁路	青岛	荣成	299	250
2016年9月10日	郑徐高铁	郑州	徐州	362	350
2016年5月15日	宁启铁路南京至南通段	南京	南通	268	200
2016年3月30日	广佛肇城际铁路	广州	肇庆	111	200
2016年3月30日	莞惠城际铁路常平东至小金口段	常平	惠州	53	200
2016年1月6日	娄底至邵阳铁路扩能改造	娄底	邵阳	100	200

2016 年 6 月，国务院通过《中长期铁路网规划》。规划提出打造以沿海、京沪等“八纵”通道和陆桥、沿江等“八横”通道为主干，城际铁路为补充的高速铁路网，实现相邻大中城市间 1 ~ 4 小时交通圈、城市群内 0.5 ~ 2 小时交通圈。

2016 年 12 月 28 日，中国东西向线路里程最长、经过省份最多的高速铁路——沪昆高铁全线开通，标志着早期规划的“四纵四横”高铁干线网基本成型。

截至 2016 年底，中国铁路营业里程达 12.4 万公里，其中高速铁路 2.2 万公里以上，运营里程占到全世界高铁总量的65%左右。

表9.17、表9.18、表9.19、表9.20、表9.21分别为2017年、2018年、2019年、2020年、2021年高铁开通情况。

表9.17　2017年高铁开通情况

序号	项目名称	线路标准名称	起止站点	运营里程	通车时间	设计速度/（公里/小时）
90	宝兰客专	徐兰高速线	宝鸡南—兰州西	401	2017年7月9日	250
91	张呼客专呼集段	京包客专线	呼和浩特东—乌兰察布	126	2017年8月3日	250
92	武九客专	武九客专线	大冶北—九江	128	2017年9月21日	250
93	西成高铁西安北—江油段	西成客专线	西安北—江油	469	2017年12月6日	250
94	长株潭城际铁路	长沙西城际线	长沙—长沙西	22	2017年12月26日	200
95	石济客专	石济客专线	石家庄—济南东	307	2017年12月28日	250
96	莞惠城际铁路常平东—道滘段	广惠城际线	常平东—道滘	44	2017年12月28日	200
97	萧淮客专线	萧淮线	萧县北—淮北北	25	2017年12月28日	250
98	九景衢铁路	衢九线	衢州—九江	334	2017年12月28日	200

表9.18　2018年高铁开通情况

序号	项目名称	线路标准名称	起止站点	运营里程	通车时间	设计速度/（公里/小时）
99	渝黔铁路复线	渝贵线	重庆西—贵阳北	345	2018年1月25日	200
100	深茂铁路江茂段	深湛线江湛段	新会—江门—茂名	268	2018年7月1日	200
101	广大铁路扩能改造工程	楚大线	广通北—大理	175	2018年7月1日	200
102	广深港高铁福田—香港段	广深港高速线	福田—香港西九龙	30	2018年9月23日	200
103	大西高铁太原—原平段	大西高速线	太原南—原平西	116	2018年9月28日	250
104	哈佳铁路	哈佳线	哈尔滨—佳木斯	343	2018年9月30日	200
105	杭黄高铁	杭昌高速线杭黄段	杭州东—黄山北	285	2018年12月25日	250
106	哈牡客专	哈牡客专线	哈尔滨—牡丹江	300	2018年12月25日	250
107	济青高铁	济青高速线	济南东—红岛	305	2018年12月26日	350
108	青盐铁路	青盐线	青岛北—盐城北	428	2018年12月26日	200
109	怀邵衡铁路	怀衡线	怀化南—衡阳东	319	2018年12月26日	200
110	铜玉铁路	吉玉线铜玉段	铜仁—大宗坪	48	2018年12月26日	200
111	成蒲铁路、川藏线朝雅段	成雅线	成都西—雅安	140	2018年12月28日	200/160
112	京沈高铁承德—沈阳段	京哈高速线承沈段	承德南—沈阳	504	2018年12月29日	350
113	新通客专	新通客专线	新民北—通辽	197	2018年12月29日	250
114	南三龙铁路	南龙线	南平北—龙岩	247	2018年12月26日	200

表 9.19 2019 年高铁开通情况

序号	项目名称	线路标准名称	起止站点	运营里程	通车时间	设计速度/（公里/小时）
115	成贵客专	成贵客专线乐宜段	乐山—宜宾西	141	2019 年 6 月 15 日	250
116	京雄城际铁路	京雄城际线北京段	李营—大兴机场	34	2019 年 9 月 26 日	250
117	梅汕客专	梅汕客专线	梅州西—潮汕	120	2019 年 10 月 11 日	250
118	鲁南高铁日照—曲阜段	日兰高速线日曲段	日照西—曲阜东	235	2019 年 11 月 26 日	350
119	汉十高铁	武孝城际线孝云段	孝感东—云梦东	22	2019 年 11 月 29 日	250
		武西高速线云十段	云梦东—十堰东	377	2019 年 11 月 29 日	350
120	商合杭高铁商丘—合肥段	京港高速线商合段	商丘—合肥北城	378	2019 年 12 月 1 日	350
121	郑阜高铁	郑阜高速线	郑州南—阜阳西	276	2019 年 12 月 1 日	350
122	郑万高铁郑州—襄阳段	郑渝高速线郑襄段	郑州东—襄阳东	389	2019 年 12 月 1 日	350
123	穗莞深城际铁路新塘—深圳机场段	穗深城际线	新塘南—深圳机场	73	2019 年 12 月 15 日	140
124	成贵客专	成贵客专线宜贵段	宜宾西—贵阳东	372	2019 年 12 月 16 日	250
125	徐宿淮盐铁路	徐盐客专线	徐州东—盐城	313	2019 年 12 月 16 日	250
126	连淮扬镇铁路董集—淮安段	连镇客专线董淮段	董集—淮安东	105	2019 年 12 月 16 日	250
127	昌吉赣高铁	京港高速线昌赣段	横岗—赣州西	402	2019 年 12 月 26 日	350
128	黔张常铁路	黔常线	黔江—常德	335	2019 年 12 月 26 日	200
129	银中客专	银兰客专线银中段	银川—中卫南	207	2019 年 12 月 29 日	250
130	京张高铁	京包客专线京张段	北京北—张家口	172	2019 年 12 月 30 日	250-350
131	京张高铁崇礼支线	崇礼线	下花园北—太子城	52	2019 年 12 月 30 日	250
132	张呼客专	京包客专线张集段	张家口—乌兰察布	161	2019 年 12 月 30 日	250
133	张大高铁	张大客专线	怀安—大同南	121	2019 年 12 月 30 日	250

表 9.20 2020 年高铁开通情况

序号	项目名称	线路标准名称	起止站点	运营里程	通车时间	设计速度/（公里/小时）
134	商合杭高铁合肥—湖州段	合杭高速线	肥东—湖州	309	2020 年 6 月 28 日	350/250
135	喀赤高铁	喀赤客专线	喀左—赤峰	156	2020 年 6 月 30 日	250
136	沪通铁路一期	沪苏通线	赵甸—安亭西	137	2020 年 7 月 1 日	200
137	安六客专	安六客专线	安顺西—水城	120	2020 年 7 月 8 日	250
138	珠机城际铁路一期	珠机城际线	珠海—珠海长隆	16	2020 年 8 月 18 日	100

续表

序号	项目名称	线路标准名称	起止站点	运营里程	通车时间	设计速度/（公里/小时）
139	潍莱高铁	潍荣高速线潍莱段	潍坊北—莱西	122	2020 年 11 月 26 日	350
140	广清城际、新白广城际白广段	广清城际、广州东环城际	清城—花都—白云机场北	58	2020 年 11 月 30 日	200/160
141	京张高铁延庆支线	延庆线	八达岭西—延庆	9	2020 年 12 月 1 日	160
142	连淮扬镇铁路淮安—镇江段	连镇客专线淮丹段	淮安东—丹徒	199	2020 年 12 月 11 日	250
143	太焦高铁	郑太客专线太焦段	太原南—焦作	358	2020 年 12 月 12 日	250
144	机南城际铁路	郑机城际线新郑机场—郑州南段	新郑机场—郑州南	11	2020 年 12 月 12 日	200
145	合安高铁及安庆联络线	京港高速线合安段、安庆联络线	肥西—安庆	160	2020 年 12 月 22 日	350/200
146	银西高铁	银西客专线	吴忠—西安北	543	2020 年 12 月 26 日	250
147	福平铁路	福平线	福州—平潭	88	2020 年 12 月 26 日	200
148	汉宜铁路仙桃支线	仙桃城际线	大福—仙桃	17	2020 年 12 月 26 日	200
149	京雄城际铁路	京新雄城际线大兴机场—雄安段	大兴机场—雄安	59	2020 年 12 月 27 日	350
150	盐通高铁	盐通高速线	盐城—南通西	158	2020 年 12 月 30 日	350

表 9.21　2021 年高铁开通情况

序号	项目名称	线路标准名称	起止站点	运营里程	通车时间	设计速度/（公里/小时）
151	京沈高铁北京—承德段	京哈高速线京承段	北京朝阳—承德南	192	2021 年 1 月 22 日	350
152	徐连高铁	连徐高速线	连云港—徐州东	185	2021 年 2 月 8 日	350
153	川南城际铁路内自泸段	绵泸高铁内自泸段	内江北—泸州	128	2021 年 6 月 28 日	250
154	朝阳至秦沈高铁凌海南站联络线	朝凌高铁	辽宁朝阳—凌海南	106	2021 年 8 月 3 日	350
155	张吉怀高铁	张吉怀高铁	张家界西—怀化南	245	2021 年 12 月 6 日	350
156	牡佳客专	牡佳客专	牡丹江—佳木斯	372	2021 年 12 月 6 日	250
157	赣深高铁	京港高铁赣深段	赣州西—深圳北	438	2021 年 12 月 10 日	350
158	敦白客专	沈佳高铁白敦段	长白山—敦化	111	2021 年 12 月 24 日	250
159	鲁南高铁曲阜—庄寨段	日兰高铁曲庄段	曲阜东—庄寨	204	2021 年 12 月 26 日	350
160	安九高铁	京港高铁安九段	安庆西—庐山	168	2021 年 12 月 30 日	350
	合计			41 289		

9.2.2　高铁对民航的冲击

我国的航空运输一直保持高速增长，1980—2019 年间航空运输总周转量的年均复合增长率高达 15.7%，是四种交通方式（铁路、公路、民航、水路）中增长最快的，这与中国经济的强劲动力是密不可分的。2004 年后，我国的铁路规划中开始引入高铁建设。2016 年 6 月 29 日，国务院常务会议通过《中长期铁路网规划》，中国将进一步打造以沿海、京沪等"八纵"通道和陆桥、沿江等"八横"通道为主干，城际铁路为补充的高速铁路网。根据这一规划，到 2025 年，中国铁路网规模将达到 17.5 万公里左右，其中高速铁路 3.8 万公里左右（截至 2021 年，我国高铁里程数已经突破 4 万公里），网络覆盖进一步扩大，路网结构更加优化，骨干作用更加显著。

根据中国民航信息网络股份有限公司（中航信）相关分析，如果该规划全部实施，受影响的航线将达到 320 条，其中已开通高铁影响的航线 93 条，规划中高铁影响的航线 227 条。短程（<800 公里）航线 135 条，中程（800～1 500 公里）航线 122 条，远程（>1 500 公里）航线 63 条。而实际上，高铁的快速发展对民航的影响因市场而异，不能一概而论，比如同样处于高铁和民航重叠路线上，京广、京深线的运输量大幅增长，但京沪线的运输量几乎没有增长。一些中短程航线的航班则可能被迫取消，如 2009 年底郑西高铁（505 公里）开通后，郑州至西安的航线被迫停航。还有一些中程航线可以实现与高铁竞争均衡，如 2017 年成西高铁（643 公里）开通后，成都至西安的航班由原来的每天十多班锐减为每天三班，且基本避开高铁运行时间区间。

高铁对民航的影响与航线市场的特征密切相关。在同样的历史阶段，面临着相同的行业背景，由于航线本身属性上的差异，如航线距离、航线市场容量、航线两端机场容量等，航空公司所采取的针对高铁在票价、运营频率等竞争手段上的差异十分显著，并导致两者在该市场的市场份额、票价、客座率等竞争结果呈现出显著差异，最终影响航空公司航线的盈利水平。

9.2.2.1　航线属性对竞争的影响

1. 航线距离

在影响 OD 需求的众多因素中，总旅行时间是决定 OD 市场需求总量的最重要因素（其他因素还包括：机上服务待遇、旅行的可靠性（如准点率、执行率）、购票是否方便等）。如 3.2.2 节中所述，总旅行时间 = 固定时间+旅客计划延误时间，其中固定时间包括：两端地面衔接时间、机场停留时间、航班运行时间。目前飞机的飞行速度普遍在 700～900 公里/小时，高铁在 200～350 公里/小时，航空速度远高于高铁，因此运行时间要小于高铁，但地面衔接时间和航站停留时间要多于高铁。

假定航空的运行速度 800 公里/小时，机场两端衔接时间 200 分钟，机场停留时间 90 分钟；高铁的运行速度 250 公里/小时，车站两端衔接时间 60 分钟，车站停留时间 30 分钟。每天运行 16 个小时，旅客计划延误时间的计算方法参照 3.2.2 节。

图 9.3 显示了在不同运输距离上航空与高铁保持相同总旅行时间的班次对比。从图中可以发现，当运输距离处于 500 公里以下时，民航处于绝对的劣势；当运输距离处于 1 100 公里以上时，民航处于绝对的优势；当运输距离介于 500 ~ 1 100 公里之间时，民航与高铁的竞争较为激烈①。作者做了一个简单的敏感性测试，发现当航空运输的固定时间每减少 20 分钟，其绝对优势距离将减少 100 公里左右。Zhang et al.（2017）研究发现，高铁旅行时间越短，航空运输需求下降的幅度越大，这种效应主要集中在中短程航线上（低于 1 100 公里）。Jorritsma（2009）研究认为，如果高铁旅行时间介于 2 ~ 3 小时内，其市场占有率会高达 50% ~ 90%。

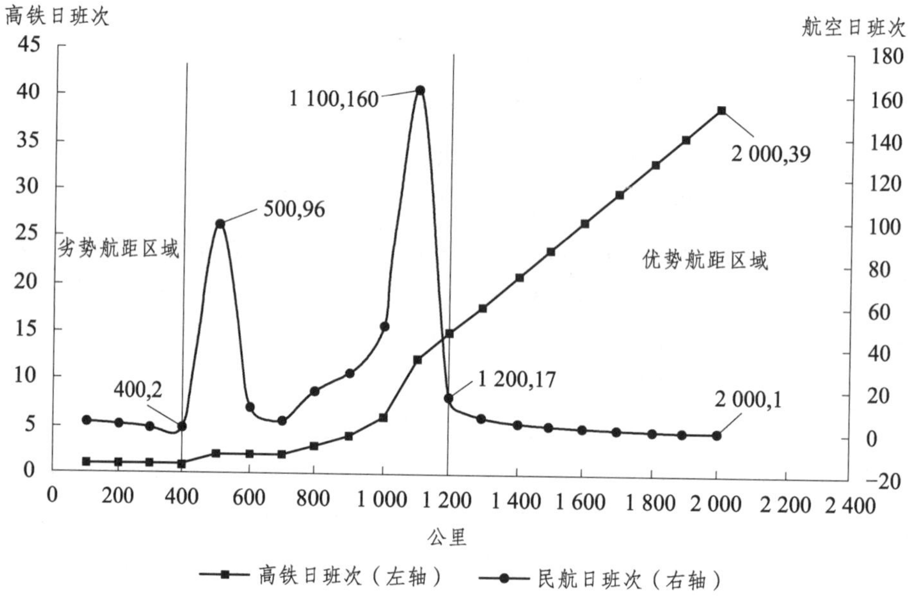

图 9.3　航空对高铁的优劣势运输距离示意图

在 500 ~ 1 100 公里的“中运距”市场上，根据航班频次的不同，民航对高铁在总旅行时间上可呈现优势亦可呈现劣势。对于运距越短的航线，航空需要更高的航班频次以获得总旅行时间优势。在这种“中运距”市场上，民航是否能够在该航线上维持一定的航班运营频次，以获得总旅行时间上的相对优势，这取决于两个方面：一是该航线的市场容量（需求）如何，在较高的日航班频次下是否可以获取足以达到盈亏平衡的客座率水平？二是该航线两端的机场容量如何，是否有足以保障相应的航班架次起降和旅客吞吐的能力？对于一个特定的航线市场，在一定的日航班班次和可实现盈亏平衡的客座率下，对应一个最低要求的市场容量。如果该市场能够达到最低要求的市场容量，且该航线两端机场容量可以满足这种航班频率要求，则通过提升频率来实现总旅行时间的相对优势是可行的，这种“运距、市场容量”组合

① 目前这个临界值还没有共识。一些研究者认为，高铁在 300 ~ 700 公里范围内具有绝对优势(Fu et al., 2014; Roman et al., 2007; Wan et al., 2016)；一些研究者认为，400 ~ 800 公里是民航和高铁竞争最为激烈的市场范围(Rothengatter, 2011)；Zhang and Zhang (2016)则认为，高铁对航空的显著冲击距离可以达到 1 300 公里。

下的航线市场属于航空的可竞争市场。

2. 航线需求（表 9.22）

表 9.22 不同盈亏平衡载运率条件下航线最低市场容量

航距/公里	高铁日班次	民航日班次	85%	75%	65%	50%
100	1	4	407 048	359 160	311 272	239 440
200	1	3	305 286	269 370	233 454	179 580
300	1	2	203 524	179 580	155 636	119 720
400	1	2	203 524	179 580	155 636	119 720
500	2	96	9 769 152	8 619 840	7 470 528	5 746 560
600	2	12	1 221 144	1 077 480	933 816	718 320
700	2	6	610 572	538 740	466 908	359 160
800	3	20	2 035 240	1 795 800	1 556 360	1 197 200
900	4	28	2 849 336	2 514 120	2 178 904	1 676 080
1 000	6	48	4 884 576	4 309 920	3 735 264	2 873 280
1 100	12	160	16 281 920	14 366 400	12 450 880	9 577 600
1 200	15	17	1 729 954	1 526 430	1 322 906	1 017 620
1 300	18	8	814 096	718 320	622 544	478 880
1 400	21	5	508 810	448 950	389 090	299 300
1 500	24	4	407 048	359 160	311 272	239 440
1 600	27	3	305 286	269 370	233 454	179 580
1 700	30	2	203 524	179 580	155 636	119 720

如前所述，在运距 500 公里以下的航线上，只要高铁日均频次高于 1 班，航空运输在旅行时间上都处于绝对劣势。在超过 1 100 公里的航线上，航空用很少的日均班次就能获得极大的旅行时间优势。在介于 500 ~ 1 100 公里的可竞争市场上，民航与高铁竞争激烈，航空要达到很高的日均频率才可能获得旅行时间上的优势。比如在 600 公里航线上，高铁日均最少 2 班次的情形下，航空至少需要 12 班次才能达成旅行时间上的均衡，此时在盈亏平衡载运率为 85%、75%、65%、50%时要求航线的最低年市场容量分别达到 122 万、107 万、93 万、72 万。而当航线距离为 1 600 公里时，民航日均班次只需要为高铁班次的 1/9，年旅客需求达到 18 万（盈亏平衡载运率为 50%），即可实现旅行时间上的相对优势。

需要强调的是，由于运价水平和成本水平的不同，不同地区与航线、不同历史阶段、不同航空公司，其实现盈亏平衡的客座率水平是不同的。因此，对于某一特定市场容量的航线，对一些航空公司而言是可以实现盈利的，而另一些航空公司则可能无法盈利。当然，市场容量在一定时间内也并非恒定的，而是会受运营频率和票价的影响，增加运营频次和降低票价有助于激发潜在的市场需求。

3. **机场容量**

机场容量决定了运营频率竞争的可行性。若航线两端的机场容量短缺，航空公司就不能通过增加运营频率来跟高铁竞争。对于在现有运营频率下，相对高铁不具备总旅行时间优势的航线，由于运营频率竞争受限而无法与高铁进行有效竞争，相应的竞争结果是航空的班次与票价大幅降低，市场份额萎缩。

对于在现有运营频率下，相对高铁已具备总旅行时间优势的航线，两端机场容量短缺实质上是控制了产能投放，带来供不应求的局面。竞争的结果是航空的客座率和票价可以维持在高位，但由于产能的限制，新增客流被迫选择其他替代工具，带来的结果是潜在市场份额的损失。

因此，对于中运距市场（500～1 100 公里），运距与市场容量的组合共同决定该市场是航空的放弃市场还是可竞争市场。若为可竞争市场，则两端机场容量又决定该市场是竞争市场还是有优势的市场。

9.2.2.2　航空公司的差别化竞争策略

根据总旅行时间的相对优势，将与高铁重叠的航线市场划分为三类：放弃市场、竞争市场和优势市场。不同市场类型代表着不同的竞争策略。

① 放弃市场是指处于中、短运距区间的航线，运距与市场容量的组合使得航空公司无法实现与高铁的竞争，而被迫放弃的航线。放弃市场包括两种情形：一是航线距离处于短运距（<500 公里），高铁占据绝对的时间优势；二是航线距离处于中运距区间（500～1 100 公里），航线市场容量无法达到该运距和最低可盈利客座率水平下的航班频次要求，航空在总旅行时间上相对高铁处于劣势。放弃市场上，高铁的竞争导致民航的班次、客座率、票价大幅下滑，客流量大幅下降，市场份额萎缩。

② 竞争市场是指处于中运距区间（500～1 100 公里）的航线，市场容量能够达到运距和最低可盈利客座率水平下的航班频次要求，航空相对高铁具备总旅行时间优势并且航线两端机场容量充足。竞争市场上，高铁的竞争会导致民航的班次、客座率、票价先出现一定程度的下滑，但经过一段时间的调整后能够企稳回升。

③ 优势市场是指处于中、长运距区间的航线，也包括两种情形：一是航线距离处于中运距区间（500～1 100 公里），航线市场容量能够达到运距和盈亏平衡客座率水平下的航班频次要求，航空相对高铁具备总旅行时间优势，但由于两端机场容量短缺，民航无法再继续增加航班班次来吸引客流，导致在与高铁竞争的过程中，民航客座率和票价维持高位，潜在的市场份额有一定程度的丢失，但航线总体盈利水平较高；二是航线距离处于长运距区间（>1 100 公里），航空占据绝对的时间优势，高铁对民航的影响较小，航空公司可以根据市场容量的大小和自身运营策略来决定实际运营的航班班次。

9.2.3　旅客出行选择行为理论简介①

交通出行选择行为包括：出行目的地选择、出发时间选择、出行方式选择、出行路径选择等。在出行过程中，出行活动特征属性、备选方案属性、出行者社会经济属性和行为决策

① 赵凯华：交通出行选择行为理论与模型应用分析[J]，中国铁路，2017（02）。

方式会对出行选择行为产生影响。出行选择通常涉及多个备选方案，方案有多种属性，方案各属性在不同状态下结果不同，是一个需从多维度考虑的复杂问题。

出行选择行为可看作一种经济行为，可借鉴离散选择行为（计量经济学）、个体决策行为（行为经济学）、消费者购买决策行为（消费者行为学）和判断与决策（心理学）的理论和模型进行研究。用于出行选择行为研究的理论和模型主要包括：随机效用理论、期望效用理论、前景理论、后悔理论及非/半补偿模型。

9.2.3.1　随机效用理论

随机效用最大化（Random Utility Maximization，RUM）模型（交通运输领域有时称为离散选择模型或非集计行为模型）是一种概率模型，选择结果用每种方案的被选概率表达，RUM 模型在交通运输领域中得到广泛应用。这类模型假设决策者能够做出效用最大化选择，同时也考虑决策者有限的认知能力，对效用的感知存在随机误差。效用可分解为两部分：可观测部分（称固定项）和不可观测部分（称随机项，包含难以观测到的效用和观测误差）。不同的随机项分布假设推导出不同的模型形式，常用的有 Probit，MNL（Multinomial Logit），CL（Conditional Logit），NL（Nested Logit）和 ML（Mixed Logit）。RUM 模型因其理论成熟、应用简便，在各类出行选择问题上都有较多应用，但需根据问题的具体特点采用适当的模型形式。

① 出发时间选项间存在相关的不可观测因素，不能满足 Logit 模型要求的 IIA（Independence from Irrelevant Alternatives）特性，用 Logit 模型描述出发时间选择问题会造成偏差，研究者采用其他形式 RUM 模型。例如：Wen 等[①]建立了基于 CCNL（Continuous Cross-Nested Logit）的出发时间选择模型，利用 RUM 易于处理的优势，并认识到时间的连续性；Ben-Elia 等[②]将 ML 模型应用在出发时间选择中。

② 目的地选择在模型构建上以 MNL 和 NL 为主。例如：Kikuchi 等[③]应用 MCMC 算法仿真估计基于 MNL 模型的目的地选择模型；Wu 等[④]应用 NL 模型建立旅客出游目的地选择模型。目的地选择模型最大的困难是选择枝过多，选择枝采用随机抽样或分层抽样的方法产生。蔡昌俊等[⑤]建立城市轨道交通 D 站选择的 MNL 模型，利用代表个人法将 AFC 采集的集计 OD 数据转化为非集计数据，基于 WESML 方法对模型进行标定。

③ 出行方式和路径选择是典型的离散选择，各类 RUM 模型都有应用。例如：Raquel[⑥]基

---

① WEN C, KOPPELMAN F S. The generalized nested logitmodel[J]. Transportation Research Part B: Methodological, 2001, 35(7): 627-641.

② BEN-ELIA E, ETTEMA D. Rewarding rush-hour avoidance: a study of commuters' behavior[J]. Transportation Research Part A: Policy and Practice, 2011, 45(7): 567-582.

③ KIKUCHI A, KITAMURA R, YAMAMOTO T, et al. Simulating spatial choices with quasi-continuous representation of urban space: An application of MCMC algorithms[C]. Transportation Research Board, National Research Council, Washington DC, 2003.

④ WU LINGLING, ZHANG JUNYI, AKIMASA FUJIWARA. Representing tourist's heterogeneous choice of destination and travel party with an integrated latent class and nested logit model[J]. Tourism Management, 2011(32): 1407-1413.

⑤ 蔡昌俊，姚恩建，张永生，等. 基于 AFC 数据的城轨站间客流量分布预测[J]. 中国铁道科学，2015，36(1)：126-132.

⑥ RAQUEL E. Understanding suburban travel demand: flexible modeling with revealed and stated choice data[J]. Transportation Research Part A: Policy and Practice, 2007, 41(10): 899-912.

于 RP 和 SP 调查数据建立非集计模型，分析市郊运输通道内旅客出行方式选择行为；Wen[①]应用隐类 NL 模型分析高铁交通出行选择行为。

9.2.3.2　期望效用理论

期望效用理论（Expected Utility Theory，EUT）是一种风险决策条件下（各备选方案将发生的结果不确定，但其概率可根据过去的信息或经验做主观估计）的规范化行为理论，即不是要描述人们的实际行为，而是要解释在满足一定理性决策条件下人们将如何表现自己的行为。EUT 为理性决策提供一套明确的基本假设（或公理）：有序性（分为完备性和传递性）、连续性、独立性。基于这 4 个公理，EUT 认为决策者是效用最大化者，即选择期望效用最大的方案。备选方案的效用 U_i 由式（9.2）给出，它是所有方案可能结果的效用总和。

$$U_i = \sum_{i=1}^{n} p_i \cdot x_i = p_1 \cdot x_1 + \cdots + p_n \cdot x_n \tag{9.2}$$

Savage[②]在 EUT 的公理体系基础上，由直觉的偏好关系推导出概率测度（主观概率），从而得到一个由效用和主观概率来线性规范人们行为选择的主观期望效用理论（SEU）。RUM 和 EUT 的决策准则都是效用最大化，但 RUM 模型通常不考虑选择方案结果客观上的不确定性，而 EUT 是一种风险决策理论。在交通出行选择行为研究中，一般不直接应用 EUT，而是将其作为 non-EUT 理论的参照理论。

9.2.3.3　（累积）前景理论

前景理论（Prospect Theory，PT）是心理学及行为科学的研究成果，是描述性行为理论，描述了风险决策条件下有限理性人的实际行为。PT 假设风险决策过程分为编辑和评价两个阶段。在编辑阶段，决策者根据“参考点”判断备选方案的可能结果是“损失”还是“收益”；在评价阶段，决策者依赖价值函数和权重函数对各方案进行比较，根据前景值 V 最大化原则做出选择。

$$V = \sum w(p) \cdot v(x) \tag{9.3}$$

$$v(x_i) = \begin{cases} (x_i - x_0)^{\alpha}, & x_i > x_0 \\ -\lambda (x_0 - x_i)^{\beta}, & x_i < x_0 \end{cases} \tag{9.4}$$

$$w^{+}(p) = \frac{p^{\gamma}}{[p^{\gamma} + (1-p)^{\gamma}]^{1/\gamma}} \tag{9.5}$$

$$w^{-}(p) = \frac{p^{\delta}}{[p^{\delta} + (1-p)^{\delta}]^{1/\delta}} \tag{9.6}$$

式（9.3）~式（9.6）中，$w(p)$ 为权重函数（主观概率），$v(x)$ 为价值函数，x_0 为参考点，λ 反映损失厌恶程度，α 和 β 分别为收益和损失的边际递减敏感度。价值函数是经验型的，$\alpha = \beta = 0.88$，$\lambda = 2.25$，即大多数人在面临收益时是风险规避，在面临损失时是风险追求，

① WEN C H. Latent class nested logit model for analyzing high-speed rail access mode choice[J]. Transportation Research Part E: Logistics and Transportation Review, 2012, 48(2): 545-554.

② SAVAGE L J. The foundations of statistics[M]. NewYork: John Wiley and Sons, 1954.

对损失比对收益更敏感，γ和δ分别为收益和损失时权重函数的曲率，描述主观概率函数的变形，二者估计值为$\gamma = 0.61$，$\delta = 0.69$，反映出人们通常高估小概率、低估大概率。累积前景理论（Cumulative Prospect Theory，CPT）是 Tversky 等①对 PT 的改进，修正了 PT 的权重函数，称为累积权重函数$\pi(p)$，考虑了各方案可能结果发生概率的排序依赖，避免与一阶随机占优的矛盾。（C）PT 在经济领域应用较多，在出行选择行为建模中的应用开始于近十几年，主要关注点在于：

①（C）PT 描述出行选择行为的适用性。Katsikopoulos 等②在路径选择实验中发现，根据出行时间参照值，出行者风险态度也出现"风险规避"和"风险追求"的转变；Avineri 等③设计了路径选择实验，验证了出行者的实际选择行为与 EUT 相背离，而与 CPT 相一致。Ramos 等④在实验基础上对比了 EUT 和 PT 在描述路径选择行为上的潜力，结果显示当有信息提供时 PT 表现更好。

② 参考点设置。Jou 等⑤假定 2 个参考点——最早可接受到达时间和工作开始时间。Avineri 等⑥认为参考点是出行者对交通系统不确定性的感知，可设置为出行时间的均值；Schul 等⑦通过重复实验发现，出行者会依据以往经验持续更新参考点；Avineri⑧在出行路径选择建模中提出模糊参考点的概念。

③ 出行者风险态度（模型参数）及参考点设置的异质性。Xu 等⑨认为 CPT 模型中的原始参数未必适合出行选择行为的描述，根据 SP 调查结果，估计了一组价值函数参数，但指出其并非适用所有路径选择行为的一般性参数。Ramos 等根据实验数据，在每位出行者采用各自参考点时对路径选择行为进行预测，与采用统一参考点相比预测结果有一定程度提高，表明考虑不同出行者参考点异质性的必要性。Zhou 等⑩将出行者分类，根据不同类型出行者的不同风险

---

① TVERSKY A, KAHNEMAN D. Advance in prospect theory: cumulative representation of uncertainty[J]. Journal of Risk and Uncertainty, 1992(5): 297-323.

② KATSIKOPOULOS K V, DUSE-ANTHONY Y, FISHER D L, et al. Risk attitude reversals in drivers' route choice when range of travel time information is provided[J]. Human Factors: the Journal of the Human Factors and Ergonomics Society, 2002, 44(3): 466-473.

③ AVINERI E,PRASHKER J N. Violations of expected utility theory in route-choice stated preferences: certainty effect and inflation of small probabilities[J]. Transportation Research Record: Journal of the Transportation Research Board, 2004(1894): 222-229.

④ RAMOS G D, DAAMEN W, HOOGENDOORN S. Expected utility theory, prospect theory, and regret theory compared for prediction of route choice behavior[J]. Transportation Research Record: Journal of the Transportation Research Board, 2011(2230): 19-28.

⑤ JOU R C, KITAMURA R. Commuter departure time choice: a reference-point approach[C]. Proceedings EWGT, Bari, Italy, 2002.

⑥ AVINERI E, PRASHKER J N. Sensitivity to uncertainty: the need for a paradigm shift[J]. Transportation Research Record, 2003(1854): 90-98.

⑦ SCHUL Y, MAYO R. Searching for certainty in an uncertain word: the difficulty of giving up the experiential for the rational mode of thinking[J]. Journal of Behavioral Decision Making, 2003(16): 93-106.

⑧ AVINERI E. Incorporating fuzzy reference points into applications of travel choice modeling[C]//Applications of Soft Computing: Updating the State of ART. Germany: Springer-Verlag,2009.

⑨ XU H L, ZHOU J, XU W. A decision-making rule for modeling travelers'route choice behavior based on cumulative prospect theory[J]. Transportation Research Part C: Emerging Technologies, 2011, 19(2): 218-228.

⑩ ZHOU LIZHEN, ZHONG SHIQUAN, MA SHOUFENG, et al. Prospect theory based estimation of drivers'risk attitudes in route choice behaviors[J]. Accident Analysis and Prevention, 2014(73): 1-11.

态度，对参数分类进行估计，认为忽视出行者风险态度的异质性会导致无效的预测。

虽然（C）PT 作为风险决策条件下的主要替代理论在交通出行选择行为研究中应用较多，但其适用性也受到了一些质疑，主要体现在：（C）PT 假设风险条件下的决策基于客观概率，而在交通出行环境中，出行者不知道这些概率，即使提供出行信息，出行者对其也并非完全依赖；交通行为中的参考点非常不明显，损失规避在出行选择等日常行为中是否也起显著作用并无明确证据；出行者的参考点和风险态度参数存在异质性，不同群体这些参数不同；出行选择通常是重复的日常决策，而（C）PT 主要只涉及一次决策，不能考虑出行者对决策结果的学习和行为调整。

9.2.3.4 后悔理论

后悔理论（Regret Theory，RT）认为决策者是有限理性的，决策行为受到后悔或欣喜情绪的影响。选择某方案产生的后悔不仅与自身属性相关，也与备选集中的其他方案相关，方案在不同备选集中的后悔不同，因此不同备选集中的方案间的后悔大小顺序可能不同，因此 RT 在传递性上与 EUT 不同。RT 最初作为风险条件下遂对选择理论发展起来，经过近些年的发展，形成期望后悔最小化模型（Expected Regret Minimization，ERM）和随机后悔最小化模型（Random Regret Minimization，RRM），可分别用于风险和确定型决策，适合多项选择集和多属性的选择决策。在出行选择行为方面，Chorus 等[①②③]在后悔函数中加入误差项，提出 RRM 模型，将其应用于购物目的地选择、出行方式、车辆燃油类型选择等方面的研究，并对 RRM 和 RUM 进行比较。栾琨等[④⑤]应用 RRM 研究了出行方式和出行路径选择行为。近些年才在出行选择中引入 RT，主要是对 RRM 模型的应用。RRM 中方案的后悔不仅与自身属性有关，还取决于其他方案属性大小，而 RUM 中方案的效用仅与自身属性有关，理论上 RRM 似乎比 RUM 更能刻画出行者的选择心理及行为，但仍需更多的数据验证。此外，RRM 模型还能克服 RUM 模型的 IIA 特性。

9.2.3.5 非/半补偿模型

基于效用最大化的规范性决策模型已在交通出行选择中广泛应用，假设决策者补偿性地利用所有信息（在对备选方案进行选择时，允许方案某一属性的不良表现可由其他属性的优秀表现补偿），采用效用最大化框架。

RUM 背后的微观经济假设是个体的补偿型策略，受到一些研究者的质疑，他们认为非补偿策略（不允许属性间好坏相抵，一个属性差的表现通常导致该方案被抛弃）可能更符合实际。这些非补偿策略通常会为方案各属性指定切除点（或阈值），高于或低于阈值的方案会被排除。

---

① CHORUS C G, ARENTZE T A, TIMMERMANS H J P. A random regret-minimization model of travel choice[J]. Transportation Research Part B: Methodological, 2008, 42(1): 1-18.

② HENSHER D A, GREENE W H, CHORUS C G. Random regret minimization or random utility maximization: an exploratory analysis in the context of automobile fuel choice[J]. Journal of Advanced Transportation, 2013, 47(7) : 667-678.

③ CHORUS C G. A generalized random regret minimization model[J]. Transportation Research part B: Methodological, 2014(68): 224-238.

④ 栾琨，隽志才，倪安宁. 出行路径选择的随机后悔最小化模型[J]. 交通信息与安全，2012（6）：77-80.

⑤ 鲜于建川，隽志才，朱泰英. 后悔理论视角下的出行选择行为[J]. 交通运输工程学报，2012，3（12）：67-72.

研究发现用非补偿策略减少选项数量，用补偿策略评估剩余选项的证据。Ben-Akiva 等[①]提出松弛补偿假设的 2 阶段半补偿模型，显式地对选择集生成过程建模：首先对每个个体生成一个可行选择集，然后应用补偿模型计算选择集中每个选项的被选概率。

研究发现，虽然决策者事先指定了切除点，但在决策时常常违背。对切除点的违反可能不是导致方案被剔除，而是在效用中加入一个惩罚。Swait[②]对传统补偿型效用最大化框架进行扩展，建立考虑属性切除点的半补偿选择模型，包含属性和价格取值的约束，定义一套属性和价格的上下限（或切除点），在效用函数中对违背切除点加入线性惩罚项。

在交通选择行为相关研究中，Cantillo 等[③]将 2 阶段半补偿模型应用于出行方式选择；Martínez 等[④]建立约束 MNL 模型，即带惩罚项的半补偿模型，表示此模型可应用于交通需求和供给选择。

对非补偿和半补偿模型的研究出现较早，但其在出行选择上的应用并不多，主要是因为其模型较复杂，切除点不易确定，但其确实更能描述确定条件下实际的出行选择过程，需要进一步对其研究，结合有关智能算法，使其能够更加有效地应用于出行选择行为研究中。表 9.23 为几种出行选择行为理论及模型对比。

表 9.23　几种出行选择行为理论及模型对比

决策准则	理论	模型	决策情景	决策者假设	决策策略
效用最大化	EUT	EUM	风险	理性，偏好服从某些公理	补偿
	RU	RUM	确定	不掌握完全信息，认知能力有限，效用函数加入随机误差项	补偿
前景最大化	（C）PT	基于（C）PT 的选择模型	风险	思维过程存在系统局限性，风险偏好受参考点影响	补偿
		ERM	风险	思维过程存在系统局限性，决策过程受到后悔情绪影响	半补偿
后悔最小化	RT	RRM	确定	思维过程存在系统局限性，决策过程受到后悔情绪影响；认知能力有限，后悔函数加入随机项	半补偿
满意准则	有限理性理论	EBA 等非补偿模型	确定	权衡感知搜索成本和搜索收益，结合自身对方案属性的要求，选出自认为最适合自己的方案	非补偿
	有限理性理论、RU	半补偿模型	确定		半补偿

① BEN-AKIVA M E, BOCCARA B. Discrete choice models with latent choice sets[J]. International Journal of Research in Marketing, 1995(12): 9-24.

② SWAIT J D. A non-compensatory choice model incorporating attribute cut-offs[J]. Transportation Research B: Methodological, 2001(35): 903-928.

③ CANTILLO V, ORTÚZAR J DE D. A semi-compensatory discrete choice model with explicit attribute thresholds of perception[J]. Transportation Research B: Methodological, 2005(39): 641-657.

④ MARTÍNEZ F, AGUILA F, HURTUBIA R. The constrained multinomial logit: a semi-compensatory choice model[J]. Transportation Research Part B: Methodological, 2009, 43(3): 365-377.

第三篇

机场市场

第 10 章　机场与航空公司[①]

10.1　概　述

大多数机场都是由国家或地方政府拥有和运营。到 20 世纪 70 年代早期，为了改善生产效率和引入产业资本，很多国家实行政企分开，将机场从政府中分离出来，成为独立运营的公司，但机场的所有权仍控制在政府手中。自 90 年代以来，全球兴起私有化和商业化浪潮，机场业开始发生重大变化，客观要求机场财务独立并逐步摆脱对政府补贴的依赖，要更加注重成本、效益。

一直以来，机场只是航空基础设施的提供者，为安全可靠运营提供必要的保障。而如今，机场更像是一个商业组织，除了积极提供各种基本航空服务外，还会与承运人合作寻求更多的商业机会（Jarach，2001；Tretheway & Kincaid，2010）。随着航空运输量持续增长，机场容量扩张存在压力，加上政府对机场的态度发生改变，许多机场不得不转向航空公司。

航空承运人的发展也会促进机场的发展。1978 年航空业放松管制，导致机场政策及所有权形式发生变化。20 世纪 90 年代兴起的低成本航空重塑了机场与航空公司的关系模式。在欧洲，至少有 200 个机场处于低负荷亏损运营状态，强烈依赖于政府补贴维持生存。与全服务航空依赖于枢纽运营的模式不同，低成本航空对机场资源的占用非常少，如航站楼和地面设施设备，且客流边际成本也非常低。这使得机场能够以很低的收费来吸引低成本航空，或者两者达成特定的服务协议。而在大型枢纽机场，处于支配地位的航空公司可以获得大大高于成本的额外收益，这种枢纽溢价（Hub Premium）会激励航空公司极力争取机场的支配权。

一些研究机构对机场与航空公司的关系，以及政府扮演的角色等方面有不同观点。国际机场协会（The Airports Council International, ACI）认为应该取消对机场的管制，因为大多数机场，尤其在欧洲，都是在高度竞争环境下运营。随着航空市场放松管制和自由化，航空公司在通航机场和航线方面有更多的选择权，而机场则毫无灵活性而言。机场属于资本密集型行业，具有高固定成本、低边际成本的特点，因此对客流的竞争动机非常强烈。绝大部分的欧洲机场都在积极主动向航空公司营销自己，政府应该支持机场与航空公司建立互惠的商业关系，而不是实施严格的管制政策。但另一个机构 IATA 认为放松管制提升了航空运输的成本效率，加剧了航司之间的竞争，但机场却因此免遭竞争压力，因此需要实施经济管制促使机场提升效率。实际上，即使同一个国家内部，不同部委对此也有不同观点。在澳大利亚，生产委员会（Australian Productivity Commission）倾向于轻度管制，注重监控机场业绩和引导市场化关系，而竞争和消费委员会（Competition and Consumer Commission）则更关心机场的定价能力和服务质量。在美国，虽然许多机场与航空公司紧密合作提供服务和机场设施，但 FAA 反对机场和航空公司之间就关键设施设备使用方面达成的排他性协议。

---

① FU X W, YANG H J. Airport-airline arrangements: an interpretive review of industry practices and recent studies. The Economics of Airport Operations, 2017.

10.2 机场与航空公司的关系

机场和航空公司的关系是一种“纵向关系”，可以描述为上下游关系（Upstream V.s. Downstream）、供应商和需求者关系（Supplier vs. Consumer）、合作者或利益相关者关系（Partners or Stakeholders）。Basso and Zhang（2007，2008）认为这种“纵向关系”还应该将旅客考虑进来，形成旅客—航空公司—机场的关系结构，因为航空公司层面的市场结构对机场与航空公司的关系会产生重大影响。机场的需求来源于或依赖于航空公司的决策，及其他们之间的战略互动。这种纵向关系还伴随双重边际效应（Double-Marginalization Effects）和市场封锁（Market Foreclosure）①。

1. **机场收费**

一般机场收费有三种模式。第一种，补偿性收费（Compensatory）。这种模式类似于一个标准的买方-卖方结构，对航空公司的收费必须能够覆盖机场提供服务和设施的成本。第二种，差额收费（Residual）。这种模式下，航空公司与机场签署租赁使用协议，如果机场的收入不能完全弥补成本，它们将负责支付这些成本的缺口。这些签署租赁使用协议的航空公司被称为“签约航空公司”。机场的航空性收费取决于机场的总成本扣除“非签约航空公司”收入以及非航空性收入之间的差额。签约航空公司变成机场的担保人，需要承担机场的财务风险，也降低了机场的经营风险，使机场从银行和金融市场获得贷款时降低了资金成本（Fu et al.,2011）。作为承担风险的补偿，签约航空公司获得了对机场运营和投资不同程度的控制。机场不能单方面做出重大资本投资的决策，除非得到签约航空公司的批准，这一要求被称为“多数利益”原则（Majority in Interests）。另一个好处是，当有足够的旅行需求时，签约航空公司往往比非签约航空公司支付更低的费用。第三种，混合式收费（Hybrid）。这种模式结合前两种方法来确定机场收费。

2. **控制和投资**

许多机场为大型航空公司提供专用空间和设施，这些航空公司对这些设施的运营、设计、投资有重要影响。丹佛国际机场在设计和建设阶段，就提前为联合航空预留了航站楼候机厅。航空公司还会设计和建设自己的行李系统。另外的例子包括：汉莎航空投资建设慕尼黑机场的第二航站楼；捷蓝航空投入8 000万美元建设纽约JFK机场第五航站楼；瑞安航空投入1 000万美元在不来梅机场建设一个低成本航站楼；以及西南航空、美国航空、达美航空、联合航空分别在洛杉矶国际机场投入4亿美元、3 000万美元、2亿美元、4亿美元建设自己的专业设施。很多国家的政府都鼓励民间资本通过私有化或PPP（Public Private Partnership）模式投资建设机场设施。民间资本可以通过跟机场或政府签订特许权协议或BOT（Build-Own-Transfer）合同，对机场设施进行融资、建造（更新）、运营，直到合同期满所有权回归机场或政府为止。

---

① 市场封锁（Market Foreclosure）是指：纵向并购使得实际或潜在对手在获取原材料或分销渠道方面受到限制，削弱对手参与竞争的能力和动机，从而使并购方能够有利可图地提高价格，进而严重损害竞争的情形。具体而言，市场封锁通常可以分为作用于上游市场的投入品封锁即原材料封锁，以及作用于下游市场的客户封锁两种类型。

3. 长期使用合同

虽然航空公司较容易对飞机资源进行重新调度和配置，但在完善网络或开发新航线时，仍然会产生巨大的沉没成本。因此，他们倾向于同机场签订长期协议来保证对关键资源的控制。许多全服务航空公司（FSA）对枢纽机场的关键设施有长期使用权或租赁协议，比如值机柜台、停机位等。在欧洲、澳大利亚这些放松管制市场，机场会通过优惠条款或打包协议主动吸引航空公司，尤其是 LCC。为了锁定这些优惠条款，航空公司常常会和机场签订长期协议。但美国很多机场会将协议的有效期限定在机场债券的期限内。30 年期的协议也并不少见。然而，进入 2000 年后美国航空市场处于激烈的动荡期，一些偶然事件如“9·11”恐怖袭击和全球金融危机导致需求骤降，大量航空公司破产重组，市场结构发生剧烈变化（如枢纽强化和去枢纽化)，机场面临需求和交通流的巨大变动。这些市场波动性使航空公司反而更喜欢期限较短的协议，以此来获得灵活性并降低经营风险。

以上是影响长期合同的两种力量，最后的结果取决于两种力量的平衡。而 FAA 这样的管理当局却在担心，如果机场的关键设施设备如值机柜台、登机口等被排他性租赁给某家航空公司，是否会成为其他竞争者进入该市场的巨大壁垒呢？答案是肯定的。Dresner, Windle, and Yao（2002）研究了美国航空公司针对前 500 条非经停航线的进入问题，结论是航空公司对机场时刻和登机口等资源的控制是重要的进入壁垒。

4. 机场发行收益债券 (Revenue Bonds)

随着民航运输持续增长，很多机场面临容量限制。政府财政负担加剧，越来越多的国家开始考虑依赖商业协议和资本市场。即使如美国这种政府拥有机场所有权的国家，私人资本也起着非常重要的作用。美国会计总会（General Accounting Office）统计显示，自 1946 年以来，联邦政府为机场建设投入超过 235 亿美元。1970 年，设立机场和航路信托基金（Airport and Airway Trust Fund)，资金来源于航空旅行、航空货运及非商业航空燃油的税收。1982 年，开始实施机场改进计划（Airport Improvement Program, AIP)，征收旅客设施使用费以资助机场建设。然而这些资金仍然不足，在 2001—2004 年间仅能满足机场投资 1/3 的资金需求。

现在很多机场开始利用资本市场，发行各种机场债券，如由地方政府税收背书的一般债务债券（General Obligation（GO） Bonds)，由机场收入背书的机场收入债券（General Airport Revenue Bonds （GARBs)），由未来旅客设施使用费背书的旅客设施使用债券（Passenger Facility Charge （PFC） Bonds)，以及专用设施收入债券（Special Facility Revenue Bonds（SFRBs)），SFRBs 主要用于建设一个或几个航空公司使用的专用设施，如航站楼、机库、维修设施、货运楼、地面设施、储油库等。作为交换，这些航空公司要为 SFRBs 违约全权负责。以上类似的融资安排为机场实施重大改扩建工程提供了重要保障。例如，大陆航空背书 3.24 亿美元的 SFRBs 债券用于建设休斯敦机场，西南航空背书 5.19 亿美元的 SFRBs 债券用于建设达拉斯拉夫机场，因此机场会为他们建造专用的地面设施。

大多数机场债券都是免税债券，而且信用等级很高。FAA 估计机场债券的这些特点使美国大型枢纽机场在 1985—1995 年间的融资利率至少下降 2 个百分点。这也是机场债券在机场建设融资中发挥重要作用的原因之一。2010 年，美国发行了 185 亿美元的机场收入及专业设施债券，至今没有一例违约。

5. **收益及风险分担**（Revenue and Risk Sharing）

非航空性收入已经成为世界上很多大型机场的一个主要收入来源。根据 ATRS 报告（2014）统计了各地区航空收入的占比，北美 50%，欧洲 52.3%，大洋洲 43.5%，亚洲 52.8%。旅客流量对机场商务需求有重要影响。一些机场会与航空公司共享非航收益，如美国的坦帕国际机场（Tampa International Airport）。也有一些机场仅仅与航空公司分享某项专有收益，如瑞安航空与机场分享停车收益。如果航空公司与机场共同投资建造地面设施（如航站楼、货运大楼等），则更容易达成收益分享协议。这种机制使航空公司能够分享机场商务带来的利益，因此能够激励航空公司努力提升客运量。

对航空公司来说，开发新航线或新产品可能产生不可忽视的沉没成本，为了保证创新活力，机场还会分担航空公司的经营风险。Hihara（2012，2014）描述了由日本诺都机场（Noto Airport）发明的"载运率保证机制（Load Factor Guarantee Mechanism）"。机场根据航班实际载运率与目标载运率之间的差异而支付或收取一种或有款项。如果航空公司的实际载运率低于（或高于）合同中规定的目标载运率，则机场将补贴航空公司（或分享其收益）。这样一来，不论是在下行期还是上行期，航空公司的利益都能得到保障，从而保证运营平稳。

6. **机场航空公司联营**

Demkovich，Crosby，Muchow，Bender and Copelan（2014）将机场航空公司联营定义为若干航空公司共同拥有和运营的特殊目的商务实体（a Special-Purpose Business Entity），承担开发或管理机场特定设施、设备、系统和服务的责任。美国机场航空公司联营始于 1962 年，至 2014 年已增至 39 个。实质上，可以将这些联营视为航空公司在特定机场的合作项目。航空公司已经在公司层面结成战略联盟（星空联盟、寰宇一家等）来协调其战略和运营。但某些情况下，航空公司可能仅仅想在某个特定机场开展合作，而不是建立长期战略关系。例如，DEN 联营协议允许其成员航空公司在丹佛国际机场共同持有防冻液供应合同。LAX 贵宾厅共享公司使分属不同联盟的航空公司可以一起维护和使用洛杉矶机场的贵宾厅。机场航空公司联营仅涉及某个特定机场的协议，成员可以随时调整变动，极大简化了决策流程。甚至有时候，可能直到联营协议被颁布执行才能确定哪些航空公司最终成为联营成员，而且里面很可能有你的直接竞争对手。

联营协议包括：共同融资建造及运营航站楼，共享地面设备、行李系统，共同运营和维护航油系统等。不同于控制投资或长期使用合同，联营具有非常独特的特点：① 联营是一个法律上代表所有成员利益的商务实体，它可以从成员那里集资，或从银行贷款，或提前结算。② 成员身份可以变动，降低了航空公司长期契约的风险，增强了运营的灵活性。

7. **共同所有权和联合决策**

随着航空自由化和放松管制，政府的角色逐渐从所有者、管理者转变为独立的监管者。虽然机场和航空公司变成独立的商业实体，但地方政府在规划产业发展时，往往会将两者进行联合考虑。Lohmann，Albers，Koch and Pavlovich（2009）认为新加坡和迪拜就非常善于将机场、航空公司、旅游业深度融合，以打造强大的航空枢纽和旅游集散地。新加坡航空为樟宜机场首轮 15 亿美元投资提供 1/3 的资金支持。在国家旅游局的支持下，新加坡过境自由行（Singapore Stopover Holiday）为新航及其子公司胜安航空（SilkAir）提供大量的中转旅客，旅客可以享有多项免费服务项目，如免费班车、指定商店折扣、特定旅游目的地免费进入等。在迪拜，马克图姆家族几乎控制了所有民用航空活动，并直接掌控航空运输政策的制定，他们同时拥有机场和大型枢纽航空公司阿联酋航空。阿联酋航空的机场着陆费非常低，导航费甚至低于欧洲航空公司的一半。卡塔尔航空和阿提哈德航空也是国家所有，并控制或管理着国内的主要机场。

8. **信息共享和联合营销**（Information Sharing and Joint Marketing）

为了保证服务质量，机场和航空公司之间会共享相关信息，如起降架次、旅客吞吐量等统计数据。澳大利亚竞争消费委员会会定期检查澳大利亚机场的服务质量。伦敦希斯罗机场会发布月度服务质量报告，用于调整服务收费。随着商业服务变得越来越重要，一些机场利用特定软件监测旅客消费数据。一些机场在与航空公司谈判或协商新服务项目时，往往也会使用广泛的运营数据及分析。澳大利亚东部城市黄金海岸收集大量的数据说服澳航于 2012 年重启航空业务，布里斯班机场则时刻监控着航班载运率以防止航线运营被中止。许多机场都有大规模的航线开发团队，机场经理将完整的信息共享视为维系与航空公司合作的关键因素（Lohmann & Vianna，2016）。在一些情形下，机场和航空公司还会联合营销。比利时的沙勒罗伊机场为瑞安航空的广告和推广提供直接的资金支持（Barbot，2006）。中国大连机场与飞往大连及其联盟机场的航空公司开展紧密合作，并努力促成这些航空公司之间合作（Cui，Wang，Tuck，Su & Wang，2014）。

9. **其他计划或措施**

虽然 IATA 等机构禁止机场搞价格歧视，对航空公司的收费遵照相同服务、相同价格的原则，但实际中机场的收费是有差别化的。美国的签约航空公司往往支付较低的机场收费，作为对机场承担风险的补偿。而机场会为了达成吞吐量增长或新航线开辟的目标，为航空公司提供航空性收费的退款或折扣、奖励性津贴及营销支持等（Allroggen，Malina & Lenz，2013）。Malina，Albers and Kroll（2012）针对 200 多家欧洲机场的一项研究表明，有一半的机场都采用了刺激性计划，尤其是机场（或地方政府）同航空公司达成财务支持计划。Fichert and Klophaus（2011）指出，在德国，不论是低成本机场还是大型机场都会采用各种刺激计划。Ryerson（2016）研究了美国排名前 70 的机场，发现 36 座机场提供国内刺激计划，37 座机场提供国际刺激计划，29 座机场同时提供国内、国际刺激计划。这些措施都是为了促进航空公司新开航线或服务，增加航班频率。到 2016 年 3 月，美国机场为 149 条国内航线及 97 条国际航线提供刺激计划。当刺激计划终止时，这些航线中 60%仍然维持运营，大型机场尤其显著。

第 11 章 机场的市场范围

11.1 机场市场范围的概念

目前，“Airport Catchment Areas”并没有确切的中文翻译，本书将其理解为“市场范围”，它是指机场获取其旅客的地理范围（Hernandez et al，2004）。在机场的市场范围内，旅客选择该机场的概率存在空间上的差异性（Fuellhart，2007）。

机场的市场范围影响航空客流的质量和数量，是机场吸引航空公司的重要因素。同时，它也是政府部门关心的课题，为地面交通（或综合交通）规划提供重要的依据和基础。对于一般的单一机场来说，其市场范围比较好界定，如图 11.1 所示。而对于区域存在多个机场的情况，其市场范围存在重叠，如图 11.2 所示。

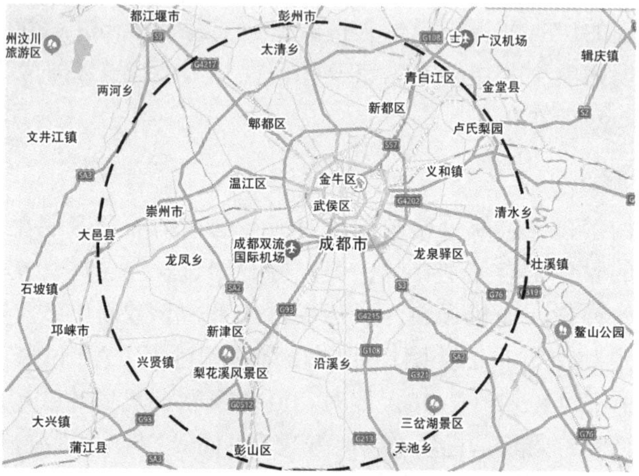

图 11.1 成都双流机场市场范围示意图

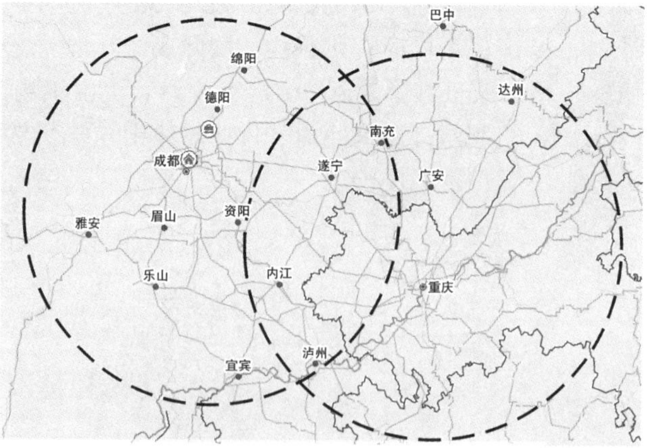

图 11.2 区域多机场市场范围示意图

市场重叠现象出现在多机场区域，图 11.2 中，成都双流机场与重庆江北机场主要辐射川渝地区，它们在川东、川东南方向的市场范围存在一定程度的重叠（如南充、广安、遂宁、内江、泸州、宜宾等地区）。这意味着双流机场与江北机场在这些地区存在直接竞争，他们会尽力争取这部分重叠市场的旅客。值得一提的是，成都天府国际机场建成投入使用后，对原有的成渝机场群市场范围会产生较大影响，读者可以尝试自己分析。

在欧美地区，由于机场数量众多，区域机场的市场范围出现重叠的现象更加普遍，如肯尼迪机场、拉瓜迪亚机场、纽瓦克机场是美国纽约市和新泽西州地区的主要机场，它们彼此相距不超过 45 公里。杜勒斯机场、巴尔的摩华盛顿机场、里根机场则是位于弗吉尼亚州、马里兰州、哥伦比亚特区的机场群，彼此相距不超过 95 公里。这些区域的市场存在重叠，传统理论认为这些区域的旅客行为不存在差异，他们会等概率选择任一机场出行。

11.2　机场市场范围的度量

度量机场市场范围的方法分为两大类：一是确定性模型，如圆圈法，适用于单一机场；二是概率模型，如 Huff 模型，适用于区域多机场。

11.2.1　确定性模型：圆圈法

圆圈法是一种传统方法，它认为旅客来自以机场为圆心的一个圆形区域，例如半径为 200 km（Bilotkach et al., 2012；McLay & Reynolds-Feighan, 2006；Wang，2000；Wittman，2014），或者以 2 小时行程为圆圈半径（Marcucci and Gatta，2011）。如图 11.3 所示，如果以 200 公里为半径，成都双流机场的市场范围大约为：北至绵阳、东至南充、南至乐山、西至雅安的圆形区域。但如果以 2 小时行程为半径[①]，则其市场范围可以扩大至：北至广元、东至广安、南至泸州、西至甘孜阿坝州。可以发现，交通工具及地面交通状况会影响机场的市场辐射范围。

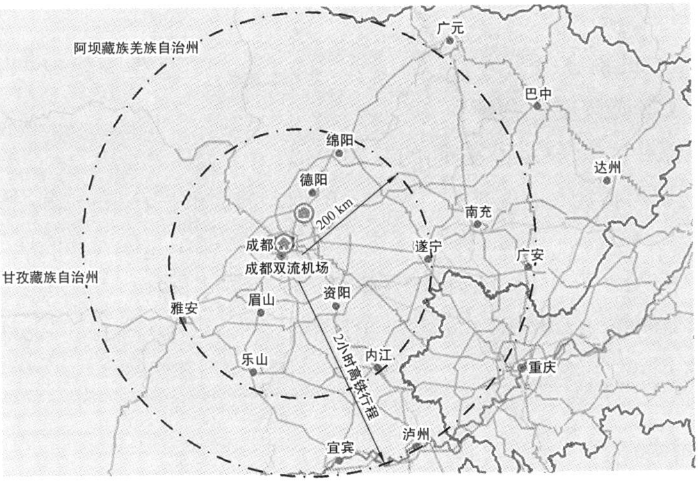

图 11.3　成都双流机场的市场范围（圆圈法）

圆圈法的优点是简单易操作，但是也存在明显的缺点：① 它是静态的，但影响旅客选择的因素会随时间变化，如地面交通的改善；② 仅适用于单一机场；③ 仅考虑距离因素，忽略了机场的吸引力因素，或假定该机场对区域内所有居住区的吸引力相同，而这在现实中是

① 交通工具可能为汽车、私家车、高铁等。本书此处假定以高铁为例。

很难成立的。机场吸引力来源于旅客对航班频率、服务质量、旅行成本的综合权衡。

11.2.2 概率模型：Huff 模型

随着区域机场越来越多，旅客对出行机场的选择也越来越多，这意味着多机场区域的市场范围会有更多重叠。此时，机场市场范围是由处于机场周边的旅客的选择行为所决定的。他们是选择就近的机场呢？还是选择一个可能较远的机场？很多学者采用 Logit 模型来研究旅客选择行为（Kroes et al，2005），但很少涉及地理因素，Fuellhart（2007）从地理区位角度研究了哈里斯堡国际机场（Harrisburg International Airport，MDT）的市场范围，结果显示机场市场范围存在强烈的距离衰减特征。

很多研究显示，影响旅客选择机场的因素包括：地面时间、航班频率及机票价格。三个因素的重要性存在差异，如商务旅客可能更看重地面时间和航班频率，而休闲旅客则更看重机票价格。从这个角度看，低成本航空为主的机场往往拥有更大的市场范围。

当某个机场提供更高的服务水平（高频率和/或低票价）时，它不仅能吸引邻近机场的旅客，还可能吸引更远距离的旅客，因为高质量服务可以抵消较长地面时间产生的负效用，最终可能会获得更大的市场份额。因此，机场可以通过提高服务水平，或者缩短地面时间来扩大其市场范围。

目前，一般采用概率模型来测度多机场区域的市场范围，最常用的是 Huff 模型（Huff，1963），该模型最开始用于预测零售业的顾客购买行为，Lin et al.（2016）首次将其应用于交通运输行业，Carmen Huber et al.（2021）证明了 Huff model 在数据有限的情况下能够有效测度多机场区域的市场范围。

在机场市场范围内，某个区域 i 的旅客选择机场 j 的概率为（Huff，2003）：

$$P_{ij}=\frac{S_j^{\alpha}/D_{ij}^{\beta}}{\sum_{i=1}^{n}S_j^{\alpha}/D_{ij}^{\beta}} \tag{11.1}$$

式中 S_j^{α} ——机场 j 的潜在吸引力，一般用机场的出港旅客数作为代理变量，如果考虑票价和频率应该更为合理；

D_{ij}^{β} ——人口统计区 i 到机场 j 之间的欧式距离；

α ——机场吸引力指数，该值越小，表明吸引力对旅客的选择行为影响越小，反之则相反；

β ——距离衰减指数，一般介于 1 ~ 3 之间（Esri，2016；Hernandez et al，2004），该值越小，表明距离对机场选择的影响越小，反之则相反。

用距离界限（Distance Cut-off）定义一个机场子集，表示每个人口统计区对邻近机场的选择范围（Huff & Black，1997）。

11.3 案例分析

11.3.1 哈里斯堡国际机场概况①

哈里斯堡国际机场（Harrisburg International Airport，简称 MDT）位于美国宾夕法尼亚州

① FUELLHART K. Airport catchment and leakage in a multi-airport region: the case of Harrisburg international. Journal of Transport Geography, 2007, 15.4: 231-244.

首府哈里斯堡市东南 15 公里处的一座民用机场，是宾夕法尼亚州第三繁忙的机场，仅次于费城国际机场（Philadelphia International Airport）和匹兹堡国际机场（Pittsburgh International Airport）。MDT 机场方圆 100 英里范围内分布有大量的竞争机场和发达的地区公路网络，居住在该地区的居民在 1 ~ 2 小时车程范围内有很多可供选择的机场。

图 11.4 为哈里斯堡国际机场的市场范围示意图。

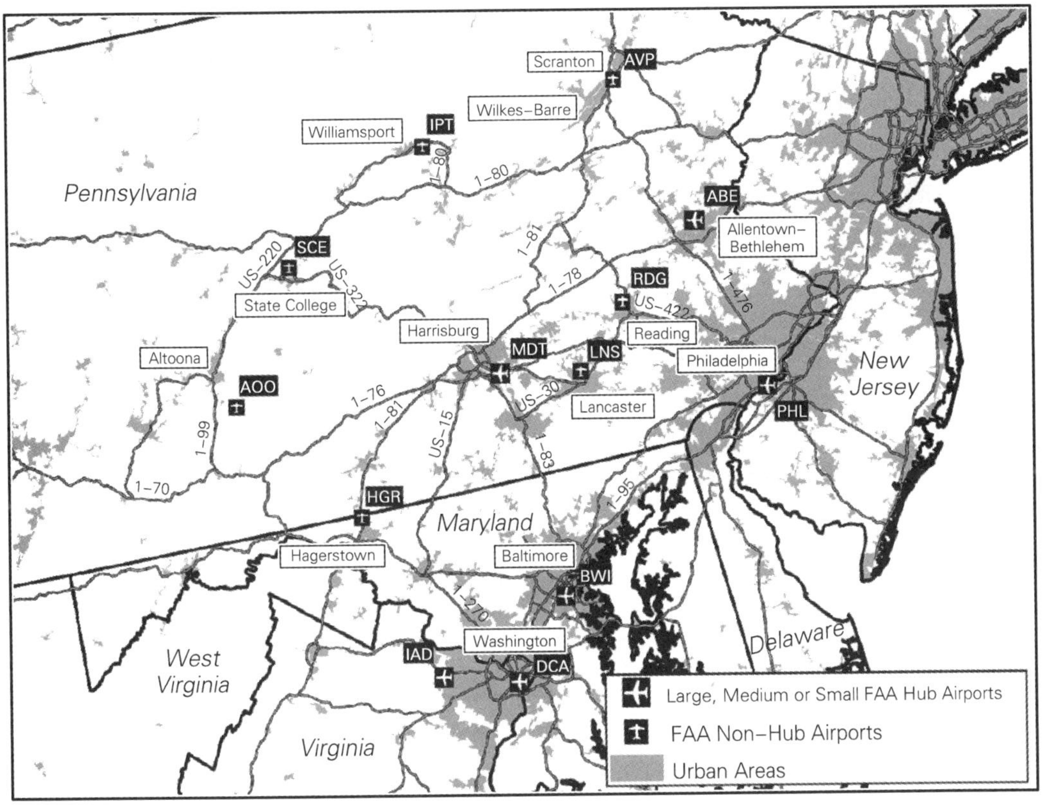

图 11.4　哈里斯堡国际机场的市场范围示意图

注：右下图例所示 FAA 对枢纽机场的定义在本书 3.3.2 节已有阐述。

MDT（Harrisburg International）哈里斯堡国际机场附近的其他机场：

（1）ABE（Lehigh Valley International）利哈伊谷国际机场；

（2）AVP（Wilkes-Barre/Scranton International）威尔克斯巴里国际机场；

（3）AOO（Altoona - Blair County）阿尔图纳-布莱尔机场；

（4）BWI（Baltimore-Washington International）巴尔的摩华盛顿国际机场；

（5）DCA（Ronald Reagan Washington National）里根华盛顿国家机场；

（6）HGR（Hagerstown Regional）黑格斯敦支线机场；

（7）IAD（Washington Dulles International）华盛顿杜勒斯国际机场；

（8）IPT（Williamsport Regional）威廉斯波特支线机场；

（9）PHL（Philadelphia International）费城国际机场；

（10）RDG（Reading Regional）瑞丁支线机场；

表 11.1 为哈里斯堡机场方圆 100 英里范围内的主要机场。

表 11.1　哈里斯堡机场方圆 100 英里范围内的主要机场

Airport	2001 Boardings	USA Rank	Hub Type	Distance (Miles) to MDT
Philadelphia International, PA (PHL)	11 736 129	19	Large	84
Baltimore-Washington International, MD(BWI)	10 098 665	22	Large	70
Washington Dulles International, VA (IAD)	8 484 112	27	Large	94
Ronald Reagan Washington National, VA(DCA)	6 267 395	32	Medium	94
Harrisburg International, PA (MDT)	556 672	101	Small	0
Lehigh Valley International, PA(ABE)	478 367	109	Small	77
Wilkes-Barre/Scranton International, PA (AVP)	186 548	178	Non-hub	96
University Park, PA (UNV)	116 113	202	Non-hub	73
Williamsport Regional, PA (IPT)	38 050	283	Non-hub	73
Reading Regional, PA(RDG)	34 017	291	Non-hub	44
Hagerstown Regional, MD (HGR)	23 838	326	Non-hub	61
Lancaster, PA (LNS)	15 433	361	Non-hub	25
Altoona-Blair County, PA (AOO)	14 048	367	Non-hub	83

Sources: Enplanement, rank, and hub-type data/definitions: FAA(2005).
Distances: Based on calculations developed by Jenness (2004).
*Ranked by boardings in 2001. Airport code listed in parentheses.

从表 11.1 可以发现，哈里斯堡国际机场（MDT）2001 年的吞吐量为 55 万人次，周边分布着很多大中小型机场，其中有 3 个大型枢纽机场，1 个中型枢纽机场，2 个小型枢纽机场，7 个非枢纽机场，距离最远的华盛顿机场群（巴尔的摩、杜勒斯、里根）也不超过 150 km。

表 11.2 是 MDT 机场周边重要机场的平均票价、平均航程、日均客流量对比。以巴尔的摩机场（BWI）为基准①，MDT 的平均航程与之相当，平均票价高出 37%，最低票价高出 40%，但日均客流量仅为 BWI 的 6.5%。

表 11.2　平均票价和日均客流量比较

Origin City/Airport	Average Distance(miles)	Average PAX/day	Average OW fare (S)	Fare Premium vs. BWI	Average Low Fare (Premium vs.BWI) ($)
Baltimore (BWI)	1 105	719	172.58	0	144.87（0.00）
Washington, DC (IAD/DCA)	1 087	883	224.82	1.30	176.56（1.23）
Harrisburg, PA (MDT)	1 116	47	237.33	1.37	202.17（1.40）
Philadelphia, PA(PHL)	1 173	657	241.93	1.40	207.62（1.43）
Allentown, PA (ABE)	1 177	44	252.87	1.47	214.80（1.48）

Source: US DOT, 2001.

① 巴尔的摩机场是美国西南航空的基地机场，其平均票价水平、吞吐量发展趋势由西南航空主导。

2001 年第二季度，在 61 条相同的 OD 航线上，BWI 在其中 54 条航线的平均票价水平低于 MDT，表 11.3 统计了 MDT 机场与 BWI 机场相比最无竞争力的 10 条航线，前者平均票价水平是后者的 1.8 ~ 5.2 倍。有趣的是，这 10 条毫无竞争优势的航线基本都有西南航空参与。

表 11.3　哈里斯堡与巴尔的摩机场相比最无竞争力的 10 条航线

MDT/BWI to/from	MDT Distance (Miles)	MDT Average PAX/day	BWI Average PAX/day	MDT Average OW fare (S)	BWI Average OW fare ($)	MDT Premium vs. BWI
Harford, CT/Springfield, MA[a]	245	11.97	1 296.04	335.35	64.04	5.205
Cleveland, OH[a]	280	23.29	1 419.01	302.88	71.02	4.265
Columbus, OH	324	18.46	454.39	247.60	62 .05	3 990
Providence, RI[a]	298	12.63	2 523.18	252.80	65.20	3.877
Louisville, KY[a]	501	13.84	889.45	246.41	74.56	3.305
Raleigh/Durham, NC[a]	317	16.04	668.02	249.15	75.80	3.287
Portland, OR	2 324	19.34	435.16	400.82	179.60	2.232
Sacramento, CA	2 375	11.31	393.29	386.12	181.50	2.127
San Jose/Palo Alto, CA	2 420	15.71	426.37	396.81	200.71	1.977
Salt Lake City, UT[a]	1 843	17.25	512.74	307.59	164.22	1.873

Source: US DOT.2001.
Notes: Analysis included comparison of 61 common O-D cities for which data were available.
a Indicates Southwest Airlines was wither the lowest fare carrier, or, the largest carrier (or both) from BWI.

MDT 机场也有一些优势航线，表 11.4 展示了 MDT 机场相对于 BWI 机场最为占优的 10 条航线。在这些航线上，MDT 机场每天的平均客流量远低于 BWI，但平均票价却仅为 BWI 机场的 80% ~ 100%。总而言之，不同于某地区仅存在某个单一机场的情形，哈里斯堡的市场范围因其周边存在众多可替代的机场而变得异常复杂。

表 11.4　哈里斯堡与巴尔的摩机场相比最有竞争力的 10 条航线

MDT/BWI to/from	MDT Distance (Miles)	MDT Average PAX/day	BWI Average PAX/day	MDT Average OW fare ($)	BWI Average OW fare (S)	MDT Premium vs. BWI
Denver, CO	1 475	91	712	197.27	247.95	0.795
Savannah, GA	609	13	48	152.24	188.50	0.808
Dallas/Ft. Worth,TX	1 232	77	573	261.08	314.96	0.829
Colorado Springs, CO	1 491	11	97	204.68	243.55	0.840

续表

MDT/BWI to/from	MDT Distance (Miles)	MDT Average PAX/day	BWI Average PAX/day	MDT Average OW fare ($)	BWI Average OW fare (S)	MDT Premium vs. BWI
Pittsburgh, PA	185	78	149	237.29	275.77	0.860
Greenville/Spartanburg.SC	472	13	47	232.67	248.08	0.938
Charlotte.NC	412	49	254	244.62	256.02	0.955
Charleston.SC	535	16	106	172.11	165.88	1.038
Sarasota/Bradenton. FL	942	17	39	168.03	156.39	1.074
Knoxville, TN	497	12	42	239.96	223.28	1.075

Source: US DOT, 2001.
Notes: Analysis included comparison of 61 common O-D cities for which data were available.

11.3.2 哈里斯堡国际机场的市场范围分析

为了研究当地旅客使用哈里斯堡国际机场（MDT）的情况，研究者计划从机场获取旅客数据，具体方法为：机场停车场工作人员在每位司机离开停车场并支付停车费时询问他们的家庭邮政编码（Home Zip Code）[①]。工作人员于2001年3月30日至5月17日期间共收集了2 967个邮政编码，涉及42 103名司机。虽然观测的数据量很大，但必须指出，这些数据有严重的局限性。首先，这些数据代表的是机场顾客，而不是特定的飞行乘客。在某些情况下，某一车辆可能搭载有多名乘客，但他们都归属在一个邮政编码下。其次，没有从乘客那里收集其他信息，没有办法知道乘客去了哪里，他们为机票付了多少钱，或者任何其他市场特定信息。再次，该数据集无法包含乘坐出租车、租车或由朋友/家人开车在路边下车自行到达/离开机场的乘客。最后，该数据集肯定严重偏向于居住在哈里斯堡市区范围内的乘客，而忽略外地达到的游客，因为后者更有可能使用出租车、租车或酒店班车服务离开机场。

考虑到这些问题，将乘客数据与ESRI邮政编码边界[②]和2001年人口信息进行匹配和合并，删除无法匹配的邮政编码。在对数据进行初步测绘后，机场周围75英里（约120 km）的半径被确定为机场的“核心”市场区域，因为超出这个距离，乘客的数量和空间分布就变得更加分散。这一核心市场区域包括651个Zip区域[③]，共包含35 86名乘客。大多数未包含在分析中的邮政编码只有少量乘客或没有乘客，并且在大多数情况下，与MDT相距相当远（如远至加利福尼亚）。最终纳入核心市场区域的数据集包含了原始数据中85%的乘客。

图11.5显示了这些“核心”MDT客户的分布概况，根据五位数邮政编码按总百分比进

① 美国的邮政编码（ZIP Code）通常由5位数字组成，但更精确的邮编则是由9位数字组成。邮政编码的主要功能是代表邮件或包裹的派送区域。5位邮政编码：第1个数字表示国家区域，范围从东北部的0到西部的9；第2-3位数字代表该地区的邮件处理及分发中心；最后2位数字表示小型邮局或邮政区。9位邮政编码：第6-7位数字代表区域或几个街区；第8-9位数字代表区段或街道的一侧。

② 由Esri公司发布的地图式邮政编码查询系统。

③ 在MDT和每个邮政编码区的质心之间进行距离计算。

行了标准化。从图中可以发现，乘客的空间分布存在聚集性特征，也存在随距离衰减的特征，但衰减的程度并不一致。在机场的南部和东南部，衰减明显加速，而在北部、西部和西北部，这种衰减速度非常缓慢。南部和东部的激烈竞争明显侵蚀了 MDT 在这部分核心区域的市场范围（从图 11.4 可以发现 MDT 机场的南部和东部分别是华盛顿机场群和费城机场，都属于大型枢纽机场）。

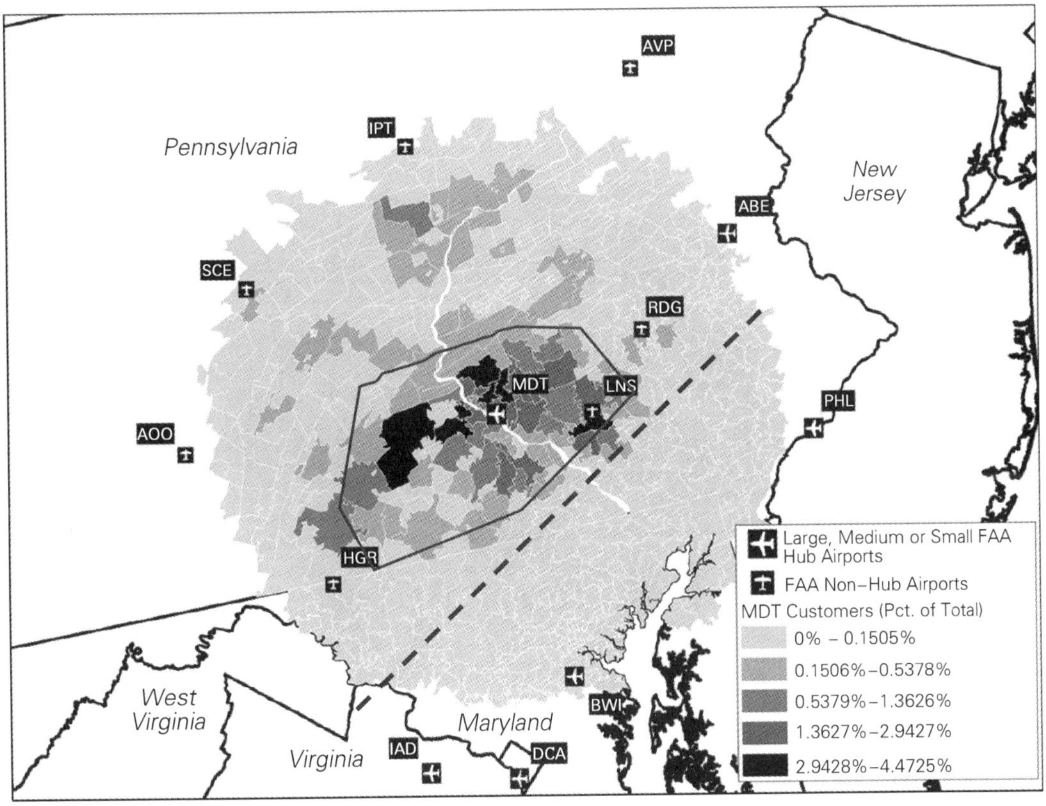

图 11.5　哈里斯堡国际机场(MDT)75 英里范围内的乘客分布

注：根据五位数邮政编码统计。

11.3.3　哈里斯堡国际机场的市场渗漏分析

如果有人相信 Tobler 的地理第一定律（有关内容请参阅 Sui，2004），即地理上的邻近会导致更高水平的互动，那么南部和东部的乘客稀少就不足为奇了，因为许多乘客离主要竞争机场比离 MDT 更近。实际上，在南部和东部，除了 ABE 机场之外，服务选择范围更广，票价也更低，期望很多乘客选择 MDT 并不现实。

为了观察竞争机场对 MDT 市场范围的影响，剔除 MDT 75 英里范围内更靠近主要竞争机场（ABE，PHL，BWI 和 IAD）而不是 MDT 的所有邮政编码，对 75 英里的“核心”市场区域进行调整。这里不考虑 DCA 机场，因为要删除的邮政编码在很大程度上与 IAD 和/或 BWI 一致①。表 11.5 显示了以上操作做的影响，图 11.6 为调整后的“核心”市场区域。

① DCA 地处都市区，从进入 MDT 核心市场范围的地面通道角度来看，作为其替代机场的吸引力也要小得多。

表 11.5 剔除靠近竞争机场的邮政编码的影响

Region	ZIP Codes Removed	Customers Lost	Percentage of 75 Mile Core Customers Lost (%)
Closest to ABE	117	1 109	3.1
Closest to PHL	71	283	0.7
Closest to IAD	37	45	0.1
Closest to BWI	130	70	0.2
Total Removed	355	1 507	4.2

Sawree. Anthar'ecalenlatian an dlata nrovided hy Harridhure International Airport.

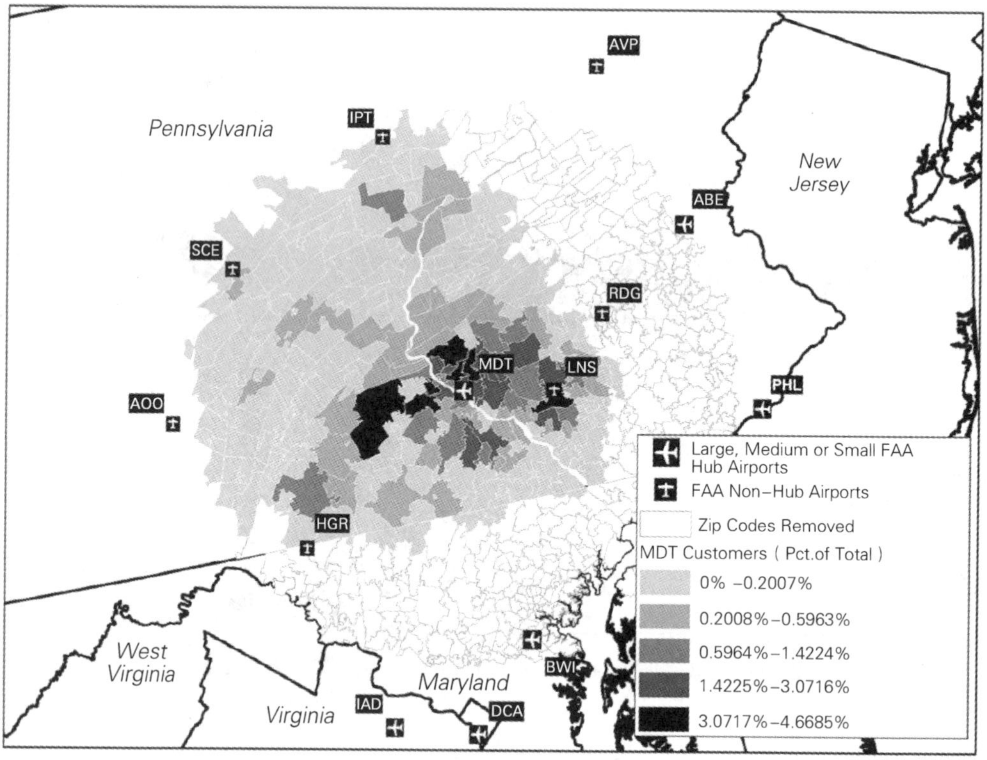

图 11.6 调整后的哈里斯堡国际机场(MDT)的核心市场区域

在 MDT 机场 75 英里范围内的 651 个邮政编码中，有 355 个邮政编码区域（55%）更接近其竞争机场。然而，从数据库中剔除这些区域后，总共只有 1 507 名（4.2%）MDT 的核心区域乘客被删除。这些删除的乘客中的 74%都来自更靠近 ABE 机场（利哈伊谷国际机场）的邮政编码区域。这也表明，南部和东部的机场与 MDT 之间并没有发生明显的反向渗漏（指其他机场市场范围内的乘客流向 MDT 机场）。南部和东部的乘客几乎完全没有惠顾 MDT 机场，这引发了一个问题，在这些地区的乘客心中，哈里斯堡国际机场（MDT）是否是他们航空出行的备选机场呢？

虽然区域内较大的竞争机场和 MDT 之间几乎没有发生“反向”乘客渗漏，但至少对于 BWI 机场来说，相反的情况似乎并不成立（Marcy，2001）。2001 年，BWI 进行了一次停车场车辆调查（巴尔的摩大都会委员会，2003）。这项调查是在当年 5 月份进行的（与 MDT 乘客数据收集的时间非常接近)，记录了停在 BWI 停车场内的汽车车牌，并将其与各州政府机构的邮政编码进行了匹配。这些数据汇总到县级，如图 11.7 所示，覆盖在 MDT 的核心市场区域。BWI 的影响范围明显延伸到整个地区（注意，图中显示的是调整后的 MDT 市场区域（白色区域)，MDT 是离 BWI 最近的主要机场)，最强大的吸引力似乎是在哈里斯堡周边和南部地区。数据表明，在调查期间，BWI 停车场中 12.4%的车辆来自宾夕法尼亚州（Pennsylvania)。图 11.7 显示，有不少乘客是来自于 MDT 的核心市场区域。有趣的是，随着时间的推移，BWI 的影响力可能会越来越大。BWI 在 2002 年 12 月进行的另一项调查中显示，14.4%的车辆来自宾夕法尼亚州，比 2001 年增长了 32%（巴尔的摩大都会委员会，2003)。

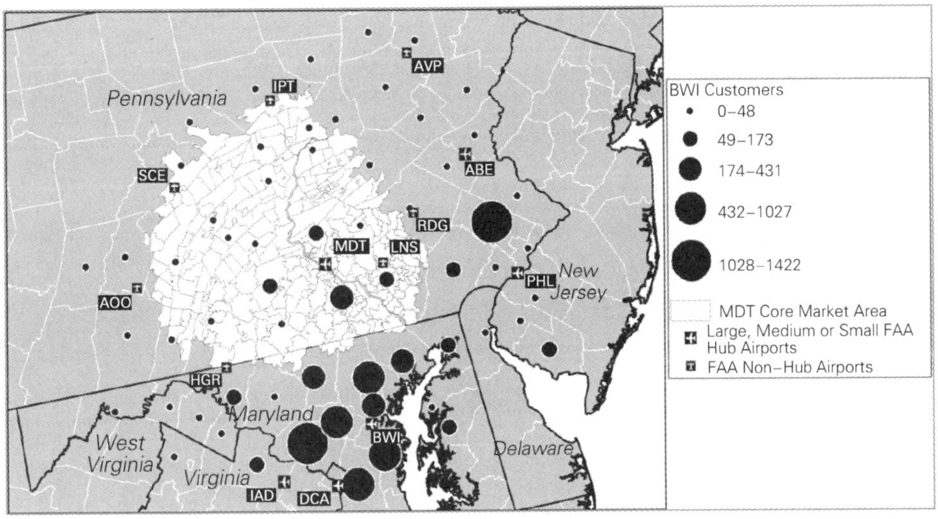

图 11.7　从 MDT“核心”市场区域渗漏到 BWI 的乘客分布

BWI 在 MDT 的大部分核心市场区域投下了所谓的交通影子（Traffic Shadow)（Taaffe et al，1996)。这可能不仅仅是因为 BWI 机场的规模更大，更重要的是，它不仅对 MDT，甚至对该地区大多数机场都存在（机票价格方面的）市场优势。BWI 这些优势影响了该区域内其他机场的邻近关系，在侵蚀 MDT 市场范围的情况下进一步扩大了自身市场腹地的规模。

现在我们已经知道 MDT 客源分布随距离衰减的性质，乘客对该区域机场的选择，以及 BWI 对区域内客源明显的吸引效应，下一个问题是看看核心市场区域是否可以用计量经济学模型来描述。为了回答这个问题，作者建立一个最小二乘的线性回归模型，为了提高拟合程度，并包括所有邮政编码的数据（包括那些 0 值)，因变量为“乘客人数+1”，用 *LN* 表示。模型中使用了三个自变量（原始数据均转换为自然对数)，如表 11.6 所示。

表 11.6　计量经济模型中的自变量

Independent Variable	Calculation	Hypothesized Relationship
MDT Gravity	POP_{Zip}* $DIST_{MDT}^{-2}$	“+”
BWI Alternative	$[Dist_{BWI} - Dist_{MDT}]$*.345	“+”
Alternate Airports	DistMpr/Average	“ – ”
	$Dist_{ABE,\ BWI,\ PHL,\ IAS}$	

如表 11.6 所示，第一个自变量是为每个邮政编码区域计算的“重力”参数“MDT Gravity”，包含人口和距离的影响。大多数学者认为，距离衰减因子恒定的假设存在潜在的问题(de Vries et al，2004；Mikkonen and Luoma，1999)，因此采用了经典的重力参数设定方法（ $p*d^{-2}$ ）（Abler et al，1971）。预期符号是正的，即人口与距离（平方）之比率增加，预计会有更多的乘客使用 MDT。接下来，考虑到竞争机场对 MDT 市场范围的强烈影响，我们还计算并采用了两个基于距离的“拉力”因素。第二个自变量是 BWI 机场的替代性“BWI Alternative”，等于 MDT 核心市场区域乘客到 BWI 的平均额外行驶距离乘以 34.5 美分/英里，2001 年联邦政府使用的差旅报销率（US GSA，2005）。该自变量的预期符号是正的，随着到 BWI 的相对距离/成本的增加，乘客使用 MDT 的概率也会增加。第三个自变量是计算一个更通用的备选机场选择参数“Alternative Airports”，即乘客到 MDT 的距离与到所有其他主要备选机场（ABE，PHL，BWI，IAD）的平均距离之比。该自变量的预期符号是负的，可以合理推测，如果乘客到 MDT 的相对距离越小，他们使用 MDT 的概率将变得更大。

表 11.7 展示了 OLS 计量经济模型的运算结果。模型拟合良好，R^2 约为 0.71。所有三个自变量在 $p<0.001$ 水平上显著，并具有预期的符号。方差膨胀因子或条件数均未显示存在多重共线性问题。Breusch-Pagan Test 结果显示可能存在异方差问题。然而，当使用异方差常数标准误差重新运行模型时（Hayes and Cai，2004），所有自变量仍在 $p<0.001$ 水平上显著。重力参数对模型的影响最大，但即使 MDT 比其主要竞争对手更接近每个 Zip 区域，两个“拉力”因素变量也很显著，表明与其他备选机场的相对邻近性（特别是 BWI）导致流向 MDT 的乘客数量减少。

表 11.7　OLS 计量经济模型的运算结果

Variable	*B*	SE	*t*	*p*
Constant	1.462	0.215	6.799	0.000
MDT Gravity	0.756	0.038	19.871	0.000
BWI Alternative	0.651	0.082	7.910	0.000
Alternate Airports	− 0.741	0.166	− 4.475	0.000
Model Summary and Diagnostics				
N=296	Breusch-Pagan = 15.824(p = .001)			
F-statistic = 246.773	Condition # = 9.503			
P = 0.000				
SE = 0.957	Tests for spatial dependence			
R^2 = 0.717	Moran's I = 0.107			
R^2_{adj} = 0.714	LM_{Robust} (lag) = 0.286 (*n/s*)			
Log likelihood = − 404.957	LM_{Robust} (error) = 5.601 (p = 0.018)			

尽管模型拟合很好，但在空间计量经济建模中解决空间自相关问题至关重要，因为其效应有可能影响模型参数的显著性水平（Anselin,1990；Fotheringham et al，2000；Rogerson，2001）。“稳健”拉格朗日乘数统计量(Robust Lagrange Multiplier statistics)(Acosta et al，2003；Anselin et al，1996）表明误差项中存在空间自相关性（p = 0.018）。因此，使用自回归的最大

似然公式（autoregressive maximum likelihood formulation）重新运行模型，向模型中添加一个额外的参数，以解释自相关效应（Anselin，1999，2003；Anselin et al，2004；Dubin，2003）。ML 模型的结果如表 11.8 所示。在这个更具空间稳健性的模型中，所有自变量在 $p<0.001$ 水平上仍然显著。自回归参数（lambda）也非常显著（$p = 0.005$）。模型的拟合度可以用对数似然值表示，通过比较发现空间误差模型的拟合度更好，证实了自变量与机场乘客分布的吻合。

表 11.8　最大似然模型（ML）运算结果

Variable	*B*	*SE*	*z*	*p*
Constant	1.395	0.254	5.495	0.000
MDT Gravity	0.754	0.040	18.964	0.000
BWI ALTERNATIVE	0.683	0.095	7.215	0.000
Alternate Airports	− 0.769	0.184	− 4.170	0.000
Lambda(autoregressive term)	0.222	0.079	2.811	0.005
Model summary				
N=296	Log likelihood = − 401.352			

空间计量模型的结果大体上与假设相符。然而，研究结果应该在一定程度上谨慎对待。首先，数据集本身存在一定局限性，这在前文已有阐述。其次，由于收集的数据是邮政编码，个人的行为被聚合为区域单位（可能很多人属于同一个地区），如果使用其他聚合单位，则无法保证能够重现此模型的运算结果。这种“可修改的区域单元”问题需要使用其他空间聚合单元数据进行额外验证（相关讨论见 Fotheringham et al，2000）。再次，关于普遍性，这里发现的结果不太可能完全适用于其他机场和其他地区。复杂的竞争和地理变量可能会使这些地区的机场系统变得非常独特。最后，尚不清楚 MDT 这一特定时期的结果是否可以推广到其他时期。由于市场形势经常变化，乘客做出的决策很可能也会发生变化。然而，由于 BWI 长期以来提供的票价优势，以及该地区较大的竞争对手 BWI、IAD 和 PHL 提供的更高水平的服务，我们有理由认为，乘客保持机场选择行为的持久性和稳定性是非常合理的。

11.3.4　哈里斯堡国际机场的替代性分析

对 MDT 市场范围的计量经济学估计以及对 BWI 市场范围的调查数据，表明存在明显的市场渗漏或市场替代，尤其与 BWI 相关，其空间模式特征非常明显。为了进一步从 MDT 的航线层面来分析这一现象，特别是与市场和地理相关的变量，此处开发了一个 Fuellhart（2003）模型的变体。首先，确定了一组包含 59 个共同 O-D 的城市对集合，可以同时分析 2001 年第二季的 MDT 和 BWI 机场市场情况。OLS 模型的因变量是针对 59 条航线推导出的日乘客比率（PAXratio）（对数变换），计算如下：

$$PAX^{i}_{\text{ration}} = \frac{PAX^{i}_{\text{perdayMDT}}}{PAX^{i}_{\text{perdayBWI}}}$$

式中，i 表示每一个 O-D 城市对。由于较小机场的航班和总登机人数较少，平均而言，每个 O-D 城市出发/到达/离开的乘客较少，因此乘客比率可以反映每条航线的相对变动水平。该模型假设，鉴于 BWI 的市场优势（例如，机票价格）已经确立，每天往返 MDT 与往返 BWI 的相对乘客水平将以一定规律随着这些市场优势的大小以及地理相关性而变化。也就是说，即使考虑到由于总体规模和市场差异，MDT 相对于巴尔的摩预期的平均客流量较低，当机场替代的条件“有利”时，与巴尔的摩相比，每天使用 MDT 作为出发/到达的乘客数量也会减少，反之亦然。

为了检验可能导致机场替代的市场/地理条件，回归估计中使用了四个自变量。第一个自变量是从 MDT 机场起飞的飞行距离，一般来说，飞行距离越短，乘客就越不愿意承担额外的时间成本以及“转换”起飞机场。第二个自变量是 MDT 相对于 BWI 在相同 O-D 航线上的票价溢价/折扣程度，我们假定，使用 BWI 机场节约的费用越多，发生乘客渗漏的概率就越大。第三个自变量是一个低票价虚拟变量，如果该 O-D 市场在 2001 年被 DOT 归类为 BWI 的“低票价”市场，则赋值为 1，否则为 0。研究证明，低成本航空公司对市场价格和机场市场范围有重大影响（Dresner et al，1996；Gillen and Lall，2004），这对一些乘客有较强的吸引力，数据显示 MDT 在 2001 年第二季度没有低价服务的航线市场。第四个自变量是总需求，等于 MDT 和 BWI 每天平均乘客数量之和（对数变换）。随着整体需求的增加，BWI 的服务规模和相应的航空公司和航线选择可能会使其成为更具吸引力的替代机场。

需要注意的是，该模型并不是对机场替代性的直接评估，因为 MDT/BWI 和具有相同 O-D 机场之间相对客运量的变化并不意味着乘客一定会从 MDT 转向 BWI。然而，前文提供的证据表明，重要的替代过程可能在起作用，该模型只是试图进一步证实这一过程。OLS 模型估计结果如表 11.9 所示。模型的拟合效果很好，残差检验和 Breusch-Pagan 检验结果表明不存在异方差，方差膨胀因子或条件数没有显示存在明显的多重共线性问题。调整后的 R^2 为 0.832，所有自变量在 $p<0.05$ 水平上显著且具有预期的符号。航线上每天的相对乘客比率（因变量）似乎确实因机票价格、市场状况和地理因素而有很大差异，这进一步证明了从 MDT 到 BWI 存在乘客渗漏现象。

表 11.9　MDT/BWI 航线层面的比较-OLS 模型估计结果

<table>
<tr><th>Variable</th><th>B</th><th>SE</th><th>t</th><th>p</th></tr>
<tr><td>Constant</td><td>0.843 7</td><td>0.369 0</td><td>2.806 3</td><td>0.026</td></tr>
<tr><td>Fare Premium</td><td>− 0.543 3</td><td>0.074 9</td><td>− 7.253 6</td><td>0.000</td></tr>
<tr><td>Overall Market Demand</td><td>− 0.339 0</td><td>0.070 7</td><td>− 4.792 8</td><td>0.000</td></tr>
<tr><td>O-D Distance from MDT</td><td>− 0.000 3</td><td>0.001</td><td>− 2.883 9</td><td>0.006</td></tr>
<tr><td>Low Fare Market-BWI [dummy]</td><td>− 0.403 8</td><td>0.168 9</td><td>− 2.390 2</td><td>0.020</td></tr>
<tr><td colspan="5">Model Summary and Diagnostics</td></tr>
<tr><td colspan="2">N=59</td><td colspan="3">Condition # = 20.942</td></tr>
<tr><td colspan="2">F-statistic = 246.773</td><td colspan="3">Breusch-Pagan = 6.774(n/s)</td></tr>
<tr><td colspan="2">P = 0.000</td><td colspan="3">R^2 = 0.832</td></tr>
<tr><td colspan="2">SE = 0.426</td><td colspan="3">R^2_{adj} = 0.820</td></tr>
</table>

需要指出的是，这些结果应该谨慎看待。最重要的是，模型中未考虑的各种因素也可能与乘客比率（因变量）有关，例如哈里斯堡、巴尔的摩和 O-D 城市之间的特定商业/经济联系，以及来自其他竞争机场的市场相关因素的影响等问题。然而，结合前面提供的空间分析，本节中提出的航线层面的乘客比率模型更像是讲述了一个类似故事。

第 12 章　机场群

12.1　机场群的定义

随着大都市圈的兴起，机场群必将成为未来机场发展的主流模式，对其研究相对也越来越深入。但是迄今为止，机场群并没有公认的标准定义，国内外诸多学者对区域内多机场的现象进行了一些试探性的描述。如在 2000 年，机场规划学者 Richard de Neufville 认为，在大都市圈提供航空运输服务的多个机场的组合称为多机场系统（国内普遍称为机场群），只要机场有效服务于该都市圈，都可认为是机场群的组成部分，而不去考虑其行政隶属关系。而美国联合发展和规划办公室在 2007 年的一则文件中称“机场群是多个进离场程序高度相关的机场所构成的一个系统”。中国学者张越、胡华清等认为机场群的形成是由于城市群的迅速发展，产生了巨大的航空运输需求，单个机场已无法满足运输需要，迫使城市群内各个机场协调配合，形成一个整体机场系统共同服务于该区域的需求。2014 年，吴刚认为，机场群也就是多机场系统，它是社会发展到一定阶段的产物，是区域机场发展的必然结果。通过对该区域内的机场资源的整合，最终形成一个跨区域的多机场利益共同体。2008 年，Atkin，Stephen 等人认为多机场系统是指某个特定的大都市区域内，有两个及以上机场的现象，在多机场系统内部，机场之间相互联系、相互影响。

以上学者对机场群的协同方式、总体目标以及形成条件进行了说明，但是也仅仅描述出机场群的部分特征。结合理论和实际，本书对机场群做如下定义：机场群是指由两个及以上机场组成的不同规模、不同性质以及不同类型的民用机场集合，这些机场位于城市群空间范围或大都市连绵区内，且依托于区域综合交通运输体系，为城市群或都市区提供服务，形成功能错位、层次分明、综合发展的多机场体系。

12.2　机场群形成的背景及原因

12.2.1　机场群形成背景

航空运输系统面临的最大挑战之一是如何扩大其规模，以满足日益增长的需求。在过去的 20 年里，北美和欧洲的年均增长率分别为 5.7%和 5.0%，亚太地区的年均增长率达到 8.8%。目前的长期预测表明，北美、欧洲、亚洲等地区对航空运输的需求会继续增长，甚至疫情恢复后会出现爆炸性增长，这些地区未来航空交通量的持续增长是以机场基础设施容量也能够持续增长为前提条件。尽管机场系统可承载的客货吞吐量会远远大于所预计的总量，但客货和飞机流量往往都集中在系统的关键点。例如在美国，80%的航空客货流是集中在排名前 50 名且占比 4%的机场处理的；而 80%的航班集中在 82 个机场处理，仅占可用机场的 8%。主要机场的业务量不断增长，而这些机场的容量有限，造成了拥堵和延误。这些延迟会在整个航空运输网络中传播和蔓延，并影响系统的整体运行效率。

图 12.1 为美国 1995—2008 年航班延误情况。

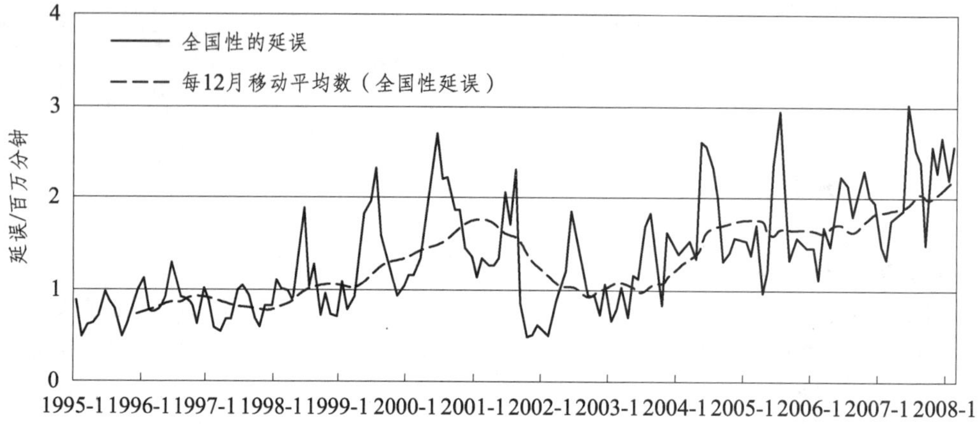

图 12.1　美国 1995—2008 年航班延误情况

从美国前 75 个机场的航空服务表现来看，在 2007 年有 24%的航班存在不同程度的延误，大面积延误对旅客的出行质量及国家经济都有着很大的负面影响。航空运输系统是一个国家经济的重要基础设施，保持该系统可靠、安全和高效运行具有十分重要的现实意义。这促使人们从机场群的角度来研究航空运输系统满足持续增长需求的机制。

12.2.2　机场群形成原因

机场群的形成具有多方面的原因，一般包括：特定区域内航空业务量增长迅速；机场地理区位邻近；低成本航空对区域内干支线机场协调运行的促进；航空联盟的驱动等。

（1）区域内航空业务量迅速增长。

机场群形成的重要原因是，一方面区域内的航空运输需求急剧增加，且增加的这些需求主要集中在发达地区的核心机场。另一方面，无论航空公司采用枢纽轮辐式网络还是点对点网络，都希望通过增加飞行频次来吸引旅客，从而提高航线的市场份额。这使得该区域内主要机场（或枢纽机场）的吞吐量接近容量上限。然而，受到中心城市区域内或机场周边可用土地资源的制约，扩建原有机场或在原有机场附近建造新机场来满足增长的航空需求并不现实。这客观要求将区域内的航空运输需求进行合理分流和配置，建立高度协调的机场群系统，从而促进整体效率的提升。

（2）多个机场地理区位邻近。

机场群能够自然形成必须满足区域内多个机场彼此邻近，地理距离处于一定区间的条件。在大都市地区或经济发达地区，很多邻近城市都会有自己的机场，这些机场的市场范围存在一定程度的重叠交叉。近些年来，我国核心城市之间的地面交通状况改善显著，尤其是高速铁路逐渐普及，大大促进了旅客在不同城市之间的跨区域流动，为机场群协同发展提供了重要条件。

（3）低成本航空促进了区域内机场的协同。

自 1978 年美国放松航空管制后，低成本航空迅速进入市场，并取得了巨大的成功。低成本航空的运营模式一般是采用区域内的二类机场，使用单一机型，采用点对点的网络结构等。二类机场一般都处于区域内非核心区或地区边缘，环绕枢纽机场或主要机场，对主要机场形成天然的分流效应和补充功能，能够吸收枢纽机场的溢出流量，减少枢纽机场的延误和拥堵，客观上促进了区域内各类机场的协同发展。

（4）航空联盟的驱动。

随着经济全球化的不断发展，航空公司一体化的进程也在不断推进，这种趋势促使航空公司的运营更加趋向于集团联盟化、多枢纽基地化以及全球化。由此形成了众多航空公司联盟，这些联盟要求世界所有的枢纽机场都能提供标准化、国际化的服务，而这些要求和发展战略是推动区域机场资源整合和机场群形成的重要驱动力。

12.3　机场群的演变及运行模式

12.3.1　机场群的演变

12.3.1.1　演变角度的机场分类

机场群中的机场可以划分为四类：主要机场（原始）、新出现的主要机场、新兴二级机场、沦为二级机场的主要机场（原始）。

① 原始主要机场：服务于大都市地区的重要的初始机场；

② 新出现的主要机场：伴随原始主要机场逐渐兴起的新兴主要机场，这些机场可能是随着交通流量转移而建造的新机场，也可能是该区域已有二级机场吞吐量大幅增长的结果（一般超过大都市地区客流量 20%）；

③ 新兴二级机场：大都市地区一些被闲置的中小机场，随着吞吐量增加而逐渐形成新兴二级机场，一般占区域总客流量的 1%~20%（每年服务超过 500 000 名乘客）。

④ 沦为二级机场的原始主要机场：由于某些特殊原因（如新机场的建设搬迁被重新定位等），区域原始主机场逐渐失去客流量，并成为新的二级机场。

12.3.1.2　机场群演变过程

机场群演变分为五个阶段，分别如图 12.2、图 12.3、图 12.4、图 12.5、图 12.6 所示。

第一阶段，大都市区只有一个原始机场，客流量全部汇聚于此，机场客流量急剧上升，逐步接近机场容量限制，如图 12.2 所示。

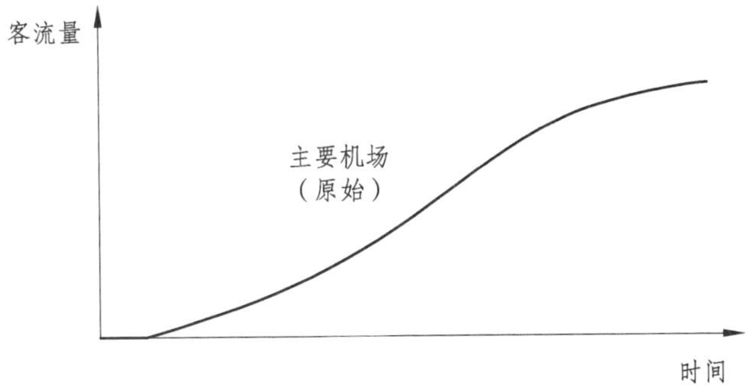

图 12.2　机场群的第 I 阶段演变

第二阶段，在原始主要机场达到容量上限之后，且大都市区存在其他二级机场时，增长的客流量开始向二级机场汇聚，导致其吞吐量大幅增长；如果该地区不存在二级机场，政府倾向于建造一个新机场，建成后其吞吐量也会逐步提升，如图 12.3 所示。

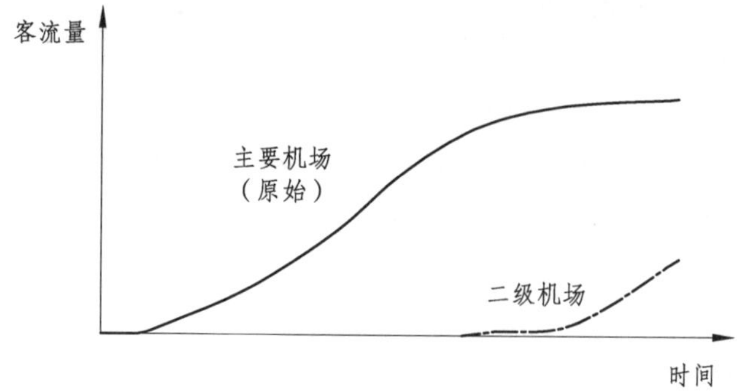

图 12.3　机场群的第Ⅱ阶段演变

第三阶段，大都市市区客流量还在不断增加，无论是新建机场还是原来的二级机场，其流量都接近或者超过原来主要机场容量，产生一个新出现的主要机场，此时形成两个主要机场并行的模式，如图 12.4 所示。

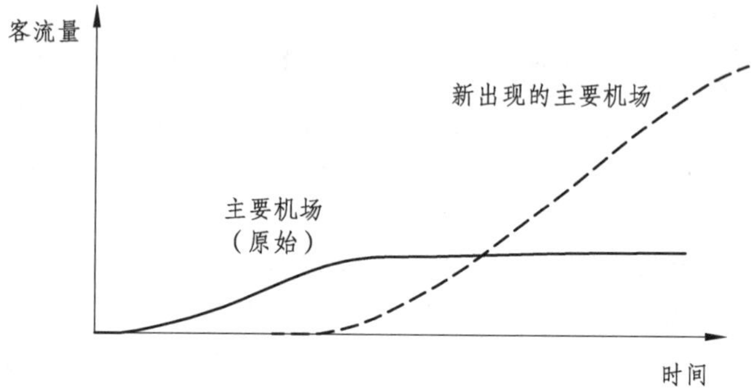

图 12.4　机场群的第Ⅲ阶段演变

第四阶段，是第二阶段演变的另一种情况。原始机场由于跑道、空域等因素不能正常扩容的情况下，当新机场完成建设或者原二级机场完成扩建时，流量全部转移至新机场，形成一个新的主要机场，同时关停原主要机场，待新的主要机场流量稳定之后，原始主要机场由于某些原因会重新开放，成为一个二级机场，如图 12.5 所示。

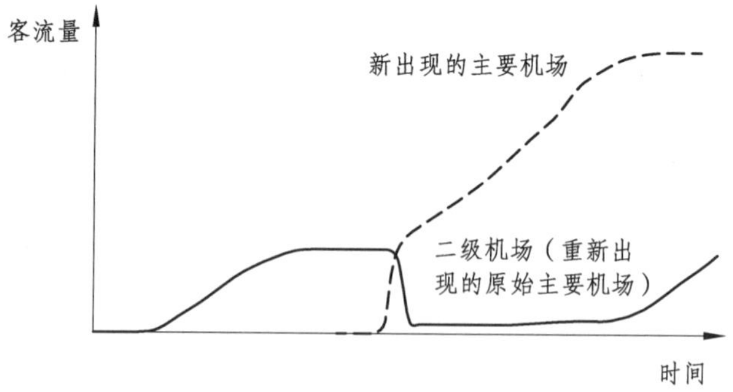

图 12.5　机场群的第Ⅳ阶段演变

第五阶段，在第三阶段的基础上，区域内流量持续增加，在两个主要机场都达到容量上限之后，会出现其他二级机场或新建机场进一步演变为主要机场的情形，依次循环下去，直至满足大都市市区的航空需求，如图 12.6 所示。

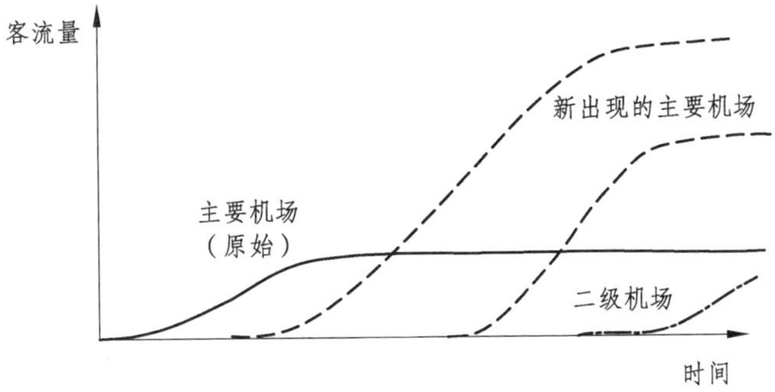

图 12.6 机场群的第 V 阶段演变

12.3.1.3 机场群演变机制

从以上分析发现，机场群有两种演变机制：建设新机场、使用现有未充分利用机场。图 12.7 为机场群发展的基本机制。

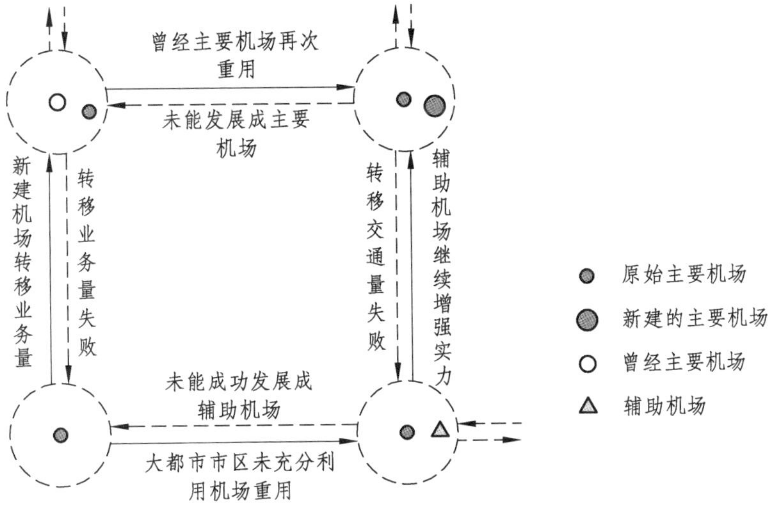

图 12.7 机场群演变路径

当大都市市区有且只有一个原始的主要机场，随着时间的推移，航空运输需求会逐渐增加，当原始主要机场容量趋于饱和时，政府会寻求第二机场。建设新机场和利用现有的机场是机场群扩展的两种模式。第一种情况，如果建设新机场，且主要机场的流量能转移到新机场，原始机场停用或者保留小部分流量，就形成新的机场群格局。如果由于地面交通或者航司、机场原因不能顺利转移交通流，就会导致新机场荒废，原机场格局不会改变；当新机场逐渐稳定以后，将原始机场重新启用，重新吸收新机场的部分容量，形成与新机场规模相当的机场，由此便形成了多机场格局。当原始机场由于设施陈旧、服务质量低下，或者其他因素导致原机场不能启用时，新机场会代替旧机场，就不会形成多机场系统。第二种情况，当原始机场达到容量限制时，由于当地居民对建设新机场反对意见较大或者地理空间位置不足时，就会使用大都市市区未充分利用的二级机场。通常情况下，使用二级机场的主要是低成本航空公司，他们进入后客流量开始慢慢多起来，成为主要机场的重要补充，形成一主一辅的多机场系统。然而，如果现存的二级机场距离市区较远，或航班数量较少，而不能吸引到足够多的客源时，就会被再次弃用，无法形成多机场系统；随着地面交通的改善，以及二级机场设施设备、服务质量的提高，主要机场的客流会进一步流向二级机场，在其规模达到与原机场相同或相似后，就成为另外一个主要机场，形成两个主要机场的多机场系统。

北美和欧洲的多机场系统主要是通过现有未充分利用的机场的出现而发展起来的。在北美和欧洲（例如达拉斯/沃斯堡、芝加哥/奥黑尔、休斯敦/洲际和巴黎/戴高乐），很早就开始建造机场。这些机场建设主要发生在 20 世纪 60 ~ 70 年代，主要是因为最初的机场受到跑道长度的限制，无法容纳宽体喷气式飞机，居民反对建造新机场或者扩建原有机场，这些地区充分挖掘已有机场的潜力更符合实际情况（为低成本航空公司的出现和迅猛发展也提供了契机）。而拉丁美洲和亚太地区的多机场系统则主要是通过建设新机场发展起来的。在拉丁美洲，新机场建于 20 世纪 40 年代和 70 年代，其建造原因与欧洲、北美进行新机场建设的原因相同，即最初的主要机场受到跑道长度的限制，不能容纳宽体喷气式飞机；在 20 世纪 90 年代和 21 世纪初，亚太地区新建新机场是由于主要机场过于拥挤以及未来需求快速增长的预期，具体情况如表 12.1 所示。

表 12.1　不同地区机场群演化方式

区域	利用现有机场	建设新机场
欧洲	81%	19%
北美	81%	19%
中东	50%	50%
拉丁美洲	20%	70%
亚太	10%	90%

12.3.2　机场群的运行模式

基于不同的历史背景、政治经济环境、政府规划理念以及市场环境，世界几大著名的都市区在经历过长时期发展后，演化出了两种主流的机场群运行模式。

12.3.2.1　并行模式

并行模式下的机场群所处的大都市区地域宽广，经济发达且相对均衡，客流量充足，存在多个大型的主要机场，机场群内部分子机场之间的功能定位基本相同，差异不明显，规模接近，独立运行，且彼此之间存在一定程度的竞争。这种模式的优点是在大都市区内大型机场较多，客流量相对比较分散，使得主要机场的拥挤程度不高；而缺点是机场设施与客流需求的匹配性难以达到最优。在并行模式下，分子机场基本都是规模相当的机场，其服务设施容量接近，但机场群的客流方向并不存在特定的偏向，使得各个机场的设施与其接受的流量并不匹配，可能造成设施资源的浪费。例如纽约机场群，其存在三个并行的主要机场：纽瓦克、肯尼迪、拉瓜迪亚。在纽约地区最初只存在拉瓜迪亚机场，但该机场只能起降螺旋桨及短程飞机，随着大型喷气式飞机进入运输市场，纽约修建了第二个主要机场：肯尼迪机场。后来由于纽约地区的航空需求持续增加，纽约又改扩建了第三个主要机场：纽瓦克机场。后来又出现了一些小型机场，其流量几乎可以忽略不计。具体情况如图 12.8 所示，截至 2019 年只有这三个主要机场吞吐量均超过 3 000 万人次，且三个机场历年的吞吐量在整个机场群中占比基本保持不变（分别为 32%、45%、23%），年均增长率也相对稳定（分别为 5%、2%、2%）。因此，纽约机场群的三个机场并行独立，功能定位相似，吞吐量占比较为稳定，增长齐头并进，彼此竞争达到均衡状态，形成了纽约大都市区并行的机场群模式。

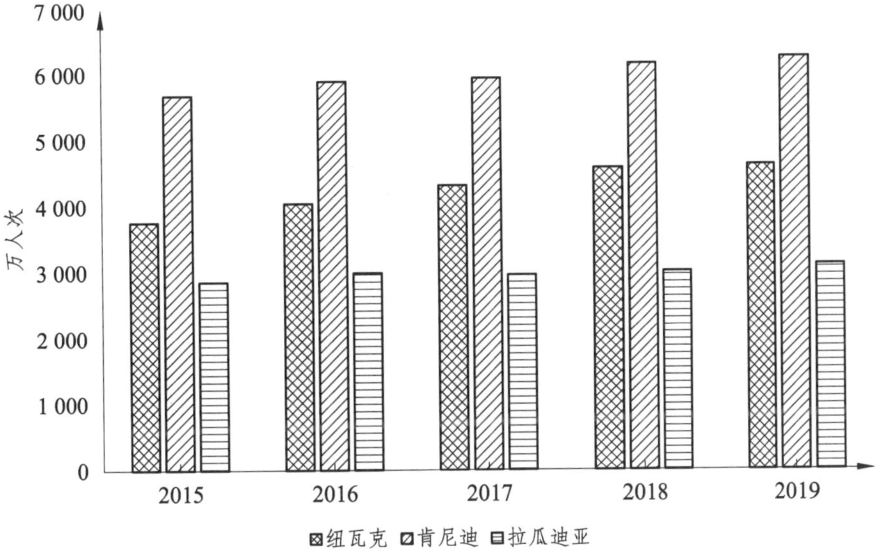

图 12.8　纽约机场群各分子机场吞吐量

12.3.2.2　互补模式

互补模式的机场群大都位于经济发达地区，但大都市区中各区域的发展状况不均衡，核心区域经济发达，客流量旺盛，存在一到两个超大型机场；而在非核心区域，经济发展适中，客流量不足，靠吸收主要机场溢出流量保持增长。互补模式下，机场群内部分子机场之间的功能定位不同，差异性明显，规模悬殊，存在主次之分，彼此之间竞争性较弱，更多的是补充和辅助。互补模式的优点在于机场设施与客流量增长的匹配性较好，初期大量客流量会优先集中于主要机场，使得主要机场的设施充分利用，而次要机场客流量相对较小，同时其机场容量也相对有限，流量增长与机场设施容量能够基本匹配。其缺点也很明显，大量客流优先聚集于主要机场，会导致地面、空中交通承受较大压力，产生拥堵和延误。例如我国的京津冀机场群，首都机场处于核心区域，吸收大量的客流量，成为主要机场，而天津、石家庄机场由于区位因素，自身客流量较少，靠吸收主要机场溢出的流量，属于机场群中的次要机场，起补充和辅助分流作用，形成了互补的机场群模式。如图 12.9 所示，首都机场与天津、石家庄机场客流量存在巨大差距，三者的吞吐量占比悬殊（分别为 77%、16%、7%），且首都机场的吞吐量占比在逐年减少，天津、石家庄机场吞吐量占比在逐年增加。吞吐量年均增长率分别为 3.7%、13.6%、18.8%。京津冀机场群的三个机场互补运行，功能定位存在差异，吞吐量占比较悬殊，增长速度差异较大，机场群内部存在明显的流量溢出现象，形成了京津冀地区互相补充的机场群模式。

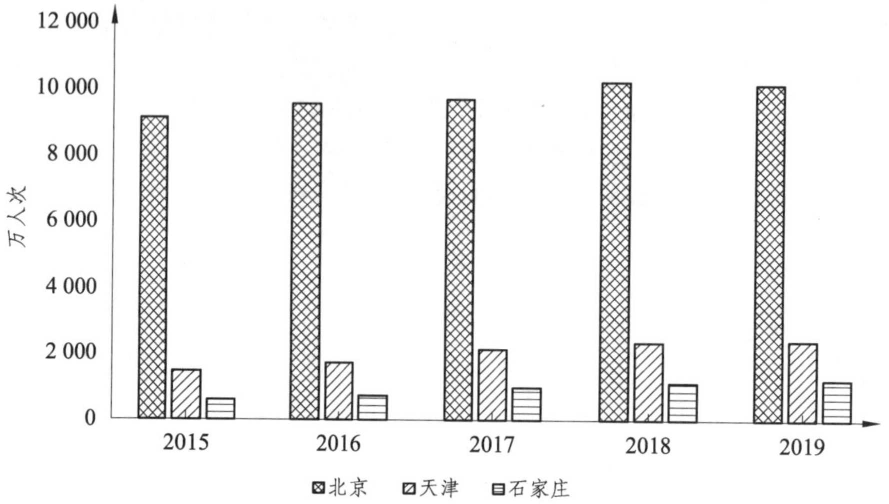

图 12.9　京津冀机场群各机场吞吐量

表 12.2 为世界主要机场运行模式。

表 12.2　世界主要机场群运行模式

机场群	机场子系统	运行模式
京津冀	北京、天津、石家庄	互补
长三角	虹桥、浦东、杭州、南京	互补
珠三角	广州、深圳、珠海	互补
成渝	成都、重庆、绵阳	互补
伦敦	希斯罗、盖特威克、斯坦斯特德、卢顿、城市	并行
巴黎	戴高乐、奥利	并行
柏林	泰格尔、舍讷费尔德	并行
法兰克福	法兰克福、哈恩	并行
纽约	纽瓦克、肯尼迪、拉瓜迪亚	并行
华盛顿	巴尔的摩、杜勒斯、里根	并行
芝加哥	奥黑尔、中途	并行
洛杉矶	洛杉矶、橙县、伯班克、长滩、安大略	并行

12.4　机场群协调发展的动力机制

机场群在不同时期有着不同的动力，这些动力相互作用就构成了机场群的动力机制，这些动力机制的特点就是将机场内在的资源要素转化为外在的竞争优势。因此，我们要合理利用机场群协同发展的动力要素，使其相互整合、相互联系渗透、优势互补，最大限度地发挥机场群的规模效应。

12.4.1　机场群协同发展动力机制的构成要素

12.4.1.1　机场群协同发展的内源驱动力要素

机场群动力机制的内源驱动力主要由两种要素构成：机场供给和市场需求。机场供给变化与市场需求变化有很大关系。一个地区在经济发展过程中产生旅游、谈判、探亲的航空运输需求，通过航空运输网络能够快速满足这些需求的能力与机场能够提供的运力能力的差值就是机场群不断发展的客观动力，经济发展速度与航空运输发展速度呈现正相关性（第一章已有介绍），经济的快速发展产生了巨大的航空运输需求，而巨大的航空运输市场将推动机场群不断调整经营战略和资源的有效分配，在政府政策、市场环境的影响之下，两者相互适应、相互协调，不断缩小差距，最终实现机场群的协同发展。

12.4.1.2 机场群协同发展的激发驱动力要素

市场需求与机场供给的相互匹配受到政府政策、市场环境以及机场供给能力的影响。只有各种驱动力之间相互渗透、相互联系、相互作用，并且拥有一个跨区域管理协调机构进行监督和管理整个区域的运行，才能保证区域机场群的协调发展。

机场群所在区域内机场数量较多，且每个机场辐射半径与其所处的城市范围并不重合。这些机场往往隶属于不同的管理机构，这些管理机构根据自己城市的发展状况制定机场的客源开发计划，使得该区域内各机场辐射范围重叠较多，竞争比较激烈。因此需要一个跨区域协调机构，来协调各方利益，合理分配资源，使得各机场能够分工合作、协调发展，适应未来流量增长需要。

在经济发达的大都市圈，可能会出现大机场虹吸小机场的现象，一方面大机场十分拥堵，另一方面小机场十分冷清。为了减少此种现象，应通过机场协调机制和市场机制及时对机场群分工和流量进行调整，并相应调整该区域内的航线网络、空域使用、机场辅助设施等，使其匹配机场群内各个分子机场的发展。只有将这些要素整合到位，才能将机场群的优势发挥最大，实现机场群的良性发展。

12.4.2 机场群协同发展动力机制的形成机理

国内外学者对机场群动力机制的研究重点主要聚焦于引发和推动机场群形成的各种要素、原因以及这些要素在机场群发展过程中以何种方式发挥作用。很多学者将机场群的动力机制看作一个正反馈系统，如图 12.10 所示。它由内源驱动力和激发驱动力这两部分组成，

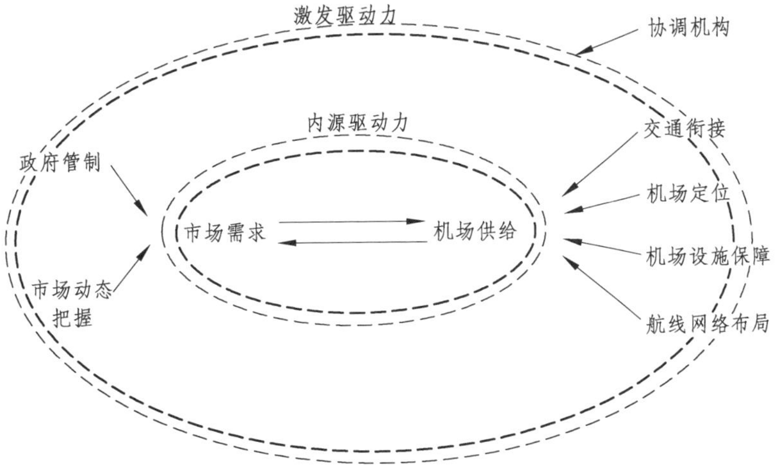

图 12.10 机场群动力机制分析图

其中内源驱动力是一种内在的自发动力，由两部分组成，即机场供给和市场需求，只有这两部分相互匹配、相互协调、相互促进，才能实现机场群整体利益的最优。激发驱动力是一种外在的动力，它主要通过政府调节管控、外部环境来共同发挥作用，其中市场推动力和政府驱动力是其最主要形式，也是保证机场群协调发展的最稳定的两种动力，此外它还能为内源驱动力的运转创造条件。

这些激发动力表现为，一方面通过把握市场环境、政府管制来影响机场需求，另一方面通过改善交通衔接、机场定位、机场设施保障、航线网络布局来控制机场供给，使其达到供需平衡，从而使得激发驱动力转化为内源驱动力来发挥作用，当系统在这两种力的作用下无法维持平衡时，区域协调管理机构就会发挥宏观调控作用，使其恢复平衡。

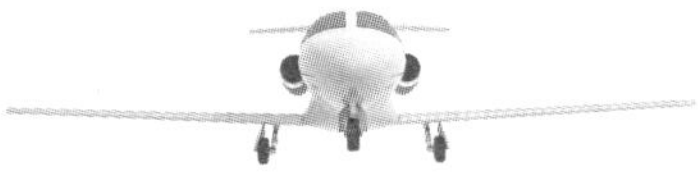

第四篇

政府管制

第 13 章　美国的航空管制

13.1　美国的管制机构

美国的航空运输行业是在管制和补贴的环境中诞生并成长起来的。1918 年，国家邮政部开始管理由美国空军运营的邮政航线，1925 年国会通过了航空邮件合同法案（Contract Air Mail Act），即著名的凯利法案（Kelly Act），授予邮政部对民营航空分配航线和补贴款项的权利。在随后的几十年里，成本超支、低效率及政治丑闻等导致航线授权和补贴分配频繁陷入混乱，甚至在 1934 年严重影响到军用事务。

第二次世界大战期间，航空运输主要服务于军事用途，民用航空业务相对较小。当时飞机性能平平，机舱环境糟糕，客邮同运，导致早期的客运业务发展非常缓慢。直到引进双引擎飞机，如著名的 DC-2 及随后的 DC-3，才使得航空公司能够提供稍微舒适可靠的客运服务。随着客运业务的快速发展，1935 年，跨州商务委员会（Interstate Commerce Commission）开始接手航空运输的管制工作，但后来事实证明 ICC 的管理同样落后而混乱，阻碍了行业的发展。

1938 年《民用航空法案（The Civil Aeronautics Act）》颁布，政府将航空管制权转交给民用航空局（Civil Aviation Authority），两年后更名为民用航空委员会（Civil Aeronautics Board, CAB）。为应对大萧条，1938 年的民用航空法案授权 CAB 制定政策，推动经济、安全、高效的航空运输系统建设，防止不公平、破坏性竞争出现。该授权为 CAB 接下来 40 年的管制行为提供了重要的法律基础，虽然这些管制行为在航空运输业发展初期具有必要性，也的确取得了一些成效，但 CAB 对竞争的天然排斥导致其最终走向衰亡①。

13.2　管制及放松管制②

13.2.1　美国民航业放松管制的背景

从 20 世纪 30 年代到 70 年代中期，出于对民航业的自然垄断性，容易陷入过度竞争、服务的必需性和公共性以及事关国家安全等特性的认识，美国政府对民用航空业一直实行比较严格的经济和社会管制，于 1938 年通过《民用航空法案》，之后便以此法为依据对国内的民航业实行严格管制。《民用航空法案》的主要内容有四个方面：一是严格限制新企业的进入，控制国内航空运输企业的数量；二是航空公司的飞机数量、飞机的座位数以及运营范围受到严格的管制，航线的进入或退出必须得到政府的批准；三是禁止航空企业的合并；四是由政

① CAB 严禁地方航空与干线航空直接竞争，在同一 OD 市场不能提供相同的产品（干线航空提供直达航班，则地方航空只能提供中转航班）。

② 赵玮萍. 中国民航业管制制度变迁研究[D]. 沈阳：东北大学。

府控制航空运价及收入。为了更好地落实《民用航空法案》，同年联邦政府批准成立航空运输委员会（CAB），全面负责对民航业的监管。严格的行业管制使美国当时的航空企业得以在一个相对稳定的市场环境中发展并逐渐壮大。据统计，在 1938—1978 年期间没有一家新的国内骨干航空公司被批准航线，从 1965—1974 年，航空公司进入现存航线的申请仅有 10%被批准。作为一般性原则，CAB 不允许两家或三家运输者服务于同一航线。在过度的市场保护与票价控制下，航空公司外部没有竞争压力，内部失去了经营自主权，效率低、服务质量差成为普遍现象。20 世纪 70 年代的石油危机引发了世界性的经济衰退，成本的升高和客座率的下降使 CAB 多次提高票价水平以避免巨额亏损。1974—1976 年航空票价上涨了 45%，许多乘客被拒之门外，同时航空公司的客座率进一步下降，财务状况严重恶化。许多航空公司为了缩小亏损，积极扩大经营范围，但这并没有改变每况愈下的局面。消费者的不满与航空业经营绩效的恶化促使政府管理者重新考虑对民航业的管制政策。同时，经济学界关于监管的理论也得到了进一步的发展，如指出政府监管无效性的“俘获理论”和得到许多经济学家支持的“可竞争市场理论”等。以放松管制为主要内容的美国航空运输业市场化改革开始酝酿。

13.2.2　美国民航业放松管制的历程

20 世纪 70 年代中期，美国国内对航空管制进行改革的压力不断增大，学术界对管制造成相当大的福利损失等问题进行了长期的讨论。1975 年，参议员爱德华·肯尼迪（Edward Kennedy）主持的听证会郑重地探讨了管制改革的思想。运输部也参与了管制改革方案的设计，甚至新主席约翰·罗宾逊（John Robison）掌管下的 CAB 不仅支持管制改革，而且还支持完全地解除管制。作为 CAB 的主席，约翰·罗宾逊通过放松进入限制迈出了管制改革的开创性一步，取消了禁批航线的政策，并且自 20 世纪 60 年代以来首次允许竞争者进入运输服务市场。1977 年 6 月，随着卡恩（Alfred Kahn）成为 CAB 的新主席，进一步减少了进入和价格控制，解除管制的步伐加快了。1978 年，美国议会通过了《航空公司放松管制法案》（ADA），该法案要求对航空业实行阶段性的放松和解除管制，标志着美国开始对航空运输管理体制进行以自由竞争为核心的市场化改造。该法案取消对新进入者的限制，航空公司可自由定价，取消对营运权利、营运范围的限制，允许企业合并，给予航空运输业反托拉斯法豁免权等。该法案旨在对先前高度管制的民航业引入竞争，除只保留了少量社会性管制外，全面解除了对民航业的经济监管。最初，该立法允许未经 CAB 批准的机票降幅达 70%，并允许新的航空企业自由进入航线。按照 ADA 的要求，CAB 对航线的管制权于 1981 年 12 月 31 日终止，对票价的管制权于 1983 年 1 月 1 日终止，最后它自身于 1985 年解散。实际上，解除管制的步伐比 ADA 的规划还要快得多，在 ADA 实施的一年内，航空公司可以自由服务于任何航线，1980 年 5 月，CAB 允许票价无限制地下调和大幅度上调，并且极力鼓励航空公司独立定价。在 1983 年 1 月 1 日前，CAB 终止了对票价和进入的控制，航空公司从此在几乎不受管制的环境中竞争。到 1983 年之前，全面取消了 CAB 对票价、航线以及兼并的管制。1985 年 CAB 被解散，有关航空安全的职能被移交给联邦航空管理局（FAA）。

继 1978 年的《航空公司放松管制法案》之后，美国国会又先后通过了 1979 年《国际航空运输竞争法》、1997 年《航空竞争促进法案》、2001 年《航空运输竞争恢复法案》等相关法律来规范航空公司的市场行为。其中，1997 年《航空竞争促进法案》针对美国国内繁忙机场制订了机场起降时刻的分配、拍卖等规则，促进美国国内航空运输企业的竞争。根据美国民航放松管制的过程与内容，其基本历程如表 13.1 所示。

表 13.1 美国放松民航管制的基本历程

第一阶段（1975—1977）	1975 年起	福特总统向国会提交了民航业放松管制法案，民用航空委员会中止了航线暂停审批制度和产量限制协议
	1976 年起	实行多家许可进入制度、“休眠”许可制等
	1977 年	引入“标准产业价格水平”（SIFL），建立价格上下限制度，上限为 SIFL 的 5%，下限为 50% 通过了放松国内航空货运管制的法案，允许货物运输者在任何国内航线上自由地经营和定价；同时还首次允许客运业务实行折扣票价
第二阶段（1978—1989）	1978 年 10 月	颁布《民航放松管制法》，重新对国内、国际航空运输政策做出解释，部分取消了对客运业务的管制
	1981 年 10 月	正式取消民用航空委员会的航线进入管制权
	1983 年 6 月	取消民用航空委员会对国内航空运价的管制权
	1984 年	颁布《民用航空委员会废止法》
	1985 年 6 月	解散了 1938 年成立的民用航空委员会，其保留下来的职能移交美国交通部
	1989 年	全面解除价格管制、服务标准规则，实现自由的进入与退出和完全自由的兼并与联盟
第三阶段（1990—2000）	1991 年	放松对外资进入民航业的限制，将外资对本国航空公司的最大允许持股比例从 25%提高到 49%
	1994 年	取消了各州对州内航空快递业务的管制权
	1998 年 4 月	美国运输部发布了《有关航空公司不公平的排他性行为的执行政策声明》，以纠正其所宣称的产业内的反竞争活动
	1999 年 5 月	美国司法部对美洲航空公司提起反托拉斯诉讼
	2000 年 11 月	西北航空公司在反垄断审查中同意放弃在其对手美国大陆航空公司中的控制股权

资料来源：根据“Airline Handbook”等资料整理。转引自夏大慰，史东辉：《政府管制—理论、经验与中国的改革》，经济科学出版社，2003（3）：256。

13.2.3 美国民航业管制现状

13.2.3.1 进入管制

20 世纪 70 年代，有不少美国学者对航空公司的规模经济做了一系列实证和经验分析，得出的结论是：随着航空市场的快速扩大和技术进步，航空运输服务已经不具有明显的规模经济性，但有可能存在范围经济。大量的中小航空公司，如美国太平洋航空和西南航空实际上比美利坚航空和联合航空这样的大型航空公司的平均成本更低，他们提供的票价比大型航空公司低 32% ~ 47%。这些观点得到了美国国会两党的一致支持，经过激烈争论，美国国会通过了《航空公司放松管制法案》（Deregulation Act）。1978 年 10 月，卡特总统签署了该法案，美国政府从此开始对航空运输业实施了放松管制，取消了 CAB 对航空公司成立、航线进入、退出和票价变动的管制权力。该法案实际上对航空公司的运营实行了放任主义，不再对航空公司的成立、航线进入、退出做任何管制。

关于机场服务进入的管制政策可以分为两个方面：一是机场的投资和建设，即机场整体设施上的准入；二是在现有机场设施的前提下，各种地面服务项目的准入。首先在机场的投资和建设上，经营定期航班和对外开放的商业性机场基本上都由政府投资兴建，机场的准入管理是非常严格的，但也有许多私人投资建设的小机场，大都是私人农场自用或经营通用航空业务的直升机机场。另一方面，在机场的地面服务项目进入管制上，美国的管理模式是把机场定位为城市公用基础设施和社会经济发展的平台，机场全部交给由地方政府成立的机场管理机构来专门管理，各地政府也大都制定了管理当地机场的专门法规。这种机场管理机构类似于我国的事业单位，属于“公共法人”。政府不追求机场的盈利，也不向机场征税，只要求其盈亏平衡。不仅如此，机场还可以向联邦政府和州、县政府申请补助（如联邦政府的航空信托补助金），航空公司在机场地面服务项目的进入和经营上有非常大的自由性和独立性。机场允许航空公司在机场范围内自行建设和经营各种商业设施，也可由机场建成后租赁给航空公司使用，航空公司需要向机场上缴设施使用费。大型基地航空公司在枢纽机场都建设有自己独立运作的货运和各种商业设施，甚至有自己独立建设和运作的候机楼，独立进行客运值机和货物处理，独立进行飞机配载和配餐。与航空公司关系不太密切的其他机场地面服务项目，如酒店、广告、租车行和商店、银行、餐厅等商业零售项目则用特许经营招标的方法广泛吸引社会资本和各种专业公司共同投资，开展有效的市场竞争，机场管理机构向这些经营公司收取租金，并在服务质量上进行必要的监督。

发达国家的空管模式有很大区别。在美国，空管系统归联邦航空管理局（FAA）统一实行事业化管理，下分为 9 大区局和若干个航站。FAA 负责通信及导航系统的技术开发、设备订购、安装、维护和检查，确保国家空域安全与高效使用。美国空管系统对航空公司、私人和军用航空器提供航行情报、气象信息、通信导航、飞机调度等方面的统一免费服务，经费来源于联邦政府拨款与航空信托基金。近年来，美国一直在讨论要对空管系统进行公司化改革问题。英国空管系统则由英国民用航空管理局（CAA）统一管理，已经进行了公司化改革，于 1996 年成立了国家空中交通服务有限公司（NATS）。NATS 是 CAA 的全资附属机构，负责为英国民用航空和军方飞机提供收费性管制服务。目前英国正准备推行更为激进的改革，要把 NATS 改组为公私合营的服务公司。澳大利亚和新西兰都对空管系统进行了私有化改造。尽管如此，绝大多数国家空管服务垄断专营的性质没有改变，发达国家对这一行业都进行了严格的准入和价格管制，以确保整个航空业经济效率的实现。

无论在航油、航材、航空信息等上游航空保障服务方面，还是下游的延伸服务，美国均采用以市场机制来配置资源的管理模式。如在航油服务上，美国实行的是市场竞争下的专业化经营模式，各大石油公司（如埃克森美孚石油公司）都有从炼油厂到机场油库的供油经营权，加油公司则拥有油罐、油管和地井设施，专门从事加油业务。一些大型航空公司（如美联航）在一些枢纽机场建有自己专用的储存和加油设施，由于他们的油料消耗巨大，所以还有自己的油料供应体系，并开展航油套期保值期货业务，以最大程度降低燃油成本。另外，在美国的一些机场如休斯敦布什国际机场还存在航空公司、供油商、油品分销商等多家联合经营航油供应业务的经营模式。

13.2.3.2　价格管制

1978 年，美国开始对航空运输价格实行放松管制，从 1983 年 1 月起，民用航空委员会（CBA）完全失去了对运价的管辖权，航空运价自由化，政府对市场运行不再干预，依靠反垄断法进行平衡。航空公司只需将自己制订的运价通过电脑传输给政府指定的运价申报代理机构，就可以在市场上销售。在航空公司内部则强化了对运价的管理，广泛地使用了收益管理系统，即根据航线和运力安排，利用专业化的大型计算机，对每一条航线、每一个航班的每种座位在每年、每月、每日的订座状况进行详细记录和跟踪，从而对未来的需求进行预测，然后决定自己的运价水平（舱位控制和票价调整），以达到每条航线和航班效益的最大化。

放松管制的出现并非偶然，它与世界经济衰退及行业危机相伴相生。1973 年石油危机严重影响了整个行业，之前十多年里全球航空运输业年均复合增长率高达 14%，而在 1973—1975 年间骤降至 3%左右。尽管对价格和进入退出放松了管制，但目前，美国开始重新关注对环境、安全、社会公平等的管制。

13.3　放松管制对美国民航业的影响

13.3.1　美国民航业放松管制的成效

13.3.1.1　促进了运输总量的增长和生产率的提高

放松管制后，美国航空运输业发生了显著变化，取消了进出壁垒，中小型航空公司大量涌现。1978 年以前，只有 36 家航空公司取得了大型飞机（61 座以上）经营定期航班的资格，到了 1984 年，大约有 123 家航空公司取得了这种资格，大大加剧了航空公司之间的竞争。到 80 年代后期，激烈的行业竞争导致大量航空公司倒闭、破产和兼并，甚至连当时美国最大的航空公司泛美航空也不能在竞争中幸免，航空公司的数量迅速减少。1993 年以后，航空业开始复苏，航空公司的数量又重新增加。美国运输部的一项调查显示，大约 90%的旅客在旅行时可以挑选承运人，比放松管制前提高了约 1/3。

由于放松管制改革取消了价格限制，航空公司通过制定多样化的收费体系、降低票价、大量出售折扣机票、提供多样化的服务等措施，尽可能地吸引乘客，提高座位的利用率，刺激市场需求。同时放松管制使得航空公司可以自由进入航线市场，市场供给充足，越来越多的旅客愿意选乘飞机，美国的航空运输量稳步增长。根据美国航空运输协会的调查，成人中乘坐飞机的比例从 1979 年的 65%上升到 1997 年的 81%。美国国家科学院交通问题研究署对航空业做了综合性的研究，出版了题为《变革之风：航空放任主义政策施行之后的航空运输》的研究报告。根据这一报告，1977—1989 年的 12 年里，航空旅行的人数增加了将近一倍，相比之下，在 1968—1977 年的九年中增长的幅度只有 50%。研究还表明，1977 年全国只有百分之十几的人经历过航空旅行，而 1988 年，则达到 25%，1978 年美国航空运输的客运量大约为 2.5 亿人次，而 20 年后的 1997 年则达到了 6 亿人次，增长了大约 2.5 倍。1978 年美国所有航空公司飞行里程为 25 亿英里，而到 1997 年该数字增加到了 57 亿英里，增长了一倍多[①]。

① ROBSON J E. Airline deregulation; twenty years of success and counting. Regulation, 1998, 21: 17. Rose, Nancy L. After Airline Deregulation. ALFRED E K. American Economic Review, 2012, 102.3: 376-80.

更为重要的是，无论是乘客还是里程的增长速度都远快于放松管制前的增长。

放松管制对提高企业内部效率做出了很大贡献。很多大型公司不得不削减劳动力，抑制工资，从而提高了内部效率，降低了行政管理费用。航空公司通过采用新的技术手段和管理手段，比如计算机订座系统、枢纽航线网络系统等措施，降低了运营成本。另外，在对航空公司取消和放松管制的同时，对航空公司向其他产业的多元化经营也放开了，结果是经营资源得到了进一步有效利用。由于竞争加剧，机票价格总体上呈下降趋势，载运率大幅度提高，放松管制之前的 10 年，客运载运率平均为 52.6%，到 2001 年，客运载运率平均超过 70%[①]。通过对美国航空公司与非美国航空的比较，在管制情况下，美国航空公司的单位成本每年仅下降 3%，相比之下，非美国航空公司是 4.5%。解除管制后，美国航空公司的单位成本年下降 3.3%，而非美国航空公司为 2.8%。这一比较表明了管制抑制了航空运输生产率增长，或者说放松管制促进了生产率增长。

13.3.1.2　改变了市场集中度及竞争格局

美国民航在放松管制的历程中，市场集中度及竞争格局主要发生了以下变化：

1. 民航业市场集中度呈现出先降后升的态势

从放松管制至今，美国民航业的市场格局发生了很大变化。在 1979—1991 年间，有 153 家新航空公司进入航空运输市场。同一时期，有 136 家航空公司由于破产、并购等原因退出了市场。航空公司的数目仍然比放松管制前有了较大增长。1978 年末美国只有 43 家运输航空公司，到 1984 年达到了 87 家。放松管制之初，美国曾一度出现了 120 多家航空公司，在 1978—1988 年间，在单条航线上参加有效竞争的公司大约增加了 30%。随着进入者的增加，以及“产量”的迅速上升，民航业的集中度在逐渐提高。随后，运输航空公司的数目由于收购、兼并等原因有所下降，到 20 世纪 90 年代初，美国航空业发生了至少 24 起航空公司兼并案，100 多家新进入者只有少数几家幸存下来，其余则退出了市场，初期大量的进入被退出和兼并所抵消。至 1991 年末有 60 家，2002 年末剩下 53 家，尽管如此，放松管制后的市场参与者还是明显增加了。在美国民航放松管制的 20 多年期间，行业进入壁垒的降低、航空运输业的弱自然垄断属性以及航空业对外界的神秘感等，不断吸引着雄心勃勃的投资者闯入这个领域一试身手[②]。但最终的结果却是，大航空公司变得更强，行业的集中度变得更高。1978 年，八大航空公司的集中度（C8）为 80%；而放松管制后 1983 年八大航空公司的集中度（C8）降到了 73%，但到 1989 年，前 8 个航空公司所占的市场份额高达 94%。随着市场集中度的提高，90 年代后期新的市场进入趋于稳定，且维持在较低的水平上。

2. 航线市场集中度经历了大幅度下降

与民航行业市场集中先降后升的情况不同，放松管制后美国航线市场的集中度水平则先是经历了较大幅度的下降，而后维持在一个稳定的水平。导致航线市场集中度下降的原因主要有两个：一是放松管制以后枢纽轮辐式航线网络的发展；二是航线市场准入的放松。例如，1977 年，旅客从波士顿到菲尼克斯，只有两家航空公司可供选择，但到 1992 年却增加到 6

① DAVID C F. A Retrospect of 25 years's deregulation. Airways, 2003, 10.

② 美国前总统特朗普就曾短暂经营过一家航空公司，由于经营不善最终以破产清算告终（1988—1990）。

家航空公司可供选择。1979 年，只有 27%的旅客享受 3 家航空公司的竞争服务，10 年后有 55%的旅客享受这种服务[①]。一个比较直观衡量航线竞争程度的方法是看乘坐“垄断性”承运人航班（比如该承运人占有某航线 90%以上的市场份额）和“竞争性”承运人航班（比如该承运人占有该航线不多于 20%的市场份额）的百分比。放松管制以来，乘坐垄断性承运人航班的乘客比例发生了急剧下降，从 1978 年的 28%下降到了 1994 年的 18%，而同时乘坐竞争性承运人航班的乘客翻了一番，从 7%增加到了 15%[②]。

3. 市场竞争格局发生了截然不同的变化

虽然放松管制改革最终带来了民航业市场集中度的提高，但更为重要的是在放松管制前，不管航空公司的数目有多少，航空市场犹如一潭死水。新的更有活力的航空公司不能进入，经营不善、管理落后的航空公司也不会退出市场，彼此之间缺乏有效竞争。而放松管制后，市场准入的取消使现有航空公司时刻面临潜在竞争者的威胁，富有朝气的竞争者加入给航空运输业带来了新的气象和新的理念，改变了航空业的状况和竞争状态，并把落后的航空公司挤出市场，充分发挥了竞争机制作用，促使市场竞争者优胜劣汰，促进了整个航空业的发展。

13.3.1.3 促进航空票价大幅度下降

放松管制后，行业竞争加剧，运营效率提高，美国国内市场的真实票价水平下降了 30%，国际市场下降 43%。1976—1982 年虽然美国国内油价上涨 73%，使航空公司成本上升了 15%，每客公里的平均票价仍下降了 8.5%。不可否认，放松管制大大促进了航空运输业的发展，旅客也从中受益匪浅。1989 年美国有 90.5%的旅客购买折扣票，平均折扣票是 66.5%，1990 年，放松管制效果显现（按每客英里平均收益计算，考虑到通货膨胀因素），机票价格降低了 30%，航空旅客平均每年节省 100 亿美元。1990—2003 年，航空旅客平均每年节省 200 亿美元。

13.3.1.4 枢纽轮辐式航线网络的迅速发展

枢纽轮辐式航线网络的发展也是美国民航放松管制取得的一大成果。各大型骨干航空公司一改原来以城市对为主的线型航线结构，而代之以各大航空公司基地机场为枢纽向四面八方辐射的轮辐式航线网络。枢纽轮辐式航线网络使大型航空公司能控制更大范围的市场，航空运输服务覆盖的地域更加广阔。在 1978 年美国有 10 579 条直飞或经停一次的城市间航线，到 1988 年这个数字增加到 21 568，而到了 2000 年该数字已达 28 283，22 年间增长了 167%。1978 年所有航空公司的乘客中有 80%是直飞乘客，不需转机，随着枢纽轮辐式航线网络的发展，1988 年这个比例为 68%，2000 年继续下降到 64%（DarinLee，2003）。同时，这种航线网络结构极大地促进了支线航空服务的发展。

13.3.1.5 安全水平在管制改革后得到了很大提高

放松管制的反对者认为，由于航空业安全的重要性，它必须置于政府管制下，如果航空业也像其他行业一样任由市场调节，航空安全恐怕得不到保障。但事实证明，放松管制以来，航空运输业有了更好的安全纪录。1939—1978 年间，美国每年平均发生 6 起重大飞行事故。

① DAVID C F. A retrospect of 25 years's deregulation. Airways, 2003,10. W.

② 吉帕・维斯库斯，约翰 M.弗农，小约瑟夫 E.哈林顿. 反垄断与管制经济学[M].（原书第三版）. 北京：机械工业出版社，2004：330.

而在 1978—1997 年间，平均每年仅发生 3.5 起重大事故。用每年总飞行里程的事故率来衡量，更能反映航空运输的安全纪录。放松管制以来，美国航空公司总的纪录一直在改善。在放松管制前的 40 年里，重大飞行事故率为 0.013 5 次/百万英里，在放松管制后的 20 年里，重大飞行事故率为 0.000 9 次/百万英里。尽管飞行安全纪录的改善不能完全归功于放松管制的作用，新的机型、新的技术手段的采用、机务维修的发展等也对安全纪录的改善发挥了重要作用。但不能否认，放松管制后航空公司更有改善运行安全的动机，没有安全就没有效益，安全纪录对航空公司来说是生死攸关的问题。航空公司安全管理手段的加强，新的设备、新的技术的采用，对改善安全状况起了很大的作用。

13.3.2　美国民航业放松管制产生的问题

美国民航放松管制虽然带来了一定的行业绩效，但在竞争引入、退出成本及地区差异等方面同时也引发了一些问题，其所呈现的问题主要集中在以下几方面。

13.3.2.1　航空业重新集中的趋势

美国航空业在放松管制初期，新航空公司大量进入和地区航空公司迅速扩张导致了行业集中度的降低。然后，兼并开始出现，并成为航空业的一个显著特征，一些航空公司破产，一些被收购，美国民航业从放松管制之初自由竞争的无序状态，转变为以寡头垄断为特征的市场形态。放松管制的最终结果是行业呈现寡头垄断格局，新的进入者逐渐减少，有效竞争的局面并未形成。随着集中和垄断的加强，大型航空公司通过对枢纽机场航权、时刻、停机位、值机柜台、专用设施设备等的有效控制，阻止竞争对手的进入和扩张，竞争的消失阻碍了民航业效率的进一步提高。

13.3.2.2　产生了非价格的反竞争行为

在放松管制前，航空公司较少采用反竞争的手段。在管制的环境下，政府的管制使得航空业就像一个行业卡特尔一样运营，价格由政府确定，市场的数量也是由政府决定，航空公司的竞争很少，航空公司没有必要采取反竞争行为。而在放松管制后，航空公司一方面通过市场竞争来获取利益，另一方面又采取措施，包括一些非价格的反竞争行为，竭力限制竞争对自己造成的不利影响。这些手段包括以下几方面：

1. 机场进入口和机位的控制

在一些特别繁忙的机场，比如美国纽约的肯尼迪机场、华盛顿的罗纳德·里根机场，起飞和降落的机位供给是短缺的，在这种情况下，用较高的收费标准来调节需求是没有效率的。这些机位通常被一小部分航空公司所控制。另一方面是在航空枢纽中对时刻、设施的控制集中度。一些航空公司通过与机场签订长期合同，建立长期合作关系等手段，控制该机场的时刻、设施和设备，从而造成了其他航空公司进入的困难，限制竞争。

2. 计算机订座系统

市场分销渠道的变化和 CRS 系统的发展是放松管制带来的一个重要结果。利用 CRS 系统，销售代理人成了非常重要的销售渠道。CRS 系统的开发需要大量资金，往往只有大航空公司才能提供。航空公司通过 CRS 系统可以影响代理人的选择，它也成了航空公司一项有力的市场分销工具和竞争手段。CRS 系统的拥有者通过向其他系统的使用者征收高额使用费，或利用 CRS 系统收集旅客信息、帮助公司决策等方式保持市场的领先地位。而不拥有 CRS 的航空公司不仅要用已经很低的边际利润去缴纳高额 CRS 系统使用费，还要将宝贵的数据、信息交给竞争对手。这使 CRS 的拥有者不仅具有财务上的优势，而且具有信息上的优势，其竞争结果不难预见。

3. 常旅客计划

常旅客计划是向多次使用本航空公司的旅客提供升舱、免票、专门候机室服务等各种奖励的一种促销手段。1981 年美国航空公司（AA）率先向旅客推出常旅客计划，此后一段时间内它成了一种影响顾客选择的重要手段。常旅客计划的主要对象是商务旅客，航空公司希望通过各种奖励计划刺激他们用雇主的钱增加在本航空公司航线网上的旅行次数。常旅客计划不仅促成航空公司之间的产品差异化，还使像 AA 这样的大航空公司增加了竞争优势。如果旅客加入有发达航线网支持的常旅客计划，一方面容易积累里程数，另一方面可以通过公务旅行的里程积累达到去风景点游玩的个人目的。因此航线网的大小、是否包括理想的旅游地点等因素成为了影响旅客选择常旅客计划的主要因素。为了尽快积累起足够的获奖里程，拥有完善航线网的航空公司自然成了旅客的首选。

13.3.2.3　枢纽机场和空中交通拥挤、边远落后地区的市场发展缓慢

由于航线竞争的开放使航空公司争相进入繁忙、利润高的航线，使得一些枢纽机场和空中交通的拥挤现象更加严重和突出，造成航班延误的增加。而与此相对应的是一些飞行成本高、业务清淡的边远地区无人问津，市场发展缓慢，造成了城市间或地区间的发展不平衡。

总的来说，放松管制大大促进了航空运输业的发展，增加了社会总福利水平。它极大地增加了消费者福利，同时也对行业利润产生了积极的影响。表 13.2 提供了美国的消费者从放松管制中获得的福利增加的估计。在放松管制的条件下，消费者从低价格中获得了 124 亿美元的年收益，从更高的飞行频率中获得了 103 亿美元的收益。但同时，从旅行限制、旅行时间、乘坐率以及中转站数量等方面来看，消费者的福利减少了。综合来看，净收益十分显著，年净收益接近 180 亿美元。放松管制为航空运输业创造了一个自由竞争的环境，迫使成本高、效率低的航空公司降低成本、提高生产效率。低成本航空公司的出现成为放松管制时期的一个重要特征。面对新进入、低成本航空公司构成的严重威胁，为了生存，大航空公司想方设法从各方面降低成本。比如减少员工人数、进行组织结构的调整等来降低劳动力成本；在飞机使用上，购买或租赁经济性能好、省油的飞机；降低机型的座级，使之与航线需求相匹配，等等。放松管制促进了民航运输业的竞争，提高了效率，其潮流不可逆转。

表 13.2　消费者从解除管制中获得的年福利收益（1993 年 10 亿美元）

种类	价格	旅行限制	飞行频率	乘坐率	中转站数量	混合中转	旅行时间	总计
收益	12.4	−1.1	10.3	−0.6	−0.7	0.9	−2.8	18.4

资料来源：Steven A. Morrison and Clifford Winston, The Evolution of the Airline Industry（Washington,D.C.：Brooking institution, 1995）.

第 14 章　欧洲的航空管制

14.1　欧洲民航业放松管制的背景

与美国 1978 年之前对航空业的管制相似，1987 年之前，欧盟各成员国对欧盟内部航空市场实施严格管制，成员国之间签订双边协议，这在一定程度上保护了各成员国本国航空业的发展。

由于欧盟由多个主权国家组成，在放松管制之前欧盟内部航空市场是割据的。就国内航空市场而言，因为主要成员国内部的市场都实行严格的管制政策，各国天空基本由各国的国家航空公司控制。成员国之间、成员国与欧盟大陆其他国家之间以及成员国与其他大陆国家之间的航空市场则以 1944 年的芝加哥条约（the Chicago Convention）为基础，规定了各国航空公司的飞行权利。芝加哥条约给予定期与非定期航空公司五种基本权利，即“第一航权”，指航空公司有飞经一国领空而不停留的权利；“第二航权”，指由于机械故障在一国降落/或起飞的权利；“第三航权”，指携带乘客和货物从所在国飞至另一国的权利；“第四航权”，指从外国携带乘客和货物飞至航空公司所在国的权利；“第五航权”，指从一外国携带乘客和货物飞至第三国的权利。其中“第一航权”和“第二航权”被写入了多边协定之中。而在欧盟内部开放天空之前，第三到第五自由的实现都是靠签订双边协议来完成的。这些双边协议明确规定了关税水平、运力限制、航线运营要求以及航权交换等具体问题。

美国 1978 年放松管制之后，美国国内的航空业呈现出欣欣向荣的发展势头。欧洲人随即在 20 世纪 80 年代中期也开始了放松管制。欧洲实施天空开发、放松管制的政策不仅时间上比美国要晚，难度也比美国大。法国、德国等国内市场较大的国家对开放国内航空市场的态度不积极，荷兰、瑞士等国内市场小的国家则持积极态度，但随着欧洲市场一体化进程，高效率的枢纽轮辐式航线网络也在欧洲逐渐形成。欧洲特点是人口密度高、地理平面较为破碎，地面交通发达程度不及美国，支线航空运输在整个航空运输中的比重高于美国。到了 90 年代初期，欧洲已经完成并巩固了枢纽并形成了干支线联盟，这一时间仅相当于美国的一半。

14.2　欧洲民航业放松管制的历程

欧盟民航运输业的市场化改革是渐进式的，包括三个放松管制的一揽子方案，分三个阶段实施。这项改革自 1987 年开始，于 1997 年全部完成，历经 11 年。

1. 第一个一揽子方案

第一个一揽子方案于 1978 年 12 月 7 日通过。包括以下内容：① 截至 1989 年 10 月 1 日，在两成员国间运力总份额的分配不超过 55%～45%的范围内，航空公司可自由增加其在航线上的运力。1989 年 10 月 1 日以后，这个范围被扩大至 60%～40%之间。② 只要出现新的起降地点，在任何两点间都允许两个及以上航空公司提供服务。③ 所有欧盟航空公司都享有从一个成员国一类机场（Category 1 Airports）到另一个成员国地区机场（Regional Airports）的“第三航权”和“第四航权”。④ 在享有“第三航权”和“第四航权”的航线上，航空公司最多只能拿出其总运力的30%从事“第五航权”的飞行。⑤ 少于70个座位的飞机不受运力份额的限制。⑥ 竞争的原则不适用于为提高生产力和服务质量而进行紧密合作的航空公司。⑦ 航空票价须经各成员国政府批准。以经济舱的平均票价作为确定折扣票价的参考价格。折扣票价不能超过参考票价的65%～90%，高折扣票价不能超过参考票价的45%～60%。

2. 第二个一揽子方案

第二个一揽子方案于1990年6月通过。它进一步放开了运力份额限制以及对市场进入和票价水平的管制。主要内容包括：① 取消了“第四航权”下的机场保护规定，并放松了运力分享限制。② 航空公司“第五航权”下的运力分配，由原来的最多占其总运力的30%放宽到50%。③ 航空货运被给予“第三航权”“第四航权”和“第五航权”。④ 成员国的航空公司被准许在其他所有成员国的天空航行。⑤ 高折扣票价无须经政府批准即可采用，并将其范围扩大至参考票价的30%～75%。⑥ 建立了对掠夺性定价进行控制和制裁的相关机制。

3. 第三个一揽子方案

第三个一揽子方案于1991年6月通过，并于1993年1月1日起实施。它包括以下内容：① 禁止成员国在颁发航行许可方面对航空公司进行国别歧视。② 彻底废除航空公司在成员国间飞行的运力分享限制，并允许任何一个成员国的航空公司在另一个成员国内的任意两点间进行飞行。③ 截至1997年4月，任一成员国航空公司的飞机在另一成员国中途停留时最多加载其座位总数50%的乘客。④ 准许“第七航权”，即准许在航空公司所在国以外的任意两个成员国之间运输乘客和货物的权利。⑤ 自1993年1月起，航空公司可在不违反掠夺性定价的原则下自由确定航空票价。

三个一揽子方案的实施标志着欧洲航空业的价格管制以及航线进入管制的全面放开，实现了与美国相类似的航空自由化。

14.3 放松管制对欧洲民航业的影响

欧盟民航业在放松管制后，与美国民航放松管制的结果有很多相似之处，如航空运输总量的迅速增长，机票价格的稳步降低，枢纽轮辐式航线网线的蓬勃发展等。但在吸取美国放松管制后出现的一些不利结果的经验基础上，欧盟也采取了一些创新措施，制定了一些不同于美国的专项政策，以避免美国在放松管制过程中出现的集中度过高、反竞争行为加剧、枢纽机场过度拥挤等负面影响。这些政策包括：

1. 产业竞争政策

维护公平竞争主要涉及禁止限制性协议、决定和协同行为，禁止滥用支配地位、集中控制和并购，以及限制政府补贴等方面。欧盟采取立法的形式（共同体条约）界定了航空公司不正当竞争和垄断，以及对这些违法行为的惩罚机制。从实践看，欧盟民航业近几年涉及竞争性法规的案例主要包括分割市场、掠夺性定价、排他性行为、航空公司联盟和合并以及政府补贴等。

2. 繁忙枢纽机场资源的配置

由航空公司、机场管理当局、空管当局和经常使用该机场的通用航空机构的代表组成协调委员会。协调委员会负责制定该机场时刻分配指南，监督时刻使用的办法，确定机场可分配时刻的计算方法，探讨提高机场容量的可能性，调解时刻分配的争议等，但是协调委员会只能对机场时刻协调员和成员国主管当局提出建议，它没有权力做出约束协调员行为的决定。机场所有可分配时刻纳入"时刻池"（Slot Pool），在分配时遵循两个主要原则：一是"祖父原则"（Grandfather Rights），即航空公司分配时刻使用率达到 80%以上时，其有资格在下一航季保持相同的时刻；二是满足新进入者原则，时刻池中 50%的可分配时刻要优先分配给机场的新进入者。当机场时刻不能满足所有申请者的要求时，机场时刻要优先给予商业航空服务，特别是定期航班。

3. 机场收费政策

为了避免大型机场天然存在的垄断而导致的高收费，欧盟委员会制定合理的收费体系来解决机场容量问题。在 2001 年政策白皮书中，委员会宣布将起草使用机场基础设施的统一收费原则的立法建议。

4. 对小型及偏远机场的补贴政策

欧盟认为，机场尤其是小型机场是以公共经济政策为目的的基础设施建设，运营亏损的小型机场应该进入政府的补贴范围，政府应对航空公司运营偏远航线进行一定程度的补贴。

5. 空中交通管理政策

与美国航空业一样，随着民航运输的迅速发展，空管已经或者将成为欧洲民航发展的主要瓶颈。目前，欧洲空管存在的主要问题一是空域使用管理方面，空域分割现象严重，空域划分主要是基于成员国疆界，而不是基于使用和功能；军民航对空域的协调使用仍有待加强。二是空管技术方面，缺乏对新技术的有效利用，20 年来空管技术手段止步不前；各成员国空管系统技术标准、人员资质缺乏统一。为此，加强空中交通管理的改进和改造已成为欧盟推动民航业进一步发展的主要政策方向。2001 年欧盟委员会发布的面向 2010 年的交通政策白皮书正式提出了构建"欧洲单一天空"（Single European Sky）政策。

在上述一系列放松管制改革措施下的市场化改革后，欧盟内部航线市场呈现出如下几个特点：① 集中度变化甚微，欧盟内部的各类航线仍然为国家航空公司所控制。在所有航线上，1990 年按航空公司集群计算的航线赫芬达尔指数（HHI）为 5 574，1998 年为 5 587，集中度增长率仅为 0.23%。② 在枢纽到枢纽的航线市场上，集中度升幅较大，达到 21.87%。这一上升几乎全部可以用国家航空公司份额的增加来解释，说明国家航空公司在枢纽机场和枢纽到枢纽的航线上的竞争较激烈。③ 在枢纽到支线机场航线和支线机场到支线机场航线上，集中度出现下降的趋势且低成本航空公司迅速崛起，令人关注。其原因有两方面：第一，国家航空公司和大型区域航空公司把主要资源集中于枢纽到枢纽航线的争夺中，而投入到支线的运力较少；第二，作为一种有效进入的方法，一些规模较小的航空公司采取与大公司合作的方式进入支线参与竞争，而大公司也需要这些新进入者从支线向它们输送乘客。

放松管制以后，欧盟民航企业的兼并与联盟就一直没有停止过。大多数航空公司倾向于参加简单联盟，而不是股权联盟，因为简单联盟更简便、更灵活也更容易达成。另外，相较于小型航空公司，大型航空公司如法航、汉莎等具有更强的联盟动机，这与它们本身拥有更多的资源，而且希望进一步扩大自身的航线网络密切相关。

在机场运力变化方面，欧洲小型机场和二类枢纽机场显示出了较快的运力增长趋势，均超过了平均增长水平。从航线角度看，按照运力增幅从高到低分别为：跨洲航线、枢纽到支线机场航线、支线机场到支线机场航线、枢纽到枢纽航线。其中枢纽到枢纽航线增幅只有 26%，而跨洲航线运力增幅则为 73%，枢纽到支线机场航线、支线机场到支线机场航线运力增幅也较高，分别为 66%和 55%。虽然欧盟内部枢纽轮辐式航线网络得到了一定程度的发展，但传统的点对点城市对航线模式仍然占据主导地位。欧盟的枢纽轮辐式航线网络并未像美国一样迅速发展有以下几点原因：一是欧盟内部航线的航程一般都比较短，点对点飞行效率更高；二是由于各成员国都尽力维护本国的国家利益，阻碍了以主要枢纽机场为中心的航线网络覆盖更大的面积；三是替代品的竞争，如高速铁路（HSR）等其他交通方式的竞争；四是已签订的双边协定阻碍了原有航线网络的改变。

第 15 章 中国的航空管制①

自 20 世纪 80 年代开始，中国的民航业伴随经济增长而迅速发展，旅客周转量从 1985 年的 117 亿客公里增长到 2012 年的 5 026 亿客公里，年均复合增长率高达 43%。现阶段中国的航空业并没有完全放松管制，因为政府认为国内市场还不够成熟，国际市场也不具备较强的支配力。因此，其路径不同于欧美那样在短时间内完全市场化，而是采取稳扎稳打、逐步放松的基本策略。

中国民航放松管制的历程大致分为四个阶段，1978 年之前为第一阶段，特征是政府严格管制；1979—1987 年为第二阶段，特征是政企分离，建立国有航空公司；1988—2005 年为第三阶段，特征为进一步引入竞争机制，包括放松外资、民营资本限制，三大航空集团重组完成等；2005 年之后为第四阶段，特征是对民间资本完全放开，市场化程度和行业集中度进一步提高。具体情况如图 15.1 所示。

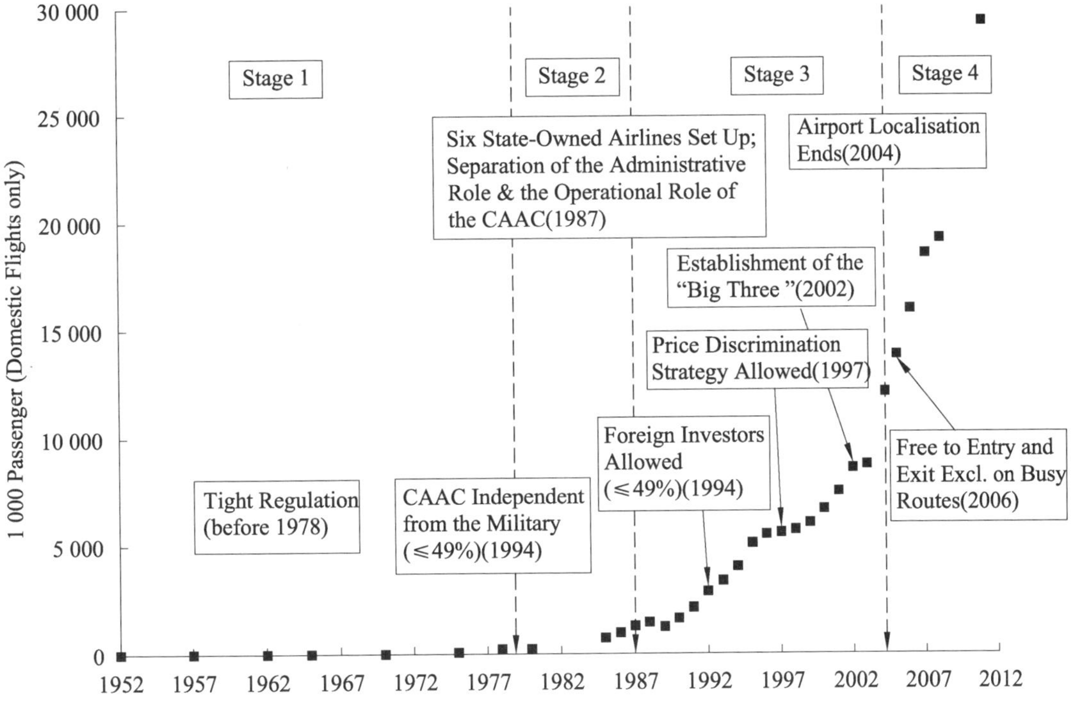

图 15.1 中国民航放松管制的历程示意图

图片来源：WANG, Jiaoe；BONILLA, David; BANISTER, David. Air Deregulation in China and its Impact on Airline Competition 1994—2012. Journal of Transport Geography, 2016, 50：12-23.

① WANG J E, BONILLA D, BANISTER D. Air deregulation in china and its impact on airline competition 1994—2012. Journal of Transport Geography, 2016, 50: 12-23.

15.1 第一阶段（1978 年之前）

1949 年之前，中国航空运输主要涉及军事活动，民用机场主要来自航空公司或地方政府对军用机场的改造。除了西南航空公司外，大多数航空公司由政府控制。1949 年新中国成立后不久，政府成立了中国民用航空局（Civil Aviation Administration of China，CAAC），行政上归国务院管辖，但大多数时候受中央军委领导，直到 1954 年才脱离军队系统。1978 年之前，中国航空运输受到苏联的影响，一直处于 CAAC 为代表的中央政府控制之下，依附于空军，处于军事或半军事状态。CAAC 负责规划、建设、运营机场和航线，所有航空公司及其航班都被严格管制。

1978 之前，新航线开辟主要基于政治考虑，即使有中央政府的行政补贴，航空业也一直处于亏损状态（Zhang，1998），其中一个重要原因在于，当时只有一定级别之上的政府官员才能乘坐飞机，客座率太低，根本无法达到盈亏平衡。该阶段，民航业有四层行政管理体系：① CAAC。最高机构，既是政府部门，也是企业管理者。② 六个地方民航部门——北京、上海、沈阳、广州、成都、兰州（后面改为西安）受 CAAC 领导，负责地方民航活动的组织和管理，后演变为六大干线航空。③ 地方管理局下设有 23 个省级民航部门，主要负责机场及其他民航事务管理。④ 78 个机场，直接受省级民航部门管辖。

15.2 第二阶段（1979—1987 年）

1978 年中国开始经济体制改革，CAAC 开始改变对民航业的管制方式。1980 年，CAAC 脱离军队系统，并实施了一系列改革措施，包括：政企分开（不再直接管理机场、航空公司）；航空公司转型为自负盈亏的商业实体；允许地方政府筹建航空公司，允许竞争。1987 年，国务院颁布《民用航空改革措施及实施办法》，将 CAAC 的政府行政、管理职能与对航空公司、机场的直接管理职能彻底分离。

1987—1991 年间，成立 6 家国有航空公司，它们分别是：国际航空、东方航空、南方航空、西南航空、西北航空、北方航空。CAAC 在名义上代表国家拥有 6 大航空公司的所有权。地方小型航空公司大量兴起，其特征是飞机数量少，以省会城市为基地，连接重要的门户城市如北京、上海、广州。这个阶段，CAAC 同时拥有行业监管者和实体管理者的身份。

15.3 第三阶段（1988—2005 年）

这个阶段主要解除进入、退出、民营资本及外国资本投资、票价、联盟重组等方面的管制。从 20 世纪 80 年代中期到 90 年代早期，地方政府和民间资本筹建的航空公司开始进入商业航空市场（厦门航空、上海航空、新疆航空等）。同时，允许外国资本投资航空公司和机场（1994）。1997 年，CAAC 放松票价管制，鼓励航空公司采用价格歧视策略提高经济效益。1997—1999 年爆发亚洲金融危机，国内经济遭受巨大冲击，航空业陷入低谷，需求下降，竞争加剧，债台高筑。CAAC 提出重组计划，欲打造具有成本优势和规模经济性的大型航空承运人，提高抗风险能力。到 2002 年，所有国有航空公司被重组为三大集团，停用原有 IATA 代码和名称，重新确定为：国际航空 CA、南方航空 CZ、东方航空 MU。另外，到 2004 年，CAAC 将所有机场（北京和西藏除外）的所有权和管理权全部下放到地方政府，即所谓“机场属地化”改革。这项改革为地方政府和民间资本建设、改造机场提供了内生动力，提升了机场运营效率和经济效益（Chi-Lok and Zhang, 2009）。这个阶段，CAAC 主要承担由政府驱动的行业重组任务，这与美国纯市场化的改革路径大相径庭（Shaw et al, 2009），且完成速度远快于美国。

15.3.1 放松机票价格管制①

1992 年国务院允许运价在基准价的 10%范围内变动。但实务中，所有航空公司都采取相同运价，并在 CAAC 监管下同时调整价格。1997 年 7 月 1 日开始，废除境外旅客的价格歧视，实现同航段同运价（不再因人定价）。1997 年 11 月，CAAC 发布同舱不同价（One Class with Multiple Discounts）政策，鼓励航空公司采用价格歧视策略吸引更多旅客，以充分利用自身运力。该政策的出台标志着政府开始放松价格管制，但紧随而来的是混乱不堪、反反复复的价格战争。为了提高客座率，夺取更多的市场份额，航空公司以低于成本的价格倾销舱位，导致整个行业在 1998 年亏损 35 亿元人民币。

1998 年 5 月 8 日，CAAC 颁布《关于加强市场监管、规范国内航空运输市场秩序的决定》（民航财发〔1998〕），禁止价格折扣超过 20%。但由于不存在实质性惩罚，很多航空公司无视法规，继续打价格战。CAAC 作为监管者和协调者的地位被严重挑战，1999 年 2 月，CAAC 出台一项更加严厉的政策，试图彻底终止所有航线的价格折扣，如果谁违反规定，将被取消航线运营资质，如海南航空由于在几条航线上实施折扣票价，就被暂停运营几个航季。然而，违反规定的航空公司越来越多，CAAC 对此也无能为力。与此同时，旅客也强烈反对严控机票价格。

航线联营（Revenue Pooling）是 CAAC 抑制破坏性竞争的最后撒手锏。CAAC 规定：从 2000 年 4 月 1 日起，在 108 条航线上运营的所有航空公司收益均应由民航结算中心统一分配②。不愿加入联营协议的公司将被排除出航线运营。108 条航线占国内航线数量的 11%，但承担了 50.5%的旅客运输任务。该项政策虽然阻止了航空公司收益下滑，但也存在明显的缺点：扼杀航空公司的积极性。很多学者质疑这种行为阻碍了竞争，违反了价格法。公众也质疑 CAAC 并不是真正的监管机构，而是成了航空公司的“保护伞”。就这样，CAAC 深陷航空公司利益和公众利益的漩涡之中（Huang，2000）。

尽管 CAAC 煞费苦心，但并非每家航空公司都拥护航线联营政策。实际上，对于那些优秀的承运人来说，只有竞争才能使他们获得更多收益，而联营要求所有公司运营步调一致，具有竞争优势的公司只能迁就妥协，无法从行业中脱颖而出。该政策另一个缺点是高票价打击了正蓬勃兴起的旅游业，比如旅游大省海南。

① ZHANG Y H, ROUND D K. China's airline deregulation since 1997 and the driving forces behind the 2002 airline consolidations. Journal of Air Transport Management, 2008, 14.3: 130-142.

② 航线联营采取“政府搭台、企业唱戏”的办法，民航总局（现中国民用航空局）组织航空公司在联营航线上协商签订收入联营协议。各方将共飞航线上实际的旅客运量乘以约定的结算价格（原则上不低于 80%）作为待分配收入。联营各方以承运旅客比例、提供座位比例、航班频次比例为基础，根据约定的规则进行收入再分配，但各方成本自付。这种政策下，拥有较大机型、较多座位的航空公司能够分得更多的收入。

CAAC 面临两难困境，当时中国正在谋划进入 WTO，谋求市场经济主体地位，CAAC 的限制竞争政策注定要无疾而终。1 个月后，CAAC 允许海南旅游航线实施团体折扣票价，同年 8 月，允许支线航线可以实施 10%以内的折扣票价。2001 年初，CAAC 在更多航线上放开定价管制，允许一定幅度的价格调整。2001 年 3 月，所有航空公司都续签了“航线联营”协议，但实际运营时，大多数公司并没有遵守限价规定，而是紧盯竞争对手的价格变动，协议最终沦为一纸空文。

航空公司可以通过暗中销售更多打折机票来应对“航线联营”政策，从而增加自身收益，CAAC 发现了这一点，并意识到自己对价格的管控能力不如预期。2002 年 11 月，CAAC 废除了强制“航线联营”政策，赋予航空公司自主决定是否联营的权利。

作为监管机构，CAAC 仍然需要对价格实施管制。2003 年 7 月 15 日，举行了一场价格听证会，参与者包括旅客、航空公司及其他利益相关者。2004 年 4 月，CAAC 与国家发改委共同颁布《民航国内航空运输价格改革方案【2004 年第 18 号】》，设立基准票价，建立价格协调机制。综合考虑社会平均成本、市场供求状况、社会承受能力，将国内运价基准设定为每公里 0.75 元人民币（0.094 美元），首次允许航空公司在基准价基础上上浮 25%至下浮 45%范围内定价。然而，该规定并没有起太大作用，因为大多数航线上基本都是 7 折票价。

实际上，自从“航线联营”政策失败后，CAAC 就开始对运输价格适度放松，对价格战也是不置可否，只是经常在价格战后提醒航空公司要注意限价方案。但由于当时没有清晰、有效的惩罚机制，航空公司并不会严格遵守价格规制。至此，中国国内航空运价实质上已经放松管制，而美国针对票价问题颁布了明确的放松管制法案，两者的做法是截然不同的。

Pickrell（1991）详细阐述了美国航空放松管制的历程。在 1978 年放松管制法案正式颁布之前，美国民用航空局 CAB（类似于中国 CAAC 的管制机构）就面临来自学术界和公众越来越大的压力，他们要求放松对机票价格和航线准入的严格管制。1975 年，首先解除了对包机航班的限制，允许他们提供低票价航空运输服务。为了应对来自包机航班的竞争，定期承运人获得标准舱票价 45%以上的折扣权限，随后得到 70%以上的折扣额度。在 1978 年正式放松管制之前，很多定期承运人运营的国内航线都实施了折扣票价，航线的进入退出也更为自由，放松管制法案只是将这些已有的市场化改革措施法律化、政策化而已（Pickrell,1991）。放松法案允许各项政策分阶段实施，到 1981 年航空公司已经可以自由进入任何市场，1982 年可以自由调节价格。美国在法案正式颁布前，行业就开始自发实施一些市场化改革，法案诞生后则有序推进和组织放松政策。而当时的 CAAC 似乎并不打算将实际已放松管制的机票政策法律化，或者为未来民航业的发展提供书面指南。这表明 CAAC 在此阶段还没有做好全面放松管制的准备。

15.3.2 放松航线进入退出管制

1996 年，CAAC 颁布《中国民用航空国内航线和航班经营管理规定》，要求航空公司进入或退出航线，及增加航线上航班运营班次都需要提前向中国民用航空总局提交申请。但从 2000 年起，这些管制标准被渐渐放松，之前 CAAC 每年都要开会协调航空公司的航线进入问题，但自 2004 年后就很少再开这样的协调会，因为航线申请很少再被驳回，这实际是监管方想要鼓励航空公司新开航线。之后，安全记录较好、准点率较高、服务质量较满意的航空公司可以优先享有新开航线和增加频率的权利。国家有意打造北京、上海、广州大型枢纽机场，因此鼓励开辟连接这些城市的航线。CAAC 保留不允许航空公司擅自终止航线运营的权利，但当航空公司由于特殊原因的确需要终止或暂停运营时，可提前向 CAAC 提出申请，经批准后方可实施。

2006 年 3 月开始实施的《中国民用航空国内航线经营许可规定》给予航空公司更多自主权。根据该规定，除了一些连接中心城市的高密度航线外，航空公司可以自主决定某条航线的运营或终止，只需要向民航地区管理局报备即可（备案制），不再需要提前获得 CAAC 的批准，这为航空公司彻底打开国内航线市场提供了条件。与此同时，进出最繁忙的 8 个机场航班（北京、浦东、虹桥、深圳、广州、成都、昆明、大连）以及客流量最大的 15 条航线仍然属于严格管制对象，进出这些机场和航线仍然需要取得预先批准。

15.3.3 私有化进程

20 世纪 90 年代中期之前，航空业的产权都是国家所有制。1994 年之前，航空业不允许外资参与。随后，CAAC 和对外贸易经济合作部（2003 年改为国家发展和改革委员会）联合发布《关于外商投资民用航空业有关政策的通知》，允许外国资本合资或合作建立航空公司，投资比例不超过注册资本的 35%，投票权不超过 25%；投资机场比例不超过 49%，不允许投资空管系统。1995 年，美国航空基金获得海南航空 25%股权，但 CAAC 否认外国投资可以参与中国航空公司的“核心”航空业务。这或多或少反映了 CAAC 对航空公司所有权的开放持保守态度。1997 年东方航空股份有限公司在纽约、香港和上海证券交易所上市，标志着公司私有化迈出第一步。官方逐渐允许对重要的航空企业进行直接投资，表明 1997 年是一个新阶段的开始。LO[①]（2003）记录了东航与民航局和其他政府机构就重组问题进行公开上市的漫长准备和谈判过程。重组要求新公司与中国东方航空集团之间的资产和负债必须重新界定和评估。一位受访者告诉 LO，民航局不希望东航上市，因为它不想失去对东航的控制。因此，与民航局的谈判非常困难。这在当时的背景下是可以理解的。

作为一个资本密集型行业，中国的航空公司发现，在筹集资金购买飞机方面，资本市场比银行贷款更具成本效益。以前，贷款是国内航空公司筹集资金的唯一途径，但贷款成本太高，无法购买新飞机。1997 年后，曾经异常严格的国有航空公司的私有化和所有权多样化进程仍在继续。在中国东方航空公开上市几个月后，南方航空股份有限公司成功在纽约和香港证券交易所上市。该公司的股票也于 2003 年在上海证券交易所上市。亚洲金融危机推迟了中国国航的上市，但这家旗舰航空公司最终于 2004 年底在香港和伦敦上市。在 2002 年的整合之前，许多地区航空公司已经部分私有化，其中一些，如海南航空、上海航空和深圳航空，已经在国内和/或海外上市。

与此同时，机场基础设施、飞机维修和地勤服务等其他航空相关领域也逐渐推进私有化和更多的外国直接投资。例如，上海国际机场股份有限公司于 1998 年在上海证券交易所上市。许多其他小型机场，如厦门和深圳，也纷纷效仿。广州白云机场有限公司也于 2003 年上市。自 1989 年以来，在维护、维修和大修（MRO）方面建立了许多合资企业，如 AMECO、GAMECO、

① LO D S S. Privatisation and cultural change: the airline industry in China. Ph.D. Thesis. International Graduate School of Management, University of South Australia, Adelaide, 2003.

TAECO、STARC 和许多其他较小的 MRO 合资企业，为国内和国际航空公司提供多元化的优质服务。2006 年 10 月，美国波音公司、上海机场有限公司和上海航空有限公司联合组建的波音-上海航空服务有限公司，旨在建立一个世界级的 MRO 企业，为航空公司提供改装、维护、维修和大修服务。北京航空地面服务有限公司（BGS）由北京首都国际机场集团与新加坡机场服务有限公司联合组建，是第一家为航空公司客户提供地勤服务的合资公司。

2001 年 12 月，中国加入世界贸易组织，为航空业改革和放松管制翻开了新的一页。为了加快和促进航空业的发展，建立更多的大型航空公司和机场，《外商投资民用航空新规定》自 2002 年 8 月 1 日起施行，取代《关于外商投资民用航空产业若干政策的通知》(1994)。目前，国内所有航空公司和通用航空企业，以及空中加油、飞机维修、航空货运和仓储等与航空运输有关的项目，都鼓励外商投资，但空中交通管制系统和涉及国家安全的项目不允许外商投资。外国人在机场投资中可共同持有的股份上限为 49%，如果中方具有决定权，这个上限可以提高（比如外方合计持有 60%股权，但没有任何一方单独持有超过 40%，而持股 40%的中方具有决定权）。在新规定中，外国公司对航空公司注册资本投资的上限已从 35%提高到 49%。然而，任何一家外国公司都不能拥有超过 25%的股份。尽管如此，新的所有权规定比包括美国和加拿大在内的许多其他国家的规定要宽松得多，在这些国家，外国人仍然有 25%的投票权限制。

同时，对国内私人投资者的大门也逐渐打开，允许此类投资者进入民用航空业的规定于 2005 年 8 月 15 日生效，目的是实现利用外资和利用内资之间的平衡（证券时报，2005 年 8 月 2 日）。酝酿 3 年的《国内民用航空投资管理条例》(CCAR-209) 2005 年 8 月 15 日生效，显示了政府打破行业垄断的决心。这一规定也限制了机场和航空石油公司获得航空公司的股份，因为它们仍然是垄断经营，这种所有权可能导致不公平竞争。它还明确列出了 CAAC 将继续持有多数股权的航空公司和机场，从而实现国家控制。毫无疑问，三大航空公司和省会机场以及 9 个沿海机场都在名单上。

民航投资管制的放宽鼓励了私营航空公司的成立。自 2005 年以来，已有多家私营航空公司获得运营许可。这些航空公司中的大多数都将自己定位为低成本航空公司。然而，由于它们的运力相对较小，迄今为止还没有对现有的航空公司构成任何严重威胁。

15.4　第四阶段（2005 年之后）

2005 年，CAAC 对民间资本完全开放，民营航空数量迅速增加，重点发展区域航空市场。地方政府利用新建公司吸引投资，很多公司都是由地方政府和三大航空合资成立，如 2007 年重庆航空由南航和重庆市发展投资公司共同成立，大连航空和天津航空也是如此。2007 年后，基于安全因素考虑，CAAC 收紧了新航空公司的审批，2010 年河南航空伊春空难事故后，中国航空开启安全大检查。有两个原因导致市场驱动的重组现象发生，一些民营航空由于 2008 年世界金融危机冲击而面临破产；另外，三大航通过兼并地方民营航空来拓展市场，如 2010 年国航获得了深圳航空的大部分股权，2011 年东航获得上海航空的控制权，前者是想将市场拓展到其他不同的区域，后者是想消除重叠市场上的直接竞争（双方都以上海为基地）。与政府驱动的重组行为不同的是，在市场驱动的重组中，大部分航空公司保持原有的 Logo、IATA 代码及公司制服。

第五篇

飞机制造商

飞机制造商的战略行为对管制者和航空公司的决策都会产生重要影响。世界上主要飞机制造商分布在欧美，该部分内容主要涉及欧洲市场和美国市场。

飞机制造商面临的困境是他必须同自己竞争，即不得不用新产品去取代曾经大力推广出去的老产品。现役飞机的物理寿命很长，即使服役很久也可以保持较高的运营效率，是飞机市场重要的组成部分，也是新机型最强大的竞争对手。从某方面看，制造商是自身成功的受害者，为了推广新机型而不得不抢夺老机型的既有市场。

飞机引进方式对运输市场竞争会产生重要影响。其中机队构成是一个重要的战略变量，因为它会影响航空公司的生产技术和运营成本。在放松管制后，机队构成的多样性加速了行业内个体成本结构的分化。新进入者、小型或财务实力较弱的公司，还有一些包机公司、货运公司通常会采用大量老旧飞机，而大型公司或财务实力较强的公司则会使用更多的新型飞机。

财务实力较强的公司会策略性支持政府对环保或噪声等方面的管制政策，如针对燃油效率征收附加税。这些政策有利于新的、更有效率的飞机机型，但会增加竞争者的运营成本，提高进入壁垒。机龄也成为一个营销工具，运营新型飞机的公司会突出产品差异化，让旅客认为新飞机更安全、更舒适。

飞机制造商和财务实力较强的大公司组成临时联盟，共同贬低老旧飞机的价值。20 世纪 80 年代后期，行业出台了很多针对老旧飞机的管制政策，其实施成本非常高昂。与此同时，经济增长在放缓，利润在下降，新飞机订单却大幅增加，如果老旧飞机不退役，这些订单也就无法交付。然而，所有人都清楚这些老旧飞机仍然是有效率的，安全性也不比新飞机差。随后的事实是，一场经济危机接踵而至，这些飞机订单直到 90 年代初都没有真正交付，几家主要的航空公司面临破产重组，整个行业重新洗牌。

第 16 章 飞机家庭简介

美国 20 世纪 50 年代末期引入的喷气式飞机对初代飞机（螺旋桨飞机）产生了巨大的冲击。新的喷气式飞机航程更长，速度更快，座位数更多，座公里成本也更低，但需要更大的盈亏平衡载客量。螺旋桨飞机只能用于低密度、短航程的利基市场。

16.1 机 龄

新和老是相对的概念，对于飞机，人们认为“老”指的是速度慢、脆弱、成本高、噪声大和不安全的飞机。第一款商用飞机“英国彗星”（British Comet）仅仅在运营一年后就遭受几起致命的空难。协和号飞机在 2004 年停止服役，它是跨大西洋航线上最古老的机型（机龄 30 多年），也是技术上最成功的机型。

行业对机龄的理解与公众的理解存在巨大差异。业内观点认为，从理论的角度看，只要保养得当，定期做必要的检查、维修和部件更换，飞机是可以无限期使用的。而公众则直观认为，飞机机龄会显著影响安全性。实际上，飞机机龄是用总飞行小时数和飞行架次（一架次是指一个起降）来衡量。客观上讲，飞行架次这个指标比日历年（Calendar Year）更准确，因为它能够反映飞机起飞降落的磨损、拉伸及座舱增压、减压等物理性损耗。以日历年表示的机龄指标则无法反映飞机的实际使用状况。那么一架飞机什么时候才会显得太老而不适合商业运营呢？行业从两个维度进行考察，一是物理寿命，主要关注维修和安全；二是经济寿命，主要关注维修成本。

16.1.1 物理寿命

行业和政府的观点是，应通过精心设计、制造，以及系统的维修、监测和改进来生产具有极高安全性的航空运输设备。政策要求制造商必须满足极度严苛的设计和制造标准以满足安全性需求，如通过增加结构或系统的多重性、备份等来提供失效保护机制。

商用之前需要取得 FAA（中国是 CAAC）结构和系统测试认证，商用之中还有很多强制性维修要求。获取 FAA 对专项维修项目的许可以及基于制造商建议的手册是航空公司的责任和义务。一旦飞机进入运营，就要求管制者、运营者、制造商持续监控和检查。

行业还会对常规运营中出现的问题和事故、灾难等进行调查评估。通常是制造商发布一个服务通报建议，如果这些建议中含有适航性问题，则必须以强制性条款发布（如适航指导委员会、联邦航空条例等）。如果某种机型由于存在设计缺陷而产生经常性问题，则必须启动专门的强制性的修正程序。整个机队或该飞机家族都会停场等待，甚至 FAA 会执行专门的执照检查。

航空公司会实施持续不断的例行或非例行维修计划，非例行维修是在计划维修之前、之后或期间进行的专项维修。飞机的维修检查有严格的计划间隔，在结构检修中，需要检查和维修机身，更换部件。机体的关键部件和引擎有额定的使用小时数或循环数或日历时间，必须在某个特定的时间间隔内进行大修或更换。

航空电子设备及其他设备必须根据 FAA 强制要求和航空公司自身构型标准进行持续更新和升级。例如，所有的现役飞机必须符合近地警告系统（Ground Proximity Warning System, GPWS）、碰撞警告系统（Traffic and Collision Alert System, TCAS）、风切警告系统（Windshear Alert Systems）、飞行数据及声音记录系统（Flight Data and Voice Recording Systems, FDR 和 FVR）的现行要求。

根据行业经验，飞机的物理寿命一般是 25～30 年，机龄在 15 年以上可称为老飞机。根据不同的标准，飞机的物理寿命有三类指标，如表 16.1 所示，包括：飞行小时寿命、飞行起落寿命、飞行年限寿命，理论上讲，这三个指标，哪一个先达到就以哪一个为准，直到飞机退役。

即使一架飞机的机龄达到 20 年，但它很多部件可能已经更新或升级，或经过大修理和改装。飞机引擎的时寿件已经在规定时间内替换更新，热部件（Hot Section Parts）也按时更换维修。你可以想象，一台老旧的 JT8D 发动机在经过多年运营后，其绝大部分零件和部件在多年的维护期间都被更换了，其唯一的原始部件可能就是附在变速箱上的标识牌（显示序列号）。

表 16.1 飞机物理寿命的三类指标

寿命指标	理论寿命	说明
飞行小时寿命	4 万～8 万小时	按飞机的实际飞行时间来计算飞机的寿命，大部分飞机的飞行小时寿命在 6 万小时左右
飞行起落寿命	3 万～8 万次	以飞行一起一落为一个单位来计算飞机的寿命，干线飞机的飞行起落寿命一般在 4 万次左右，而支线飞机的飞行起落寿命可以达到大约 6 万次
飞行年限寿命	25～30 年	按可以实际飞行年限计算，以上三个指标，以先达到为准

任何飞机和引擎维修工作必须由 FAA 指定或授权的人员和实体实施（航空公司本身或者外部专门机构）。所有的零件、部件、维修测试工具、设备以及制造、监测、维修程序都必须符合 FAA 的规定，或取得 FAA 的许可。简言之，FAA 批准一个维修工厂（归属航空公司或者外部机构），航空公司根据既定标准审核和监督工厂绩效，FAA 监督、审查航空公司和工厂的绩效。

16.1.2 经济寿命

如果一架飞机的运营成本超过新飞机，或其维护成本上升到一定水平，则可以认为该飞机老化了。例如，20 世纪 60 年代喷气引擎技术的产生使得大多数涡桨飞机在一夜之间变得“过时”。80 年代第二代喷气飞机的诞生直接导致很多第一代飞机退役。老旧飞机的一个重要特征是维护成本很高，机身在压力和腐蚀作用下更容易产生金属疲劳和断裂。因此，这类飞机需要更多地停场检查、维修和保养，成本也会随着机龄增长而增长。

16.2 第一代飞机[①]

1958 年首架 707/720 四引擎飞机交付，1959 年道格拉斯 DC8s 交付。1963 年，波音公司发布 727-100 三引擎中短程飞机，载客量 129 人。1967 年，发布该机型的加长版 727-200，载客量 170 人。1972 年，机翼经过改进的 727-200 加强型面世。事实上，727 系列飞机可以覆盖大多数中短程航线，它具有不同的发动机动力（普惠 JT8D-7、-9、-15、-17），不同的重量，并可进行改装，添加额外的油箱，以扩大其航程。

1965 和 1967 年，道格拉斯和波音公司分别发布 DC9-10 和 737-100 两款 100 座级双引擎、短航程飞机。这些机型通过加长扩展为更大座级、更长航程的多种机型，形成较为完整的飞机家族体系。70 年代早期，新的宽体机技术诞生了，大型喷气飞机如 B747-100/200，DC-10，L-1011 等取代了原来的 B707 和 DC8。这些机型在引擎、航程、座级等方面有巨大提升，非常适合高密度的跨洲市场或跨国市场。

这些飞机是航空公司处于管制阶段主要使用的飞机型号。本书宽泛地将这些飞机称为第一代飞机或“老飞机”。另外，中短程单通道飞机称为“窄体机”或“小型飞机”（727s、737 s 和 DC9 s），长航程双通道飞机称为“宽体机”或“大型飞机”（747 s、DC-10 s 和 L-1011 s）。

16.3 第二代飞机

第二代窄体机在 20 世纪 80 年代初期进入市场，首当其冲的是搭载了更强劲发动机的 MD80 加长版 MD9。波音于 1982 年交付了一款航程更长、座级更大的新型飞机 B757，于 1984 年停产 B727，并开始交付一款至今仍广泛流行的经典飞机 B737（B737-300、B737-400、B737-500）。新型的 B737 和 B757 飞机可以覆盖原 737 s 和 727 s 服务的市场。B767 是一款小型双通道飞机，短程版航程 3 100 英里，长程版航程 6 000 英里，可载旅客 250 人。

① 包括后面将要阐释的第二代、第三代飞机的标准引自 BEN-YOSEF, E. The evolution of the US airline industry: theory, strategy and policy. Springer Science & Business Media, 2005。

第二代飞机的诞生背景是 20 世纪 70 年代的石油危机，降低燃油消耗成为飞机设计的首要目标之一。具体来讲，就是要研发新一代高涵道发动机，可以较低油耗产生较大推力。同时，新数字技术应用和自动化水平提高大大降低了飞行员负荷，二人机组替代了原来的三人机组。这样新一代飞机的低运营成本促使第一代飞机逐渐退出市场。

B727 是波音最畅销的机型，总共生产了 1 832 架。随着 1984 年 B737-300/400 新型飞机开始交付，B727 的生产线被关闭。三引擎、三人机组的 B727 是 B737 新机型的主要受害者。波音放弃了曾经最畅销的机型 B727，希望这只“油老虎”的加速退出能够带来新机型 B737 和 B757 的巨大需求。

新机型 737 的机身继承自第一代 737-200 飞机，其机身得到了扩展，最多可容纳 149 名乘客，并安装了新的更省油的发动机（CFM56-3）。对于乘客来说，新的 737 飞机在外观和性能方面（速度和航程）与上一代窄体飞机非常相似。它影响老一代飞机退役的能力在很大程度上取决于石油价格的表现。

16.3.1　石油价格的影响

20 世纪 70 年代和 80 年代剧烈波动的石油价格对飞机制造商产生很大影响。在十年内，石油价格上涨了 10 倍以上，从 1972 年底的每桶 3 美元涨到 1981 年的 34 美元（航空燃油从每加仑 11 美分上涨到 1.14 美元）。第一代飞机设计于 60 年代，那时的油价还不是一个突出问题，但到了 70 年代，油价成了第一代飞机的沉重负担。降低燃油消耗成为 70 年代末期（MD80 s 和 757 s）到 80 年代早期（B737）飞机设计的重要目标和挑战，这时期也是油价最为高涨的阶段。然而，从 1981 年开始的随后 10 年里，油价走势发生了逆转（见图 16.1）。事实上，航空燃油价格从 1981 年高点到 80 年代后半期的平均水平几乎下降了一半（按实际价格计算）。这些先进而昂贵的新型飞机，在设计之初就强调降低油耗，但在面世之后却面临油价持续下跌，这无疑大大抵消了其内在的经济优势。

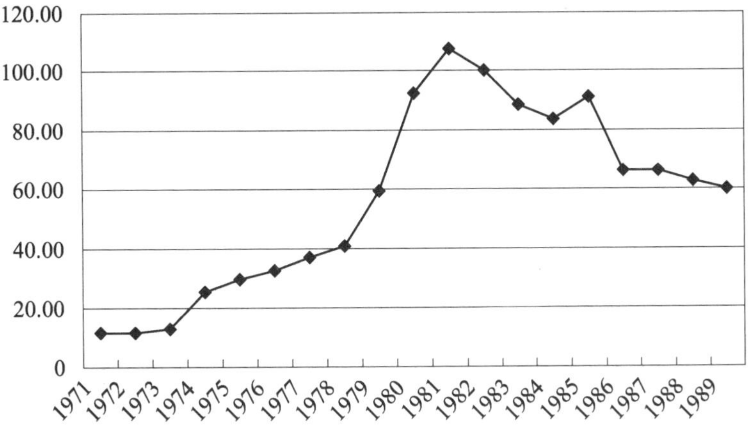

图 16.1　美国航空公司的燃油价格指数

从 20 世纪 80 年代初开始贯穿整个 80 年代，市场对老一代窄体飞机的需求显著增加。原因在于国内航空旅行需求普遍增长，以及油价持续下跌，另一个重要原因是此时的市场格局正在悄悄发生变化。枢纽轮辐式网络的发展要求将支线行程连接到枢纽机场，以便提供更远距离的旅行服务。枢纽机场的密度经济和范围经济要求飞机具备更大的座位等级，客观上需要用较大的喷气式飞机取代较小的支线飞机。例如，DC9 和 B737 是 100-130 座级中理想的枢纽飞机。枢纽要服务更多的目的地，需要更高的航班频率，进而需要更多的飞机。

此外，20 世纪 80 年代试图进入航空市场的新兴承运人也需要较老的窄体飞机。一个有趣的现象是，以联邦快递为首的小包裹和隔夜邮件服务新市场几乎在一夜之间爆发。运营商采用了对中短程飞机需求较大的枢纽系统，吸收了大量的老旧飞机，主要是 B727s，这种机型对小型包裹具有相对较高的容量效率。

随着燃油价格的下降，老一代飞机持续的耐用性和可靠性，以及放松管制后航空市场的急剧扩张，促使运营商对这些飞机的需求一直很高。在 20 世纪 80 年代早期的经济衰退期间，大约有 800 架老一代飞机退役。它们中的大多数被拆解，用于支持那些幸存的第一代飞机继续服役。

油价持续下跌是导致老一代窄体飞机需求和价格居高不下的主要原因。事实上，从 1981 年到 80 年代中期，某些老一代窄体飞机的价格翻了一倍多。旧飞机（737-200 或 727）和新飞机（737-300/400/500 或 757）在购置成本上的差异并没有加速老旧飞机的退役进度。在油价相对较低的情况下，运营成本的差异不足以抵消所有权成本的差异。这种情况很像 20 世纪 80 年代初的汽车，日本汽车比美国汽车的燃油效率更高，但其节油成本并不能抵消较高的购买成本。

16.3.2 第一代飞机对比（VS）第二代飞机

表 16.2 是第一代飞机和第二代飞机截至 1989 年的运营数据对比，按照行业标准分类方法将运营成本分解为飞机小时使用成本。

根据表中数据，第二代飞机的直接运营成本比第一代低 8%，普遍认为这种差异主要是由于低油耗造成的。但第二代飞机的所有权成本占比明显偏高，占总成本的 28%，而第一代飞机的占比仅为 14%。

从座公里成本的角度看，新型飞机 737 和 757 比老一代飞机要有效率得多，例如 757 每小时消耗的燃油比 727 减少 250 加仑（按 1989 年燃油价格计算，约节省 188 美元），数字化的双人驾驶舱又可以节省每小时 12 美元。这些成本节约反映了新飞机技术的主要优势。757 配备了二台发动机，比安装在 727 上的三台旧 JT8D 发动机成本更低，推力更大。此外，757 可以在更长的航线上搭载更多的乘客。

然而，成本差异在很大程度上取决于航空燃油价格。表 16.2 反映了 1989 年最后一个季度航空公司的会计报表，当时航空燃油价格略高于每加仑 60 美分。很显然，每加仑燃油成本的增加或减少都可以改变这种成本结构。

表 16.2　第一代和第二代飞机的运营数据

	DC9-30	737-200	727-200	737-300	757-200
Flying					
Crew	405.00	380.02	493.56	371.77	481.83
Fuel	545.00	539.54	854.93	507.90	667.41
Insurance	4.00	4.411	3.96	6.48	11.61
Other	2.00	0.75	2.11	0.08	0.01

续表

	DC9-30	737-200	727-200	737-300	757-200
Total	956.00	924.72	1 354.56	886.23	1 160.86
Maintenance					
Direct	285.00	259 .51	322.25	219.24	267.15
Burden	159.00	120.14	212.81	93.35	84.51
Total	444.00	379.65	535.06	312.59	351.66
Total	1 401.00	1 304.37	1 889.62	1 198.82	1 512.52
Dep/Rent	280.00	329.13	263.00	499.57	590.93
Total	1 681.00	1 633 .50	2 152.62	1 698 39	2 103.45
Load Factor %	57.39	57 90	58.61	58 84	60.25
ASM	102.60	110.00	147.90	130.50	186.90
Cost S/H	16.48	16.78	14.56	13.01	11.26
Use (Hr)	6.70	7.30	7.50	8.60	9.10
Flight Leneth	415.00	432.00	669.00	586 0	652.00

Source：Air Transport World, “Aircraft Operating Data” October 1990, p. 150。

表 16.3 数据是会计上的平均成本，会计上的所有权成本高度依赖于具有较强主观性的折旧政策，它们不能反映现金流状况，也不能预测机队中增加一架新飞机可能产生的增量成本。为了说明问题，假设一家航空公司打算在现有机队基础上增加一架新飞机。表 16.3 为 1989 年 12 月各类飞机的平均市场价值和每月租金。

用每月租金除以每月的飞机利用率（飞行小时数）得到每小时租金成本，这个成本可以表示运营一架新增飞机的预期市场成本（相对于历史租金或会计折旧）。表 16.3 显示，当我们考虑市场租金时，新一代飞机就失去吸引力了。

这个统计数据还说明一个重要的问题，新一代 B737-300、B757-200 的平均运营成本是基于很高的月平均利用率统计得到的。B737-300 和 B757-200 飞机的利用率大约比 B727 s 和 B737-200 s 多 20%。如果它们的平均利用率不高，就会失去很大的经济吸引力，变得“非常昂贵”。大多数非枢纽航空公司的月平均利用率为 200 小时左右，如果新一代飞机也以这个利用率运营的话，是无法在目前的客座率条件下实现盈亏平衡的。一般情况下，只有具备高频次特征的航空公司才会购买这类新型飞机，因为这样才可以充分发挥它们的规模经济性和密度经济性。数据还显示，B737-300、B757 飞机的平均客座率也高于老一代飞机。

表 16.3　飞机市场价值与租金

A/C	DC9-30	737-200A	727-200A	737-300	757-200
Value	6 500 000.00	6 750 000.00	6 000 000.00	20 000 000.00	30 000 000.00
Rent	100 000.00	100 000.00	110 000.00	250 000.00	375 000.00
Monthly Hr	201.00	219.00	225.00	258.00	273.00
Rent per Hr	498.00	456.62	488.89	968.99	1 373.63
Total Cost	1 401.00	1 304.37	1 889.62	1 198.80	1 512.52
TC + Rent	1 898.00	1 760.99	2 378.51	2 167.81	2 886.15

航空公司将新飞机配置到高频高密度航线上，新飞机必须保持很高的利用率和载运率以摊销高昂的所有权成本（购置成本、租金、利息等）。只有枢纽网络或高频、高密度的线性网络才可以支撑这样的运营模式，其背后的逻辑是发挥规模经济和密度经济的优势。固定购置成本是运营成本中很大一部分，如果再将租金考虑进来，则其在总成本中占到的比例将达到最大。对于老旧飞机，固定购置成本相对于可变运营成本较小，因此飞机利用率低一点并无大碍。但新飞机的运营有较高的适用标准：它们必须在高密度航线上保持高频率飞行，以摊销高昂的所有权成本。

16.3.3 第二代飞机与枢纽系统

飞机利用率的重要性并没有被公众理解。那时的普遍观点是新飞机比旧飞机更有效率，更加经济。实际上，这是一个错误的观点，只有当飞机在高密度航线上高频率、高载运率运行时，这个结论才是正确的。因此一般情况下，只有那些运营枢纽网络的干线航空才会购买这类新型飞机，才能充分发挥密度经济性和规模经济性。西南航空（Southwest Airlines）是一个例外，因为它有一种独特的能力，可以在点对点航线网络上实现非常高的飞机利用率（业内最高），而且载运率也很高。

干线航空在枢纽机场提供高频率、高密度的航班服务，飞机利用率和客座率都很高。西南航空的成功之处在于它找到一个并不算拥堵，但需求能足够支撑高频率、高载运率、线性网络结构的利基市场。西南航空通过高效的地面及空中运营，缩短地面过站时间，提高飞机利用效率，取得了非凡的商业成功。

对利用率和载运率的高要求导致新飞机极易受到经济周期的影响。首先，在经济衰退期间，飞机的载运率会下降。另外，需求下降会导致飞机利用率下降，但航空公司为获取新飞机而支付的贷款或租金并不会减少分毫。相反，老旧飞机的所有权成本较低，运营成本较高，经济衰退期间降低利用率反而会减少更多的现金流支出。

这一背景对于理解 20 世纪 80 年代末在制造商和大型航空公司之间形成的临时联盟是很重要的[①]。大型枢纽航空公司可以购买和运营价格昂贵的新飞机，并获得丰厚的利润。小型公司、货运公司、包机和初创航空公司，以及运营低频线性或其他非枢纽的大型航空公司在很大程度上被排除在新飞机市场之外。为了销售新飞机，制造商转而支持大型航空公司构建高度集中的枢纽系统和高频、高密度的运营模式，这符合他们的利益。枢纽轮辐式系统是这项战略成功的必要条件，因为这个系统可以同时兼顾高利用率和高载运率，以此证明购买新型飞机是航空公司正确的选择。

这种昂贵的新飞机与复杂的枢纽系统之间的内在联系值得我们重视和研究。购买新飞机是一笔很高的固定支出。然而，新技术的应用虽然可以降低使用成本，但并不意味着老一代飞机就应该大规模退役，况且新飞机的平均运营成本也未必会大幅降低（所有权成本很高）。在管制条件下，新飞机的成本和运力上升了，必然辅之以机票价格的上涨。放松管制后，竞争加剧，飞机成本上升，劳动力成本上升，但机票价格并不能随意上涨，这客观上要求航空公司提高飞机利用率和载运率，提高运行效率，而枢纽系统本质上可以支撑这样的要求和运营模式，并产生显著的规模经济性、范围经济性和密度经济性。

① 这种情形在 2000 年初有所改变，制造商开始降低新飞机成本，并与初创航空公司建立新的联盟。

问题在于枢纽系统需要投入大量的基础设施和设备，而且高昂的固定成本具有沉没性。运营商期望通过扩大生产规模来降低平均成本，结果飞机越来越多，飞行时间越来越多，连接的轮辐城市越来越多，范围经济和密度经济凸显。航空运输的网络在不断扩张，但生产运营却在不断集中和汇聚。

飞机制造业也有类似的趋势。由于巨大的学习效应、新技术研发及设计的高固定成本以及规模经济性，飞机的设计和制造存在收益递增效应。飞机制造中一项主要成本是开发和制造原型机的固定成本，尤其是开发新机型，例如 B747、B777 机型，或者开发某个衍生机型，如 B737-300/400/500。飞机制造收益递增的特性促使制造商加快销售进度，提高市场占有率。飞机开发和设计中应用新技术会显著增加研发成本，为了摊销这一成本并降低平均成本，就必须销售更多的飞机。然而，飞机销售的规模受到市场整体规模和竞争对手在其中所占份额的限制。20 世纪 80 年代后期，考虑到当时预期的市场增长率和来自空客公司日益激烈的竞争，加速老一代飞机的退役成为波音公司市场战略的重要一环。

一方面，新技术开发成本上升，另一方面，新飞机的市场空间有限，导致飞机制造业的市场格局趋于集中（寡头垄断）。我们重温一个关于超大型喷气飞机研发可行性的例子。分析师认为国际市场至少需要 500 架超大型喷气飞机。空客公司估计，该机型研发成本大约为 120 亿美元，预计需要在 9 ~ 10 年内销售 250 架飞机才能实现盈亏平衡。而波音公司估计，该机型研发成本高达 200 亿美元，需要销售近 500 架飞机才能实现盈亏平衡。很显然，这个市场无法同时容纳两个及以上的制造商。如果空客冒险进入这样一个项目（它最终也这样做了），它将面临这样的风险：波音将以更低的成本开发 B747 衍生机型，或者大幅降低 B747-400 的价格，这将使空客的潜在市场变得更小。可能存在一个看似合理的解决方案：即两个寡头制造商建立一个合资公司，共同推进该项目。然而，这个方案也很难实施，因为波音和空客对未来航空市场发展趋势及超大型飞机的观点是完全相反的①。

16.4　第三代飞机

在 20 世纪 90 年代后半期，航空业开始了新的飞机采购浪潮。新飞机技术应运而生，远程宽体飞机有 B777，短程飞机系列（主要是枢纽飞机）包括 B737（600、700、800、900）以及更小些的 B717，还有更高容量的 B757-300。空客用 A340 飞机打入波音主导的巨型宽体飞机市场。较小的窄体机 A320/321 占据了大量的市场份额，并抢占了不少美国市场，较小的 A319 和 A318 直接与 B737/B717 竞争。

20 世纪 90 年代后期的新飞机一般都有更先进的驾驶舱、机身和发动机，而且燃油效率更高。但是，由于新飞机的售价比较昂贵，其最终表现出的经济优势比老旧飞机并不十分明显。第三代飞机的技术进步更加显著，但同样没有给第二代飞机造成致命打击。对于制造商来说，增加航行速度、设计更好的机翼、设计更先进的电子设备和控制系统等都需要昂贵的

① 3.4.1 节有详细注解。波音公司与空客公司对于未来航线网络结构及飞机机型尺寸的演变趋势具有截然不同的观点，这直接导致波音和空客的产品策略出现极大差异。波音认为未来缓解枢纽系统压力的途径是绕开枢纽的直飞（Bypass），需要的是长航程中型飞机。空客则认为缓解枢纽压力的途径是利用超大型飞机，增加旅客流量密度。因此，波音开发了 B787，而空客开发了 A380。

研发费用，但对于航空公司和旅客来说，这些技术的效用通常并不明显，因此制造商对新飞机的定价不可能比上一代飞机高太多。实际上，20 世纪 90 年代末，新一代飞机的目录价格与同时期的上一代类似机型价格很接近，甚至还低一些。

图 16.2 是 1986—1988 年美国航空公司的飞机成本指数[①]（每座变化率）[②]。90 年代后期，新飞机订单有所增加，成本增长率比 80 年代后期有显著降低（1997 年甚至为负）。这是一个重要的现象：在 80 年代后期，飞机需求和订单的增加伴随着飞机成本的增加，而在 90 年代后期，需求和订单的增加伴随着飞机成本的下降。造成这一趋势的一个主要因素是波音和空客在市场份额上的竞争加剧。

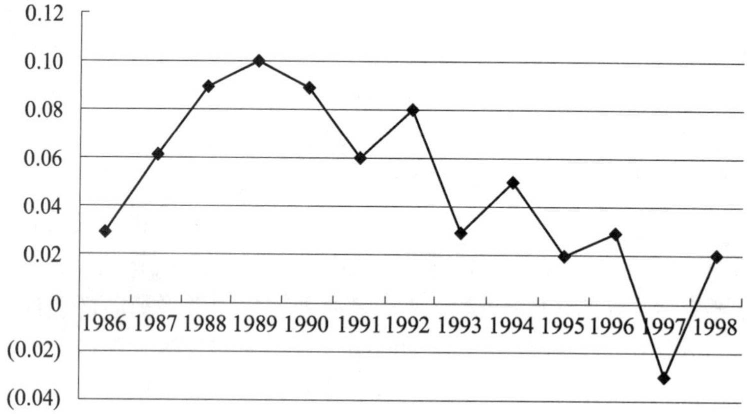

图 16.2　美国航空公司飞机成本指数（1986—1988）

值得注意是，直到 20 世纪 90 年代初，波音和 MDC 合并之前，波音公司一直是唯一一家能够提供所有型号飞机的制造商。90 年代中期，波音并购麦道公司后，飞机制造商市场变成典型的双寡头市场结构（波音-空客）。制造商之间的竞争比以往任何时候都要激烈，合并后的波音似乎失去了其明显的市场主导地位。原因之一是，在 20 世纪 90 年代，空客公司扩大了其产品线，能够在所有细分市场上（除了 B747-400）与波音公司竞争。随着空客公司推出 A319、A318、A320、A321、A330 和 A340 等经典机型，航空公司在大多数情况下可以在波音和空客的机型中进行自由选择。

两家制造商围绕市场份额的竞争，推动新飞机价格和航空公司购买成本在喷气式飞机时代首次下降。在此新情势下，旧的第一代飞机（主要是窄体飞机）的价格非常低，对某些航空公司仍然有很强的经济吸引力。然而，时间进入 21 世纪，行业整合的大量增加和相对较高的油价加速了他们的退役。新一代飞机相对较低的购买成本和老飞机较高的监管成本使得新机型自放松管制以来第一次对初创航空公司更有吸引力[③]。

① 成本指数（CI）是时间成本与燃油成本之比。空客飞机 CI 的单位是千克每分钟（kg/min），波音飞机的 CI 单位是百磅每小时（100lb/h）。航空公司通过调节成本指数，来平衡时间成本和燃油成本。

② 数据来源：Air Transport Association。

③ ValueJet (Airtran) 和 JetBlue 代表两种不同的市场进入模型。ValueJet 购买低成本的 DC9 飞机，大大降低其进入成本，在获得足够的市场份额后才开始运营新机型 B717。JetBlue 则一开始就用雄厚的资金购买空客的新飞机，抢占足够的市场份额，同样取得了成功。

第 17 章　飞机市场的博弈

17.1　概　述

17.1.1　理论分析

在市场的标准模型中，消费品被认为是易逝的。一种产品的生产、销售和消费的完成是瞬时事件（某个时点），产品售出后就永远消失了（如某个特定航班上的飞机座位就是一个很好的例子）。然而，对于生产耐用品的公司来说，情况就不同了。一旦产品交付市场，它就成为未来新产品的潜在竞争者，即耐用品生产商不得不同自己的老版产品竞争。老版产品质量越好、越耐用，这种竞争就会越艰难。制造商现在的战略和战术决策既会影响已交付产品的当前市场，也会影响其希望在将来销售的新一代产品的未来市场。图书出版商对新版书籍的推介就是这种跨期关系的典型例子。一般来说，新版书籍修订和增补越多，市场对该书籍的需求就越大。制造商在某一个时期制定的定价、产品、促销等策略很可能与另一时期相冲突。

罗纳德·科斯首次提出了耐用品垄断厂商跨期定价的问题，并引发了广泛持久的理论讨论。科斯的主要观点是，耐用性会降低垄断力。收益最大化意味着每一时期只出售一部分产品库存（科斯使用土地作为例子），垄断制造商的计划是每一时期都降价。当消费者意识到制造商的意图时，他们可能会推迟购买，直到价格下降到期望水平。这个观点是基于购买者对垄断行为的理解和反应得出的。租赁、回购、捆绑、以旧换新以及其他体现制造商维持价格的可信承诺都可以增强垄断力。但是向买家传递商品价格坚挺的可信承诺可能会鼓励其他制造商的进入和竞争。同样，制造商关于产品耐用性的决定也可能会影响其下一时期的市场支配力。

垄断制造商是否会系统性地降低其产品的耐用性呢？他们会过度投资于研发，以摧毁耐用的旧版产品吗？竞争性制造商的行为会与垄断者不同吗？他们会支持淘汰老版产品的相关监管政策吗？对于民航业来说，我们需要关注三个主要问题：首先，考虑到监管机构严格的耐用性和安全性标准，飞机制造商能否对其产品的耐用性产生重大影响？其次，通过推动相关监管政策来扼杀二手飞机市场，是否一定符合制造商的最佳利益？最后，如果我们对前两个问题的回答是肯定的，那么航空公司会怎么做？航空公司不大可能看不穿这一策略，他们会有什么反应呢？

17.1.2　飞机订单特征

观察飞机订单数量的变化趋势很有意义。如果我们将飞机订单、交付数量与经济（或行业）周期进行对比分析，就会发现新飞机订单通常在经济周期结束时迅速增加。随后实际交付的飞机才逐渐进入市场，但那时航空公司可能已经在与经济衰退做斗争，对飞机的需求往往最少。

从事后角度来看，新飞机订单往往超出预期，并且与市场周期不同步。产生这种现象的原因有如下几点：① 航空公司的预期往往过于乐观；② 他们不善于预测经济衰退；③ 在一个周期的顶峰，产能短缺会刺激订单需求；④ 产能调整从来都不是一帆风顺的；⑤ 航空公司下订单是对竞争对手下订单的战略性回应；⑥ 某些航空公司基于自负和声望而盲目扩张，甚至仅仅因为喜欢新的机型，等等。1990 年，海湾战争爆发，飞机运力严重过剩。

事实上，还有一些深层次的原因。除了预期需求之外，还有其他因素推动了新飞机订单的增长。制造商采取一些激进措施来增加飞机订单，如降价出售老机型（给财务实力较弱的中小型航空公司），以增加新的飞机用户群。大型航空公司与制造商合谋，试图提高竞争对手的飞机成本，并增加他们的市场份额。

制造商的策略对航空公司是透明的，航空公司可以在飞机订单谈判中获得理想的购机价格。此外，制造商承诺为新机购置提供资金支持（商业贷款、融资租赁等），进一步助长了这种订单狂潮，极大地刺激了新飞机需求。

越来越多的经营租赁公司也参与了这一飞机订单热潮。在制造商的鼓吹攻势下，两家主要的租赁公司 GPA 和 ILFC 下了大量的飞机订单（包括确认订单和意向订单）。这些租赁公司分担了航空公司和制造商的风险，并为资本市场提供一种额外的融资模式，但是租赁市场中的激烈竞争导致飞机订单超过实际需求。随着订单数量增加，制造商的或有负债、融资风险也在增加，他们不得不承担一部分航空公司违约的成本。

这些策略能够让航空公司获取长期利益吗？这要求航空公司的收益必须能够覆盖成本。但问题是，新飞机的运营成本（包括租金、所有权成本等）往往很高，盈利并不容易。美国航空就是采取这种策略的典型公司，该公司一位高级官员曾说：新飞机的成本经济性并不突出，新飞机本身是很好的，但却难以完全抵消高昂的购置成本[①]。

如前文所述，新飞机往往只有在高利用率和高载客率情况下才具有较强的经济意义，因此很难确定行业能否产生足够的收益来覆盖购机成本和运营成本，尤其是行业需求还处于下滑的情形下。

1990 年，情况变得更加令人费解。在海湾战争爆发之前，公众对物价上涨和油价不确定性的担忧在急剧增加。1988—1989 年，整个行业的客英里收入（RPM）下降了，航空公司的成本增加，收益减少。由于经济周期的影响，以及传真、电话会议等新的通信技术普及，为航空公司创造主要收益的商务旅客需求大幅减少。

从 1988 年开始，航空燃油价格的上涨幅度高于原油价格，对航空业造成不利影响。另外，劳资谈判结束后，人力成本也随之增加。为了应对需求疲软，1989 年航空业降低了票价水平，收益也随之下降。合并和杠杆收购增加了整个行业的利息支出和杠杆比率。20 世纪 80 年代末，由于资产负债表不断恶化，金融市场不愿为航空业提供融资，甚至在海湾危机爆发之前就已如此。亚洲（尤其是东亚、东南亚）是唯一仍在强劲增长的市场，可以在一定程度上缓解即将到来的经济衰退对新飞机需求的影响。

在许多观察人士看来，下如此巨量的飞机订单很不正常，这本身就充满风险，何况行业并不需要这么多运力，也不清楚行业如何融资和偿还这些资金。甚至在海湾战争爆发后的 20 世纪 90 年代后期，制造商继续开展积极的营销努力，航空公司则在制造商融资支持的承诺下

① CARTY D J. Quoted in Commercial Aviation Report (1990, December, p. 10).

订购更多的新飞机①。

17.2 飞机制造商的策略

17.2.1 操控飞机耐用性

制造商可以通过几个主要途径影响其旧版产品的市场价值：一是开发和提供一种新产品或技术；二是战略定价；三是通过售后支持合同、维修保养、质量保证等政策直接影响旧版产品的耐用性。另外，支持影响老版产品经济寿命的监管政策也会直接影响其市场价值。

飞机制造商的策略是通过指导老一代飞机的运营和售后服务来影响其经济耐用性。某种意义上说，制造商控制了所有与飞机（或发动机或任何部件）相关的操作、维护、改装和维修活动。一般情况下，制造商的建议构成飞机运营和维护标准。航空公司若要改变飞机构型或改装飞机都需要得到制造商许可，并获取相关授权文件。制造商还会控制备件供应，在交付飞机后持续开展研究、测试、技术开发，改进流程，优化机型设计，并同时对新机型进行营销。他们还要参与事故的调查，开发预防事故的安全程序和实施方案。制造商发布的与安全相关的服务公告通常由联邦航空局以适航指令、联邦航空法规等法律形式强制执行。发布安全相关服务公告（Service Bulletins）会立即触发监管反应，在大多数情况下会自动转化为强制性的适航指令（Airworthiness Directives）。

制造商可以发起新的法规，或响应其他参与者对新法规的诉求。它们是监管过程中不可分割的一部分。事实上，监管过程的制度核心是制造商、航空公司和联邦航空管理局，每个参与者都有自己的特殊利益、信息和政治力量。飞机制造商在监管过程中的权力很大程度来源于他们对于飞机设计和生产的专业信息和技术垄断。他们擅长研究和开发飞机结构，有广泛的预算、工程能力和其他资源来处理飞机设计、生产、运营过程中的问题。飞机制造商还会投入大量资金建设风洞实验室。

此外，在大多数情况下，制造商是飞机售后技术和工程支持的唯一供应商，包括必需的零部件和文件。作为这些服务的唯一来源，制造商基本上在这个市场上享有完全垄断的地位。

17.2.2 消灭老旧飞机

飞机制造商能从淘汰旧飞机市场中获益吗？经济学理论广泛地讨论了这些问题，但没有给出明确的结果。传统观点认为，新旧产品具有替代性。旧版产品抢占了一部分市场，阻碍了新产品的销售。制造商会与市场中已有产品展开竞争。在其他条件相同的情况下，制造商限制旧版产品市场的动机与其替代弹性正相关（意味着产品替代弹性越大，新旧产品竞争性越强）。

第一代和第二代喷气式飞机是非常接近的替代品，毫无疑问，第一代飞机占据了（而且

① For Example, Boeing and P&W Participated as Lenders to UAL (Commercial Aviation Report, October 15, 1990, p. 3). Boeing Provided a “backstop” Commitment to Finance Continental's Acquisition of 757s (Commercial Aviation Report, November 1, 1990, p. 8).

仍然占据着）一部分原本可以由新飞机提供的市场。基于这一点，制造商试图扼杀旧飞机市场也就不足为奇了。制造商有明显的意图限制旧飞机市场，或者通过影响监管来增加飞机的额外成本，航空公司也心知肚明，飞机价格同时反映了双方的预期。

耐用品的市场价值反映了它预期产生的收入流的现值，包括它未来的转售或报废价值，经济学家称之为“现值效应”。因此，制造商降低二手飞机未来价值的政策必须反映在新飞机的需求和市场价格上。现值效应与替代效应的作用方向相反，制造商从这种政策中受益的力度取决于这些因素以及供应曲线的形态。

制造商故意破坏二手飞机市场的举动会影响行业供应曲线，进而影响其规模和集中度。由于新旧飞机具有替代性，增加旧飞机的运营成本将改变行业机队构成、生产函数和供应曲线。这类规制成本表现为对旧飞机征税或改装要求，从而增加旧飞机的固定运营成本或变动运营成本①。对于该策略的评估，应考虑以下几个方面因素：

1. 抬升行业整体成本

与老飞机相比，新飞机的购买成本更高，运营成本更低。对老飞机实施监管会增加其使用成本，同时增加对新飞机的需求，最终的结果是导致整个行业的固定成本上升（其他条件不变）。假设航空旅行的需求曲线呈负向倾斜，管制会抑制行业供给。一般情况下，新进入者会购买更老、更便宜的飞机。如果老飞机成本被人为抬高，那么无疑增加了新航空公司进入市场的财务障碍。

20 世纪 70 年代中期，支持放松管制的理由之一是，新进入者能够以比新飞机低得多的价格购买或租用二手飞机，从而降低进入该行业的资本门槛。CAB 在对该行业的分析中指出：潜在的进入者可以通过购买二手飞机来降低特定市场的资本门槛，其购买成本大约比同等的新设备低 10%～40%或更多（CAB, 1975，第 110 页）。

事实上，在 20 世纪 80 年代，能够以很低的价格获得可靠性较高的老旧飞机，确实降低了行业的进入门槛。然而，政府实施机龄和噪声管制直接影响了老飞机的购置成本，进而又提高了进入门槛。

行业门槛提高的结果是行业集中度会增加，这是否对制造商最有利呢？这个问题并没有明确的答案。规模较小、财务状况较差的货运航空公司和初创航空公司受到的影响更大，这些航空公司通常不会购买新的昂贵的飞机。然而，行业集中度的提高可能会降低未来对新飞机的需求，并可能提高幸存下来的主要航空公司与制造商在飞机购买方面的议价能力。

2. 飞机售后支持是制造商重要的收入来源

飞机的售后支持是制造商的收入来源，这个重要因素使得消灭老旧飞机的决策变得更加复杂。针对老旧飞机改装和维修的监管反而创造了增加额外收益的机会。在这些相互冲突的影响因素中，哪一种更强，以及它们的总体长期影响是什么，目前还不清楚，也很难预测。

例如，波音公司在飞机降噪技术开发方面处于领先地位，但它并不参与这项活动。因

① 例如，一架 B727-200 飞机的噪声管制需要花费近 300 万美元的一次性改装费用。部分防腐蚀（CPCP）和附加的结构检查文件（SSID）规则要求根据飞行时间（或循环）进行检查和修改。

此，通常被视为制造商 SB（Service Bulletins）的飞机改装被留给其他市场参与者来开发和销售。例如，联邦快递（Federal Express）开发了符合标准的降噪装置，不仅安装在其自身机队上，并积极向市场出售。它在该市场享有近 10 年的垄断地位，而波音公司则放弃了这样一个重要的售后收入来源。与波音的做法不同，麦道公司（MDC）选择支持其生产的 DC9 飞机，它提供了一个延长飞机寿命的项目，其中包括结构改进和发动机升级，并参与了降噪装置的设计和销售。

总的来说，波音在淘汰老旧飞机方面采取了比 MDC 更为激进的立场。它为售后市场提供了最低限度的必要支持，仅此而已。波音的市场政策确实注重新飞机的销售，但往往以放弃支持老一代飞机带来的潜在额外收益为代价。

3. 制造商之间的竞争

飞机制造商之间的竞争也起着重要作用。美国在商用喷气式飞机市场的霸权始于 20 世纪 50 年代末波音 707 的问世。1974 年空客交付了首批 4 架 A300，并在 1977 年打入美国市场，向东方航空公司交付了首批 A300。1983 年推出 A310 系列，1985 年第一批飞机交付给美国承运人。1988 年推出 A320 系列，1989 年第一批飞机交付给美国承运人。

20 世纪 80 年代末，欧洲制造商的威胁变得严重起来。空客在美国市场的份额虽然很小，但不容忽视。在 20 世纪 80 年代增长缓慢，到 1990 年底仅交付了 100 多架飞机。空客只能从淘汰老旧飞机中获益，而淘汰老旧飞机将主要影响美国制造商的飞机市场，空客瞄准了这一细分市场。

欧洲公众认为飞机噪声是一个主要的环境问题，针对环保运动的诉求，欧洲各国政府的回应是，大力推动针对美国制造的老旧飞机实施降噪措施。事实上，欧洲成为推动更严格的噪声管制的政治力量。同样值得注意的是，在 20 世纪 80 年代后半期，新型空客飞机的事故率持续高于平均水平，这一事实引发了人们对飞机新技术安全性的质疑。显然，对于空客和欧洲政府来说，将注意力集中在（美国制造的）老旧飞机上，将其视为一个重大的安全和环境危害，只是一种权宜之计罢了。

从理论和实践角度看，很难说制造商扼杀老旧飞机的决策是否合理。在现实中，飞机制造商做出决策的一个关键因素可能是，这种新飞机销售策略的预期成本效益究竟如何（销售新飞机产生的收益与相应成本的相对比值）。之前飞机的投资已经收回来，当前的问题是要立即销售新机型，以夺取市场份额，并降低开发和制造新机型的平均固定成本。

这种政策有其深刻的历史背景。20 世纪 80 年代后期美国经济开始放缓，1987 年，新飞机订单的绝对数量出现了自 1983 年经济复苏以来的首次下降。新旧飞机之间的价格差异并不能促使老旧飞机的大量退役。美国制造商的主要目标是立即开始新飞机的销售，并通过加速上一代飞机的退役来增加市场份额。

17.3　航空公司的策略

航空公司对制造商战略的反应对于理解整体市场格局具有重要意义。在航空运输业，飞机交易主要是制造商和航空公司之间的双边垄断安排。航空公司不难了解制造商的市场策略，从而避免盲目落入陷阱。航空公司应该做出怎样的战略应对呢？是应该绕开制造商扼杀旧飞机市场的努力，还是应该顺应制造商的现有策略？实际上，这些航空公司与制造商共谋，并以较高的价格订购大量的新飞机。其中的原因是什么呢？

航空公司的行为可以通过战略模型解释。前面讨论了枢纽轮辐式网络系统的战略意义。航空公司建设枢纽系统，不仅可以改变自身的生产和成本函数，而且还能对竞争对手产生战略优势。大型航空公司大量采购飞机的部分原因可能在于战略性投资充足（甚至过剩）的运力，从而遏制（或威胁）竞争者进入特定市场。“遏制进入”的重要信号就是公司对特定资产进行实际投资，例如航空公司在枢纽系统上的大量专项或沉没投入。传统竞争市场观点认为，飞机不归属于某条特定航线，不属于沉没成本，但事实上飞机是网络系统的重要组成部分，没有飞机就没有航线网络，或者说，如果不确定网络中运营的飞机，那么网络系统的投资也只是空中楼阁。从这个意义上讲，一个网络系统（包括飞机）往往是专用资产和沉没成本。大型航空公司建立这样的网络系统和订购大量新飞机的战略举措，不仅对新进入者构成了切实的威胁，同时还对已有竞争对手产生直接的排他影响。一些主要航空公司通过高频率起降（航班波）抢占了枢纽机场的大部分空域资源和地面资源。

17.3.1 提高竞争对手的购机成本

主要航空公司倾向于提高竞争对手的飞机成本。提高竞争对手成本（Raising Rivals' Cost, RRC）是行业组织中常见的一种排他策略，也是反垄断案件中的一种排他策略。例如，一个典型案例是美国司法部 1985 年针对美国航空的一项调查,美国航空通过其控制的计算机订座系统来影响新进入者的订票服务价格（Air Florida, NY Air, Midway）。在这种情况下，竞争对手的成本受到系统性影响，且这项策略的实施成本微乎其微。

某些航空公司为了提高竞争对手的成本而对旧飞机采取的行动，在某种程度上属于一种较为复杂的 RRC。采用这种政策的航空公司需要进行战略投资，而且该政策会增加所有航空公司的成本，而不仅仅是新进入者。而依赖于旧飞机技术的航空公司会比依赖于新飞机技术的航空公司遭受更大损失。Pennington 案例（Williamson, 1968）就是一个体现这种战略行为的经典反垄断案例。在该案例中，大型煤炭生产商与工会合谋提高工资，以期对劳动密集型竞争对手造成更严重的影响。

相关监管规定提高了飞机的使用成本，对整个行业都产生了巨大的影响，但相对而言，对财务状况不佳的公司影响更大。美国航空的老飞机比例最低，是飞机噪声管制的积极支持者。对于实力较弱的航空公司来说，遵守噪声监管规定会影响其网络系统建设和新市场开辟，一些航空公司甚至难以生存下去。同时，这些新规定也直接提高了新进入者进入市场的财务壁垒。

出于这些主要原因，财力较强的航空公司与制造商结成同盟，共同推进针对第一代老旧飞机的管制政策。这些规定包括与机龄相关的维修计划，以及严格的噪声消减要求。与此同时，航空公司以高昂的价格预订了巨量的飞机订单。图 17.1 显示了 20 世纪 80 年代航空业购买飞机的每座英里成本的变化[①]。成本增长率在 1986 年达到最低点 3%，随后在 1989 年增长了三倍多，达到了 10%以上。

① Calculated from Data in Air Transport World, December 1999, p. 7.

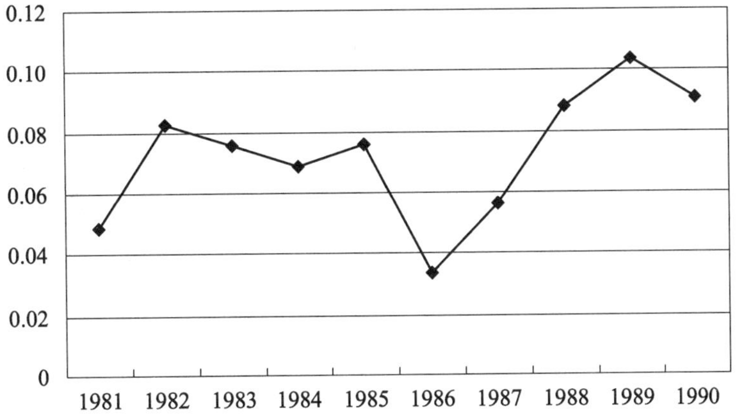

图 17.1　飞机获取成本的变化率

这个战略问题可以用一个两阶段寡头博弈来说明，本教材未做介绍。

17.3.2　债务融资

放松管制和自由竞争导致行业异质性增加。进入 20 世纪 80 年代末期，行业分化加剧，公司之间的财务状况差距逐步扩大。图 17.2 是 1989 年 7 月各主要航空公司的营业利润率分布①。EAL、PAA、USA 和 TWA 的利润率为负，其余航空公司的利润率为正。除此之外，机队构成的异质性问题也凸显出来。随着第二代飞机的出现，航空公司在机队构成决策中面临着更广泛的机型选择。

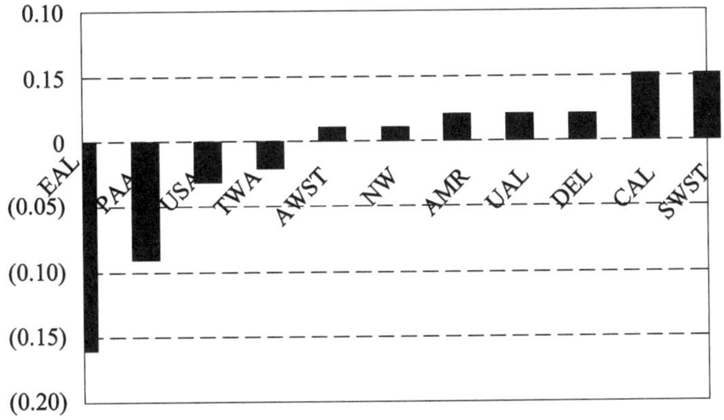

图 17.2　美国主要航空公司 1989 年营业利润

图 17.3 是 1989 年各航空公司的第一、二代飞机分布情况②。财务实力较强的枢纽航空公司采用较新的飞机技术。三大航空公司——美国航空、联合航空和达美航空控制着近 60%的市场份额，它们运营的第二代飞机比其他航空公司更多，在购买新飞机方面也比其他航空公司处于更有利的地位。另一方面，泛美航空、东方航空、环球航空（TWA），全美航空（US

① 资料来源：国际航空运输协会。

② Calculated from Data Provided in World Jet Airplane Inventory, Boeing Commercial Airplane Group, 1990.

Airway）[①]以及西北航空（Northwest）拥有相当高比例（65%以上）的第一代飞机，针对旧飞机的监管政策会对这一群体产生更大的影响。

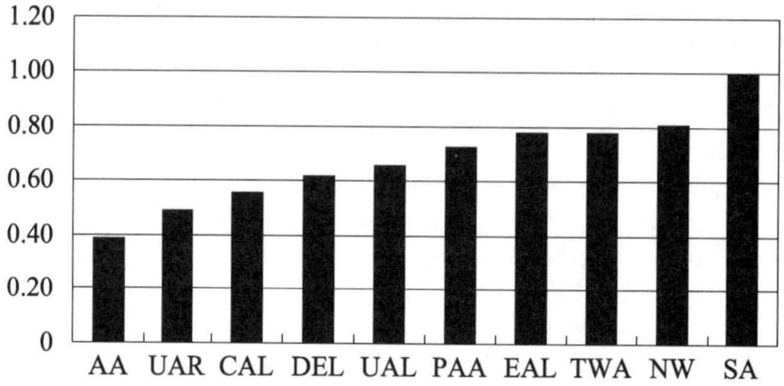

图 17.3 美国主要航空公司第二代飞机比例（截至 1989 年末）

购买新飞机需要在资本市场上筹措大量债务资金。然而，该行业长期的低盈利能力使得债务资金的筹措存在困难。在放松管制之前，尽管航空业的盈利能力相对较低，但一些主要航空公司还是发行了公共债券。航空业受到监管的事实使一些主要航空公司获得了穆迪和标准普尔较低（“投机性”）的投资评级。放松管制后不久，几乎所有的主要航空公司都进入了公共债务市场。标准普尔对它们的评级大多为 BB+或更低的非投资级。20 世纪 80 年代后期，情况有所改变，三大航空公司（美国航空、联合航空和达美航空）以及西南航空获得了投资级评级，其他航空公司被迫以较高的垃圾债券利率筹措资金。

80 年代中后期的这种借款提高了二线航空公司的财务杠杆率，并使它们面临高额利息成本。例如，东方航空、大陆航空和环球航空 TWA（Trans World Airlines, Inc.）在此期间通过当时颇受欢迎的华尔街承销商德雷克塞尔（Drexel）和伯纳姆（Burnham），利用杠杆收购等方式筹措了大量的“垃圾”债券。这种借款在很大程度上削弱了他们的借款能力。当时的一种垃圾债券被戏称为“灯泡契约”（Light Bulb Indenture），指的是将航空公司所有的无担保资产（包括灯泡）作为抵押。实际上，这类借款进一步削弱了很多航空公司的未来借款能力，使得它们改装旧飞机或购买新飞机的前景堪忧。

① 2013 年，全美航空与美国航空合并。

第 18 章　飞机需求分析

18.1　市场预测

制造商在每年初发布市场预测报告是航空业的惯例之一。1990 年早期的市场报告赚足了眼球。波音公司的预测是最乐观的，它预测全球航空市场在未来十年中将以年均 5.9%的速度增长（空客预测的增速为 5.6%）。即使是在美国市场，经济衰退的压力已经开始显现，市场趋于成熟，历史增长率趋缓，波音仍预计每年增长率达 5.2%（空客预计为 4%）。这些预测的增长率都是基于未曾公开的简单回归模型，被用作新飞机订单的指南和基础。

一般来说，人们认为该行业的产出（RPM）将以经济增长率的 2.0 ~ 2.5 倍增长。然而，这一弹性系数是基于 20 世纪 80 年代前所未有的经济繁荣，以及放松管制后行业快速增长计算而来的。波音公司乐观预测，到 2005 年年底，该行业需要增加 1 万架新飞机，总价值为 6 260 亿美元。海湾战争后，首家大型航空（东方航空）破产，航空业面临严重的危机。1990 年的行业公报显示运力增长速度比需求增长速度快得多，可用座英里（ASM）增长了 6.3%，是收益客公里（RPM）增长速度的两倍。从市场展望可以看到，波音在很大程度上忽视了海湾战争以及不断恶化的总体经济对行业的影响。随后，东方航空以及其他很多航空公司都将飞机封存到莫哈韦沙漠。然而，波音公司在其预测中表示，航空业将迅速反弹。波音 CMO（1991，第 3 页）指出：航空旅行将很快回到其需求曲线上，这是突发事件后的必然趋势。

波音决定忽略危机的本质，表明该行业只是专注于其平均长期增长趋势，并持续不断订购新飞机。波音公司也没有改变往年的预测，并声称预测结果是准确的。波音在 1991 年不仅没有改变其总体市场前景的观点，而且对未来持更加乐观的态度，鼓励航空公司下更多的飞机订单。但在 20 世纪 90 年代初随后的几年里，一些财务状况不佳的航空公司（如泛美航空、东方航空、环球航空、中途岛航空、大陆航空、Braniff 等）要么破产清算、资产重组，要么重新谈判飞机贷款或租赁协议。随后危机逐渐积累，并扩散至整个行业，财务状况良好的大型航空公司也受到影响。

1991 年初，美国航空业的飞机订单总额大约为 1 652 亿美元，其中联合航空为 450 亿美元，美国航空为 230 亿美元，达美航空为 260 亿美元，西北航空为 210 亿美元（Commercial Aviation Report，1991）。公众普遍担心资金筹集和债务偿还问题。坊间传言美国航空计划大幅削减资本支出。从 1991 年 9 月开始，美国航空的 CEO 罗伯特·克兰德尔（Robert Crandall）在一系列的公告和演讲中声明公司打算削减资本和飞机预算的计划。11 月，美国航空计划在未来五年内削减 40 亿美元资本支出的消息被公开。在美国航空开通西雅图—东京航线的开航仪式上，CEO 克兰德尔表示该公司正在协商推迟飞机交付，美国航空已经向波音提交了一份重新安排飞机交付时间的提议。美国运输部部长萨姆·斯金纳曾表示："人们越来越担心美国航空业是否有能力支付成百上千亿美元的飞机订单。"（Commercial Aviation Report, 1991, p. 1）

1992 年 3 月，波音公司发布了《当前市场展望》。同样，该报告仍然忽视行业危机，基于简单的计量经济学模型和对解释变量的主观判断，建议大家关注长期的行业增长趋势。在这份报告的第一页，波音表示，“预测中不存在周期（Cycles）”，其中周期（Cycles）一词作如下解释：周期是指有规律的序列现象。波音公司的观点是，特殊的环境导致了市场的重大不利变化，这些事件是随机的，因此是不可预测的（如能源危机、战争等）。就连经济增长也很难说是周期性的。良好的货币和财政政策可以防止重大的经济危机。在喷气式飞机时代，只发生了两次世界经济大衰退，它们都是由能源危机引起的（Boeing,1992,p.1.1）。

18.2 飞机交付

20 世纪 90 年代初，海湾战争、经济衰退和其他市场变化给航空业造成重大危机。在持续了近 8 年的长期扩张趋势之后，周期性的经济衰退如期而至，令人意外的是突发一场石油危机。这导致经济衰退，需求萎缩，运力过剩，对航空业造成毁灭性打击。

1989 年，平均油价为每桶 17.37 美元。受寒冷冬季的影响，1990 年第一季度油价平均为每桶 19 美元，第二季度回落至每桶 15 美元左右。8 月，伊拉克入侵科威特。随后的禁运和对战争的恐惧将油价推至每桶 40 美元以上。到年底，价格回落到 25 美元（Boeing, 1992）。

整体经济衰退和行业产能过剩造成航空业的结构发生了深远的变化。情况可能会变得越来越糟糕，1990—1991 年要交付 500 多架新飞机（80%是窄体机），整体运力呈加速增长趋势，行业中没有公司想成为第一个削减运力的承运人，因为削减运力意味着丢失市场份额（Air Transport World, October 1990, p.62）。

这场危机的严重程度和持续时间超出了最悲观的预期。1992 年 2 月，克兰德尔声称：航空业去年亏损了 50 亿美元，如果这种情况持续下去，未来所有航空公司都会破产消失。而且很多公司正处于破产边缘，好日子还没有到来（Air Transport World, February 1992, p.62）。

然而，在某些方面，大型航空公司的收获远远超出预期，尽管成本可能非常高昂。1992 年底，在新飞机机龄和噪声管制还未对市场产生影响之前，东方航空公司、泛美航空公司和中途岛航空公司就倒闭了，环球航空（TWA）、大陆航空（Continental）和美国西部航空（America West）申请破产保护。航空公司破产倒闭的浪潮蔓延到世界各地，放松管制的美国航空业受到的打击最大。一些实力雄厚的航空公司收购了处于困境的航空公司资产，获得了更多的市场份额，变得更大更强。例如，在东航破产后，达美航空成为亚特兰大枢纽的主要航空公司。它还收购了泛美航空的国际航线，成为大西洋航线的主要承运人。美国航空收购了东航和环球航空的国际航线，进一步强化了在拉丁美洲市场的主导地位。

1991—1992 年，虽然航空业萎靡不振，但是交付的飞机数量却破了纪录。据估计，超过10%的飞机只能被闲置封存，飞机利用率降低，西海岸和中西部沙漠很快变成飞机坟场。第一代飞机被拆解成零部件，这些零件的价值往往超过整机的市场价值。随着飞机利用率和载客率下降，大量飞机订单被取消或推迟。甚至在某些极端情况下，新飞机（White Tail）刚下生产线就被送往沙漠坟场封存。图 18.1 是全球新飞机交付数量[①]，可以看到，1990—1993 年间新飞机交付数量有显著增加。

① Boeing, World Jet Airplane Inventory, 1994.

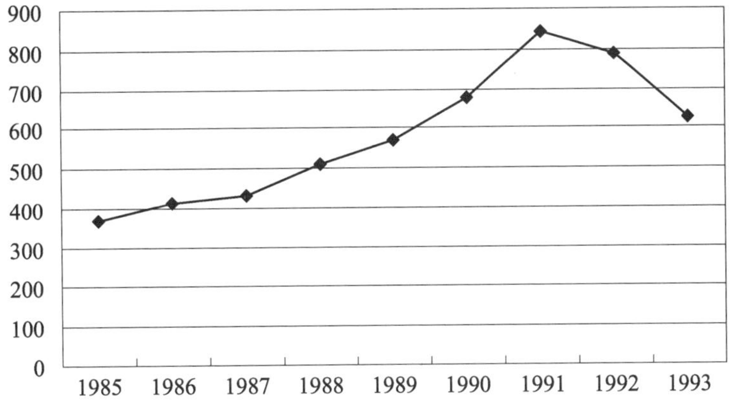

图 18.1 全球新飞机交付数量（1985—1993）

1980 年末数量空前的飞机订单导致 1990 年初数量空前的飞机交付。1991 年成为航空史上最糟糕的年份之一，全球航空运输量自喷气式飞机时代到来以来首次出现负增长（下降了 2.3%）。即使在之前的两次大衰退中（1973—1975 年，1979—1982 年），全球航空运输量的平均增长依然为正（分别为 4.1%和 1.9%）①。1991—1993 年间全行业的损失吞噬了航空业自喷气飞机时代以来积累的全部利润。

图 18.2 显示了全球航空业每年的盈利情况②，1991 年的业绩是最糟糕的，但该年也是飞机交付数量最多的年份（850 架），1992 年交付 800 架。由于严重的产能过剩和生存竞争，航空业不得不开始为这些新飞机买单。

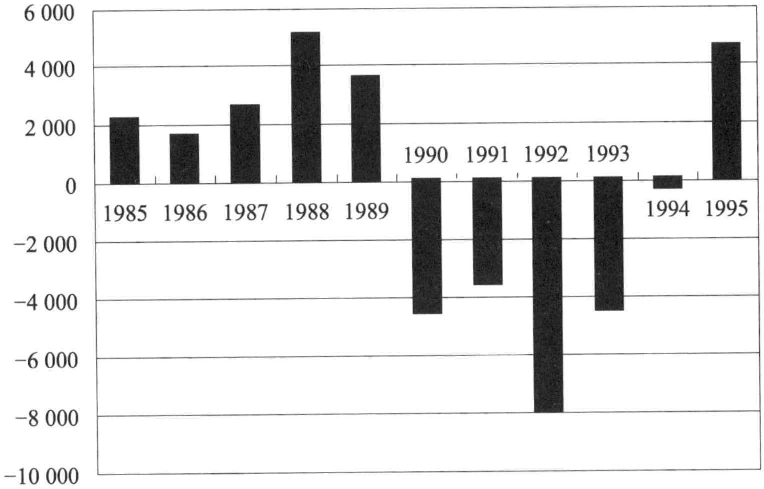

图 18.2 全球航空业净利润盈（1985—1995）

这一轮激烈的竞争中有许多失败者。一些财务状况不佳的航空公司如泛美航空、东方航空和中途岛航空破产倒闭了，另一些航空公司如全球航空 TWA、大陆航空、美国西部航空在破产保护下苟延残喘。制造商无法交付所有确认的或意向的飞机订单，很多订单和交付被取消、延迟或重组，制造商蒙受了重大损失。最大的运营租赁公司 GPA 几乎破产，不得不接受

① Boeing, Current Market Outlook, 1992.
② ICAO data 1996.

通用电气（General Electric）的纾困。一些旧飞机租赁公司被迫破产或以其他方式退出市场。旧飞机的贬值导致银行和公共债务的抵押品价值崩溃。投资飞机担保债券的私人和机构投资者损失惨重。唯一兴旺的群体可能是航空法务，其业务量随着违约、收回、破产、重组等事件频发而激增。许多大型航空公司以很高的价格收购了困境公司的资产，公司规模和市场份额都扩大了。然而，具有讽刺意味的是，随着市场格局的变化，大型航空公司原本希望强加给竞争对手的噪音和安全监管成本，最终不得不由自己承担。

参考文献

[1] TEODOROVIĆ D, KRČMAR-NOŽIĆ E. Multicriteria model to determine flight frequencies on an airline network under competitive conditions[J]. Transportation Science, 1989, 23(1): 14-25.

[2] 张灿鹏，郭砚常. 市场调查与预测[M]. 2 版. 北京：清华大学出版社，2018.

[3] 叶叶沛. 民用飞机经济性[M]. 成都：西南交通大学出版社，2013.

[4] KILPI J. Fleet composition of commercial jet aircraft 1952-2005: developments in uniformity and scale[J]. Journal of Air Transport Management, 2007, 13: 81-89.

[5] LITTLEWOOD K. Forecasting and control of passenger bookings[J]. AGIFORS Symp, 1972, 12: 95-117.

[6] BHATIA A V, PAREKH S C. Optimal allocation of seats by fare, presentation by trans world airlines to AGIFORS reservations study group[R]. 1973.

[7] VOWLES, TIMOTHY M. The “southwest effect” in multi-airport regions[J]. Journal of Air Transport Management, 2001, 7(4): 251-258.

[8] GOETZ, ANDREW R. Deregulation, competition, and antitrust implications in the US airline industry[J]. Journal of Transport Geography, 2002, 10(1): 1-19.

[9] GILLEN D, LALL A. Competitive advantage of low-cost carriers: some implications for airports[J]. Journal of Air Transport Management, 2004, 10(1): 41-50.

[10] SUZUKI Y, CRUM M R, AUDINO M J. Airport leakage and airline pricing strategy in single-airport regions[J]. Transportation Research Part E: Logistics and Transportation Review, 2004, 40(1): 19-37.

[11] FUELLHART K. Airport catchment and leakage in a multi-airport region: the case of harrisburg international[J]. Journal of Transport Geography, 2007, 15(4): 231-244.

[12] 赵凯华. 交通出行选择行为理论与模型应用分析[J]. 中国铁路，2017，02.

[13] FU X W, YANG, H J. Airport-airline arrangements: an interpretive review of industry practices and recent studies[J]. The Economics of Airport Operations, 2017.

[14] 朱金福，等. 航空运输规划[M]. 西安：西北工业大学出版社，2009.

[15] 赵玮萍. 中国民航业管制制度变迁研究[D]. 鸭绿江市：东北大学，2012.

[16] WANG J E, BONILLA D, BANISTER D. Air deregulation in China and its impact on airline competition 1994-2012[J]. Journal of Transport Geography, 2016, 50: 12-23.

[17] BELOBABA, et al. The global airline industry[M]. New York: John Wiley & Sons, 2015.

[18] CARRIER E. Modeling airline passenger choice: passenger preference for schedule in the passenger origin-destination simulator(PODS)[D]. Cambridge MA: Massachusetts Institute of Technology, 2003.

[19] KANAFANI A K. Transportation demand analysis[M]. New York: McGraw-Hill, 1983.
[20] DAROT J. Revenue management for airline alliances: passenger origin-destination simulation analysis[D]. Cambridge MA: Massachusetts Institute of Technology, 2001.
[21] LEE S. Modeling passenger disutilities in airline revenue management simulation[D]. Cambridge MA: Massachusetts Institute of Technology, 2000.
[22] 周伟. 旅客时间价值[J]. 交通运输工程学报，2003（03）：110-116.
[23] 耿淑香. 航空公司运营管理方略[M]. 北京：中国民航出版社，2000.
[24] BELOBABA. Airline yield management: an overview of seat inventory control[J]. Transportation Science, 1987, 21: 63-73.
[25] BELOBABA P P, WEATHERFORD L R. Comparing decision rules that incorporate customer diversion in perishable asset revenue management situations[J]. Decision Science, 1996, 27: 343.
[26] WEATHERFORD L R, BODILY S E, PEFIFER P E. Modeling the customer arrival process and comparing decision rules in perishable asset revenue management situations[J]. Transportation Science, 1993, 27: 239-251.
[27] 王春兰. 航空公司收益管理中旅客舱位选择行为研究[D]. 南京航空航天大学，2006.
[28] PALISKA D, et al. Passengers' airport choice and airports' catchment area analysis in cross-border upper adriatic multi-airport region[J]. Journal of Air Transport Management, 2016, 57: 143-154.
[29] DE NEUFVILLE R. Multi-airport systems in the era of no-frills airlines[D]. Cambridge MA: Massachusetts Institute of Technology, 2005.
[30] BEN-YOSEF E. The evolution of the US airline industry: theory, strategy and policy[M]. Berlin: Springer Nature, 2005.
[31] HESS S, ADLER T, POLAK J W. Modelling airport and airline choice behaviour with the use of stated preference survey data[J]. Transportation Research Part E: Logistics and Transportation Review, 2007, 43(3): 221-233.